朗润园 的天空

◎
《朗润园的天空》 编委会
编

北京大学出版社
PEKING UNIVERSITY PRESS

图书在版编目（CIP）数据

朗润园的天空 /《朗润园的天空》编委会编 . — 北京：北京大学出版社，2024.2
（燕园记忆丛书）

ISBN 978-7-301-34774-4

Ⅰ.①朗 … Ⅱ.①朗 … Ⅲ.①北京大学—校史—文集 Ⅳ.① G649.281-53

中国国家版本馆 CIP 数据核字（2024）第 003657 号

书　　　名	朗润园的天空
	LANGRUNYUAN DE TIANKONG
著作责任者	《朗润园的天空》编委会　编
责 任 编 辑	黄维政　于海冰
标 准 书 号	ISBN 978-7-301-34774-4
出 版 发 行	北京大学出版社
地　　　址	北京市海淀区成府路 205 号　100871
网　　　址	http://www.pup.cn　新浪微博：@ 北京大学出版社 @ 阅读培文
电 子 邮 箱	编辑部 pkupw@pup.cn　总编室 zpup@pup.cn
电　　　话	邮购部 010-62752015　发行部 010-62750672
	编辑部 010-62750112
印 刷 者	天津联城印刷有限公司
经 销 者	新华书店
	710 毫米 × 1000 毫米　16 开本　28.75 印张　441 千字
	2024 年 2 月第 1 版　2024 年 2 月第 1 次印刷
定　　　价	86.00 元

朗润园的天空 杨辛题

目录

序一
为朗润园回忆文集序

◉ 郝斌

当年的一群少小孩童，念书，走进同一个学校；回家，厮混在一起打闹嬉戏。到了鬓发成霜、闲暇下来的时候，浮上心头的常常是童年往事。多年失联的他们，又复快乐相聚。这个时候，诉说起来，多半是这些心底的积存，酸甜苦辣，什么都有。他们相约，各把自己的感念撰写成篇，汇集出版。对步入晚岁的人来说，这是一种身心的安顿，实属难得。北大燕园旧有的几处家属社区，中关园、燕东园、燕南园、蔚秀园、朗润园，都是这种回忆文集的产床，出版的著作已有多部。富有文化基因的聚落，积有年月，势必如此。在台湾，20 世纪 80 年代，曾有辉煌一时的"眷村文学"出现。就其文化背景而言，两者之间也许有些相同之处。朗润园，在北大是一个较小的社区，如今单独做出这本文集，是意料中事，也很让人惊喜。它的问世，让我感到，关注燕园的老少读者，我们现在是不是有理由期待有更多、更好的"燕园文学"作品出现呢？我们等待着！

2022 年 11 月

序二
我与朗润园

◎ 乐黛云

朗润园对我而言有着特殊的意义。以前我和丈夫汤一介先生出过一本小书，主要是集合了我和汤先生几十年来与燕园有关的随笔文章。当时想了很多名字，最后确定叫《未名湖畔的两只小鸟》。我们俩都很喜欢这个名字，我们本身就是整天忙忙碌碌地在燕园"飞来飞去的两只小鸟"。既然是两只小鸟，那就肯定有个小鸟窝。

我与汤先生 1952 年结婚，婚后就住在燕南园。我的公爹汤用彤先生当时是北大副校长，房子很大。上有公婆，下有小叔子（汤一玄），加上我们以及孩子们近十口人都住在一起，其乐融融。这算是我在燕园的第一个"窝"。后来我有了真正属于自己的"窝"，搬进了中关园。20 世纪 90 年代我们又搬进朗润园 13公寓居住，直至今日，我依旧在此居住。朗润园也是我与先生居住最久的一个"窝"，在这里留下了太多美好的记忆。

大家都知道，朗润园历史悠久，属于皇家园林。这里景色秀美，一年四季都会给人带来不一样的感受，这种安静的美使人根本无法逃脱。以至于后来分配给我们蓝旗营的房子时，我和汤先生舍不得离开此地，商量决定依旧在此居住。

朗润园对我而言，绝不仅仅在于她的精美，更多的是在于曾经给予过我太多精神层面的东西。

我搬至13公寓后，便与我的恩师季羡林先生为邻居。这使得我更便于随时向季先生请教问题。不仅于此，在我苦闷与徘徊的时候，季先生总是第一时间给予我最大的耐心开导，令我至今都难以忘怀。此外，周一良先生住在12公寓，我们也经常相见，汤先生时常会去他家请教、探讨问题。我的楼上住着一位比我年长近十岁的夏老师，她在中国科学院工作，并非北大老师，因其丈夫是物理系教授，故居住于此。我与她并不熟悉，只因邻居关系见面时也会寒暄聊上几句。后来听说她竟然是"中国计算机之母"夏培肃先生，同时也是我国最早主持开发芯片的科学家，这让我对她由衷地产生了敬佩之意。沿13公寓小路向西，平房里居住着为北大工作了几十年的德籍教授赵林克悌女士，其丈夫赵锡霖先生是我国著名冶金专家。他们夫妇十分喜好种花，门前开满各种鲜花，每次路过时花香沁人心脾；如果有幸遇到男主人叼着烟斗正在修剪花草，花香与烟丝的香味混合在一起，弥散在空气中，这种奇特的香味足以醉人。

再往西百余米，住着美籍教授温德先生，他把一生都献给了中国教育事业。我曾多次与温德先生相约去颐和园游泳。他的水面"漂浮"功夫堪称一绝，能原地不动漂浮一个小时之久。有一次，我看见他露在水面的大脚趾头上竟然落了一只蜻蜓，好是开心。他虽然多次教我漂浮，但我始终都没有学会。

朗润园居住着很多看似平凡但又不平凡的先生们（我所知道的还有张中行、金克木、邓广铭、宗白华、左启华、宿白等诸多先生）。他们融入在这个古老的园林里，一同构筑起了一片天地，这便是朗润园真正的气场所在。漫步在古园之中，随时与他们擦肩而过，攀谈一会儿，这绝对是一种很难用语言表达清楚的享受。这便是我前面所说的朗润园在精神层面给予我的更多东西。

随着时光的推移，这些师辈之人终将离我们远去。我的恩师季羡林先生去世后，我写过一篇名叫《忧伤的小径》的小文，以13公寓西面那条蜿蜒小路为线，串起我对许多故人的思念之情。与其说是忧伤，不如说是一种幸福。那是某种置身于"古老与现实"之中的幸福之感。

我与汤先生一同在朗润园居住了十多年，如今，两只小鸟剩下了我一只。近十年来，我依旧守着这个"鸟巢"，守着我那些美好的记忆。

　　朗润园，我永远的"鸟巢"，我的家，我的精神家园。

　　听说曾经居住在朗润园的后代们正在编写一本关于朗润园的书，我很是欣慰。张军先生找到我，希望我能为此书作序。由于年事已高，动笔实有困难，特口述请张军先生代为整理，也算我为此书做一点事情，以表达我对这个古园的深厚情感。

2022 年 5 月 4 日

乐黛云口述，张军记录整理

燕园史话之朗润园

◎ 侯仁之

朗润园原名春和园，清嘉庆（1796—1820）间为永璘赐园。永璘是乾隆帝第十七子，嘉庆二十五年（1820）封庆亲王（赐园当在是年），所以春和园又俗称庆王园。到了道光（1821—1850）末年，春和园转赐奕訢（恭亲王），始改称朗润园。现在朗润园服务站前方迤西有方亭，匾曰"涵碧"，还是奕訢的手笔。按奕訢是道光帝第六子，奕譞（醇亲王）的六兄，《九思堂诗稿》有《题六兄朗润园图》一诗，就是指的这里。

光绪二十四年（1898）奕訢去世，朗润园收回内务府管理。这时那拉氏（慈禧）权势炙手可热，常驻新经修葺的颐和园，垂帘听政。由于朗润园相去不远，就被用作内阁军机处及诸大臣会议的地方，每逢三、六、九日在此集会（见《北京西郊成府村志》，稿本，不记卷页）。因此朗润园这个地方和光绪最后十年间的朝政是有一定关系的。《十朝诗乘》载光绪丙午（三十二年，1906）诏王大臣议官制于朗润园，这是清廷搞假立宪的一个手段，根据这次会议的结果，六部等名称又有所改变。余棨昌《故都变迁记略》谓：

光绪丙午……八月，有诏改巡警部为民政、户部为度支、兵部为

侯仁之著《燕园史话》(1988 年版)

陆军、刑部为法部、工部并商部为农工商，理藩院改部，大理寺为院，即朗润园所定也。①

及至民国初年，徐世昌以租用为名拆毁鸣鹤园，这就引起了紫禁城小朝廷的戒心，深怕附近诸园再遭同样厄运，遂又把朗润园赏给了奕譞第七子（奕诒嗣子）载涛作为私产，载涛正是朗润园合并为校园之前的最后一个园主。

目前所能追溯的有关朗润园的一段历史，就是这样。

现在作为校园一部分的朗润园，较之旧日的朗润园，从建筑上来说，已经有了很大的变化。自从东北界内滨湖一带的高楼（第 8、9、10、11、12、13 公寓和北招待所）兴建以来，古园之内，仍有不少旧建筑保留下来。当然，这里所谓"旧建筑"，也都是清朝末叶所陆续修造的。那时朗润园有东西两门，东门斜对今成府街西口，西门在园之西北隅，出门有石平桥跨小河，过桥向西，便是直通颐和园的大道。光绪末年在颐和园向那拉氏奏事的诸大臣前来朗润园会议，就是经由这个西门出入的。现在这东西两门，都已改建。东门内原有一条石甬道，已经划归材料场用地。西门外的石平桥，也已经拆掉，连痕迹也不见了。

《北京西郊成府村志》所记有关朗润园的旧有建筑，大体仍然可以和现在园中的一些住宅相互印证，节录如下：

> 成府北头路西，过石平桥［今已拆除］即［朗润园］东门。入东门西行北视之，宫门三楹［今为 152 号住宅］，前列石狮二［今在 152 号住宅院内］。入正门，环山西行，道路平坦，松柏成荫。北渡石平桥

---

① 余棨昌：《故都变迁记略》，铅印本，1941，附录第 11 页。

［今仍旧］，殿宇奇伟，分中、东、西三所。中所宫门三楹［今为165号朗镜区服务站］，额曰"壶天小境"［近年始移去］。左右云片石堆砌假山［今残缺］。三所皆南向，殿宇四周环河。其前稍东，有四角方亭一座"涵碧亭"［今仍在］。河南岸有倒座抱厦房三间［今为154号住宅北房］，再西北有水座三间［今为157号住宅］，北向，开后窗，可以赏荷钓鱼。正所殿宇，到底三层，与东西所互成套殿，两山儿复用游廊数十间，以通往来［今分为166、167、168号住宅，部分游廊仍在］。西所［今为162号红旗托儿所］前面一带白墙，上嵌十锦假窗。前后河岸，密排垂杨……殿院后墙之外，修竹万竿［今已甚少］。西所北墙外，以山障之，有三卷殿一座，各三间［今为159号住宅］。隔河北岸，尚有平台房三间［今为164号住宅］。该园北墙内一带土山，墙外即长河。[①]

以上所录，仅供有兴趣的读者就地指证的参考。

附　记

清朝垂亡之际，那拉氏垂帘听政，搞假立宪，议改官制于朗润园，原是有实迹可考的，也足以说明逆历史潮流妄图盗名欺世者，必遭失败。因此这一区园林，也是有一定的历史意义的，有些遗迹，不应任其泯灭。其次，园中富有设计特点的建筑，也应该合理地予以维修和利用，即使一些点景小品，如一亭、一树、一山、一石，只要布置适宜，无碍发展，稍加整修，就可以起到美化环境的作用，不可任其倾圮，更不当随意清除。可惜的是小巧玲珑者如涵碧亭，已不存在；原来在本文中参照旧日记载所列举的各处住宅，经过这二十多年的变化，恐怕也多已改观，这里所写的既称"史话"，也就不一一根据现状进行核实了。

---

① 　金勋：《北京西郊成府村志》，稿本，不计卷页。

总之，我校虽然是旧日园林密集的地方，但是实际用地面积有限，而客观上的要求却有增无已。因此，在保护历史的遗迹遗物和继承造园艺术优良传统的前提下，又如何在利用中去发展，这是一个十分重要的课题，是值得认真研究的。

　　　　　　摘自《燕园史话》（北京大学出版社，1988），标题为收入本书时所加

清塘荷韵

◉ 季羡林

楼前有清塘数亩。记得三十多年前初搬来时，池塘里好像是有荷花的，我的记忆里还残留着一些绿叶红花的碎影。后来时移事迁，岁月流逝，池塘里却变得"半亩方塘一鉴开，天光云影共徘徊"，再也不见什么荷花了。

我脑袋里保留的旧的思想意识颇多，每一次望到空荡荡的池塘，总觉得好像缺点什么。这不符合我的审美观念。有池塘就应当有点绿的东西，哪怕是芦苇呢，也比什么都没有强。最好的最理想的当然是荷花。中国旧的诗文中，描写荷花的简直是太多太多了。周敦颐的《爱莲说》读书人不知道的恐怕是绝无仅有的。他那一句有名的"香远益清"是脍炙人口的。几乎可以说，中国没有人不爱荷花的。可我们楼前池塘中独独缺少荷花。每次看到或想到，总觉得是一块心病。

有人从湖北来，带来了洪湖的几颗莲子，外壳呈黑色，极硬。据说，如果埋在淤泥中，能够千年不烂。因此，我用铁锤在莲子上砸开了一条缝，让莲芽能够破壳而出，不至永远埋在泥中。这都是一些主观的愿望，莲芽能不能长出，都是极大的未知数。反正我总算是尽了人事，把五六颗敲破的莲子投入池塘中，下面就是听天由命了。

这样一来，我每天就多了一件工作：到池塘边上去看上几次。心里总是希望，忽然有一天，"小荷才露尖尖角"，有翠绿的莲叶长出水面。可是，事与愿违，投下去的第一年，一直到秋凉落叶，水面上也没有出现什么东西。经过了寂寞的冬天，到了第二年，春水盈塘，绿柳垂丝，一片旖旎的风光。可是，我翘盼的水面却仍然没有露出什么荷叶。此时我已经完全灰了心，以为那几颗湖北带来的硬壳莲子，由于人力无法解释的原因，大概不会再有长出荷花的希望了。我的目光无法把荷叶从淤泥中吸出。

　　但是，到了第三年，却忽然出了奇迹。有一天，我忽然发现，在我投莲子的地方长出了几个圆圆的绿叶，虽然颜色极惹人喜爱，但是却细弱单薄，可怜兮兮地平卧在水面上，像水浮莲的叶子一样。而且最初只长出了五六个叶片。我总嫌这有点太少，总希望多长出几片来。于是，我盼星星，盼月亮，天天到池塘边上去观望。有校外的农民来捞水草，我总请求他们手下留情，不要碰断叶片。但是经过了漫漫的长夏，凄清的秋天又降临人间，池塘里浮动的仍然只是孤零零的那五六个叶片。对我来说，这又是一个虽微有希望但究竟仍是令人灰心的一年。

　　真正的奇迹出现在第四年上。严冬一过，池塘里又溢满了春水。到了一般荷花长叶的时候，在去年漂浮的五六个叶片的地方，一夜之间，突然长出了一大片绿叶，而且看来荷花在严冬的冰下并没有停止行动，因为在离开原有五六个叶片的那块基地比较远的池塘中心，也长出了叶片。叶片扩张的速度，扩张范围的扩大，都是惊人地快。几天之内，池塘内不小一部分，已经全为绿叶所覆盖。而且原来平卧在水面上的像是水浮莲一样的叶片，不知道是从哪里聚集来了力量，有一些竟然跃出水面，长成了亭亭的荷叶。原来我心中还迟迟疑疑，怕池中长的是水浮莲，而不是真正的荷花。这样一来，我心中的疑云一扫而光；池塘中生长的真正是洪湖莲花的子孙了。我心中狂喜，这几年总算是没有白等。

　　天地萌生万物，对包括人在内的动、植物等有生命的东西，总是赋予一种极其惊人的求生存的力量和极其惊人的扩展蔓延的力量，这种力量大到无法抗御。只要你肯费力来观察一下，就必然会承认这一点。现在摆在我面前的就是我楼前池塘里的荷花。自从几个勇敢的叶片跃出水面以后，许多叶片接踵而至。一夜之间，就出来了几十枝，而且迅速地扩散、蔓延。不到十几天的工夫，荷叶已经蔓延得遮蔽了半个池塘。从我撒种的地方出发，向东西南北四面扩展。我无法知道，荷花是怎样在深水中淤泥里走动。反正从露出水面的荷叶来看，每天至少要走半尺的距离，才能形成眼前的这个局面。

光长荷叶，当然是不能满足的。荷花接踵而至，而且据了解荷花的行家说，我门前池塘里的荷花，同燕园其他池塘里的，都不一样。其他地方的荷花，颜色浅红；而我这里的荷花，不但红色浓，而且花瓣多，每一朵花能开出十六个复瓣，看上去当然就与众不同了。这些红艳耀目的荷花，高高地凌驾于莲叶之上，迎风弄姿，似乎在睥睨一切。幼时读旧诗："毕竟西湖六月中，风光不与四时同，接天莲叶无穷碧，映日荷花别样红。"爱其诗句之美，深恨没有能亲自到杭州西湖去欣赏一番。现在我门前池塘中呈现的就是那一派西湖景象。是我把西湖从杭州搬到燕园里来了。岂不大快人意也哉！前几年才搬到朗润园来的周一良先生赐名为"季荷"。我觉得很有趣，又非常感激。难道我这个人将以荷而传吗？

前年和去年，每当夏月塘荷盛开时，我每天至少有几次徘徊在塘边，坐在石头上，静静地吸吮荷花和荷叶的清香。"蝉噪林逾静，鸟鸣山更幽。"我确实觉得四周静得很。我在一片寂静中，默默地坐在那里，水面上看到的是荷花的绿肥、红肥。倒影映入水中，风乍起，一片莲瓣堕入水中，它从上面向下落，水中的倒影却是从下边向上落，最后一接触到水面，二者合为一，像小船似的漂在那里。我曾在某一本诗话上读到两句诗："池花对影落，沙鸟带声飞。"作者深惜第二句对仗不工。这也难怪，像"池花对影落"这样的境界究竟有几个人能参悟透呢？

晚上，我们一家人也常常坐在塘边石头上纳凉。有一夜，天空中的月亮又明又亮，把一片银光洒在荷花上。我忽听扑通一声。是我的小白波斯猫毛毛扑入水中，她大概是认为水中有白玉盘，想扑上去抓住。她一入水，大概就觉得不对头，连忙矫捷地回到岸上，把月亮的倒影打得支离破碎，好久才恢复了原形。

今年夏天，天气异常闷热，而荷花则开得特欢。绿盖擎天，红花映日，把一个不算小的池塘塞得满而又满，几乎连水面都看不到了。一个喜爱荷花的邻居，天天兴致勃勃地数荷花的朵数。今天告诉我，有四五百朵；明天又告诉我，有六七百朵。但是，我虽然知道他为人细致，却不相信他真能数出确实的朵数。在荷叶底下，石头缝里，旮旮旯旯，不知还隐藏着多少，都是在岸边难以看到的。

连日来，天气突然变寒。池塘里的荷叶虽然仍然是绿油一片，但是看来变成残荷之日也不会太远了。再过一两个月，池水一结冰，连残荷花也将消逝得无影无踪。那时荷花大概会在冰下冬眠，做着春天的梦。它们的梦一定能够圆的。"既然冬天到了，春天还会远吗？"

我为我的"季荷"祝福。

原载 1997 年 11 月 13 日《人民日报》

（季羡林，曾住朗润园 13 公寓）

二月兰

◎ 季羡林

转眼，不知怎样一来，整个燕园竟成了二月兰的天下。

二月兰是一种常见的野花。花朵不大，紫白相间。花形和颜色都没有什么特异之处。如果只有一两棵，在百花丛中，绝不会引起任何人的注意。但是它却以多胜，每到春天，和风一吹拂，便绽开了小花；最初只有一朵，两朵，几朵。但是一转眼，在一夜间，就能变成百朵，千朵，万朵。大有凌驾百花之上的势头了。

我在燕园里已经住了四十多年。最初我并没有特别注意到这种小花。直到前年，也许正是二月兰开花的大年，我蓦地发现，从我住的楼旁小土山开始，走遍了全园，眼光所到之处，无不有二月兰在。宅旁，篱下，林中，山头，土坡，湖边，只要有空隙的地方，都是一团紫气，间以白雾，小花开得淋漓尽致，气势非凡，紫气直冲云霄，连宇宙都仿佛变成紫色的了。

我在迷离恍惚中，忽然发现二月兰爬上了树，有的已经爬上了树顶，有的正在努力攀登，连喘气的声音似乎都能听到。我这一惊可真不小：莫非二月兰真成了精了吗？再定睛一看，原来是二月兰丛中的一些藤萝，也正在开着花，花的颜色同二月兰一模一样，所差的就仅仅只缺少那一团白雾。我实在觉得我这个幻觉非常有趣。带着清醒的意识，我仔细观察起来：除了花形之外，颜色真是一般无二。反正我知道了这是两种植物，心里有了底，然而再一转眼，我仍然看到二月兰往枝头爬。这是真的呢？还是幻觉？一由它去吧。

自从意识到二月兰存在以后，一些同二月兰有联系的回忆立即涌上心头。原来很少想到的或根本没有想到的事情，现在想到了；原来认为十分平常的琐事，现在显得十分不平常了。我一下子清晰地意识到，原来这种十分平凡的野花竟在我的生命中占有这样重要的地位。我自己也有点吃惊了。

我回忆的丝缕是从楼旁的小土山开始的。这一座小土山，最初毫无惊人之处，只不过二三米高，上面长满了野草。当年歪风狂吹时，每次"打扫卫生"，全楼住的人都被召唤出来拔草，不是"绿化"，而是"黄化"。我每次都在心中暗恨这小山野草之多。后来不知由于什么原因，把山堆高了一两米。这样一来，山就颇有一点山势了。东头的苍松，西头的翠柏，都仿佛恢复了青春，一年四季，郁郁葱葱。中间一棵榆树，从树龄来看，只能算是松柏的曾孙，然而也枝干繁茂，高枝直刺入蔚蓝的晴空。

我不记得从什么时候起我注意到小山上的二月兰。这种野花开花大概也有大年小年之别的。碰到小年，只在小山前后稀疏地开上那么几片。遇到大年，则山前山后开成大片。二月兰仿佛发了狂。我们常讲什么什么花"怒放"，这个"怒"字用得真是无比地奇妙。二月兰一"怒"，仿佛从土地深处吸来一股原始力量，一定要把花开遍大千世界，紫气直冲云霄，连宇宙都仿佛变成紫色的了。

东坡的词说："人有悲欢离合，月有阴晴圆缺，此事古难全。"但是花们好像是没有什么悲欢离合。应该开时，它们就开；该消失时，它们就消失。它们是"纵浪大化中"，一切顺其自然，自己无所谓什么悲与喜。我的二月兰就是这个样子。

然而，人这个万物之灵却偏偏有了感情，有了感情就有了悲欢。这真是多此一举，然而没有法子。人自己多情，又把情移到花，"泪眼问花花不语"，花当然"不语"了。如果花真"语"起来，岂不吓坏了人！这些道理我十分明白。然而我仍然把自己的悲欢挂到了二月兰上。

当年老祖还活着的时候，每到春天二月兰开花的时候，她往往拿一把小铲，带一个黑书包，到成片的二月兰旁青草丛里去搜挖荠菜。只要看到她的身影在二月兰的紫雾里晃动，我就知道在午餐或晚餐的餐桌上必然弥漫着荠菜馄饨的清香。当婉如还活着的时候，她每次回家，只要二月兰正在开花，她离开时，她总穿过左手是二月兰的紫雾，右手是湖畔垂柳的绿烟，匆匆忙忙走去，把我的目光一直带到湖对岸的拐弯处。当小保姆杨莹还在我家时，她也同小山和二月兰结上了缘。我曾套宋词写过三句话："午静携侣寻野菜，黄昏抱猫向夕阳，当时只道是寻常。"我的小猫虎子和咪咪还在世的时候，我也往往在二月兰丛里看到她们：一黑一白，在紫色中格外显眼。

所有这些琐事都是寻常到不能再寻常了。然而，曾几何时，到了今天，老祖和婉如已经永远永远地离开了我们。小莹也回了山东老家。至于虎子和咪咪也各自遵循猫的规律，不知钻到了燕园中哪一个幽暗的角落里，等待死亡的到来。老祖和婉如的走，把我的心都带走了。虎子和咪咪我也忆念难忘。如今，天地虽宽，阳光虽照样普照，我却感到无边的寂寥与凄凉。回忆这些往事，如云如烟，原来是近在眼前，如今却如蓬莱灵山，可望而不可即了。

对于我这样的心情和我的一切遭遇，我的二月兰一点也无动于衷，照样自己开花。今年又是二月兰开花的大年。在校园里，眼光所到之处，无不有二月兰在。宅旁，篱下，林中，山头，土坡，湖边，只要有空隙的地方，都是一团紫气，间以白雾，小花开得淋漓尽致，气势非凡，紫气直冲霄汉，连宇宙都仿佛变成紫色的了。

这一切都告诉我，二月兰是不会变的，世事沧桑，于它如浮云。然而我却是在变的，月月变，年年变。我想以不变应万变，然而办不到。我想学习二月兰，然而办不到。不但如此，它还硬把我的记忆牵回到我一生最倒霉的时候。在"十年浩劫"中，我自己跳出来反对北大那一位"老佛爷"，被抄家，被打成了"反革命"。正是在二月兰开花的时候，我被管制劳动改造。有很长一段时间，我每天到一个地方去捡破砖碎瓦，还随时准备着被红卫兵押解到什么地方去"批斗"，坐"喷气式"，还要挨上一顿揍，打得鼻青脸肿。可是在砖瓦缝里二月兰依然开放，怡然自得，笑对春风，好像是在嘲笑我。

我当时日子实在非常难过。我知道正义是在自己手中，可是是非颠倒，人妖难分，我呼天天不应，叫地地不答，一腔义愤，满腹委屈，毫无人生之趣。在很长一段时间内，我成了"不可接触者"，几年没接到过一封信，很少有人敢同我打个招呼。我虽处人世，实为异类。

然而我一回到家里，老祖、德华她们，在每人每月只能得到恩赐十几元钱生活费的情况下，殚思竭虑，弄一点好吃的东西，希望能给我增加点营养；更重要的恐怕还是，希望能给我增添点生趣。婉如和延宗也尽可能地多回家来。我的小猫憨态可掬，偎依在我的身旁。她们不懂哲学，分不清两类不同性质的矛盾。人视我为异类，她们视我为好友，从来没有表态要同我划清界限。所有这一些极其平常的琐事，都给我带来了无量的安慰。窗外尽管千里冰封，室内却是暖气融融。我觉得，在世态炎凉中，还有不炎凉者在。这一点暖气支撑着我，走过了人生最艰难的一段路，没有堕入深涧，一直到今天。

我感觉到悲，又感觉到欢。

到了今天，天运转动，否极泰来，不知怎么一来，我一下子成为"极可接触者"。到处听到的是美好的言辞，到处见到的是和悦的笑容。我从内心里感激我这些新老朋友，他们绝对是真诚的。他们鼓励了我，他们启发了我。然而，一回到家里，虽然德华还在，延宗还在。可我的老祖到哪里去了呢？我的婉如到哪里去了呢？还有我的虎子和咪咪到哪里去了呢？世界虽照样朗朗，阳光虽照样明媚，我却感到异样的寂寞与凄凉。

我感觉到欢，又感觉到悲。

我年届耄耋，前面的路有限了。几年前，我写过一篇短文，叫《老猫》，意思很简明，我一生有个特点：不愿意麻烦人。了解我的人都承认的。难道到了人生最后一段路上我就要改变这个特点吗？不，不，不想改变。我真想学一学老猫，到了大限来临时，钻到一个幽暗的角落里，一个人悄悄地离开人世。

这话又扯远了。我并不认为眼前就有制订行动计划的必要。我还有很多事情要做，而且我的健康情况也允许我去做。有一位青年朋友说我忘记了自己的年龄。这话极有道理。可我并没有全忘。有一个问题我还想弄弄清楚哩。按说我早已到了"悲欢离合总无情"的年龄，应该超脱一点了。然而在离开这个世界以前，我还有一件心事，我想弄清楚，什么叫"悲"？什么叫"欢"？是我成为"不可接触者"时悲呢？还是成为"极可接触者"时欢？如果没有老祖和婉如的逝世，这问题本来是一清二白的。现在却是悲欢难以分辨了。我想得到答复。我走上了每天必登临几次的小山，我问苍松，苍松不语；我问翠柏，翠柏不答。我问三十多年来目睹我这些悲欢离合的二月兰，她也沉默不语，兀自万朵怒放，笑对春风，紫气直冲霄汉。

1993 年 6 月 11 日写完

老温德

◎ 张中行

这说的是 1923 年起来中国，在中国几所大学（主要是北京大学）教了六十多年书，最后死在中国、葬在中国的一个美国人，温特教授。温特是译音，我看过两篇介绍他的文章，都用这译音名，可是同我熟的一个海淀邮局的邮递员李君却叫他老温德。我觉得李君的称呼显得朴实、亲切，不像温特教授那样有场面气。后来听北大外文系的人说，系里人也都称他老温德。这中文名字还大有来头，是吴宓参照译音拟的，推想取义是有温良恭俭让之德。这会不会有道学气，比场面气更平庸？我想，在这种地方，还是以不深文周纳为是，所以还是决定称他老温德。老温德来中国，先在南京东南大学教书，两年后来北京，到清华大学教书。其后，抗战时期，随清华到昆明西南联大，胜利后回北京，直到解放后，1952 年高等学校院系调整，因为他是教文学方面课的，所以划归北京大学。我 30 年代初在北京大学上学，其时他在清华大学任教，我没听过他的课，直到 70 年代初，不只同他没有一面之识，连他的名字也不知道。为什么想写他呢？是因为 1971 年春夏之际，我自干校改造放还，大部分时间住在北京大学朗润园（在校园东北部），他的住所在朗润园西端石桥以西，住得近，常常在湖滨的小路上相遇，有招手或点头之谊，又他的生活与常人不尽同，使我有时想到一些问题，或至少是他升天之后，看到人非物也非，不免有些怅惘，所以想说几句。

关于他，有大节，依中国的传统，排在首位的应该是"德"。他正直，热情，同情弱者，为朋友不惜两肋插刀。生活境界也高，热爱一切美和善的，包括中国的文化和多种生活方式，绘画、音乐等更不用说。其次是学识，他通晓英、法、德、西班牙、希腊、拉丁几种文字，对西方文学的各个方面都有深入的研究，开过多种课，都讲得好。再次是多才与艺，比如游泳，据说他能仰卧在水面看书。所有这些，介绍他的文章都已经着重写了，也就可以不再说。

剩下可说的就只有我心目中的他，或者说，我的印象。我最初看见他，以1971年计，他生于1887年，其时已经是83岁。朗润园的布局是，一片陆地，上有宫殿式建筑，四处有形状各异、大小不等而连起来的湖水围着。湖以外，东部和北部，北京大学新建了几座职工宿舍楼；西部有个椭圆形小院，西端建了一排坐西向东的平房。湖滨都是通道。老温德住西部那个小院，我住东部的楼房，出门，沿湖滨走，路遇的机会就非常多。他总是骑自行车，不快，高高的个子，态度虽然郑重而显得和善。问别人，知道是教英语的温特，一个独身的美国老人。日子长了，关于他就所知渐多。他多年独身，同他一起住的是一对老而不很老的张姓夫妇，推想是找来做家务活的。夫妇居室，人之大伦，自然就不免生孩子，到我注意这个小院的时候，孩子大了，还不止一个，也都在一起住。院子不算小，春暖以后，直到秋末，满院都是花，推想是主人爱，张姓夫妇才这样经管的。饮食情况如何，没听说过，只听说这老人喝牛奶多，每天要五六瓶。还吃些很怪的东西，其中一种是糠，粮店不卖，要到乡下去找。我想，他的健壮、高寿，也许跟吃糠有关系，但吃的目的是健消化系统，还是补充什么营养，我不知道。

连续有十年以上吧，他，就我看见的说，没有什么大变化。还是常骑自行车在湖滨绕，可是回到他那个小院就关在屋里，因为我从院门外过，总要往里望望，看不见他。后来，是他跨过90岁大关以后，生活有两种显著的变化。一种是不知为什么，在小院内的靠北部，学校给他修建了较为高大的北房，大概是三间吧，外罩水泥，新样式的。另一种是，仍然在湖滨绕，可是自行车换为轮椅，由张家的人推着。体力显然下降了，面容带一些颓唐。这一带住的人都感到，人不管怎样保养，终归战不过老；但都希望他能够活过百岁，也觉得他会活过百岁。后来，湖滨的路上看不见他了，到1987年初，实际活了99岁多一点，与马寅初先生一样，功亏一篑，未能给北京大学的校史增添珍奇的一笔，走了。

听邮递员李君说，老温德像是在美国也没有什么亲属，为什么竟至这样孤独呢？独身主义者？至少是早年并不这样，因为刘烜写的一篇传记里有这样的话：

> 我注意到，闻一多［20年代初在美国与老温德结识，成为好友，老温德来清华任教是他推荐的，他遭暗杀后，骨灰多年藏在老温德住所］书信中还说过，温特教授"少年时很浪漫"。我们的视线一起扫过这几个字，好几次了，他从不作解释，也没有否认，我就不便追问了。[①]

传记的另一个地方又说，还是在美国时候，不老的温德（而立与不惑之间），住屋的床上放一个大铁磬，他向闻一多介绍铁磬的用处是："夜里睡不着觉时，抱起磬，打着，听它的音乐。"我想这用的是佛家的办法，如唐人常建咏《破山寺后禅院》尾联所说："万籁此俱寂，惟闻钟磬音。"这种磬音，粗说是能使心安，细说是能破情障的。如果竟是这样，这先则浪漫，继而以钟磬音求心安，终于一生不娶，心情的底里是什么情况呢？曾经沧海难为水吗？还是如弘一法师的看破红尘呢？不管是什么情况，可以推想，情方面的心的状态一定隐藏着某种复杂。

心里藏而不露的是隐私，也可以推想，任何人，或几乎任何人，都有，甚至不少。也许只是由于"己所不欲，勿施于人"，除了少数有调查癖的人以外，都视搜求或兼宣扬别人的隐私为败德。何况德在知的方面也还有要求，是"不知为不知"。所以对于老温德的生活，谈到"浪漫""独身"之类就宜于止步。但是

---

① 刘烜：《温特教授——记一位洋"北京人"》，载中国人民政治协商会议北京市委员会文史资料研究委员会编、舒乙主编《京华奇人录》，北京出版社，1992，第65—66页。

这"之类"又使我想到一些问题，虽然经常不在表面，却分量更重，似乎也无妨谈谈。

说分量重，是因为一，更挂心，二，更难处理。古人说，饮食男女，这更挂心、更难处理的问题不是来自饮食，而是来自男女。与饮食相比，在男女方面，人受天命和社会的制约，求的动力更强烈，满足的可能，轻些说是渺茫，重些说是稀少以至于没有。显然，这结果就成为：饮食方面，如果有富厚为资本，盖棺之前，可以说一句"无憾"；男女方面，不管有什么资本，说一句"无憾"就太难了。有憾是苦，这来自人生的定命。有人想抗，其实是逃，如马祖、赵州之流，是否真就逃了，大概只有他们自己能知道吧？绝大多数人是忍，有苦，咽下去。老温德是用钟磬音来化，究竟化了多少呢？自然也只有他自己能知道。

一般人的常情是不逃，也不化，并且不说，藏在心里。这样，人的经历，其中少数写成史传，就应该是两种：一种是表现于外的，甚至写成文字的，自己以外的人能看见，或进一步，评价；一种是藏在心里的，不说，极少数脱胎换骨写成文字（如诗词和小说），总之还是非自己以外的人所能见。假定社会上"马班"多，人人都有史传，这史传也只能是前一种，"身史"，而不是后一种，"心史"。这心史，除自己动笔以外，大概没有别的办法。自己动笔，困难不在内（假定有动笔能力）而在外，这外包括社会礼俗和有关的人（也因为受礼俗制约）。能不能扔掉礼俗呢？这就会碰到变隐为显应该不应该、利害如何等大问题。俟河之清，人寿几何，我们也就只能安于看看身史而不看心史了。

身史和心史，有没有一致的可能？大概没有。可以推想，以荣辱、苦乐的大项目为限，比如身史多荣，心史就未必是这样；身史多乐，心史就未必是这样。以剧场为喻，身史是前台的情况，心史是后台的情况，只有到后台，才能看到卸妆之后的本色。可惜我们买票看戏，不能到后台转转，也就只好不看本色而只看表演了。可见彻底了解一个人，或说全面了解一个人，并不容易；对于老温德，因为他的经历不同于常人，我就更有这样的感觉。

还是安于一知半解吧。他走了，虽然差一点点未满百岁，终归是得了稀有的高寿，以及许多人的尊敬和怀念。他多年独身，但他曾经浪漫，希望这浪漫不只给他留下苦，还给他留下甜蜜的记忆。他没有亲属，走了以后，书籍、衣物，也许还有那个铁磬，如何处理呢？我没有问什么人，只是从他那小院门外过的时候，总要向里望望。先是花圃零落了；继而西房像是无人住了；至多四五年吧，西房和北房都拆掉，小院成为一片废墟。人世就是这样易变，从小院门外过的年轻人不少，还有谁记得在里面住几十年的这位孤独的人吗？真是逝者如斯夫！

原载《读书》1993 年第 7 期

（张中行，曾住朗润园 11 公寓）

朗润园情怀二篇

◉ 乐黛云

忧伤的小径

要说描绘燕园之美，我想当今是没有一个人能赶得上季羡林先生的了。在先生笔下，燕园的美实在令人心醉。"凌晨，在熹微的晨光中……初升的太阳在长满黄叶的银杏树顶上抹上了一缕淡红"；暮春三月，办公楼两旁的翠柏"浑身碧绿扑人眉宇，仿佛是从地心深处涌出来的两股青色的力量。喷薄腾越，顶端直刺蔚蓝色的晴空"。两棵西府海棠"枝干繁茂，绿叶葳蕤"，"正开着满树繁花，已经绽开的花朵呈粉红色，没有绽开的骨朵呈鲜红色，粉红与鲜红，纷纭交错，宛如天边的粉红色彩云"；还有那曾经笑傲未名湖幽径的古藤萝，初绽出来的一些淡紫的成串的花朵，在绿叶丛中微笑。我最喜欢的是先生笔下的二月兰！二月兰是种常见的野花，花朵不大，紫白相间，花形和颜色都没有什么特异之处。然而，每到春天，和风一吹拂，校园内，目光所到处就无处不有二月兰在。这时，"只要有空隙的地方，都是一团紫气，间以白雾，小花开得淋漓尽致，气势非凡，紫气直冲云霄，连宇宙都仿佛变成紫色的了"。

先生居住在未名湖后湖之滨的朗润园多年，每天在这沿湖的小径上散步，欣赏着四周美丽的景色。1997 年，我也从中关园搬来，成了先生的近邻。但我已无缘再看到当年先生所写的美景。那棵"笑傲未名湖幽径"的古藤萝早已被人拦腰砍断，两棵"枝干繁茂，绿叶葳蕤"的西府海棠也已不见踪影。曾经"气势非凡，紫气直冲云霄"的二月兰，如今只剩下稀稀落落的几小丛，散布在癞痢头一般的荒草地上。随便进入北大校园剜野菜的人实在太多了，吃野菜也是时尚！二月兰首当其冲，它碧绿鲜嫩，又常是成片生长，便于人们一网打尽。

如今，先生已离我们远去，碧绿的未名湖后湖好像哭干了眼泪，已经全然干涸；先生手植、被周一良教授命名为"季荷"的荷花，曾经年年盛开，去年独独只开三朵，恰似为先生送行；今年由于湖水全无，湖底杂草丛生，勤劳的人们早已种上了老玉米。可怜的"季荷"已是玉殒香消，踪影全无。我不忍再走这条小径，我不能不想起先生的生前生后，物是人非，心里总是涌现出两句诗："好景已随先生去，此处空余朗润楼！"

魂归朗润园

季羡林先生终于离开了他久住的医院，平静，安详，没有痛苦，也没有现代各种医疗器械的折磨！我私心总以为先生是重返他住过几十年的朗润园 13 公寓旧居，又再与我为邻。我总觉得先生和过去一样，正漫步在那条美丽的湖畔幽径，悲伤地凭吊那棵无端被拦腰劈断的老紫藤；我仿佛又看见先生坐在湖边家门前那张简朴的长椅上，时而和邻家重孙辈小孩儿嬉笑，时而远眺夕阳，默默沉思。他热爱这周遭的一切，特别是春日沿湖盛开的二月兰。二月兰，联系着先生的生命体验和他的哲思。先生写道：二月兰一怒放，"仿佛从土地深处吸来一股原始力量，一定要把花开遍大千世界，紫气直冲云霄，连宇宙都仿佛变成紫色"。每当读到这里，我就不禁想起鲁迅写的"猛士出于人间"，天地为之变色，想起在各种逆境中巍然屹立的伟大人格，也仿佛看到了先生的身影。先生曾在二月兰花丛中，怀念早逝的爱女，目送她"穿过左手是二月兰的紫雾，右手是湖畔垂柳的绿烟，匆匆忙忙走去，把我的目光一直带到湖对岸的拐弯处"，也曾充满爱怜地回忆"一黑一白，在紫色中格外显眼"的"我的小猫虎子和咪咪"。先生赞美二月兰说："应该开时，它们就开；该消失时，它们就消失。它们是'纵浪大化中'，一切顺其自然，自己无所谓什么悲与喜。我的二月兰就是这个样子。"先生将自己的人格和灵魂移情投射到平凡美丽的二月兰之中。他曾在这开满了二月兰的湖滨，满怀深情地咏叹着那种淡定而美好的生活："午静携侣寻野菜，黄昏抱猫向夕阳，当时只道是寻常。"这一切曾经是"寻常"，又是多么"不寻常"啊！

今天，先生亲手播种的荷花（季荷）正在盛开，比往年都开得多而鲜艳；远来的白鹭和野鸭在沿湖沼泽中低回，仿佛在等待什么人；柳树丛中的杜鹃，声声呼唤着"归来"。我和它们一样，平静地等待着先生魂归朗润园！我总觉得我一定会在哪一个拐弯、哪一张长凳上与先生突然相遇！

先生一直十分关爱我，是我的最后一个父辈。一个人，不管年纪多大，只要有一个真心视为父辈的长者在身边，就会觉得自己还是孩子，可以犯错误，可以"童言无忌"，直抒胸臆。30年过去，先生就是这样，耳提面命，时而批评，时而表扬，带我一路走来！

记得是1980年的一天，先生突然对我说起，应在北京大学成立比较文学学会和比较文学中心，经过讨论，他担任了两个新组织的领导者，我则充当了跑腿的马前卒。那时，正在编撰的《中国大百科全书·外国文学卷》原没有"比较文学"这个条目，先生坚持必须加上，并命我撰写。这就给了我一个全面研究这一学科的机会，从此走上了比较文学的不归路。先生一再强调："有了比较，多了视角，以前看不到的东西能看到了，以前想不到的问题能想到了，这必能促进中国文学的研究。而且，更重要的是，要让世界比较文学界能听到中国的声音。这一件事情的重要意义，无论如何也决不能低估！"当遇到困难时，先生总是鼓励我们："中国比较文学学者的脚底下，从没有现成的道路，只要我们走上去，锲而不舍，勇往直前，在个别时候，个别的人，也可能走上独木桥，但是最终会出现康庄大道。这一点我是深信不疑的。"1985年，全国36所大学和研究机构联手策划成立中国比较文学学会，因为是"全国"，又是"跨省组织"，我们碰了许多钉子，都无法获得批准。最后先生亲自找了胡乔木和体改委，学会才成功地在深圳如期成立。先生在会上强调比较文学所要探索的就是文学方面的文化交流，明确指出中国比较文学的第一个特点是以我为主，以中国为主；第二个特点是把东方文学纳入比较的轨道，以纠正过去欧洲中心论的偏颇。这为中国比较文学的健康发展指明了方向，奠定了基础。我沿着先生指示的方向前进，任何时候都感到背后有先生强有力的支持。

先生对我的指引，远不止于学术。2000 年先生主编《当代中国散文八大家》，命我编选《季羡林散文精选》。我有幸阅读了先生的绝大部分散文。我认为对广大人民群众来说，先生的影响远不止于他的学术，而是他数量极大的散文和透过这些散文所表现出来的理想追求和人格魅力。和先生商量，我把这本散文集命名为《三真之境——真情·真思·真美》。使我感动至深的首先是先生对祖国的一片深情，这种深情早已超越一般理性，化为先生自己的血肉，化为发自内心的纯情。以这样的热忱作为生活的动力，生活就会色彩烂漫而又晶莹透明。古今多少文字"灰飞烟灭"，唯有出自内心的真情之作，永世长存，并永远激动人心。如郭店竹简《性自命出》所说："凡声，其出于情也信，然后其入拨人之心也厚。"正是心怀这样的挚情，人就可能于绝处逢生。记得先生的一小段散文是："这枯枝并不曾死去，它把小小的温热的生命力蕴蓄在自己的中心，外面披上刚劲的皮，忍受着北风的狂吹，忍受着白雪的凝固，忍受着寂寞的来袭，切盼着春的来临。"这些话给过我那么多亲切的希望和安慰，助我度过严冬。时隔四十余年，我至今仍难忘怀。"爱国、孝亲、尊师、重友"，这是先生所有散文最根本的主题。先生临去前一天接见一位拟编《少年季羡林》的编辑时，曾将这八个字接连重复了三遍。这是先生心心念念，要传之后辈并流传永远的嘱托。

七月流火，朗润园处处洋溢着先生移情寓意于二月兰的那种"要把花开遍大千世界，紫气直冲云霄"的蓬勃生命力。我和朗润园的大自然一起敞开心扉迎接先生归来。

2009 年 7 月 13 日于朗润园

（乐黛云，曾住朗润园 13 公寓）

燕巢之恋

——我在燕园住过的几所院宅

◉ 谢冕

筒子楼"万家灯火"

20 世纪 50 年代中期我落脚燕园，不觉已过了一个多甲子。其间有 5 年时间住学生宿舍，分别是十三斋、十六斋、二十九斋、三十二斋。当年北大宿舍都叫斋，斋者，书斋之谓也，这称呼很雅致，听起来仿佛飘着淡淡的书香。后来大概是觉得这称呼不够"革命"，斋统统改成楼。这一改，原先的一点文气也消失殆尽了。与此同时改名的，还有燕京大学初建时命名的湖边七斋。这七斋，分别是德、才、均、备、体、健、全。后来这些斋，也通通变成了"楼"——红一楼、红二楼，一列数字枯燥地排列下去。50 年代改名是一种"时尚"，许多著名的地名，都超前几十年实现了"数字化"。例如北京和全国的中学，也都是一二三四连串乏味的数字排列。所幸燕园周遭的那些前朝留下的园林，除了"史无前例"的那段时日有过短暂的"新命名"，大抵还是保留了原有的园名。因为我在北大工作的时间长了，许多旧园也都住过，它们也都是沿袭旧名。需要解释的是，前述的斋中，多数都是学生宿舍，唯有十六斋例外，是改造了用以接纳新职工的"婚房"。新中国成立初期，学校大发展，新职工结婚后没有住房，临时改学生宿舍予以安置。十六斋即其中之一。60年代，我刚毕业，结婚，生子，没有家属宿舍，也在这里"筑巢"。十六斋二楼的一间12平方米的房间，成了我在北大最先的家属房。

十六斋位于校中心著名的三角地。楼三层，一家一间，平均分配。没有厨房，也没有单独的卫生间。楼道即是厨房，那时都烧煤，各家门前安放各自的煤球炉；煤饼，厨具，拖把，等等，也都在门边安家。每个楼层有一间"公厕"，校方规定，一、三层为男厕，女厕在二层。那时条件如此，大家也都满意，因为毕竟有了一个"窝"。今天看来"不可理喻"的当时却是寻常。记得当时成为邻居的，有校工厂的工人，有校医院的医生、护士，更多的，则是刚毕业参加工作的年轻教师。依稀记得，罗豪才、沙健孙，可能还有王选，都住过。

楼道成了厨房，早晚生火，烟熏火燎，菜香飘扬，甚是热闹。邻居久了，彼此熟悉，南方人北方人，口味相异，各做各的，每日似乎都在进行厨艺比赛。时有美食，亦曾彼此分享。葱蒜油盐，缺了互通，如同一家。居间狭窄，互谅互让，少有龃龉，毕竟是读书人。这样的日子，有好多年。我的儿子谢阅在此诞生，当时妻子在读王瑶先生的研究生，要做学业，更请不起保姆，就把岳母请来照看孩子，一间房竟住进了三代人！一晃，也是三四年。苦是苦，也有难得的欢愉。

朗润园旧日烟景

我有属于自己的宿舍是60年代中叶的事。那时，沿朗润园湖岸盖起了六七栋宿舍楼。楼高四层，分配我住的是12公寓三层一间房。一个单元共四间房，一下子住进了三家人：化学系一家三代人（姥姥，夫妻，二女一男），住一个较大的套间；我们已有孩子，住朝阳的一间；地球物理系一对年轻夫妇，住朝北的一间。一个单元总共约七十平方米，共用一个厨房，共用一个厕所，记得有一个没有热水的淋浴设备，也是三家共用。这次乔迁，我们终于告别了"万家灯

朗润园 12 公寓

火"的筒子楼。虽然依然窄狭，做饭，洗浴，特别是如厕，都要"排队"，邻居一个小孩，喜欢在厕所"引吭高歌"，我们也要耐心等待。困难，却总算是有了一个相对封闭的自我空间了。

朗润园位于燕园北，属于后湖地区，是前清旧园。山间有亭，也是旧物，记得还有恭亲王奕訢的题额，这里有皇亲贵戚的别业，亭台楼阁，皇家气派，特别是临水的美人靠，让人喜悦。朗润园是一座四水环绕的岛，西山那边的水流经挂甲屯，注入朗润园，这一带因之顿现湖光山色的美景。明人米万钟有诗曰"更喜高楼明月夜，悠然把酒对西山"，应该是此地当日风景。

我入住朗润园不久，吴组缃和陈贻焮两位先生也成了我的邻居。不过，他们的住房比我宽敞，是独住一个单元。与我比邻的，还有季羡林、金克木、季镇淮等先生。他们和我一样住的是新盖的公寓。令我特别羡慕的有两家住房，一家是温德先生，美国人，单身，终生都住燕园。温德先生家是一个半四合院，温住正房，厢房住着中国佣人一家。温德先生不仅是一位学者，还是一位营养学家，他在院里种了许多鲜花和蔬菜。温德先生 90 岁还骑自行车，还能在游泳池仰泳。

另一家则更美，是孙楷第先生家。前面我说过朗润园是一个岛，孙家更绝，独占了一个岛中之岛。几间平房，前后树林，亦是四面环水，宁静如村居，有小木桥通达。20 世纪某个年代，消息传来说，现任教授可以自费修缮入住，我和一位同事曾动念两家合资修缮此岛，终未如愿。梦想成真的，倒是后来我主持北京大学中国诗歌研究院，在当时校长周其凤和校友骆英的全力支持下，在濒临孙楷第小岛左近，盖了作为诗歌研究院办公场所的采薇阁。我为此写过《采薇阁记》，并以石铭之。

我在朗润园住过的日子是动乱年月。12 公寓靠近院墙，墙内北大，墙外清华，日间喊声动地，夜间枪声时起，日子过得提心吊胆。住房西边，紧挨着北招待所，它当年是"梁效"驻地，讳莫如深，让人避之不及。灾难的岁月，给我的内心留下了深深的伤痕。而最深最深的疼痛，却是时常涌现儿子在湖上玩自制冰车的背影，这背影永远地消失在烽烟弥漫的岁月。永远不再。

蔚秀园听十里蛙鸣

燕园是北大现今校园的通称，它的基本版图是原先燕京大学的校园旧址。当年司徒雷登校长为建校多方奔走，筹募资金，斯园始成，令人铭感。北大人驻燕园之后，燕大原先的规模跟不上现实发展的需要，于是有了在附近园区寻"空地"建房的思路。朗润园沿湖的楼群即是开端。到了七八十年代，这种思路就延展到了此刻的蔚秀园，也包括嗣后的畅春园和承泽园。一切也如朗润园一样，在湖边找"空地"建房。这样一来，原有的园林格局毁坏无存，而受益的却是我们这些渴求"蜗居"者。

蔚秀园原先的主人不可考，可以确定的是非一般的人。此园正对着如今北大的西校门，中间隔着当日由西直门通往圆明园的御道，如今也是由北京城里去往北大、清华、颐和园和香山的必经之途。蔚秀园呈现的也是一派旧日皇家园林的气象，它的特点是在当日京畿的郊野造出迷人的水乡烟景。园内溪流宛转，有山，山间有亭；有水，水上有桥；有岛，岛上绿树环绕，村居隐然其中。为了盖楼，砍树，修路，毁弃稻田，填塞河道。顷刻之间，蔚秀之风光丧失几尽。记得当年，我们步行出游圆明园，往往出西校门穿越蔚秀园。田间道旁，芦苇摇曳，菓荷凝香，稻田夹岸，让人仿佛回到了遥远的江南。当时盖楼，为了扩展面积，将原先的河道改为水泥暗沟，偶尔还能见到贪玩的野鸭"偷渡"暗沟的身影，见此，掩不住的心酸，它们是在寻找失去的家园吗？

但当时在我，却是另一番心情。日盼，夜想，终于盼到了在燕园有自己独立住房的日子。蔚秀园21公寓顶层五楼，一个小二居成了我的新家。新居有一个简易的卫生间，没有客厅，中间过道可置一小桌，用以餐饮和接待朋友。我终于告别了三家三代人"拼居"的朗润园，开始了安适的也是宁静的教师生活。在蔚秀园，我带研究生，教学，研究，写文章。一些有限的学术成果都得益于这个相对平静的环境。当然，这难得的平静，到底还是被无法抗拒的现实打破了。在这里我曾拥有一次难忘的"因言获罪"的经历。所幸，毕竟是有着民主立校传统的北大，它以它特有的方式保护了我。

谢冕近照

蔚秀园五楼有一个可供晾衣的小小的凉台，由此可以眺望当时还是一片稻田的畅春园。那一片稻田属于海淀西苑乡——著名的京西稻的产地。高楼明月，夜景凄迷，蛙鸣起于四野。从午夜到拂晓，此起彼落，可谓彻夜狂欢。蛙唱扰人清梦，当年烦恼莫名，如今却成绝唱，思之惘然！

畅春园最后一方稻田

我宅居燕园的最后一站是畅春园，这是我的户口本注明的迁移地。畅春园是康熙驻跸郊外避喧理政之所，它的历史早于圆明园，更早于颐和园。从遗存的绘图看，园区起于现今北大西门，一路南向铺展，直抵现今的海淀苏州街、稻香园、芙蓉里一带。全园山水连绵，亭台楼阁，湖区分别以花堤连接，极一时之胜。史载，康熙曾在此延请外国老师讲授和研读天文、地理及算术等。这些前朝盛事，如今已被遮天蔽日的楼群湮没，只剩下屹立于北大西门的两座畅春园已废寺庙的山门，坚守着数百年的寂寞。

畅春园的居住条件好于以往的几处住房，三室一厅，独门独院，只是面积仍然偏小，可用面积才五十多平方米。我住一楼，有一小花园，园内种了两棵石榴，沿墙植竹，另有凌霄花爬满篱笆。我在此度过80年代最后的时光，在此迎来了90年代。

北大的畅春园区，即是康熙旧日的住所。应该说，我不慎踩了皇家的地面。在这里，我留下了刻骨铭心的记忆，如今不说也罢。印象深刻的，倒是紧挨着院墙的那一方水田。水田面积不大，似乎是有意的"留存"，告诉人们，这里曾经生产朝廷食用的贡米——著名的京西稻。稻田平时不见耕者，每隔些时，便有穿着长靴、戴着遮阳帽、骑着摩托的人们前来"打理"。这些人心知肚明：这是最后一方水田！他们不想挽留，也不能挽留。令人心痛的最后的一方水田，最后的一代"种田人"。

2021年1月6日于北京昌平北七家

（谢冕，曾住朗润园12公寓105单元）

中篇

回望背影
忆音容

与两位美学前辈相关的点滴故事

◉ 汪安

本文所说的两位美学前辈是邓以蛰先生和宗白华先生。两位先生早年在中国美学界被称为"南宗北邓"，他们晚年都居住在北京大学朗润园。

本文不涉及两位先生的学术生涯，那些离我太遥远。我只是写一点儿自己知道的与两位先生相关的事。

在20世纪六七十年代大约十多年里，我家住在北京大学朗润园10公寓，与宗先生家是近邻。我家是朗润园公寓的第一批住户，记得刚搬来的时候，楼前是高低不平的小土坡，仅有的一条土路只有一两米宽，9公寓楼前的路况更差，最窄处的宽度不足80厘米，仅够一人通过，走在路上就是一脚深一脚浅的感觉。好在这种情况没有持续很久，几个月后，楼前的路面就有了很大的改善。

虽然宗家与我家是邻居，但对于宗先生是何时搬来的，我毫无印象。据宗先生的长孙宗年说是在1961年前后。这样算来，他家与我家应该都是朗润园公寓最早的住户了。直到今天，宗年还住在朗润园公寓，从来没有搬过家，而我家则已经搬离朗润园四十多年了。

宗先生给我的最初印象是一位和蔼可亲、不在意穿着的老头儿，走路不快但很沉稳。他的手中常会拿着一根拐杖，但早先只是备用，很少拄在地上支撑

宗白华先生与夫人虞芝秀女士

身体。后来年纪大了，拐杖就派上了用场，从备用变成了必需。记得那时北大西门内的房檐下有个石头墩子，有时会见到宗先生坐在这个石头墩子上歇息，他应该是刚刚从 32 路（后改为 332 路）公交车下车进校门。我曾经对此感到困惑，以宗先生的年龄，在公交车上肯定是会有座位的，似乎没有必要刚下车就歇脚。我以为这或许是宗先生的习惯，并曾问过宗先生，但他只是笑笑，未做答复；再后来我还问过宗年，但宗年对此毫无所知。

由于与宗年的年龄相差不多，我有时会去宗家玩。那时人小不懂事，偶尔会与宗先生说几句话。宗先生性情平和，对于我的无知并不计较，时间长了，我与宗先生也就混得挺熟。其实最开始我只是觉得宗先生是个挺有意思的好老头儿，不觉得他是一位学者。再后来，我才知道宗先生是国内很有名气的美学家，有很深的专业造诣。我一直都觉得宗先生没有一点儿大教授的架子，否则他一开始就不会搭理我这样的无知顽童。

大约在 1972 年或 1973 年，我得到几张在故宫举办的"'文革'期间出土文物展"（具体名称记不清了，大致如此）的参观票，母亲告诉我宗先生可能会对此有兴趣，不妨送给他一张。于是我就不知天高地厚去询问宗先生是否愿意去看这个展览。宗先生慨然应允，并说要与我同行。

在稍后几天的一个午后，我陪宗先生一起去了故宫。公交车上人不多，有不少空座。我那时大约十六七岁，根本就不觉得累，所以没有落座，而是站在宗先生座位旁边听他说话。一开始宗先生的话不是很多，但到了城里以后，话就多起来了。他不时指着窗外，讲述此处有个饭馆以及里面有哪些好吃的东西。但实际上，有些饭馆我并没有看到。我当时想，宗先生是不是有些糊涂了，所以才会一再提起那些已经不存在的事物。但许久以后想起此事，觉得宗先生很可能是在告诉我那里曾经有一些好东西，至于它们不存在的原因，是众所周知而又不宜特别提起的。这些老一代学人真是睿智，总能通过不经意的言谈话语表达出自己想说的话。

对于那次参观的内容能记住的已经不多了，这大概是因为我当时对出土文物只是好奇，并没有很大的兴趣。现在还能记得比较清楚的是展览中众多的青铜器，以及满城汉墓出土的金缕玉衣。金缕玉衣是展览的重头戏，当时报刊上有不少相关的报道。对此想额外说上两句。我父亲生前喜好京剧。据吴征镒伯伯回忆，在清华大学读书期间，父亲与张澜庆伯伯、吴征镒伯伯等人常相约去城里看京戏，几年内去了八十多次。在科学出版社出版的《吴征镒自传》中曾提及："我们都是清寒学生，为省住宿费，当天返校。"[1]从清华大学到城里最近戏院的距离也有十多公里，那时大概没有公交车，对于他们是怎样进城的，我很好奇，但没有问过吴伯伯，不知道是否为步行。但无论如何，他们能到那么远的地方去听戏，足以说明戏瘾很大。记得小时候，收音机里经常播放马连良演唱的《甘露寺》，父亲很喜欢其中的一段唱词，有时会跟着唱几句，所以我对这段唱词就耳熟能详了。唱词中的一句是"刘备本是靖王后"，这个"靖王"正是满城汉墓墓主中山靖王刘胜。此外，我小时候特别爱看《三国演义》连环画，曾集全了整套60本书。（当然了，这些都是父亲给我买的，如果说我也做了什么，那就是催促父亲去购买新出的书，因为这些连环画是陆续出版发行的。）这套连环画中的第一本是《桃园结义》，刘备则是结义三兄弟中的大哥。也许就是出于这些缘故，我对展览中的金缕玉衣有着很深的印象。另一个较深的印象是，在一个出土的木碗中竟然留有古代的面制食品，记忆中似乎是饺子。在那么多的展品中我竟然特别记住了好吃的食品，大概与当时很缺少能够解馋的食品有关，

---

[1]　吴征镒:《吴征镒自传》,科学出版社，2014，第 238 页。

我那时实在是太馋嘴了！这对现在动辄下馆子的年轻人来说，应该是难以想象的。除了金缕玉衣，著名的长信宫灯也在展品之列。对于这个结构巧妙的灯具，我的印象是非常模糊的；此后又过了一段时间，我在一枚有关出土文物的邮票上看到了长信宫灯，才依稀回忆起曾在这个展览看过实物。幸亏那套邮票的发行与我去看展览的时间相隔不久，否则恐怕是不可能回想起来的。

那次参观对我来说只是走马观花，因为我几乎什么都不懂，即使想细看也不知道该看什么。而宗先生则对展览非常有兴趣，并给予其中的一些展品特别关注，不时还给我讲几句。可惜的是，宗先生的讲述基本属于"对牛弹琴"（在此处借用此成语只是要说明自己的无知，丝毫没有贬讽宗先生的意思）。由于我对宗先生所讲的内容不了解，基本没有留下具体的印象。现在回想起来，很有些遗憾。如果能记下宗先生讲的话，写出来应该是很精彩的。

记得宗先生对一件展品很有兴趣，仔细看了许久，并赞叹不已。这是一块主体颜色较暗的织物，由于我对它的兴趣不大，所以没有仔细看。之所以还留有一点儿印象，显然与宗先生的特别关注有关。我能记得的仅仅是这件织物整体上很昏暗，上面的图案中似乎有花和鸟。我当时还有些好奇，为什么宗先生会对这块旧布（请原谅我的无知，现在想那虽然是一种织物，却肯定不是布）感兴趣？几十年过后再回想此事，宗先生应该是从一个美学家的视角去看这件有上千年历史的文物，只可惜我已无缘再见此物了。

还有一件很巧的事，周培源先生也在那天下午去故宫观看了这个展览。周先生到达的时间比我们晚，同行的是几个学生模样的人。我当时有些困惑，周先生是科学家，为什么会有兴趣参观出土文物展呢？直到若干年后，看到报纸上关于周先生捐献文物的报道，才知道周先生不仅是杰出的科学家，同时也是文物收藏家。再往后，我还听朋友邓李捷（他的外祖父是本文稍后说到的邓以蛰先生。邓以蛰先生既是美学家，同时也是文物鉴定专家）提到周先生常去他家向邓以蛰先生请教和探讨有关文物的事，我对周先生何以会去参观文物展览的困惑从而得解。记得是周先生先看到了宗先生，并过来与宗先生握手寒暄，还交谈了一会儿。我没有听到宗先生对周先生说了些什么，但有些内容应该与我有关。因为接下来周先生也与我握了握手，还让我代问我母亲好，这让我感到很意外。我虽然经常在北大校园里见到周先生，但却不知道周先生认识我母亲。

回家后我将此事告知母亲，母亲说她不仅认识周先生，而且还算熟识；母亲还告诉我周先生是一位有正义感的好人。（这里顺带说一句题外话，若干年后，周先生曾给母亲送去了一张五一劳动节的游园通票，使母亲甚为感动。毕竟在父亲去世后的那些年，关心我们母子的人并不很多。尽管母亲没有去参加五一的游园活动，却把这张票保存了起来。）在参观展览后，周先生邀请宗先生和我一起搭他们乘坐的面包车回北大。记忆中这是我第一次乘坐面包车，感觉很新奇。在车上，周先生问我是否知道吴征镒的近况。（这应该是我第一次听人提到吴征镒伯伯的名讳。此前我只知道父亲有一位吴姓好友在昆明工作，父亲曾带我到宾馆见过他一次，我称呼他为吴伯伯，但我早先并不知道吴伯伯的名讳，也不知道吴伯伯与父亲是结拜兄弟。许多年后我才听说，张澜庆伯伯、吴征镒伯伯与父亲等人早先在清华是结拜五兄弟，后来只有他们三人到了昆明，就成了三兄弟。此事许多清华的老人都知道，周先生显然也知道。）于是我问周先生吴征镒是否在昆明工作，在得到了肯定的答复后，我告诉周先生我对于他的近况一无所知。实际上，那时正值"文革"，在父亲去世之后，我几乎不知道与父亲有关的亲友们的任何消息。至于"文革"结束之后，吴伯伯与我建立了联系，那已是后话了。之所以我能对偶遇周先生的这段往事记得很清楚，可能是由于当时在我的心目中，周先生算是个大人物吧。对于一个孩子来说，与大人物有关的事件往往会在脑海中留下较深的印记。关于偶遇周先生一事，我后来向马志学大哥讲过，并想请马大哥问问他的发小周如苹（周培源先生的幼女）是否知道此事，我一直认为那几个学生模样的人中有周如苹。但由于当时周如苹已病重，此事也就没有下文了。

　　另一件与宗先生有关的事，应该与那次参观展览的时间相近，最多也不会相差一两年。我的一位喜好文学写作的中学好友把一首咏秋的诗给我看，我很喜欢，就抄录了下来。该诗内容我至今还记得，是一首七言律诗，内容如下：

岁岁辞伏七月中，时临处暑百花穷。
午间初爽夏方去，晨晓微寒秋欲浓。
南遁鸿鹄弃北土，东遗赤叶笑西风。
休悲此季阑珊景，待看明春草木荣。

时间距今已有半个世纪了，我以为自己的记忆大致是不差的，但并不排除个别字句存在些许出入。我一直认为这首诗是那位中学好友初涉诗文的习作，并曾就此询问过他，但他对于当时具体情况的记忆已不是很清楚了。

记得一日突发奇想，我带着这首诗去了宗先生家，可能是想听听先生的看法，抑或是希望听到赞扬，毕竟作者是我的好友。宗先生看了这首诗后，先问了我一句话："南遁鸿鹄弃北大"是什么意思？我一惊，觉得诗并不是这样写的，于是仔细看了一下自己抄录的诗文，发现我抄写时的字迹有些潦草，"土"字下面的那一横写得不直，看上去很有些像"大"。于是对宗先生解释那个字是"土"而不是"大"。宗先生仔细地看了看，然后发出了爽朗的笑声，接下来就给我讲了一会儿关于古诗词的平仄及韵律。我虽然此前知道写诗要押韵，却不知道其中竟然有这么多的讲究。由于知识匮乏，我只能似懂非懂地听宗先生讲。不巧的是，在讲述过程中，宗先生家来了客人，记得是北大哲学系的杨辛老师。于是我就告别宗先生回家了。后来我没有再向宗先生提过那首诗，所以不知道宗先生对那首诗的看法。

实际上，我当时带那首诗给宗先生看确实只是突发奇想，根本就不知道宗先生曾经是位诗人。若干年后，我才知道宗先生不仅是哲学家和美学家，还是一位诗人。他既写过旧体诗，也写了很多新诗。宗先生曾在《我和诗》一文中，提到过他最早写的三首旧体诗，现将其中一首抄录如下：

> 石泉落涧玉琮琤，人去山空万籁清。
> 春雨苔痕迷屐齿，秋风落叶响棋枰。
> 澄潭浮鲤窥新碧，老树盘鸦噪夕晴。
> 坐久浑忘身世外，僧窗冻月夜深明。[①]

从《我和诗》一文中的内容可以推算，宗先生写这首诗时只有十多岁，但已是颇见功力了。不仅如此，宗先生在主编五四时期的著名副刊《学灯》时，还发现了当时没有太大文名的郭沫若，尽管郭沫若比宗先生还要年长几岁。在1920

---

① 宗白华：《我和诗》，载《宗白华散文》，人民文学出版社，2022，第380页。

年出版的宗先生与田汉、郭沫若三人的往来通信合集《三叶集》中，有相当多的内容是论诗的。

接下来再说几句宗先生的夫人。宗夫人是位看上去很贤淑的瘦小女士，我称呼她为宗奶奶。宗奶奶平日穿着很朴素，却总是干干净净、整整齐齐。宗奶奶为人很像宗先生，随和且非常和蔼，总是面带微笑，很有些出身名门的大家闺秀风范。我一直认为宗奶奶不是很擅长做家务事，但不知这个印象最初从何而来，也许是宗先生家里一直有一位阿姨打理家务的缘故吧。此外，记得常常能见到宗先生去北大民主楼东边的镜春园小商店买东西，却从未见过宗奶奶去购物。宗奶奶曾对我说宗先生与我父亲是朋友，因此让她的小孙子宗健叫我叔叔，宗健则对此断然拒绝。我很能理解宗健的想法，并以为这样称呼确实不妥，毕竟我一直是称呼二老为宗爷爷和宗奶奶的。对于宗奶奶所说的宗先生与我父亲是朋友一事，我以前以为这是宗奶奶随便说说，毕竟我并没有父亲与宗先生有交往的印象，当然这与父亲去世时我年龄尚小有关。但前不久在整理家中的旧物时，意外发现了母亲所写的一个名单，上面所列的是在父亲的遗著出版后需要赠书的人，其中赫然出现了宗先生的名字。我感觉这个名单上既然有宗先生，或许能表明宗先生与父亲确有交往，因为除了宗先生之外，名单所列的都是与父亲熟识的人。

宗先生是 20 世纪 80 年代中期去世的，那时我已搬离朗润园公寓了。得知宗先生去世的消息后，我曾去探望了宗奶奶。记得她很伤感地说起宗先生走在了她的前面。我最怕在与别人的交谈时涉及对方的伤心事，遇到这种情况总是不知所措。我只能讪讪地安慰宗奶奶，说一些无关痛痒、丝毫不能解决问题的话。由于害怕再与宗奶奶谈及类似的话题，我此后很长一段时间都不敢去宗家。再后来听说宗奶奶也去世了，使我很有一种悲凉的伤感。

前面讲了宗白华先生，接下来讲讲另一位美学前辈邓以蛰先生。

如前所述，宗先生安家在朗润园的时间大约是 1961 年，邓先生则比宗先生更早，是在 1952 年院系调整时搬家到朗润园的。与宗先生不同的是，邓先生在朗润园的家是平房，具体位置是在朗润园湖心岛的西北角，门牌号为 159。两位老人自定居于朗润园之后都没有再搬过家，一直居住到去世。

从 159 号到我曾经居住的朗润园 10 公寓的直线距离约有两百多米。如果从北面的沿湖小路走到那里，差不多有一里多路。虽然我小时候曾为了玩耍几乎跑遍北大校园，但途经 159 号院却只有两三次。实际上，在上中学以前，我对邓先生是毫无印象的。直到上中学以后，认识了邓先生的孙子邓志平和外孙邓李捷，我们经常一块打篮球，偶尔我也去邓家看电视，这样就逐渐知道了邓先生。当时正值"文革"，出于家里的原因，我有较强的自卑感，很害怕去别人家，尤其怕直面在北大工作的成年人，主要是担心被问及自己的家庭情况。去邓家时也是如此，不敢直视邓先生，而是尽可能地回避。所以我与邓先生基本没有过直接的接触，更不像对宗先生那样还能够聊上几句。因此，在下面讲述的内容中，许多只是与 159 号相关的事。

以我最初的印象，邓先生是很严厉的，通过邓先生两个孙儿平日的言行，可以感觉邓家有良好的家教。后来我才知道，邓先生主要是通过自己在日常生活中的言谈举止，引导、教育家人如何做人做事，而不是简单地用语言说教。在《清华名师风采（文科卷）》中写了这样一个故事。抗战期间，日军占领了北平，邓先生因故滞留北平，但决不肯与日方合作。一次，一位曾经的老友来访，对邓先生炫耀其在日伪政府的职位。邓先生为此勃然大怒，愤然将这位曾经的老友赶出了家门。此事给邓先生的子女留下了深刻的印象，邓先生的长子后来成了国家英雄或许与此不无关系。我认为这才是对后代最好的教育方式。与现在社会上一些言行不一的人相比，邓先生的人格是非常高尚的。

作为老一代美学家，邓先生在国内美学界享有很高的学术地位。关于邓先生在美学方面的造诣，我以为可以借用宗白华先生在《邓以蛰先生全集·代序》中的一段话加以概括："邓先生对中国艺术传统有深入研究……他写的文章，把西洋的科学精神和中国的艺术传统结合起来，分析问题很细致。因为他精于中国书画的鉴赏，所以他的那些论到中国书法、绘画的文章，深得中国艺术的真谛。"[1] 宗先生既是美学大家，又是邓先生的至交好友，他对于邓先生学术成就的评价，应该是把握得很精准的。

邓先生有许多朋友，但他却很少外出走亲访友，基本都是朋友来家里做客。这是邓先生年轻时罹患肺病（肺结核）后养成的习惯。据我的朋友邓李捷回忆，

---

[1] 宗白华：《邓以蛰先生全集·代序》，载邓以蛰《邓以蛰先生全集》，安徽教育出版社，1998，第 1 页。

常来邓家做客的人有金岳霖、任华、王宪钧、张奚若、张颐、周培源、宗白华等先生，他们多是邓先生在清华大学任教时的同事。此外，一些爱好美学的中青年教师和学生也不时登门拜访，向邓先生请教有关学术的问题。

邓先生通晓多国文字，主要是英、日、德、法等，其中最精通的当属英文与日文，这应该与他曾先后在日本与美国留学有关。邓先生从不使用《英汉词典》《德汉词典》《法汉词典》之类基于中文的工具书，在需要的时候，总是到相应的基于英文的词典中去寻找答案。

除了美学家的专业之外，作为清代大书法家邓石如（完白山人）的五世孙，邓先生还是一位文物收藏家。1962 年，邓先生将珍藏的大量邓石如书法篆刻作品捐献给故宫博物院。在 1963 年故宫博物院举办的"邓石如诞生 220 周年纪念展览"中，展出了邓先生捐献的珍品。邓先生家中总是悬挂着一些字画，并经常更替挂出，但其中的一幅完白山人的画像却总是悬挂在家中从不更换。这应该是邓先生对先人的一种纪念方式。画像中的完白山人一副悠然自得的隐士形象，颇具仙风道骨，很容易让人联想起姜太公或陶渊明。

邓先生不仅是文物收藏家，还是文物鉴定专家，曾长期被故宫博物院外聘为专门委员。他的不少友人常会把收藏的文物拿给邓先生鉴定观赏。例如北大的老校长周培源先生，就因有收藏方面的同好而常去邓家做客，与邓先生探讨有关的话题；又如五六十年代在北大尽人皆知的洋教授温德，其住宅与 159 号仅一水之隔，直线距离只有几十米，不知是自己收藏还是受人之托，温德教授偶尔也会带一些字画到 159 号请邓先生鉴定。

由于提到了温德教授，捎带着讲一件他的趣事。如前所述，温德教授是北大尽人皆知的洋教授，早年任教于清华大学，也是在 1952 年院系调整时来到北大的。据我小时候的印象，温德教授很高大，很少步行，外出总是骑一辆看上去很坚固的外国自行车，骑行速度较慢，从未见过他快速骑行。温德教授名声很大的一个原因可能是善泳，能游多种泳姿，最奇特的是能仰面朝天、一动不动地浮在水面上休息，这手绝活儿好像没多少人会。在 60 年代末，我经常在颐和园昆明湖的游泳场游泳，曾目睹温德教授的这一绝技，感觉很神奇。但极少有人知道的是，温德教授曾经有过在水中遇险的经历。此事也是听邓李捷讲的，大致发生在 1960 年。一次，温德教授骑行在距离住宅小院只有一二十米的石桥上，可能是心不在焉的缘故，竟然连人带车直接落入水中。按说这里的水不深，大概只有几十厘米，最多也不会超过一米。对于温德教授而言，这应该完全不算个事儿，但这一次却难住了温德教授。他显然是为自行车所累，不知道是身体还是衣服的某个部位与自行车卡在了一起，致使一时难以从水中挣扎上岸。幸好邓先生的夫人在家门口看到了这一情况，赶紧向湖北岸小路上的行人呼救，及时将温德教授搭救上岸。这次经历对于温德教授来说，真可谓在阴沟里面翻了船，好在没出大事故，所以可以算得上是一件趣事了。

80年代中期，报纸上报道了两弹元勋邓稼先的事迹，同时还刊发了一些照片。这引起了我对于往事的一段回忆。在上中学时的一个傍晚，我和几位同学在北大校园里骑车回家。由于边骑边聊，精神不够集中，险些撞上一位中年人。虽然是由于我们不小心，但他并没有生气和责备我们，只是心平气和地告诉我们骑车要小心。事后，符其英同学说这人是小平（我们平时称邓先生的孙子邓志平为小平）的父亲。我以为符其英的这种说法应该是可信的，因为在中学同学中，符其英是出入邓家最多的一位。实际上，我当时也感觉那人的相貌确实与小平相似。记得后来在北大校园中又曾见过这位中年人，并且他去往的也正好是159号的方向。但直到80年代中期，我才知道小平的父亲是两弹元勋邓稼先。当时在报纸上见到了邓稼先的照片，根据我的记忆和印象，应该就是十多年前在北大校园里面邂逅的那位中年人。后来我曾与邓李捷谈及此事，他也认为我们遇到的那位中年人有很大可能是邓稼先。正好是在那段时间，邓稼先的夫人许鹿希女士去了"五七"干校，所以他常会在周末到父亲在朗润园的家中居住。

邓先生一家人都喜欢京剧。在"文革"以前，邓家经常会传出收音机中播放的京剧。而在周末，每到晚饭之后，他们一家人则会聚在一起听唱机播放交响曲，这是当时邓家的一个保留节目。受家庭的熏陶和影响，邓稼先也是个京剧迷，并常会在下班后去城里的剧场等候退票。据邓李捷说，邓稼先购买退票是很有办法的，从未出现过买不到退票不能进入剧场的情况。

关于邓稼先还有一件有趣的小事。据邓李捷说，邓稼先抖空竹的技术很高，能玩出很多别人不会的花样。早年邓家的茶壶和茶杯几乎都没有盖，因为壶盖和杯盖都让童年的邓稼先当空竹用了。尽管他的技术很高，但也难免有时会失手将"空竹"掉落地面。邓李捷自己也是很小就会抖空竹，而且是得自邓稼先的亲传。

邓先生喜好香茗，在读书看报时，常以一杯清茶为伴，以获取精神和物质的双重享受。邓先生也喜欢好酒，但从不过量。特别是晚年，常会在下午闲暇时喝一小盅，早先主要是茅台、五粮液一类的美酒，后来有时也用泡过橘子皮的二锅头酒代之。可能是受了邓先生影响，邓稼先也喜欢好酒，常会在周末带一瓶好酒回家与邓先生对饮。

由上面所讲的几件事可知，邓稼先这样的科学家并不是不食人间烟火、只会埋头搞科研的人。他们像常人一样有自己的喜怒哀乐和爱好。

159号的院子也有值得讲一讲的事。记得小时候，我与朋友在北京大学校园内游玩时曾到过此处，看到在杂草丛生的地上堆放着一些个头不小的石雕（其中有一些是浮雕）。由于小时候喜欢看《三国演义》连环画，所以朦胧地记得一些浮雕上雕刻的图案与连环画中的兵器以及盔甲有些相似。直到多年以后，这些石雕被搬离朗润园时我才听说，当年在159号院内堆放的石雕是清代皇家园林圆明园的遗物。而且浮雕上面所雕刻的并不是我小时候以为的中国古代的兵器和盔甲，而是西洋的甲胄、刀剑和枪炮。

目前，在圆明园大水法南面的观水法安放着的几个石屏风和两座汉白玉方塔，就是我小时候在159号院内见到的石雕了。

在下页上图左侧树下，可看到一块很大的石头，透过人物的间隙，还能看见另一块石头，这些都是现今安放在圆明园观水法的五个石屏风中的一部分；左下图摄于1959年前后，地点是159号院内西侧，可以从中看到四个石雕；右下图是1957年前后在159号住宅南面拍摄的，可以清楚地看到房屋前面的一座石塔。关于这些石雕早年经历了怎样的辗转过程来到朗润园，有一些不同的说法，这些都可以在互联网上查到，就不在此赘述了。这些石雕在70年代修建圆明园遗址公园时，被运回圆明园安放于其本来位置（大水法对面的观水法），供世人凭吊和观赏。值得庆幸的是，虽然这些石雕曾多年被堆放在159号院内，但却没有被损毁和盗窃。159号自1952年起一直都是邓先生家的住宅，因此可以说，对于这批文物的安好无损，邓先生及其家人起到了至关重要的作用。

下面从几个小的方面来说说邓先生与宗先生，这样或许更容易感受两位先

邓以蛰、王淑躅夫妇与子女在 159 号住宅西侧的合影（左起：邓茂先、王淑躅、
邓稼先、邓以蛰、邓仲先，摄于 1960 年前后）

159 号院内西侧（图中人为邓以蛰先生的外孙邓李捷）

159 号东南侧（石塔前站立者为邓以蛰先生的外孙女、北
大原教务长郑华炽教授之女郑慧远）

曾堆放在 159 号院内、现已回归圆明园的石雕（2016 年摄于圆明园观水法）

生的为人和特点。

邓先生与宗先生同在北大哲学系美学教研室任教，早年国内美学界有"南宗北邓"的说法。两人都是在 1952 年全国高校院系调整时来到北大的。他们不仅是同事，还是有些亲戚关系的至交好友。尽管如此，他们的风格却大不相同。宗先生是一位性情平和、笑容可掬的老人。自 60 年代初起，我家与宗先生做了十多年的邻居，我不仅从来不怕宗先生，有时还会不知天高地厚地去找宗先生闲聊，而宗先生对我的无知从不计较。邓先生是一位非常严肃、不苟言笑的威严长者，不熟悉的人往往会感到他有一种不怒自威的气质。实际上，即使在"臭老九"最倒霉的年月，有时会有附近的孩子来 159 号院捣乱，但只要邓先生出面，总能起到震慑作用，使捣乱者落荒而逃。宗先生不很讲究穿着，大概只要衣服穿上去感觉舒服就行了，比如在夏季，他有时会穿一条长过膝盖的肥大短裤，并穿一双长筒袜子。这样的装束很少见，乍看会让人感觉有些怪；而邓先生在外人面前总是穿戴得整整齐齐。再有，虽然两家都请了保姆帮工，但宗先生还是会不时前往北大镜春园的小商店购物，包括买肉买菜等；而这些是邓先生从来都不做的。在北大的老先生中，这两种风格都不乏其人。我总觉得，宗先生的风格更偏重为诗人，浪漫而不拘形迹，这或许与宗先生本来就是一位诗人有关；邓先生则更偏重为老一代的专家学者，处处透着严气正性的信息。

邓先生与宗先生晚年的交往是很频繁的。根据宗先生本人的说法："1952 年全国大学院系调整，我和邓先生都调到了北京大学，住得又很靠近，几乎天天见面。"[①] 宗先生常会在去镜春园小商店购物时绕一下路，前往邓家做客，与邓先生畅谈方方面面的事情。两位老人似乎永远有着说不完的话。据邓李捷回忆，宗先生有时会在一天之内不止一次来邓家做客。在"文革"初期，宗先生虽已年近七旬，仍被要求参加一些拔草之类的劳动。有时，宗先生在劳动之后，衣服上沾了很多土和灰尘，甚至没有来得及回家换衣服，就径直来到邓家与邓先生交谈。曾有一次，宗先生到访时，适逢张奚若先生已先来一步，正在室内与邓先生畅谈。宗先生大概与张奚若先生不是很熟，所以并未加入一起聊天，而是在邓先生家门外的敞厅坐等到张奚若先生离去。

上面提到了 159 号的敞厅，顺带也说一下这所房子。159 号的主体应该是建筑于清代的古建筑，房屋的东西北三面都有围廊，正面（南面）门前有一个很大的敞厅，特别适宜在夏季乘凉赏雨；住宅的西面和北面都是水域，向南几十米是小山，可谓依山傍水，不仅适合居住，且出门就有景可观。实际上，即使不出门，在窗前也能看到外面的湖光山色。特别是在夏季，住宅周边的鸟语花香、蝉嘶蛙鸣都能使人感到浓厚的田园气息。由于 159 号位于朗润园湖心岛的西北角，只有一条沿湖傍山的小路直达家门，通常没有外人行走，相对比较安静，很适合颐养天年。遗憾的是，在邓先生去世后不久，这所住宅被拆除了。后来虽然在住宅原址修建了一些仿古建筑，但已与当年的老房子毫无关系了。我以为，假如当年没有拆除该建筑，而是按照修旧如旧的原则进行修缮，效果会好得多。可惜这只是我个人的想法，毕竟古建筑一旦拆除，就没有可能完全恢复原状了。

本文至此结束，啰里啰唆写了这许多，希望读者看了不要太烦就好。

（汪安，曾住朗润园 10 公寓 203 单元）

---

① 宗白华：《邓以蛰先生全集·代序》，载邓以蛰《邓以蛰先生全集》，第 1 页。

父亲最后的日子

⊙ 邓小南

写下这个题目，心底再一次抽紧，平时总在憋忍着的眼泪，禁不住一下子涌了上来。

这半年来，我一直不敢想，一直不敢信，父亲真的远离我们而去了。朗润园家中他的书房、他的卧室，还是他熟悉的那些陈设；厚重的书柜中、宽大的书桌上，他常翻的书、常用的笔，也都一一照原样摆放，生怕他会临时因为找不到什么而着急。

寒冷而漫长的严冬早已过去，睡梦中，我却还是时时惊醒，问自己今天怎么还没到医院去看望病中的父亲。学校里有的老先生因病住进了友谊医院，师友们前往探望，我却不敢去，不敢踏入那以往曾经带着既焦虑又期盼的心情迈入的电梯，不敢经过那曾经如此熟悉的 8 区 10 号病房。

我也曾问自己对于这种情感是否不应放任，师长亲友也时常劝我说父亲走得尊严而又安详。可我知道，大家曾经有多少话想向他说而终于不敢；我更知道，他离开他做了一辈子的学问撒手而去是多么不甘心。

长期以来，我和父亲在一起生活，对于他执着于学术的顽强精神、他特立独行的处事原则，应该说体悟较深；但真正加深对于他的理解，还是在他患病住院的这半年中。

父亲住进医院时我正在美国。家人、师友怕我着急，起初曾把消息瞒了下来。我得知音讯匆匆归国时，父亲已经动过了手术。那个又湿又闷的晚上，我带着女儿从机场赶到医院，在姐夫的陪伴下直奔病房。父亲看到我们，高兴之余似乎有点意外，第一句话是："呦，回来啦！"随即又略带嗔怪地说："本来没什么大毛病，你用不着提前回来。"看着父亲显得清癯的面孔，面对他一如往日平静自若的神情，我提醒自己应该放松，安慰自己也许情形不像估计的那么严重；可与此同时，我感觉到自己沿着喉咙吞咽下去的泪水，感觉到胸中搅动灼痛的强烈不安。

8月中，父亲短暂出院之后，又因为发烧再度入院。在家的那几天里，他曾经迫不及待地为自己制定了恢复工作的时间表：从阅读报刊开始，逐步半日工作，争取两周后步行锻炼。他急切地叮嘱北大图书馆的沈乃文同志准备协助他修改《岳飞传》……以他的九十高龄，有如此众多的事情急需着手，他在医院中格外焦躁，向主管医生、向校系领导也向我们一次次提出出院的要求。

9月6日，父亲的病情突然恶化，医生采取了紧急措置，一方面供氧、输液，一方面引流，右膊和鼻腔都插上了塑胶管子。即便如此，父亲的精神也没有垮。次日，他的老友、台湾大学教授王德毅先生及夫人来医院探望，起卧已经相当不便的父亲，以颤抖不已的手紧紧地握住笔，挣扎着在《邓广铭治史丛稿》的扉页签上名字，赠给德毅先生留作纪念。在其后的日子里，还有几次，父亲也是不顾我们的劝阻，为赠给其他几位先生的著作亲笔签了名。有时，为了字能成形，他让我捏着他的手写。我感觉到他的手抖动得多么厉害。每次签名之后，他总是怀有歉意地说："手抖，写得不好。"每逢此时，我总是悄悄地背过身去，怕父亲看到我忍不住溢出的泪。

9月13日那天，父亲的病势稍趋缓和，听到前来看望的阎步克教授称赞他"精神挺好"，他回答说："人是要有点精神的。没有精神，人活着就没有意义了。"在父亲最后的日子里，他不曾有一刻停止对于学术事业的追求。在他病情危重的时候，医生曾经既钦敬又心痛地抱怨说："他插着管子还看书！来了人，还跟人谈学问！"在病床上，父亲为修改讨论《辨奸论》真伪问题的文章，数次托人从医院中带出字条，条上的字迹扭曲叠压，令人读之心酸；他准备再度考

20 世纪 90 年代初合影
（左起：陈贻焮、林超、
邓广铭、陈占元、宿白）

辨陈亮文集的版本源流问题，反复思索着剖析问题的路径，打算与沈乃文合写一篇寻踪溯源的文章；他考虑重写宋代几位重要历史人物的传记，斟酌着章节次第，甚至逐一排出了工作日程……

父亲人被"困"在医院，魂牵梦系的却是他在家中的书房。他告诉我，在他似睡非睡、神情恍惚之际，曾看见他那堆积盈室、无处不在的书。有次见他精神还好，又急于工作，我提出找一台便携式电脑，在病房中帮他写些小文章。父亲却露出不快的神色，责备我说："你想到哪儿去了！离开我的书房，离开我的书，怎么能工作呢！"面对一心想着回到书房中去工作的父亲，我一时语塞。

《北宋政治改革家王安石》的校样，父亲坚持要看。起初他情况还好，《序言》部分，我先读一遍，他再读一遍。后来，他面部插了氧气管、引流管，手臂上在输液，仍然不听劝告，执意要我给他戴上老花镜、拿着放大镜，把校样举到他的面前。此时此刻，我深深地体悟到支撑着父亲的那股精神力量，更加理解了父亲对于大事、小事那种近乎执拗的认真。

对于身后之事，父亲几乎没有提及。但在他很少能再工作的最后时光中，他认真地回顾过自己的一生。9 月 25 日那天，静静的病房中只有我和父亲两人。他对我讲了长长的一段话，沉缓的语调中，流露出他的思考、他的信念。那神情、那话语，令人刻骨铭心。

父亲说："我已经是 90 岁的人了，不愿意留下什么遗憾——自己的遗憾、对别人的遗憾和留给社会上的遗憾。"

他说："我这些年做的事情就是要端正学风。学术都是不断发展的，我的认识也在进步……我这个人，既非才子也非庸人，而是介乎二者之间的人。我的'三十功名'是从'尘与土'中爬出来的。这几十年来，我在学术上没有停顿，一是因为有大师指导；二是因为一直处在学术中心；三是因为我所交往，包括'交战'的，都是一个时代的人物，我批评别人也是为了自己的进步。我 90 岁了，还在写文章跟人家辩论，不管文章写得好坏，都具有战斗性。我都是扎扎实实去做，也许有错误，自己也认错。"

谈到河北教育出版社准备将他的全部著述结集出版的计划，父亲肯定地说："几本人物传记都要改：《岳飞传》前一部分整个重写，后面有些部分可以从书中撤出来，单独成文；《陈亮传》也不难写，有个得力的助手，半年时间可以搞出来；《辛弃疾传》基础太差，还要多做一些准备。这些旧的书不能再印了，错误太多，留给后人可怎么得了！"

父亲的一生，应该说，有声有色，有棱有角。这一特性，一直坚持到他生命中的最后时日。10 月 1 日上午，他对我说："我死了以后，给我写评语，不要写那些套话——'治学严谨''为人正派'，用在什么人身上都可以，没有特点。"我知道，他一向反对四平八稳，反对人云亦云；他所追求的，是特立卓行、"博学于文、行己有耻"的精神境界。

对于自己的业绩与影响，父亲有着客观的估计。有一次，我与他谈及美国亚利桑那州立大学田浩（Hoyt Tillman）教授《功利主义儒家——陈亮对朱熹的挑战》一书中译本的序言，其中引述了父亲对于陈亮事迹及陈亮文集的考证意见，并且说"邓广铭教授是我的一位老师和朋友"，父亲感到十分高兴。澳大利亚国立大学的詹纳尔（W. Jenner）教授请我转告父亲"我们海外汉学家都读他的著作"，父亲却笑着摇摇头，说"这怕是言过其实了"。数日后，詹纳尔教授又转达了杨宪益先生的话，称我父亲为"当今真正的历史学家"，父亲听后严肃地说，这正是他的目标。

在那段日子里，父亲数次与我姐姐提及辛弃疾祭奠朱熹的文字："所不朽者，垂万世名；孰谓公死，凛凛犹生。"在他写于 29 岁的成名作《〈辛稼轩年谱〉

及〈稼轩词疏证〉总辨正》中，曾经说道："这是宋宁宗庆元六年稼轩所作祭朱晦庵文中的几句，然而这几句竟成了任公先生的绝笔，事实上也就等于任公先生自己写就了挽词。"六十余年之后，这段沉郁而又慷慨的话语再度浮现于他的脑际。父亲的所思所想，使我们感受到他回首学术生涯、直面未知处境时的复杂心情，也感受到他在濒危之际依然坚毅刚强的意志。

10月中旬以后，父亲的病情始终在反反复复，他的心情也愈益焦虑。尽管每次与人谈话之后他总感到头痛恶心，他还是不肯放过任何一个讨论学术问题、交代学术工作的机会。除去我们姐妹为他代笔写信之外，他还字字口授，由曾经协助他工作的张希清、沈乃文执笔书写了致上海古籍出版社和河北教育出版社的函件，安排了《宋朝诸臣奏议》的出版事宜及他本人文集的编辑工作。14日，他与刘浦江谈到新近出版的《辛弃疾诗文笺注》还要修改；26日，28日，提起《稼轩词编年笺注》一书，他说有不少注释需要修订，并且几次说："我现在还不能撒手人间，有这么多问题还都得改，现在呜呼哀哉可怎么行！"

以父亲的倔强秉性，他不愿意多想自己的病情，他只是一意前行，只想着什么时候可以出院。他曾经多次指着静脉输液的仪器，对前来探望的校系领导和朋友们说："什么事情都不做，成天看着这个，一滴、一滴，我真不甘心！"为了争取早日出院，从来不肯服汤药的父亲，咽下了一剂剂汤药；他强忍反复的呕吐，执意自己吃饭而不全靠点滴；只要能站起来，他就坚持在楼道中散步。住在隔壁房间的一位"老延安"，跷起拇指对我们说："这老汉（指我父亲），真行！"

父亲长期不能出院，如何宽慰老人，成了医生与我们共同面临的难题。记不清有多少次我们依偎在他的床头，抚着他日渐嶙峋的手，劝他"既来之，则安之"，和他讲"欲速则不达"；一边在说，一边内心恼恨这般絮语的空泛无力。父亲焦虑而又无奈地点着头，与其说得到了启发，不如说这正是他每日里竭力说服自己的话。

面对闻讯而来探望的校系领导、朋友、学生，父亲只要稍有精神，总是谈笑风生。他憋不住满心的话，却又担心会耽误了人家的"正事"。因此，他总是嘱咐我们不要让大家来医院看他，他总是说："我一个人不能做事已经不好，干嘛还要牵累那么多人！"听说季羡林先生要来看他，他说："千万别让他到医院来，告诉他，我们还是在朗润园见面。"臧伯母郑曼来看他，他"埋怨"说："克家是个病人，离不开人照顾，你不该来！"漆侠先生来看他，他"责备"道："你的病刚好，还跑这么远来看我！"田余庆先生来看他，他说："我这是小毛病，你的身体才该注意！"周一良先生手术后准备出院，一向不愿在医院中拍照的父亲，与周先生和正来探望的王曾瑜先生留下了一生中最后的一张合影。台湾"中研院"史语所的黄宽重先生前来探望，我们不敢告诉父亲他是自海峡彼岸专程赶来。他坐在父亲床畔，父亲紧紧握着他的手。想到两岸宋史学者自 1984 年在香港首次会面后建立起来的亲密关系，想到这将是永远的诀别，在场的人心中都很沉重。

　　12 月中下旬，父亲有时已经神志恍惚，但凡他清醒之时，他仍然一如往日，敏锐地关注着学术界的研究讨论。20 日，我为父亲带去了上海华东师大刘永翔先生的一封来信，信中谈到了有关《辨奸论》真伪讨论的问题。我为父亲读信，他频频点头，不时让我重读未能听清的字句。片刻之后，他又说："看看那封信……戴上大镜子（指放大镜）、小镜子（指眼镜）……"此时，父亲的视力已经相当差，他吃力地指着信上的一行行字迹，却终于难以辨识清楚。我不忍看他如此，便一字字指着，凑近耳畔，为他读了再读。读着读着，眼前的字迹愈益模糊了。

1992 年 3 月邓广铭先生（左三）与田余庆、刘凤翥教授及女儿邓小南在朗润园

12 月底，父亲说话已经困难，却仍然惦念着外面的一切。一天，我刚进屋，他便扭过头来询问什么，我一时没有听清，他便变得愈发急切，说了几次，我才明白，他是在问："最近报上有什么重要的消息？"过去，他常对人说，他是"家事、国事、天下事，事事关心"。的确，各类电视节目，他只看新闻联播；家中订阅的多份报纸，他常要从头条读到末版。以往我们曾经为此与他开玩笑；而在此时，我却不知该说什么才好。

父亲在濒于弥留之际，心中似乎还惦念着许多事、许多人。偶尔开口，他曾问起系里青年教师欧阳哲生的职称问题，他曾问起研究中心"臧健、小滕的女儿怎么样了"，他曾提起"中心要开一个会"；他曾拒绝接受输血，并且说"再这样（在医院中）住下去，历史系要'破产'了"；他嘱咐待新版《王安石》正式出书，要请诸位先生"于便中审正"……元旦过后的 1 月 3 日下午，夏自强、郑必俊先生来医院探望，称赞新近面世的《北宋政治改革家王安石》，父亲听明白了，指着书对郑老师说："送你一本！"这短短数字，是父亲表述清楚的最后一句话。

1998 年 1 月 10 日，张北强烈地震的那一天，父亲默默地走了。带着他毕生的成就，带着他难以释怀的遗憾，永远地离开了他生活了 91 年的这个世界。

我曾经不止一次想过，父亲在晚年是否曾感到精神深处的孤寂。作为女儿，我从学业到处事，都不曾使他满意。这种愧疚，直到今日仍在啃蚀着我的心。我曾经顾虑，父亲那渴求思想交流甚至交锋、耿介执着而不肯随和的性格，他那从不左瞻右顾而径行直前的处世方式，是否能够得到一向感情深挚的朋友们的理解。

父亲辞世后，来自海内外各地雪片般的唁电、传真、信函中哀痛诚切的悼念，深深地震撼着我的心。安卧在苍松翠柏、鲜花丛中的父亲，您可曾想到来自八方"高山仰止""国失导师"的悼文？您可曾注意到挽联上那"直道挺儒林，矫俗唯凭孤剑勇"的字句？您可曾听到您的几代学生在遗像前痛哭失声？您可曾读到几个月来您的老友和学生在报刊上追念您的文章？您可相信，您所追求的信念、您所希望执持的原则，会在后辈青年中舒展高扬？

亲爱的爸爸，安息吧！

选自《仰止集：纪念邓广铭先生》（河北教育出版社，1998）

（邓小南，曾住朗润园 10 公寓 206 单元）

我的爷爷，一个普通的伟人

◉ 季清

　　我不觉得爷爷有多么伟大，但我确实觉得爷爷高尚而谦和。当有人吹捧爷爷时，爷爷要么是静静地坐着，似听非听，脑子早跑去想他的文章；要么是谦逊地微笑，摆手不断，说人家"过奖、过奖了"。我每每想到爷爷，往往是他那质朴的笑容和他趴在书桌前"爬格子"的样子。我和爷爷奶奶一起生活的那几年，是爷爷经历"文革"动荡的几年。在那个年代，我的记忆中爷爷很少露出笑容，然而，一旦看到我们（我和哥哥）淘气的时候，爷爷的笑容却是那么由衷，那笑容就此植根在我的心底。

　　那时我还很小，对时事当然是无所知、无所感，懵懵懂懂地跟着三位老人和哥哥挨日子。怎么说是挨日子呢？因为，小小年纪，突然被告知幼儿园关门了，要搬到乡下去了，身边没有了父母，没有了熟悉的小伙伴，没有了可敬的老师，而北大的生活起初是不安宁的。爷爷被关牛棚；奶奶由于不懂得发生了什么事情，天天担惊受怕，心脏病常常发作。是老祖承担起了照顾我和哥哥的任务。我经常跟在老祖的身后，采草药，挖野菜，甚至去给人家看病以赚取一些零用钱来帮助全家度日。那个时候，住在北大13公寓的人大多是有"问题"的，像爷爷那样的"反动学术权威"之类。他们的年纪和爷爷奶奶相仿，许多与我们同龄的孩子也是同我们一样，被寄养在祖父母家中。虽然我们是一群"问题"家庭的"问题"孩子，但我们也有自己的娱乐方式，有自己的一片快乐天地。一到冬天，公寓前面的湖水结冰，我们就会和那些孩子们一起滑冰车玩。游戏规则有些像冰球，唯一不同的是，我们没有冰鞋，而是跪或坐在自制的冰车上相互追逐嬉戏，把一块石头打进对方的"球门"。有时候，爷爷会站在阳台上看我们这群顽皮的孩子在冰上玩耍，脸上露出欣赏的微笑。

爷爷从牛棚里放出来后，仍是天天外出"上班"。每次他回到家里都是一脸的疲惫，我总是不知好歹地跑上去喊着"爷爷，爷爷"，张开两只小胳膊要爷爷抱。有时，爷爷会弯下腰把我抱起来，走到他的书桌前才把我放下，我就知道，今天爷爷的心情不错；有时候，爷爷只是摸摸我的头发，轻轻地说一声"哦，小清"，就径自走进房间，在书桌旁坐下。碰到这种时候，我就乖乖地跑去找老祖和奶奶。

说起爷爷，有很多回忆在我的脑子里转。而每一个回忆都会使微笑爬上我的面颊。在这里，我就拣几件有趣的事情来唠叨唠叨吧。

爷爷很喜欢出游。一有机会爷爷就会带我们到樱桃沟、香山、颐和园、故宫、动物园等地方游玩。我记得有几次我们从北大步行到颐和园。当时北大西校门外还都是一片农田，我们说说笑笑地走在田埂上，感到世界之大，人类之渺小。在颐和园，爷爷总是慢慢地走在长廊里，听老祖对着长廊上的彩绘讲故事。还有一次，我们去动物园，那是个冬天，我戴着妈妈织的毛线帽子，两条长长的带子从帽子上坠下来，在肩膀前后飘来荡去。我们走到关猴的大笼子旁边，一时，我背对着猴子笼，有只淘气的小猴子从我的身后抓住帽子上的一条带子使劲往笼子里拽，爷爷看到我在和猴子争夺帽子，就赶上来帮忙。帽子是夺回来了，但被猴子给扯坏了。爷爷笑着说，以后看猴子还是要正面看比较安全。

我最喜欢去的地方还是北京植物园的樱桃沟。当樱花盛开之际，遍地飘散着花香，淙淙泉水从山上缓缓流下。我们踏在乱石上沿着溪流往上走，体验着大自然给予的天然景色，呼吸着略带甜味的空气，享受着一家人拥有彼此、在一起游玩的乐趣。我看得出来，爷爷对樱桃沟也是十分钟爱的。在这山清水秀的世外桃源，没有了阶级斗争，没有了城市的喧嚣，没有了世俗的纷争，爷爷显得非常地适意，非常地轻松，非常地满足。他谈笑风生，常常讲些典故给我们听。当然，在回家的路上，我们会绕到曹雪芹故居一览。我总是很难把那一排破旧的房子与那个伟大的作家联系起来。

即使是在"文革"期间，爷爷也没有忘记自己的家乡。他考虑到家乡的孩子们上学也需要书籍，农民们种田需要新知识，于是乎，每年春节前后，就会带着我们去王府井新华书店买书。爷爷买了许多有关科学种田、养猪等内容的书籍，也买了许多儿童读物。每次爷爷都是看我挑什么书，就照样再买一套给家乡的孩子们。有一年，我们照样来到新华书店，爷爷先到科技书柜那里找书，留下我和哥哥在儿童书柜这边挑自己想要的书。我看着看着就跑到青少年书柜那边去了。爷爷回来找不到我，在儿童书柜那里左看右看，才发现我正在隔壁的书柜专注地看着里面的书。爷爷走过来说："哟，小清可以看小说啦！"于是就照我指点的几本小说买了几套。之后，我们把需要寄走的书用绳子捆起来，拿到西单的邮电大楼去邮寄。后来，我们和爷爷回老家，发现地上有很多书的散页，村干部急忙解释，许多村民大字认不得几个，根本看不懂书上写的是些什么，就拿那些书当废纸用了。爷爷便叹息自己不了解家乡百姓的疾苦与需求，乡亲们还没有吃饱肚子，怎么会有心情、有余钱去搞什么科学种田？

说到回老家，还有一次是应该提一下的。1973年，爷爷成了一个"闲人"。"文革"还没有结束，但对他的批斗已经是尾声了。学校既没有给他分配什么正经工作，也不再有事没事就拉他出去批斗。爷爷决定回老家看看。我们一行六个人坐火车在济南下车，再坐汽车到临清。汽车非常破旧，我第一次乘坐那样的汽车，感觉还蛮特别的。汽车开到一个四处是黄土的空场上就不再往前走了。听说那离爷爷的出生地官庄还有一段距离，村里派来一辆驴车，大人把行李搬上车，把奶奶和爷爷扶上车，把我和哥哥抱上车，就咣当咣当地往前挪去。这驴车坐着真不舒服，因为路非常不平整，颠得人骨头架都要散了一样。走了一段路，爷爷要求下车步行。又过了一会儿，我也实在经不起驴车的颠簸，也蹦下车来在旁边跟着小跑。快到村口时，我们远远地望到黄乎乎的一片。许多成人打着赤膊，小孩子们更有浑身上下一丝不挂，黑黄的皮肤被太阳照着显出暗黄的颜色。他们的头发也被黄土遮盖成棕黄色。爷爷撇下我们，焦急并亲切地忙着上前打招呼，与他久别重逢的亲戚邻居热情地嘘寒问暖。

我们在官庄住了多久，我不记得了，大概至少有一个星期。村干部带我们参观了许多我看不懂也听不明白的地方。有一天我们来到村里唯一的一所小学校。一排看似快要倒塌的破旧平房，只有几间教室，教室前面是一个光秃秃的空场。我们走到一间教室门口，看到在里面上课的孩子们和一位女教师。孩子们年龄悬殊，在老师的带领下，操着山东腔的普通话念了一段课文给我们听。

我记忆最深刻的一件事是和爷爷一起去给曾祖父母扫墓。那个时候，曾祖父母的墓地还是非常荒凉，四周的杂草长得老高，似乎要把人给淹没了。乡亲们非常好客，在那个艰难困苦的时日里，他们拿出最好的东西款待我们。又有一次，爷爷心血来潮，想去村里的水井担水，大家嘻嘻哈哈、叽叽呱呱地跟着爷爷往水井走去。到了水井处，村民们开始示范如何从井里打水上来。我试了好几次都不成功。无奈，只好让位给其他人完成这项任务。等大家把两只水桶都打满水，爷爷就弯腰慢慢挑起水桶，晃晃悠悠地往回走。

离别了官庄，我们到了济南，这个爷爷从 6 岁开始生活的城市。老祖已经在那里等待我们。在济南我们待的时间要长一些，依旧是亲戚朋友和旧相识们天天挤满了在佛山街的小四合院。当然，我所能记得的只是爷爷带我们去大明湖、趵突泉等地游玩。一天，我们来到黄河岸边，因为太爷爷曾经在黄河河务局工作，爷爷对黄河治理情况似乎有着一种特殊的情感。我们站在高高的黄河堤坝上，爷爷和四舅爷爷讨论着过去，讨论着黄河，而我则望着黄河上几只渡船，在那黄黄的泥河上来回地将人、牲口，以及汽车、卡车载到河的对岸。从黄河堤岸下来，我们经过一个农贸市场，就进去逛逛。正在我们要离开时，一个小姑娘挑着一担水朝我们急急地走来。我看桶里的水非常浑浊，问她这样的水怎么能用？小姑娘回答说，水挑回家需要沉淀以后才能用。又问，泥沙沉淀后会有多少水剩下？答，泥沙沉淀后只能有一半的水能用。她说她每天要到黄河边来挑好几趟水才够一家人一天用的。小姑娘离开后，爷爷指着她的背影对我说，她不比你大多少啊！

有一年冬季，北京非常冷，下了很厚很厚的雪。一天早晨，我们一睁开眼睛，13 公寓四周都被皑皑的白雪覆盖住了。隔壁的奶奶们来告诉老祖，雪太大，恐怕今天孩子们不好去上学了。我和老祖来到公寓的门口，吓，那雪真厚，成人踏上去要没过膝盖。老祖满面愁容，不知所以，只好先回到家来。一会儿，

1973 年 8 月，季羡林（后左一）与亲友在济南大明湖畔留影

1973 年 9 月，季羡林（左三）与亲友在黄河岸边留影

隔壁的叔叔爷爷们又来敲门，说他们要召集几个男劳力去踩雪，爷爷马上放下碗筷，跟那些叔叔爷爷们一起出去了。等我们吃好早饭下楼，看到雪地上一排排黑洞洞的脚印，从楼门口一直延伸下去。远远地，还看到爷爷和其他人在一步一个脚印地往前跨。我们几个小不点儿的孩子们，踩着大人们踏出来的雪洞，兴奋地往学校走去。

13公寓东面的小山前曾经有个砖头搭的乒乓球台，小孩们经常在那里打球，我和哥哥也常在那里一比高低。偶尔，爷爷也会来凑热闹，和我们打乒乓球。他的技术如何，我不记得了，因为有不少大人在和我们小孩子起哄，非常热闹。

不久，父母的单位开始搬回北京，他们也陆续从干校回来，而我也回到父母身边。因为和爷爷奶奶住习惯了，所以每到周六，一下课，我就往北大跑。"文革"结束后，学校把从爷爷家里抄走的书籍等东西都还回来。我爱看书，也是从小在爷爷的熏陶下养成的习惯。在我们还住在13公寓1门洞的时候，一楼有一个储藏室，爷爷的许多书就堆放在那里面。我喜欢那间黑洞洞的储藏室。它三面是书，地上也堆着一摞摞的书。有时候爷爷从里面翻出几本儿童读物，而且是彩色的，纸的质地非常好，色彩鲜艳，就拿来给我看。再小一点的时候，我还没有上学，喜欢跪在爷爷的藤椅上，拿着他的放大镜，煞有介事地在爷爷写了一堆字的稿纸上照来照去。爷爷回到家，我就坐在书桌下面拿着看不懂的书在那里翻着玩儿。爷爷的书桌上、地上，到处都是书、稿纸，而书桌下面又总是有不少的点心之类。我们平常是吃不到的，因为那是老祖、奶奶特意留给爷爷的，为了他工作累了、饿了的时候可以填填肚子。那个年月，家里很穷，老祖、奶奶都是省出最好的东西给爷爷用。老祖说，因为爷爷是我们家的顶梁柱。有时候爷爷发现我坐在那里很久，不吵也不闹，就从桌子底下摸出一些小点心奖励我。

有一次，我在爷爷的书堆里找到一本《安徒生童话》，厚厚的一本，虽然封面看着有些年代了，但里面完整无损。我爱不释手，连续好几个周末在爷爷家里看。书看到一半的时候，我实在不能忍受与它再次分离的苦痛，跑去找爷爷借书。爷爷从他那张大书桌旁慢慢地站起来，摘下老花镜，缓缓地转向我，轻轻地说，还是在这里看吧。我央求再三也没有得到肯定的答复。我的倔脾气上来了，放下书，和老祖说我要回去了。老祖不明就里，追在我屁股后面喊："不吃饭啦？"我堵着气回到家，有两个星期没有再去爷爷那里。一个周末，我正在家里郁闷，哥哥突然闯进来。他风尘仆仆，满脸得意，我却没有睬他。他跑到我的书桌旁对我说："怎么不高兴？看我给你带什么来了？"说着，就从背后递给我一本书。我无精打采地接过来，一看，差点儿从椅子上蹦起来。原来它就是那本我梦寐以求的《安徒生童话》。哥哥接着说："里面还有一张字条，爷爷写的。"我小心翼翼地打开书，拿出那张小纸条，看到爷爷那熟悉的蝇头小楷，上面大致这样写道：小清，我让小泓把这本书带给你。希望你爱护书能像爱护你的眼睛一样。我反复地读着字条，上面的每一个字都是那么亲切，那么温馨。我兴奋得顾不上看书，拉上哥哥就往爷爷家跑。到爷爷家后，我径直跑到爷爷的房间，喊了声"爷爷"。爷爷照样慢慢地站起来，摘下他的老花镜，缓缓地转向我，说："噢，是小清来啦。"我们心照不宣，爷爷笑眯眯地拉起我的手一起到大房间去向老祖和奶奶报到。

爷爷爱猫、爱动物是大家都知道的。我家的第一只猫虎子是在我开始读小学一年级时一个邻居送来的，说是一个朋友家里的猫生了好多小猫，她帮忙给小猫咪们找人家。当时爷爷不同意，老祖也觉得麻烦，况且，那个时候我们还是和田德望爷爷一家共住一个单元，地方小，人口多，经济上也不宽裕。而田爷爷家里已经有一只小猫，非常聪明。田奶奶有时候招呼我到他们"家"里玩，

1994 年，在北大 13 公寓前合影

季羡林与曾外孙女逗猫

让她的小猫表演开灯关灯给我看。我和哥哥看到有人送来一只小猫都一蹦三尺高地要求留下。老祖犹豫，奶奶不说话，在我和哥哥的软磨硬泡下，爷爷终于点头答应了。虎子来的时候还不会自己吃东西，老祖就给虎子一勺一勺地喂米汤，如果有哪个邻居家里弄到一点牛奶，老祖就去"借"了来喂给虎子。当然，我和哥哥的任务就是陪虎子玩儿。奶奶用旧毛线绳卷成一个小球，我和哥哥轮流拉着那个毛线球满屋子跑，小虎子一蹦一跳地跟在后面乱抓。爷爷工作累了，就来到大房间的餐桌旁坐着，笑眯眯地看我们逗小虎子扑毛线球。后来又过了一年还是几年，有人又送猫咪来。这是一只纯种波斯猫，我们取名"咪咪"。咪咪来的时候也是刚刚出生几个星期，不会自己吃东西，走起路来摇摇晃晃，非常可爱。这次爷爷没有犹豫就把小咪咪留下了。虎子有了小咪咪，把它当成自己的孩子，叼来叼去地到处藏。老祖要喂小咪咪的时候却找不到猫咪的影子，就逼着虎子交代把咪咪藏哪里了。每当这个时候，在一旁的爷爷可笑得合不拢嘴了，说虎子是自作多情。后来我们搬到 13 公寓 2 门洞的房子里，地方大了，虎子和咪咪也长大了，它们都特别喜欢到爷爷房间的窗台上趴着晒太阳。到了晚上，两只猫咪都跑到爷爷的床上睡觉，有时候爷爷"抱怨"说脚被猫咪压麻了，我们就笑他，为什么不翻个身、伸伸腿活动活动呢？爷爷笑答，怕把猫吵醒。

说实在的，回忆爷爷，对我来说是一件非常平常，也是一件非常惬意的事。因为我并不需要在某个特定的日子来回忆他，或在某个特定的日子来纪念他。感觉累了，感觉彷徨了，感觉有些失落，乃至感觉开心愉快的时候，我都会想起爷爷。闲暇的时候，我会找出爷爷的散文或日记来读一读。爷爷的散文，似乎是为我们而写的，似乎他是在和我谈话，在和我聊天，就像我小时候那样。愿爷爷的精神永存！

原载 2021 年 9 月 26 日《中华读书报》

（季清，曾住朗润园 13 公寓 201 单元）

晨灯与《罗摩衍那》

——忆季羡林先生

◉ 张军

很久以前看过一篇题为《朗润园的灯光》的小文章，大意是讲：季羡林先生做学问如何勤奋、刻苦，多年来一直保持着凌晨三点起床工作到八点的习惯，在北京大学朗润园里，每天最早启亮的第一盏灯便是季先生的书房。此后，许多关于季先生的传记或文章中都会有对此事的笔墨描写。

无论有多少人写过朗润园里这盏最早开启的灯，我敢说基本没有人真正目睹过或者说是在一段时间内连续目睹过这盏晨灯。而我却在年少时因"偷鸡摸狗"的行为，曾经真切地连续目睹过这盏"最早开启的晨灯"。不仅仅于此，这灯影曾经还被折射出了极为特殊的意义。而当我知晓这特殊的意义的时候竟然是在二十多年以后了。

1974 年，我就读于北京一零一中学，当时为了准备参加全国青少年田径选拔赛，我每天早晨需要六点钟就到学校参加早训。因此，那段时间里，我每天五点半就要起床赶往学校。一零一中学与北京大学只有一墙、一路之隔。由于北大校墙的挡隔，正常情况下就必须要花费近二十分钟绕行才能到达。但如果翻越北京大学朗润园后面的院墙到达一零一中学的直线距离却仅仅只有约千米远。当时我家就居住在朗润园，每天我只要跳墙出去几分钟便可以到达学校。对我来说，这条路线绝对有着极大的诱惑力。于是，那年的 2 月至 6 月之间，我几乎每天早晨都是选择这条"理想路线"去学校早训。

我选择的翻墙地点就是在朗润园 13 公寓后面，这里正好是距离学校最近的一个点。翻过墙就是一座过河的简易小桥，再穿过麦田小渠便可直接到达学校操场了；加之，这里正好又有楼和小山的遮挡，是一个十分偏僻的地方，基本不会被外人看见——毕竟攀树翻墙也不是什么光彩的事情。因此，选择这里翻墙无疑是一个十分理想的地点。

季先生的家就住在 13 公寓的一楼（我家与季先生家临楼），而他的书房恰恰是朝着北大院墙，楼与院的距离仅有五六米。而我选择的翻墙位置基本是正对着季先生的书房窗户，因为那里有一棵倾斜的老桑树搭靠到了墙头，爬树跨墙极为方便。理论上讲，如果季先生站在书房窗前观看，那简直是"一览无余"了。

在北京生活过的人都知道，晚冬早晨的五点多钟天还是很黑的。因此，我每天转到楼后翻墙时都很容易地能感觉到一楼那盏亮着的灯。起初，我并没有什么特别的想法，只是觉得人家偶然地早起罢了。但时间长了，我才意识到这盏灯似乎每天都在开着。我脑子里也偶尔闪过答案：这灯也许是一夜未关或是主人有开灯睡觉的习惯。既然不怕多交电费，灯亮就亮着吧，反正与我没有关系，正好还给我照着点亮。

时间一长，我对那灯光似乎多少也感觉到一丝的亲切。每每转到楼后，在茂树遮天的黑暗中，那透过窗户的灯影十分明显，而我都会在第一时间感受到那灯的存在，它就仿佛是为我而专门设立的"路灯"。

当时，刚好有一部阿尔巴尼亚电影在全国上映，里面有一个经典镜头：主人翁骑在墙头，对着下面的战友举起拳头说"消灭法西斯，自由属于人民"，说完纵身一跳。一时间，看过这部电影的北京孩子们都会模仿这个动作，特别是当从高处往下跳的时候。

我也不例外。有几次我攀树骑墙后，我会故意回下头，看着那扇亮着灯的窗户，仿佛是在与屋内的主人对着话，心里默念着"消灭法西斯，自由属于人民"，便纵身跳下去。孩子的想法与行为真的是永远说不清楚的，我也不知道自己为何会有这样的动作。总之，默念并纵身一跳的时候自己特有电影里主人翁的感觉。

进入初春，天慢慢开始亮得早了，没有了黑暗与光亮的反差了，那灯光也显得不那么亮了。到了四五月份，清晨的太阳基本覆盖了那灯光，灯影似乎也随之消失了，而我也就再没有去关注那扇窗户是否还亮着灯了。

转眼就到了 6 月份，一天放学正好与下班的父亲相遇，我们一起沿着依山傍水的小路往家走，当走过 13 公寓时父亲忽然问："听说你每天早上都是从这后面翻墙出去呀？"问完他手指了指 13 公寓，我第一反应肯定是否认了，父亲并没有过多地纠缠什么，只是严厉地说："以后不许再翻了，让人看见多不好。"我只是低头不语，心里寻思着："没人看见我翻墙呀，是哪个不开眼的家伙告的状……"

事情很快也就过去了。后来，即使是在集训结束后的很长时间里，我依旧会偶尔翻墙去上学，只是换了个更隐秘的地方，以避免被人发现。一直到我拥有了属于自己的自行车那天才结束了这种不雅行为。

从此，那盏朗润园"最早开启的晨灯"也随之被我在记忆中删除了。

……

随着我长大成人，学习工作都在北大，加之与先生临楼居住，时不常地会遇到先生并与他攀谈几句，但这仅仅限于家缘的因素，并无深度交往。

90 年代初，季先生任《四库全书存目丛书》总编纂，我正好参与该书的书目与版本工作。因此与先生的接触开始频繁。之后几年，在汤一介先生的推荐下我有幸担任中国文化书院秘书长，而季先生恰好时任院务委员会的主席。正是这层关系使我与季先生之间终于有了真正意义上的深交。

一个炎热夏天的黄昏，晚饭后，我去找季先生汇报工作。只见他和往常一样坐在楼前湖边那块几乎是属于他专用的废弃水泥板上，正对着自己亲手撒种的"季荷"纳凉（当年季先生曾经往楼前的湖塘里撒了一把洪湖莲子，竟然在两年后荷花开满了整个湖塘，有人便命名为"季荷"）。我已经摸到季先生晚饭后纳凉的规律了，因此这时是找他的最好机会。

正事很快就说完了，我们又开始扯东说西了。由于之前一段时间北大重修院墙，我们很自然地扯到这个话题上了。忽然季先生问我："说起院墙，让我想

季羡林先生在朗润园，身后便是亲手撒播的"季荷"

起一件事，我怎么也不明白是为什么？正好问问你。"我调侃着说："还有您老爷子不明白的事情？"季先生说："我记得那应该是七几年吧，有段时间你好像每天早上很早都从我书房窗前的那棵老桑树爬到墙头翻过去，别的小孩都是七点多才上学，可你为什么每天都那么早呀？"

说实话，这个问题真把我问蒙了。坦率地说，小时候越墙爬树的事情太多了，谁还记得这些。季先生继续说："我虽然不知道你是从什么时候开始翻墙的，但我起码观察了你一个多月的时间。"我迅速努力开始搜索记忆，终于想起了那年集训的事情。

对于我的回答，季先生只是点了点头。片刻后，他似乎也要调侃我一下，说道："你知道吗？自从我发现你这个举动后，每天到点了我都会站在窗帘后面等你来跳墙，看你敏捷的动作真像个猴子。也许是我年龄大了的缘故，每次看见你纵身下去都会为你担点心，不知道你是否安全着地。后来，你不来翻墙了，也不打个招呼，害得我白等了好多天，我还以为你摔伤了脚。说实话，你不来翻墙的开始几天里我老感觉心里缺了点什么……"说完先生并没有笑，相反，给人的感觉却是十分认真的样子……

话题是怎么岔开的我记不清了。但在那个暑夏的晚上，我的确沉浸在无限的遐想之中。一个被人们称之为国学大师、文化泰斗，身兼几十个重要职务的人物，当年竟然会去关注一个孩子的非正常行为，并且会在二十多年后依然记得此事，这不得不让我产生遐想。

　　我幻想着当时场景：某一天的早晨，时近六点钟，按常规季先生已经连续写作近三个小时了。他放下手中的笔走到窗前，也许是为了吸点新鲜空气，也许是为了舒展筋骨，也许是为了某个难解的梵文词在苦思冥想。总之，他站在了窗前。忽然，他的视线里闯进了我的身影，一定是吓了一跳，甚至会认为看见"贼"了。当先生还未反应过来时，我便敏捷地蹿上墙边老桑树，迅速跨上墙头，纵身一跃便消失得无影无踪。从我出现到消失不过仅仅是十几秒钟的时间。此时的先生应该是一脸困惑。

　　第二天，或许季先生只是偶然地重复着前一天的状态，没想到我又出现了，依旧是十几秒就消失了。于是，在接下来的一段时间里，他每天都会准点站到窗前，在活动身体或沉思的同时等待着欣赏我那敏捷的十几秒钟，就仿佛是在完成某种约会，或者说是在等待着十几秒钟的"表演"。在这场戏中，"表演者"一个人，"观众"一个人，而"表演者"对这个"窥视的观众"却全然不知。

季羡林先生（右）与张军合影

季先生肯定也会有错过观看"演出"的时候，他或许会多少有些失落。但第二天，我依旧会准时出现。直到有一天，他再也没有等到我的"表演"。开始他以为那只是偶尔的错过，于是仍然每天在窗前等候，但很多天过去了，我还是没有出现。从此，季先生虽然依旧在窗前休息、思索，但视觉上缺少了一个身影的出现……

虽然我没有问过季先生是何时开始关注我的，但一定是我幻想的那样，这也是唯一能说通的逻辑解释。我相信，先生完全是在无意之中捕捉到了我身影。

20世纪70年代初的季先生已经是一个年过六旬的老人了，但却还如此富有童心地去观察一个少年的不雅行为，并从中找到了某种乐趣，而这乐趣所带来的困惑竟然会在他心中埋藏二十多年，虽然已经淡化，可一经触及则马上清晰。

这不能不说是季先生的某种境界吧，任何看似微小的事情都能诱发出他的关注、思考与兴趣。一件不为别人所关注的事情也许就会成为他一生的追求。当年，季先生正是因为选择攻读几乎无人问津的梵文、巴利文，以及后来又选择攻读更无人问津并被世人称之为"死文字天书"的吐火罗文，成为世界范围内极少数几位精通吐火罗文的人之一，在世界语言学领域里取得了巨大成就。也正是因此，在20世纪世界语言学的巅峰之上，始终可以看见季先生的身影，而那身影已经远远超越了"个人"的概念，先生代表着中国！

当我还是个莽撞少年的时候，竟然以这种极为特殊的方式与季先生真实地神交了几个月：我是在晚冬晨寒中去感受那晨灯带来的光亮；而在灯影的背后却是季先生在期待着我那"敏捷动作"的出现。我们在这种交往过程中都不是为了具体的人，而是期待因某种影像出现而带来的某种感受。晨灯可以给我照亮僻静的隐秘处；攀爬的身影却是给季先生带来瞬间观赏的乐趣。用今天的话讲，这也许就是一个"双赢"吧。

这次无意间的闲聊，使我与季先生之间"朗润园最早开启晨灯"的关系被彻底梳理清楚。我目睹见证了"晨灯"，季先生见证了我的爬树翻墙，也许还都是彼此的"唯一见证人"。其实在这"晨灯"的背后还有一层更奇特的关系我并未得知。直到十年后季先生出版了《牛棚杂忆》我细细捧读时才猛然发现，原来朗润园"最早开启的晨灯"居然与那部世界著名的梵文本史诗《罗摩衍那》有着直接的关系。

1973 年初，季先生的"黑帮待遇"有所好转，被分配到北大 35 号楼当"看门工"，其任务是看守门户、传呼电话、收发报纸信件。为了不荒废时间并疏解内心的苦闷，"最后我决定了翻译蜚声世界文坛的印度两大史诗之一的《罗摩衍那》。这一部史诗够长的了，精校本还有约两万颂，每颂译为四行（有一些颂更长），至少有八万多诗行。够我几年忙活的了"①。

正是从那时起，季先生便每天凌晨三点起床开始翻译史诗《罗摩衍那》，同时把一些疑难问题抄在小纸条上，白天带到"看门"现场，利用空闲时间反复推敲琢磨。"我于是就用晚上在家的时间，仔细阅读原文，把梵文诗句译成白话散文。第二天早晨，在到三十五楼去上班的路上，在上班以后看门、传呼电话、收发信件的间隙中，把散文改成诗，改成押韵而每句字数基本相同的诗。我往往把散文译文潦潦草草地写在纸片上，揣在口袋里。闲坐无事，就拿了出来，推敲，琢磨。"②

季先生就是在这样艰苦的环境下开始了《罗摩衍那》的翻译工作。至 1977 年，终将这部 18755 颂的鸿篇巨制基本译完，并于 1979 年正式出版。1994 年《罗摩衍那》中文译本获得第一届国家图书奖。

梵文本印度著名史诗《罗摩衍那》被公认为世界文化史上一部璀璨巅峰之作，是一部以梵文写就的伟大史诗，被誉为印度国宝级文化遗产，这本书对整个东方文明都产生了广泛而深远的影响。《罗摩衍那》在全世界只有英文与中文两个译本，而中文译本无疑是季先生学术生涯中的一个里程碑，也是季先生为世界文化史领域所做出的一个巨大贡献的标志。

《牛棚杂忆》让我彻底意识到儿时的不光彩行为，使我不仅仅在一段时间里连续目睹过朗润园里"最早开启的晨灯"，同时也间接地目睹了《罗摩衍那》孕育诞生的过程。我居然与之的距离仅有五六米之遥。而我除了能感受到晨灯之外，对灯影之下所发生的这样一件伟大的事情全然不知。要不是先生的《牛棚杂忆》的出版，也许我就将与《罗摩衍那》"擦肩而过"了。有的时候人会在不经意之间置身于一个伟大的事件中，只是你完全捕捉不到而已。

---

① 季羡林:《牛棚杂忆》，中央党校出版社，1998，第 199 页。

② 同上书，第 200 页。

在 301 医院中的季羡林先生（时年 95 岁）

　　我为当年自己的不雅行为而庆幸，它使我竟然成为发生在同一个人物身上两个历史瞬间的见证人。一个是季先生开启的"晨灯"；另一个是季先生所翻译的《罗摩衍那》。每每想到这些，我真是"美滋滋"的，那种美透了的感觉直至今日仍然挥之不去！

　　更有趣的是，我与"晨灯"及《罗摩衍那》之间的这层窗户纸，竟然是二十多年后才被季先生用不同的方式"捅破"的。若不是季先生当年的细心观察以及深埋心底的疑惑与好奇，若不是《牛棚杂忆》的出版，我那曾经与"灯影"及《罗摩衍那》之间的关系，或许我将一辈子都不得而知了。

　　最后，还要补充一句，我终于明白了当年向我父亲"揭发"我不雅行为的"告密者"了，一定就是季羡林先生！

　　谨以此文为先生去世十周年祭。

　　怀念季羡林先生！

2019 年冬

（张军，曾住朗润园 11 公寓）

一位文科学者的数学轶事

◉ 汪安

我的父亲汪篯生前是北京大学历史系的教授。我对于他的专业知之甚少，无从谈论。在这里只讲一些他与数学有关的事，或许还有些意思，特别是对于一位文科学者来说可能更是如此。

北京大学历史系教授吴宗国先生在《汪篯传略》中曾写过这样一段话："［汪篯］1931年到1934年在省立高中扬州中学学习。扬州中学在当时是一所颇负盛名的学校，教学质量很高。汪篯回忆这一段学习生活时曾说过，他在扬中时数学学得特别好，他的逻辑思维的提高很得益于这一阶段的数学学习。……他曾总结自己的成长，一是得益于扬州中学的数学学习，培养了严格的逻辑思维能力；二是从陈寅恪先生那里学到了整理材料和分析问题的方法……"[1] 由此可见，父亲很重视数学学习在自己成长过程中所起的作用。据父亲的好友，清华大学十二级（1936级）的李舜英先生（中国人民银行总行参事室原参事）讲，在抗战以前，扬州中学的教学水平是很高的。李先生提到他自己在扬州中学读书时，做了刚刚出版的《汉译范氏大代数》中的大部分习题，并说我父亲也做过

---

① 　吴宗国：《汪篯传略》，载汪篯《汪篯汉唐史论稿》，北京大学出版社，2017，第590—592页。

《范氏大代数》中的习题，用的是英文的原版书。

根据北京大学出版社出版的《北京大学纪事（1898—1997）》，从 20 世纪 50 年代初院系调整直到 1977 年长达二十多年的时间内，北京大学仅在 60 年代初期分两次提升过教授，总计不到 20 人，平均每年不到 1 人。在这二十多年被提升为教授的人中，如果不考虑外语系的几位先生，则北京大学文科各系（包括文史哲、政经法等）总共只提升了 4 位教授。即中文系的季镇淮先生和王瑶先生，哲学系的任继愈先生以及我的父亲，其中王瑶先生和任继愈先生都是著作等身

汪篯教授

的著名学者，而父亲的情况却很不同，他在生前仅发表过很少的文章（后来出版的著作，大多为他去世后由其他人整理的遗稿）。记得若干年前曾看到有人讲过一段话，大意是，尽管我父亲生前发表的论文不多，但却能奠定他在隋唐史研究领域的地位，是因为这些论文大都有独到的见地。我以为这种说法应该是比较可信的，否则就很难解释在经受了 1959 年"反右倾"运动的批判，且在提升教授名额很少、要求很严格的情况下，他能凭借所发表的寥寥几篇论文就与王瑶先生、任继愈先生等著作等身的名家同时步入北京大学的教授行列。另外，曾有人告诉我，父亲是"文革"前北大文科各系中最年轻的教授。仅就我个人所知的情况，如果不考虑外语系，此说法应该是大致无误的。

在父亲生前发表的论文中，最重要的大概就是 1962 年发表在《光明日报》上的 4 篇《隋唐史杂记》了，这应该是他得以在 1963 年被提升为教授的基础。如果细读这 4 篇《隋唐史杂记》，可以看到其中有大量的考证，涉及很多历史文献中的数据，并包括不少数字计算和推论，从而论证了隋唐史研究中的 4 个问题。可以说，这表明他的逻辑思维很清楚，也很能体现如他自己所说的"得益于

扬州中学的数学学习"。

父亲是 1934 年考入清华大学历史系的。在《汪篯传略》中有如下记载："1934 年秋，汪篯考入北平清华大学历史系，为清华大学十级全部 300 多名新生入学成绩总分第二名（第一名为物理系考生），并以学史而数学独得满分为人惊奇。"[1] 这段话虽然不长，背后却有一段有意思的故事。下面先以此为引子讲述我所知道的一些相关情况。

如上所述，父亲是清华大学十级（1934 级）入学考试的总分第二名。当时的入学考试是不分文理科的，所有考生使用的都是相同的试卷。由于总分第一名为物理系考生，即后来成为中国科学院院士的李正武（原名李整武）先生；所以，如果按照目前时兴的提法，说父亲是 1934 年清华大学的文科状元也不为过。

2010 年，我曾就那次入学考试的一些相关事宜向清华大学十级社会学系的任扶善先生（首都经贸大学教授）求教。任先生时年已九十有五，却在当天即亲笔给予回复，令我非常感动。现将任先生的回复内容抄录如下：

> 1. 抗战前大学招生试题都不分文理科。因为那时高中不分文理科，会考也不分文理科。清华十级的入学考试当然也不分。2. 清华十级入学考试项目如下（3 天 9 门）：国文；本国史地；党义；英文；生物；世界史地；物理；化学；数学。3. 录取标准不同系科有所侧重。录取后一年级课程，文法理工各有不同。

从任先生提供的清华大学十级入学考试项目可以看出，其中有多门考试是偏理科的，对于文科考生来说，相对难度显然更大些。这大概也是那时清华大学每年入学考试的第一名多为理科考生的缘故吧。记得前些年互联网上曾流传过关于某些名人在高考时数学只得几分甚至 0 分也能考入清华大学的佳话，我无法去证实那些传闻是否属实，但倘若为真，则可以佐证当时的数学考试对于文科考生实属不易。

实际上，在考试时得到总分第二名并不足为奇，因为考试总会有第一名、

---

[1]　吴宗国：《汪篯传略》，载汪篯《汪篯汉唐史论稿》，第 590 页。

1. 抗战前大学招生试题都不分文理科。因为那时高中不分文理科，会考必不分文理科。清华十级的入学考试肯定也不分。
2. 清华十级入学考试项目如下（3天9门）：
   (1)国文
   (2)本国史地
   (3)党义
   (4)英文
   (5)生物
   (6)世界史地
   (7)物理
   (8)化学
   (9)数学
3. 录取标准不同系科有所侧重，录取后一年级课程文法理工各有不同。

任扶善先生的来信（节选）

三、當時的大學招生考試不像現在台灣大專聯考這樣引人注意，考生們也沒有事後查分的權利。過了這考試一關以後，我們已經進入清華園的新生們自然也就無人過問此事。想不到開學以後，學校竟公佈了新生們這門數學的考試分數。原來按照學校規定，這門普通數學的分數必須達到某一最低標準，（確實標準分數已不記得），纔能選修大一的微積分。照理講，普通數學門既有此令人困擾的一門，應該無人可得滿分的了。然而名單上竟然有人得了一百分，這就是總榜第二名的汪籛。我曾問起他這一題是如何做的。他說：「題上方程式中的係數可能是印錯了，祇要這麼一改，就很容易地做出了」。原來他是改了題而後做的。看來他這一改正符合了出題人原來的命題，於是他得了滿分。

源于《清华大学十级（1938）毕业50年纪念特刊》中的文字

第二名……一直到最后一名。真正有意思的是那次考试父亲的数学成绩是满分，而且是唯一的满分，这就是所谓的"学史而数学独得满分"。在清华大学的历史上，以前没有过这种情况，短期内应该也不会再有了。之所以能这样讲，是因为现在的高考都是文理科分开的，文理科数学考卷的内容不同，当然也就不能用同一个标准来衡量了。因此，上面所讲的情况不仅是一件比较有趣的事，而且在清华大学的历史上应该是唯一的一次。实际上，在这件事的背后还有另一件更有趣的事，甚至可以说有些传奇色彩。

父亲在清华大学的那次入学考试时之所以能"学史而数学独得满分"，一个重要原因是数学考卷中的一道试题出了差错。至于出差错的原因，现已无从考证了。但为什么考题出了差错还有人能得满分呢？对此，父亲的清华级友孙方铎教授曾在《清华大学十级（1938）毕业50年纪念特刊》中撰文《十级入学考试中一道数学题的解答和回忆》，比较具体地讲述了此事。

原来，父亲在考试过程中发现这道数学题是有问题的，于是按照自己的理解对该题进行了修正。（据说他还在考卷上对于为何修改该试题做了简单说明。）另外，他不仅仅是在考卷上改正了有差错的试题，而且对其他所有的数学试题也都给出了正确的解答。正因为此，判卷老师给了他满分。父亲的结拜兄长、清华大学九级的吴征镒先生（中国科学院昆明植物研究所研究员，中国科学院院士，2007 年国家最高科技奖得主）曾较为详细地对我讲述过这件事。据吴先生讲，如果父亲在解答其他试题时哪怕只有 1 分的失误，即使改正了这道试题也是不能得到本题满分的。吴先生对此的解释是，首先是他做的其他所有题都对了，在此前提之下，他还清楚地看出了试题中的差错并进行了更正，这才得到了判卷老师特别给出的本来已经不可能出现的满分。

以前我总认为，父亲在入学考试中得了总分第二名实属偶然。假如那道题没有出错，其他人的分数就应该会有相应的提高，即使他最后仍有可能名列前茅，却未必还能是总分第二名了。但后来从另一个角度考虑，却产生了另一个想法。很多人都参加过各种考试，也都有过遇见不会做的难题的经历，但在高考那样非常紧张的情况下，能敏锐地发现考题出了差错，加以更正并给出说明及正确答案，是一件很难也很有趣的事。这比考试是否得到第一名或者第二名要有意思得多。

这里捎带说两句题外的话。上面所讲的这件事发生在八十多年前，尽管今天已经不大可能知道当年的评卷老师是谁，但我确实由衷地钦佩这位先生能给这张试卷满分的胸怀，这种实事求是的精神使我深受教育和感动。

另有几位先生也对我讲过此事。其中北京大学教授李赋宁先生还对我讲述过他与我的父亲抗战期间一起在昆明五华中学兼课的事，并提到父亲曾给高中毕业班的学生补习数学。李舜英先生在讲述此事的同时还告诉我在当年江苏省的高中会考时，父亲的数学也是得了满分。

曾有多人向我提及那次考试的事而且在《清华大学十级（1938）毕业 50 年纪念特刊》中还有专文论述，表明这件事给人留下了较深的印象，同时也说明这件事确实让人觉得有趣，否则也不会被人们一再提起。

作为父亲的同事，北京大学教授周　良先生曾对我说过我父亲的理科基础很好，并感慨如果我父亲学的是理科，或许后来的境遇能好一些。周先生去世后，周先生哲嗣周启锐委托我的朋友陈叔和将周先生收藏的《汪籛隋唐史论稿》送还我。在该书的扉页上有一段周先生亲笔写的文字，内容与周先生对我说的话是基本一致的。摘录如下：

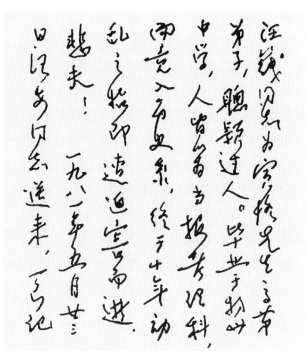

周一良先生在《汪籛隋唐史论稿》扉页上的记述文字

汪籛同志为寅恪先生高第弟子，聪颖过人。毕业于扬州中学，人皆以为当报考理科，而竟入历史系，终于十年动乱之始即遭迫害而逝。悲夫！

何炳棣先生（芝加哥大学教授，美国艺术与科学院院士）是父亲的大学同班同学。何先生曾在《读史阅世六十年》一书中提到父亲的母校扬州中学在数理化教学方面水平很高，同时也讲了父亲在入学考试时数学得满分一事。何先生在书中说："我个人觉得 30 年代的扬州中学的数理化教学水准比南开有高无低。事实上，30 年代江浙若干省立中学的数理化教学都比南开严格。我清华 1934 级入学的状元李整武就是浙江金华省立七中毕业的；榜眼汪籛，'文革'期间含冤而死，北大历史系柱石之一，就是扬州中学毕业的（入学考试数学 100 分）。"在同一本书中，何炳棣先生还提到："以清华 1934 年入学考试为例，南开和扬中毕业生各占 22 名，同居首位。"[1]

下面再讲几句与父亲的老师陈寅恪先生有关的事，也都是与数学相关的。

在陈寅恪先生的三个女儿合著的《也同欢乐也同愁——忆父亲陈寅恪母亲唐篔》一书中，有这样一段话，陈寅恪先生对女儿陈流求说："你的功课准备得如何？想考入清华大学理科，数学成绩一定要好。你数学上有不明白处，可去请教汪篯先生，他的数学极好。"接下来她们还提到陈寅恪先生"一贯赏识数学好的学生，在他看来，数学好思维逻辑性强"[2]。类似的话在上海拍摄的《大师》系列纪实片《陈寅恪》（下）中也出现过。陈寅恪先生的女儿陈美延女士在纪实片中说过这样一句话："汪篯先生的数学特别好。"

从上述的书和纪实片中的内容可知以下两点：1.陈寅恪先生知道汪篯的数学很好；2.陈寅恪先生"赏识数学好的学生"，因为"数学好思维逻辑性强"。

我岳母的好友缪希相（后名李涵，武汉大学教授）与她的丈夫刘适（后名石泉，武汉大学教授）都是陈寅恪先生的学生。缪阿姨曾在一次来京时在我岳母家中住了几天，对我讲过刘适先生在完成研究生论文（导师为陈寅恪先生）时父亲正住在陈寅恪先生家中，通过相互的交谈刘适先生感觉我父亲的头脑很清楚，思维敏锐；此外，她还曾听刘适先生提及我父亲的数学很好。至于刘适先生是怎么知道的，缪阿姨没有讲，我也没有问。但我猜想很有可能也是从陈寅恪先生那里听到的。

下面再讲一些我亲身经历的事情。

1965 年，父亲带我去看过第二届全运会的一些比赛。回家后，我问父亲铅笔与铅球是什么关系，我当时以为它们都是用铅做的。父亲先告诉我铅笔不是用铅做的。对于铅球，父亲给我讲了一个小故事。他曾与同学争论过铅球是用什么做的，有人说是铁的，有人说是铅的。后来，父亲对一个铅球进行了测量和计算，得出了结论，那个铅球既不是铅的，也不是铁的。当时我只是小学四年级学生，搞不懂他是如何计算并得出结论的。随着年龄和知识的增长，我知

---

① 何炳棣：《读史阅世六十年》，广西师范大学出版社，2005，第 42 页。

② 陈流求、陈小彭、陈美延：《也同欢乐也同愁——忆父亲陈寅恪母亲唐篔》，生活·读书·新知三联书店，2010，第 227 页。

道了这一计算其实是很简单的，先量出铅球的周长，进而可以算出它的直径和体积，然后分别乘以铁和铅的密度，就可以得到与被测"铅"球同样大小的纯铁球及纯铅球的质量，再将计算结果与实测铅球进行比较，答案就出来了。我认为父亲当时应该就是使用了这种方法。其中用到的圆周长公式及球体积公式虽然只是简单的初中数学，但仍然表明父亲能够把学过的数学知识灵活应用到解决实际问题中去。后来，在上高中时，我对同班的符其英同学讲过这件事，他从家里找来了一些常见金属（铁、铝、铜、铅等）的比重数据（当时我们只知道比重，不知道密度），然后我们一起在学校的操场上对一个铅球进行了实际测量和计算。有趣的是，根据我们的计算，铅球很可能是铁做的（数据很接近），这与父亲当年得到的结论不同。于是我就此问题请教了北京一零一中学的体育老师王寿生先生。（我当时是该校田径队的成员，王老师是我的教练。王老师在北京市中学体育教师中是很有名气的，曾担任过中华全国体育总会委员和北京市分会副主席，有很丰富的关于体育特别是田径方面的知识。1979 年，王老师被认定为首批中学特级教师，据说是当时北京市唯一的体育特级教师。）王老师不厌其烦地回答了我的问题，并表扬我爱动脑子思考问题。据王老师说，早先的铅球确实是用铅做的，由于容易变形，后来就在空心的铁球里面灌铅，再后来也有直接用铁或其他材料制作的，既有空心的也有实心的。王老师的回答使我的疑问得到了解决，原来铅球本来就可以是用不同材料制作的，所以经我测量得到的结果虽然与父亲当年的结果不太一致，但却并不冲突，毕竟我们实测的不是同一个铅球。

以前，在父亲书桌的抽屉里有一个扁长的盒子，里面装着一个带刻度的东西，有些像板尺，但比板尺复杂。我当时不知道那是什么，长大以后才知道是计算尺。在没有计算器的年代，使用计算尺能够比较快捷地完成一些计算工作。在我家刚搬到朗润园不久，有一段时间，我曾几次看到父亲摆弄这个计算尺，同时还在纸上记一些东西。后来回想此事，我认为他应该是在做一些计算。但对于具体的计算对象是什么我一点儿都不知道。有一件相关的事情却记得很清楚。小时候，我曾背过一些毛泽东的诗，在《送瘟神》中有这样一句："坐地日行八万里，巡天遥看一千河。"由于小时候喜欢看《三国演义》，知道吕布和关羽的坐骑赤兔马能"日行千里"，所以对于诗中提到的"坐地日行八万里"很有兴趣，曾经问过父亲"坐地日行八万里"是什么意思。父亲没有立即答复我，而是先去查看《世界地图》，再取出计算尺进行了一番计算之后，告诉我八万里乃是地球的周长。地球每日自转一周，正好是八万里。父亲还告诉我并不是地球上的每个点都"日行八万里"，这种情况只适合赤道上的点，而在地球南北极点上的"日行"里数则为0。记得父亲当时还告诉我经过计算得到的北京地区的"坐地日行"里数，但具体数值我早就忘了。长大以后，我才明白父亲应该是从《世界地图》中查到了地球的半径，进而得到了地球的周长，也就是所谓"坐地日行"的里数。至于北京地区一天的"坐地日行"里数，应该是先从地图查到北京地区的纬度，再使用计算尺进行三角函数运算得到的。

除了计算尺之外，父亲书桌的抽屉里还有圆规、三角尺、量角器、曲线板、指南针等。这些都是我小时候感觉很神奇的东西。我曾经问过父亲这些东西如何使用，父亲说等我长大就会了。尽管如此，父亲还是教会了我怎样使用圆规画圆，还告诉我怎样利用圆规和直尺对一个圆进行等分。

大约在小学三四年级时，同班同学陈非亚给我背了一首诗："三人同行七十稀，五树梅花廿一支，七子团圆正半月，除百零五便得知。"并简述了诗的含义。我当时虽然没听懂，却记住了这首诗。回家后问父亲是否知道，父亲说他小时候曾背过这首诗，涉及的是一个数学问题，俗称"韩信点兵"，并为我详细讲解了诗的内容（特别是其中的几个关键数字），使我大致明白了应用该诗进行"点兵"的方法。在"韩信点兵"中用到了余数的概念，我当时虽然已经学过了除法，但只掌握了能整除的情况，还没有学过余数。通过父亲对"韩信点兵"的讲解，使我提前懂得了余数的道理（实际上，只要学会了除法，理解余数是很容易的）。然后父亲对我讲，利用诗中的几个数字以及给定的条件，所得到的结果就是105人以内（最多是105）的士兵人数。换句话说，利用这首诗可以直接清点105人以内的人数（如果人数超过了105，可以视具体情况加上105的倍数）。父亲还告诉我，这首诗只是最基本的"韩信点兵"，若改用其他数字则可以直接清点成千上万乃至更多得多的士兵（所谓直接清点就是不需要考虑增加倍数的问题。这样解决问题更加简单，对于结果的处理也更简捷方便）。记得父亲当时给了我另一个他早就知道的"韩信点兵"数据，告诉我利用这组数据可以直接清点千名（实际是1005名）以内的士兵。这组数字很容易记忆，只要会背第一首诗，再对其中的内容稍加改动就可以得到另一首诗："三人同行六百七，五树梅花二零一，六七团圆九半月，除千零五便得知。"由于改后的数字与原诗给出的数字在表观上有较好的相关性，只要把原诗中的 70 改为 670，21 改为 201，7 改为 67，15（半月为 15）改为 135（以半月为 15 日计，9 个半月为 135），105 改为 1005 就行了。由于两首诗的相关性很强，所以改动后的新诗也很容易记忆，虽然读起来不如原诗朗朗上口，但还是押韵的。当时我就记住了这两首诗。但实际上，以我那时的知识结构，是不能理解其中道理的。直到多年以后，想到了这两首诗并进行了相应的推算，才弄明白了内中的道理。同时也知道了怎样去设计更加复杂的"韩信点兵"数据，以直接清点很大的数字。

此文最初是为《朗润园的天空》撰写的。由于该书一直没有落实出版，2015 年，吴宗国老师和胡戟老师约我为父亲的百年纪念文集写一些东西，我就把初稿交给他们编入了父亲的百年纪念文集。后来，修改稿也被其他书收录了。因为已经发表过，所以原本不准备将其放入《朗润园的天空》了。但发小们表示很希望能在书中收录此文，我只能同意。为了不与已发表过的内容太相似，我再次对内容进行了增补，补入了一些我亲身经历的事情，涉及的都是一些初等的数学内容。毕竟父亲去世时我才上小学四年级，在我与父亲的交往中不大可能涉及更多更深的数学知识了。值得一提的是，这些补充的内容都发生在我家居住于朗润园公寓期间，仅就这一点而言，将此文放入《朗润园的天空》还是很合适的。最后想说的是，尽管在完稿的过程中我已经很努力了，但文稿看上去仍然是支离破碎的。这是我的能力不足，虽然无奈却也只好如此了。

"又见"徐启刚先生

◉ 张小弟

当一个曾经接触过但又不是很熟悉、很了解的人淡出你生活视野的时候，特别是几十年过去了，你便会把这个人忘得干干净净，似乎从未有过交集。对我而言，徐启刚先生就是这样的人。

近些年，由于写作需要，我经常会去孔夫子旧书网淘买一些旧时资料。某日浏览孔夫子旧书网，随意点击查找所需资料，弹出一页档案袋照片，就在我晃一眼正准备关闭弹窗的瞬间，似乎看见了"徐启刚"三个字，赶紧仔细观看，竟然是我儿时玩伴的父亲徐启刚先生的四页档案资料。这是1956年徐先生归国后的工作派遣档案。于是赶紧以"高价"买下，准备择日交给徐公子。

这份无意中看见的档案勾起了我对徐先生的记忆，于是，查阅各种资料，却猛然发现当年那个不苟言笑且略显腼腆的徐先生，竟然如此不一般。

徐先生1960年搬入朗润园9公寓，与我家隔楼而住十多年之久。因我与徐家公子文慰、文京算是同龄人，少儿时经常去他家玩耍，时常可以见到徐先生，说起来也算是很"熟"的人了。

他在我儿时的记忆是：一个很"圆润"的小老头（徐先生老来得子，因此，比我同龄人的长辈都显得年长一些，当时已过五旬）。他对来家里玩耍的小孩从

1956 年徐启刚先生归国派遣工作档案

来不寒暄，只是点点头便躲进书房再也不出来，给人的感觉似乎是在给小孩们腾让地方。他最热情的表现方式就是偶尔拿出一些小零食，递过来说一句："你们吃，好好玩。"然后又转身回到书房。

每次去找徐家公子玩，只要徐夫人在家，那将是最开心的时候。徐夫人美丽大方，善于攀聊，每每见到有小孩来都会拿出很多糖果督促你吃，并尽量与你交谈。对比之下，徐先生就显得太过于严肃死板了。

如果在路上与徐先生相遇，当你的眼睛盯着他准备叫一声"徐叔叔"时，大概率的是会发现他的眼神在极力地回避着与你对视，似乎在告诉你："我没看见你，你不必叫我了。"徐先生就是一个当你想极力去讨好他时，但却总是无从下手的人。

在朗润园公寓里，徐先生整天骑着一辆英国产锰钢凤头加快轴自行车，这是朗润园里唯一的一辆顶级自行车，其风光程度不亚于现在一辆奔驰或宝马汽车。20 世纪 70 年代中期，徐先生搬离了朗润园。从此我再没见过徐先生，只是见到徐公子时会顺嘴问一句近况而已。几十年过去，在我残留的记忆里，徐先生就是一个普普通通的北大老师而已，然而并非如此。

徐先生生于 1918 年，1945 年中央大学毕业，此后便去美国留学。1950 年获得美国康德大学硕士学位（地理学），同年，在美国马里兰大学任地理学助教，1953 年任地理学研究员，1955 年 6 月获得马里兰大学地理学博士学位，1955 年 11 月赴华盛顿大学继续深造。至此，徐先生本可一帆风顺地在美国当教授,享受生活。但在仅仅 8 个月后的 1956 年 6 月,徐先生却突然放弃丰厚待遇辞去工作,又在当年 9 月毅然回到祖国。这份我偶然发现的近七十年前的档案便说明了一切。

是什么原因导致徐先生在本可以留在美国大展宏图之时放弃一切毅然选择回国?今日,外人恐怕很难知晓了。但有一点是可以肯定的,那就是徐先生一定是受到了祖国的召唤。

新中国成立初期,国家建设急需高级人才。为此,周恩来总理汇总各方建议,亲自圈定了 100 位在国外的科学家,并通过不同渠道的关系,游说这些科学家回来参加祖国建设。徐启刚先生就是周总理圈定的 100 位科学家之一,由此可见当时徐先生的影响力。

这份珍贵的档案正是当时有关部门给徐先生的工作派遣档案。徐先生于 1956 年 9 月被派遣到北京大学地质地理系工作,直至去世从未离开。

北京大学地质地理系是中国综合自然地理学与土地科学的策源地,徐先生与林超教授、陈传康教授一并成为这个学科的奠基人,弥补了我国在这个领域的教育空白。徐先生开设的"土壤地理学""土壤化学与分析"都成为北大地质地理系的经典课程,他撰写的《土壤地理教程》在那个年代成为这个领域的经典

徐启刚夫妇(徐文蔚/提供)

徐启刚在马里兰大学获得博士学位
(徐文蔚/提供)

晚年徐启刚（徐文蔚 / 提供）

教材，相关课程成为全国高校相关学科的必修课。70年代，徐先生参考了大量国外文献资料，率先在国内开设环境保护课程，由此，徐先生也成为我国环境保护领域的开先河之人。

徐先生不仅仅在教学领域硕果累累，在科研方面的成就也十分突出。他参与过许多国家重大项目，如主持十三陵水库水土保持调查、毛乌素沙地治理工程论证、黄土高原水土保持课题研究等。此外，他还在80年代主持了小浪底水库环境影响评估工作，在小浪底水库建设中起到了重要作用。徐先生一生致力于中国地理科学的教育与发展，并做出了巨大的贡献。

平日里看着一个普普通通的老人，在其背后却有着如此不普通，这便是徐启刚先生！

2022年初秋

（张小弟，曾住朗润园11公寓）

稀土之父在这里诞生

◉ 徐放

1978 年，在"科学的春天"大背景下，我们一家七口人从蔚秀园搬入了北京大学朗润园 11 公寓 208 单元一套 3 室 1 厅的房子。朗润，明亮、滋润之意。在这里，我们一家人的命运也发生了重大转折。

那年父亲徐光宪 58 岁，母亲高小霞 59 岁。两位化学家，以近退休之龄终得以全力投入国家交予的重大科研项目——稀土分离和应用的研究。此项目不仅可以填补中国在该领域的空白，而且对国防及经济发展具有重要意义。

父亲擅长量子化学研究，但 1951 年从美国回国以后为了完成国家交予北大的重大科研项目，父亲已经转了四个不同的研究方向，稀土的分离和应用又是一个全新的方向。这对一个年过半百、历经人生起伏的科学家来说并非易事。好在父亲的数理化功底深厚，逻辑推理能力强，又汲取了我母亲的分析化学精髓，更因为有一个团结合作的研发团队，一个安静古雅的居住环境，经过数年废寝忘食的艰苦努力，父亲终于发明了稀土分离的串级萃取理论。这一理论可"一步放大"，直接应用于实际生产，使我国实现了从稀土资源大国向高纯稀土生产大国的转化，被国际上称为"China Impact"（中国影响力）。因为这项全新的发明和创新，父亲被尊为"稀土之父"。

"文革"中我们一家被迫分离，而在朗润园的时光，成了我们最后的家庭团聚的日子。我大姐从云南分回北京工作，二姐和三姐考入北京师范大学，我也考上了中国政法大学。我们姐妹四人挤在一间房中，有四张床两个书桌。书桌不够用时，我们就霸占父亲在客厅里的书桌，他虽然工作繁忙，但对我们姐妹总是那样和蔼和宽容。

父亲也总是优先关照母亲，所以母亲的书桌放在他们的卧室里不受我们打扰。而父亲的书桌是最受打扰的地方，因为客厅是有三重功能的，既是客厅，又是餐厅，还是父亲的书房。现在回想起来，要是我在那个"书房"里是很难集中精力思考难题的。而且白天家里总有我父母的学生和同事来讨论问题，有时还留下吃饭，所以父亲常常在夜深人静时才能工作。我早上起床时，常看到他刚刚关灯准备上床休息两三个小时。

父亲夜以继日地在思考解决科研难题的方法，可以说达到了"衣带渐宽终不悔，为伊消得人憔悴"的境界。1979年"稀土串级萃取理论"正式发表，又经过近十年的实践，到了1988年，这一理论的应用终于实现了工业化大生产。

说起在朗润园的那段日子，我的父母从来没有抱怨，他们总说那是我们家的兴盛时期，大团圆时期。这话也一语成谶，因为我们姐妹先后出国，外婆去世，一家人再没聚齐过。

父母在朗润园住了13年，他们非常喜欢这个昔日的皇家园林。记得上高中时，清晨和傍晚与父母一起散步是我们最美好的时光。季羡林教授在他楼前湖中投下的莲种，那时已长出一片片莲叶；后来荷花盛开了，我们散步到13公寓，一边撸季老那只双瞳的波斯猫，一边跟他聊几句"季荷"。一路上，父母还总是会碰到园中的一些老先生、各学科教授或者熟人，他们除了互相打招呼，还会讨论一些有意思的话题。母亲家学渊源深厚，特别喜欢杜甫的诗。在园子里遇到中文系的陈贻焮教授，他们就会聊起文学和杜甫。记得一次陈教授告诉母亲："有一外宾来访后，说北大真美，朗润园是paradise！"母亲说，她不知道天堂有多美，只愿在人世间，能常住景色如画的朗润园。我相信那是他们最美好的时光，也是我们的。

朗润园，照亮了我们一家。

（徐放，曾住朗润园11公寓208单元）

远去的背影、鲜活的记忆

——记父亲在朗润园的点滴往事

◉ 沈正华

2011年，《中老胡同三十二号：老北大宿舍纪事（1946—1952）》和《我们的中关园》两本书相继出版，两书皆以北大宿舍为主线、由北大人（包括"二代"）执笔，写人叙事讲历史，由此开启了民间自发组织撰写北大别史的序幕。这些回忆生动细腻，以小见大，弥补了正史的空缺，在坊间广为流传，也成为发小们热议的话题。

前几天听闻朗润园也要出文集了，顿时勾起我一连串的回忆。我父母曾在9公寓住过20年，自己也在那里住了十余年。大约十年前，我的大学老师肖东发先生（时任北大新闻传播学院教授）拿着一份曾在朗润园居住的学者名单找我核实并补充。在此之前，肖老师主编的《北大燕南园的大师们》一书出版后颇受好评，按照此书的思路，他准备为燕东园和朗润园的大师们也编写群传。在肖老师的这份初选名单中，名列榜首的是文科"四老"（季羡林、金克木、邓广铭、张中行），其后按"系"依次列举。名单包括过去几十年中曾在朗润园8—13公寓居住过的北大学者，部分名字的后面还做了括号内的标注。我父亲的名字列在物理系的首位，其后还有两位院士，本该位列首位的王竹溪院士却被遗漏了。

2016 年 4 月，肖老师在海南去世，这本书最终没能完成。现在，朗润园的"二代"大都已进入暮年，能把这段历史记录下来，为逝去的父辈和远去的童年留下珍贵的原始资料已刻不容缓。在中关园的文集中留下了我对少年生活的回忆，朗润园的岁月堪比风雨后的彩虹，家庭的命运与国家一样揭开了新的篇章，也是值得书写的一段历史。心动不如行动，稍加构思后匆匆提笔，遂成此文。

搬家的故事

在北大，朗润园公寓是仅次于燕南园和燕东园的高标准住房，不仅住房面积大，而且周边环境优美清静，有公园的美景却无公园的喧闹，因而颇受学者们的青睐。自它 1960 年建成后，在我的印象中独家入住整套单元房的多是三、四级教授和校、系两级的行政领导。也有讲师入住整套单元房的，大多是家庭人口多或三代同堂者，其他教工则往往是两三家合住一个单元。"文革"中这些学者或行政领导大多受到冲击，住房被挤占，三四居的套房挤进了两家甚至三家，有些甚至被强制迁出。随着江西干校"五七战士"和汉中分校北大员工陆续回京，原本就不富余的教工宿舍显得更为紧张。1974 年左右北大先在蔚秀园盖了一批楼房，但杯水车薪，仍无法从根本上解决住房问题。1978 年我父亲晋升为教授，同年被任命为北大副校长。1979 年，学校准备为他调整一套朗润园的四居室的住房。闻听此事后，父亲主动找时任房产科科长的尔联柏，表示自己只要三居室即可。当时北大承泽园、燕北园的居民楼尚未落成，住房拥挤的普遍状况亟待改善。父亲的自律让尔科长感觉惊愕，在众多的住房调整中主动谦让、自降标准的情况实不多见。当时我家户口簿上有祖孙三代共四人（父母、外婆和我），弟弟正在北大读书，属集体户口，周末常回来；我上北大一分校，是走读生，必须住在家里。我们的新家最终安在了 9 公寓 104 单元，一套位于二层的三居室。我们在那里整整住了 20 年，直到 1999 年才搬到蓝旗营小区。

严于律己是父亲的一贯作风。早在 1952 年院系调整期间，他被学校抽调一年，暂时离开物理系，与分别来自燕京大学和清华大学的同志共同主持三校合并调整后的住房建设和分配工作。中关园那两百多套平房就是经他们之手分配给新北大教职员工的。当年我家常住人口有三代共四人，按政策（职称和家庭人口）可以住 75 平方米的住房，可父亲只要了 50 平方米的住房。一年多后弟弟的出生、姐姐的回归、保姆的到来，七口之家在 50 平方米的住房内又住了 5 年多才搬入 75 平方米的住所。

与"文革"中落魄的那次搬家不同，1979 年的搬家住房面积从不足 30 平方米、厕所厨房公用的两居室调整到 90 多平方米的独户单元房，居住环境大为改善。搬家的队伍也是今非昔比，1968 年从中关园平房搬到科学院 25 号楼时，从劳改大院请假回家的父亲是唯一的"壮劳力"，负责拉板车，三个十几岁的孩子是搬运工，所有家当靠我们的双手抬上四楼。此次搬家弟弟的大学同学自发赶来帮忙，个个都是壮小伙，运输工具是学校派来的卡车。

那个年代买家具要凭票，家里的两个书橱都是凭票从海淀家具店购买的。扩充了居住面积后仅靠凭票购买的家具尚不能满足生活所需，弟弟从东北兵团回京时托运回来的一些木材这下派上了大用场。我请同事的爱人（业余木工）帮忙做了一张写字台、两张简易沙发和一个杂物柜，生活这才得以安顿，这些手工打制的家具一直伴随着父母，后来亦随他们迁入了蓝旗营的家。

这次搬家成为父亲职业生涯的一个转折点。伴着改革开放的春风，知识得到尊重，知识分子的地位得以提高。时年 58 岁的父亲焕发了生机，在北大校内以及校外的学术领域他被委以更多的头衔，有了更广阔的舞台施展才能，也承担了更多的社会责任。住房条件改善后，父亲仍没有独立的书房，每晚在自己卧室中伏案工作。有一次为了给 77 级学生上光学课，他白天忙于学校的工作，下班后通宵不眠地备课。次日授课时忽然两眼发黑险些晕倒，幸而有黑板支撑才未倒地，这个瞬间同学们并没有觉察，几秒钟后回过神来的父亲继续上课。

在朗润园居住时，父亲的上班地点先后是办公楼和遥感楼。担任副校长期间在办公楼一层有间办公室，后来因兼任遥感所所长，在遥感楼也有间办公室——担任烟台大学校长后，在京的办公室就借用此处。平时在校内奔波，代步工具全靠一辆旧自行车，直到 84 岁才终止。曾有美国学者看到后对我的朋友说："若非亲眼所见，不敢想象骑着这辆旧自行车的人就是退休后的北大副校长！"

邻居与师长

　　我家搬到 9 公寓后不久，王竹溪先生也搬来了，和我家成了门对门的邻居。王先生是我国著名的物理学家，留学英国在剑桥大学获得博士学位后，即应清华大学之聘到西南联大物理系任教，他是诺贝尔奖得主杨振宁先生的恩师。王先生 1955 年当选为中国科学院数学物理学部委员（后改称院士），"文革"前曾任北大副校长，不仅在物理学方面造诣颇深，数学功底也十分扎实，是一位学贯中西、文理兼通的大学者。最让人惊诧的是，历经四十多年的积累（从战火纷飞的 20 世纪 30 年代末开始编写，直到 1980 年完成），他凭借一己之力编纂了《新部首大词典》。该书共有 250 万字，收录了 51100 个汉字，包括来自汉简、殷墟、甲骨文的罕见字，收录的字数比《康熙字典》和当时的《中华大字典》还多。该字典最有创意的地方是部首检索法，对比《康熙字典》214 个部首和《现代汉语词典》189 个部首，此书的部首大大简化，仅为 56 个，且无一重码，以"新部首"冠名恰如其分，堪称是数学与文字学的完美结合。

　　父亲对老一代知识分子特别尊重。他在西南联大读书时曾受教于王先生，1952 年院系调整后两人同在北大物理系工作，关系由师生变为同事。王先生治学严谨、为人正直。1958 年"大跃进"时物理系有几位青年教师贴大字报，说王先生撰写的《热力学》一书理论脱离实际，先生为此气得不想讲这门课了。60 年代初，父亲代表物理系登门向王先生道歉（其实此事与父亲没有丝毫关系），最终得到了先生的谅解。

　　说到王先生的严于律己，以下几个小故事可以佐证。院系调整时王先生从清华调入北大，举家搬进了中关园 75 平方米的住房。按照级别和家庭人口他完全可以入住燕南园或燕东园的别墅房，退而求其次也可住中关园为数不多的 100 平方米的住房。主管分房的父亲把这些都和王先生讲了，可他坚持只要 75 平方米的住房，和化学系的张青莲教授毗邻而居。1978 年 8—9 月和 1981 年 6 月王先生先后两次出国访问，按规定出国人员可以领置装费，但他坚持不要，最终是穿着 1935 年出国留学时的旧西装出访的。王先生到中科院开会，完全可以由对方派车来接或北大出车送去，但他总是坚持自己骑自行车去。更让人感动的

王竹溪在未名湖边

是，"文革"前中文系一位九三社员在小汤山疗养，作为九三学社领导的王先生曾从北大骑自行车往返几十里前往探望。

王先生虽然有四居室住房，但家里人口多，且三代同堂，常住人口六七人，显然并不太宽敞。王先生家里有很多藏书，印象最深的是家里那占据一面墙壁装在棕色木盒中的整部《二十四史》，看上去十分气派。一般人很难想象，这是一位物理学大家的书房。王先生是罕见的奇才，一生专注的两件事都结出了硕果。

王先生毕生心无旁骛、专注于学术，离不开家里的贤内助王师母（我们称王奶奶）。王奶奶操持家务是把好手，常见她每天骑一辆特别矮小的自行车出去采购，回家时前面的车筐里和后面的车架上都装得满满的。她和我外婆在中关园居住时就相识，她们都在居委会工作过，互相以"大姐"相称，成为近邻后两家的关系自然处得很好。每逢过年，王奶奶亲自动手或指挥儿媳做手打鱼圆，做好后总要端过来给我们尝尝。王奶奶是湖北人，这道家乡菜融入了她浓浓的乡情。王先生在鲤鱼洲干校感染了小虫（血吸虫）病，但自己却浑然不知，仍忘我地工作，最终发展为肝硬化。作为全国政协委员，他的病在会议期间被确诊，并从委员驻地被送入医院。作为主管理科院系工作的副校长和王先生昔日的学生，父亲对王先生的病情及就医一直非常关心。王先生是 1983 年 1 月

30 日去世的。那段时间父亲发高烧卧病在床，但有些事必须由他出面安排，只能抱病奔波，结果父亲的心脏受到损害，出现频繁的早搏，严重时不得不卧床休息。王先生留下的遗愿是将远在青海油田工作的大儿媳调回北京（因为长子王世瑚作为北大 77 级法律系的毕业生已留在全国人大常委会法工委工作），解决夫妻两地分居的问题；同时希望有病的次子能尽快组成家庭，今后有人照料；作为家庭妇女的王师母一辈子没有参加社会工作，王先生自然也惦记老伴儿今后的生活。凡此种种，经父亲多方斡旋协调，最终一一得以落实。

王先生去世后，那部耗费了他几十年心血的《新部首大字典》长期无法出版，最大的技术障碍是排版。字典中许多生僻字、罕见字全部是手写的，没有现成的铅字可供排版，而王选院士发明的汉字激光照排系统尚未大规模运用到图书出版行业。世瑚为此事多次找到我父亲，最终总算有出版社答应给予出版，但稿酬给得很低。为了让这部字典尽早问世，家属没有计较这些经济上的损失，最终该书 1988 年由上海翻译出版公司和电子工业出版社联合出版，版权页上编纂者王竹溪的名字被置于黑框中。父亲为王先生所做的事我所知不多，从以上几件事中可知他们之间亦师亦友的情谊是十分深厚的。王家的两位儿媳对我父母一直十分敬重，她们搬离朗润园后逢年过节总会登门看望，我家搬入蓝旗营小区后也未中断，父亲走后她们仍继续看望母亲，这份情义令我十分感动。

亲情与友情

搬入朗润园后，随着时间的推移，家庭人口开始增加。1982、1984 年姐姐和我先后生了女儿。父亲"升级"当了外公，这次"升级"给他带来的喜悦远远高于职场的升迁（这个比喻或许并不妥当）。父亲一生忙忙碌碌，是一颗标准的螺丝钉，组织需要把他拧在哪里他都毫无怨言地接受，从不考虑个人得失，并尽心尽力地把工作做好，直至年满七十后退休。

我的女儿出生后，成为唯一随我父母共同生活过一段时间的第三代。父亲一直喜欢孩子，但繁忙的工作使他无法在我们的成长过程中给予过多的陪伴。孙辈的降生，成为他生活中的一种调剂，唤醒了他心中最柔软的部分。在孩子的教育中他倾注了爱心、关心和耐心。晚饭后他常常喜欢带外孙女在校园中漫步，亲近大自然。在专家招待所西侧的小山坡上，伴随着早春的到来，二月兰开始绽放，无须播种却从未缺席，花期长达一两个月，和迎春、连翘一起迎接春天的到来；4—5月随风飘送着槐花的清香，从未名湖畔到朗润园一路相随，香气四溢，沁人肺腑；夏日时分，13公寓前的水面上，满塘荷花争相吐艳，荷叶上跳动的青蛙最吸引孩子的目光；五彩斑斓的秋天是未名湖畔最美的季节，那时的相机拥有率还不高，却可以看到坐在湖边写生的人；冬季来临后，未名湖北面的小湖成了孩子们滑冰、嬉戏最好的场地。弟弟曾从美国带回来一条充气橡皮艇，可承载一大一小两个人的重量。有一次姐姐、姐夫带着孩子回来，想试试这个舶来品，于是在家里预先用气泵充足气，将橡皮艇放在路边的小湖里漂了一会儿，两个孩子兴奋无比，当家长的我们却担惊受怕。

1987—1989年，1992—1993年，我两次赴美合计整整三年，其间有两年女儿随我父母在9公寓生活。只要有空闲时间，父亲都会骑自行车从燕东园幼儿园或北大附小把孩子接回家。作为教育工作者，父亲特别善于启发孩子，通过观察大自然和各种事物，通过讲故事甚至做小实验，有意识地培养她的求知欲，鼓励提问并不厌其烦地给予解答，以寓教于乐的方式让她汲取知识。孩童期间外公的教育使她受益终身，她至今仍保持着探求新鲜事物、对未知不断求解的良好学习习惯。除了启迪智慧，父亲还注意孩子的品德培养，他曾领着我女儿环绕未名湖一周捡拾垃圾。这让我不禁联想起小时候去颐和园，父亲也曾以身垂范，把他人丢弃的冰棍纸捡起来投入垃圾箱，几十年后同样的教育模式在下一代身上依旧延续。

回想起在朗润园时度过的四世同堂（包括我的外婆）的生活，心里仍是满满的依恋与不舍。那时，乘着改革开放的春风，我们这一代人重新回归校园，用知识武装头脑；父辈们为四化建设努力工作，为培养人才倾力付出；下一代人的降生，为家庭带来新的希望与畅想。老人在和谐温馨的氛围中安度晚年；国内外的亲友开始相互走动。这一切都发生在家住朗润园的那个年代。岁月留痕，翻看家庭相册，每一帧照片都留下了那个时代的美好回忆。搬离朗润园后，父亲和我们对朗润园湖畔的故居依然眷恋，只要有机会去学校走动，总会绕道回到那里，在9公寓周边转转。昔日的邻居大多已搬离，一些熟人已然作古，但那份记忆还在脑海里，那些回忆还在嘴边，那座楼、那个湖、那条蜿蜒的路依旧未变。

　　下面四张家庭照，摄于 20 世纪八九十年代和 2010 年。将近 30 年的时间跨度，见证了国家的进步、命运的改变和家庭的繁衍。其中，在 9 公寓室内的全家人合影，坐在中间的是外婆，身后的书柜是凭票从海淀街家具店购买的。2010 年 5 月 2 日，全家人到北大吃饭并踏春，再次来到熟悉的朗润园寓所，昔日的北招待所，大门改成了雕梁画栋的中式垂花门，"科维理天文与天体物理研究所"的一块匾额悬挂在上方，彼时腿脚已不太灵便的父亲双手扶杖和母亲留下了合影。

1985 年全家人在 9 公寓前

1990 年春节沈克琦父女合影

1997 年 9 月全家人在 9 公寓 104 单元家中

2010 年沈克琦夫妇在科维理天文与天体物理研究所门前

外婆一生极少生病，几乎没有去过医院，仅有的两次"看病"经历都发生在朗润园居住期间，且都是大夫"出诊"，上门看望。一次恰巧母亲出差在外，傍晚时分外婆突然剧烈呕吐，人感觉十分难受。平时外婆偶尔头疼脑热或胃不舒服，都是母亲对症给她服药，这次没了主心骨，我们顿时抓瞎。父亲急中生智，第一时间向住在8公寓的校医院苏流院长电话求助，苏院长很快过来看望，经诊断是煤气中毒，于是马上开窗通风，因发现及时人并无大碍。另一次是八十高龄的外婆在家做饭时不慎跌倒，时间恰逢周末。父亲请校医院放射科的白大夫（其夫人在遥感楼收发室工作）为外婆拍了X光片，片子显示老人是股骨颈骨折。外婆不肯住院也不同意手术治疗，于是住在朗润园平房（现在中国古代史研究中心的位置）的李智光大夫为她开设了家庭病床，土法上马做牵引，每周上门看望一次。两个月后老人居然奇迹般地康复了，最终以百岁高龄辞世。那时的人际关系、医患关系是如此和谐，校医院从领导到大夫都把"救死扶伤"视为天职，他们的职业操守令人敬佩。

自西南联大北京校友会成立，父亲一直在其中担任领导工作。家里的住房条件改善后，每年五四校庆，返校的联大校友们开完大会之后都愿意到9公寓来聚会。他们带着食堂领的盒饭，沿着未名湖边走边聊。为了这样的聚会，家里提前就要忙活起来，除了打扫卫生，还要熬一锅鸡汤，水果和茶水也必不可少。这些联大校友不仅是父亲物理系的同窗，化学、经济等系也有人加入。他们了解父亲的为人，知道他平时工作特别忙，所以格外珍惜这一年一度的校庆聚会。

一生的执着

父亲一生办事认真，一丝不苟，坚持原则，几件在朗润园居住期间发生的往事我至今记忆犹新。

1984年1月，在中国物理学会三届三次会议上，父亲担任了全国中学生物理竞赛委员会主任。父亲大学毕业后的第一份工作是在中学教物理，三年的教书生涯他包揽了全校从初一到高三的全部物理课教学（偶尔也代几何课），由此奠定了坚实的数理基础。自从担任竞赛委员会主任，常有来自全国各地的信件寄给他,内容大都是探讨物理问题,写信者都不认识。信封上只需写"北京大学沈克琦收",总能转到父亲手中,记得还有一些信是从周培源先生那里转过来的。有些人连基本的物理概念尚未搞清楚,信中就大谈自己推翻了既有的物理定律,或是有什么新的发明,如永动机等。接到这类来信,父亲再忙也要拨冗回复,从最基本的物理概念讲起,找出对方认知的误区,并解答来信中的各种问题。回复这类来信颇伤脑筋,有时甚至比给大学生讲课还难。来信者水平参差不齐,有中学生也有社会青年,大都是自学者。不了解他们原有的物理基础,要把专业问题讲清楚,切入点的选择特别重要。除了解答问题,父亲还不忘对来信者的钻研精神及其对物理学的兴趣给予肯定。我纳闷父亲这么忙,为什么还要把宝贵的时间浪费在写这类回信上。父亲总是说这些年轻人很不容易,他们努力学习,肯于思考,敢于提问,我当然应该尽力帮助他们。

有一次,一封尚未回复的这类来信在家里找不到了,父亲担心这封在邮政投递过程中被揉搓得皱巴巴的来信被当作废纸丢掉了。他让我下楼去找,我不肯。那时住在二至四楼的居民丢垃圾是通过垃圾道直接倾倒,找这封信必得去楼下垃圾箱的出口处翻。父亲见我不肯,从厨房拿了一个铁钩子自己下楼了。我顿时意识到今天不找到这封信,父亲是不会罢休的,赶忙也跟了出去。位于楼北面的垃圾箱出口有个铁门,平时关着,只有收垃圾的工人来了才打开,用铁锹把垃圾一铲一铲装上车。我不忍心让六十多岁的父亲低头弯腰在一堆肮脏的垃圾中找东西,于是只能屏住呼吸探头自己找。过路的人见我们父女二人俯下身子,在垃圾道的出口翻找,还以为我家丢了什么珍宝呢!没人能够想到我们是为了翻找那封不知何人写来的求教信。谢天谢地,那封信终于现身了!那位不知姓名的收信人如果知道这个故事,不知会有什么感想。

"中美联合招考物理研究生计划"(China-United States Physics Examination and Application,简称CUSPEA)是李政道博士倡导设立并亲自主持的为中国培养高端物理人才的一个项目,它开创了中国留学史上一种新奇的派出方式——"公派自费"。由美国方面出题,在中国举行专业和英语考试,成绩合格的应试者可直接申请到美国攻读研究生(在TOFEL和GRE考试尚未在中国开展时,此举突破了出国留学的最大障碍)。有了两次成功的尝试后,CUSPEA项目于1980年2月正式实施,父亲和中科院的副院长吴塘先生负责主持项目的日常工作。那时常有物理系的学生请父亲为他们写出国推荐信，一向好脾气的父亲这时却并不那么好说话，顺水人情的事他从来不做。对完全不了解的学生他一般不写，哪怕你拿着拟好的推荐信来也不签字，因为那样对双方（美国的学校和申请的学生）都不负责任；对于了解不多的学生，他不仅要看成绩单，而且要当面提问题，了解学生拟攻读的专业方向，为他们提供对口的学校信息；对于了解较多的学生，他会就其专业选择和未来的研究方向给出具体的建议。CUSPEA项目开展数年后，1985年初教育部和中科院联合组团（父亲任团长）赴美看望CUSPEA学生，父亲看到这些优秀学子在外学有所成、成绩斐然，发自内心地为他们感到高兴，仿佛也圆了自己年轻时未能实现的留学梦。

在公与私的问题上父亲历来坚持原则。记得那年90岁的奶奶在我家暂住后要离开北京，为了送奶奶，父亲向车队要了汽车。送走奶奶后，他让我去车队交钱，车队的负责人不收，说已经记在校办的账上了，父亲知道后坚持要付钱，他说这是家里的私事，与学校无关，不能记在学校的账上。这样的事情有过几次，车队的队长和师傅都知道。

1987年10月至1989年10月，我公派赴美。那时很多人选择留在国外，我联系了在美攻读硕士，并将这个消息告诉了家里。父亲闻讯坚持要我回国，他说："你持F1签证，按规定要回国服务两年，之后如果想念书，再申请出去也可以。做人一定要讲信用，你的失信不仅仅是个人名誉受损，还会把后续出国者的路堵死。"当我把回国的决定告诉美国的资助方时，对我这个"逆潮流"的举动他们深感意外。回国之后，我将在外所学全部应用到图书馆的工作中，参与了北大图书馆从手工模式向自动化模式转换的全过程，在其中发挥了重要的骨干作用，个人的业务水平也得到全面提升。这一切都与父亲当年的殷殷教诲密不可分。

2015年2月17日父亲带着他对家人的不舍与眷恋永远地离开了我们，走完了他93年的人生路。父亲的身材并不伟岸，但在我心中他永远是一座丰碑。谨以此文追忆那个美好的时代，父辈的往事、吾辈的青春、女儿的童年……以及再也回不去的那段历史。

（沈正华，曾住朗润园9公寓104单元、11公寓105单元）

儿时点滴

——忆黄老先生

◉ 陈梅安

那年初秋的一天，我又回到了北大朗润园中的涵碧亭。作为恭亲王奕訢曾拥有的赐园亭台，该亭的单檐式四角攒尖顶，仍保留着皇家建筑的气韵。我环顾四周，暖日当暄，松荫错落，8—13 公寓一仍常规、伴湖而立。在拂柳疏叶中，我瞧见了我曾安乐简出的旧居，那是在我挥别故土之前，所经三十个春秋之地。儿时的记忆虽然模糊，但我对园中的土砾碎瓦，仍信付钟情。虽然都是些支离破碎的片段，但我每每回忆起在朗润园的日子，如饮甘滋。

儿时的我，个头又瘦又小，感觉公寓旁边的院墙格外地高，从来看不到墙外的街景。有一天，我正在楼前树下翻看一本小人书，忽然发现从墙外飞来了零星的石块。有的落在离我不远的草地上，有的居然落进了湖里。石块飞过来的时候，我还听到墙外有男孩们的坏笑声。万幸的是石块落点盲目，杀伤力不大。可我又惊又怕，撒丫子逃进楼道门里躲着往外看。只见邻里的几位大哥哥立刻叫来周围的小伙伴们，分成司令、军长、师长、旅长等，纷纷跑到湖边捡石头，然后朝着墙外石块飞来的方向投出去。几个回合下来，墙外没了动静。

夕阳的余晖洒在湖面上，映照在大家欢乐的脸上，轻风吹来了不知谁家厨房里蛋炒饭的香味，每个人顿感饥肠如鼓，"吃饭去喽！"大家轰然散去。

那时，我也经常到邻里的大人家串门。最让我记得的人，是住在我家楼上的黄子通老先生。我常常到他的书房向他要糖豆吃。每次去时，黄老先生都会随手拿起一本书，任意翻到一页，指着几行字，叫我念出来给他听。然而，一行当中我会有一多半的字都不认识。黄老先生就拿起纸笔，慢慢地将字一个个地写出来、注上音和义，然后耐心地讲解给我听。有一天，我看到黄老先生的书柜上摆着一个精巧的能手动上弦的玩具，是一个运动员在上足发条的作用下，连续在单杠上翻跟头。我对先生说："今天我不要糖豆了，我想要这个玩具。"黄老先生微笑着对我说："你现在若能背出唐朝诗人王之涣的诗，这个玩具就送给你了。"我一听大喜，立马站直了身子，挺起小胸脯，大声地背出"登鹳 / 雀楼"。话音未落，老先生已经笑得前仰后合，原来我应该读"登 / 鹳雀楼"。黄老先生 16 岁考上生员，后又考取官费出国留学；1952 年院系调整时，他调入北大。印象中的他，瘦高的身材，总是穿着一件藏蓝色的建设服。他宽阔的额头上会架着一副老花镜，目光炯炯，说话时慢条斯理。偶尔，可以听到他哼着小曲，脸上流露着怡然自得的神情，温存的笑意悉堆眼角。黄老先生的书房很大，里面阴森森的，平时只开一盏书桌灯。躺椅灯，只有我去时才开。一整墙的书柜堆满了书，屋里还总是带有一股奇怪的气味。有一次，我斗胆问起怪味何来？先生笑而不答，只反问我气味好还是不好？我说觉得怪怪的，老先生这才慢慢地告诉了我……从那时起，我知道了芸草。

涵碧亭周围的湖面冬天里会结成很厚的冰。胆子大的孩子们就会早早地跑到湖面上穿着冰鞋滑野冰，或是玩冰车比赛。我一直羡慕哥哥姐姐们的勇敢，总盼望着自己能加进他们的游戏之中。一天，我鼓足了勇气穿上冰鞋站到了湖面上。忽然，我看见了亭亭玉立的那个她。阳光骤然明媚了，我脚下的冰鞋开始听使唤了，可是她在湖的另一头。我下决心，要第一个冲到她的面前跟她打招呼。咣当，我摔了一个大跟头。耳边响起了一片哄笑声。我定了一下神儿，坐起来，才明白我是被另一位同学撞着了。他高高的个头儿，浓眉大眼，身体结实得像一头牛。他看我坐了起来，就向我撇了一下嘴。我忍着疼痛站了起来，发现自己的手在流血。一抬头，看见她正朝我的方向滑过来，我颤颤巍巍地等着准备向她打招呼。众人一直继续哄笑着，都把目光投在她的身上。只见她一个起身，脚尖轻轻一点冰，连看都没看我一眼，就从我眼前滑了过去。我顿觉好委屈，眼角湿湿的。

环绕着涵碧亭的湖水是活水，与未名湖相连，湖里的鱼虾丰裕。我老祖（曾外祖父）就曾带着我钓过鱼，后来是我跟父亲（陈仲庚）来湖边钓鱼。有的时候，我们还能钓到鳝鱼呢。湖畔，大石堆砌，杨柳横坡。春天，野花幽叶，景致娇媚；夏日，湖水碧意，富裕和谐，是人们喜爱的休闲之所。

茶余饭后，我常常看到长辈们三两一群地交谈小聚。让我印象最深的是我爷爷（陈祥春），他常与黄老先生等其他老先生们一起品书鉴画。有一次，我看见他们在湖畔聊天，聊着聊着进了屋，我便尾随入之。黄老先生家的书房一反常态地灯火通明，他们开始围着桌子一起欣赏一幅画。我悄悄地钻到桌边，扒着边角踮着脚看。忽然，一只大手抓起我的衣领，把我从地上拎到了椅子上。黄老先生用那熟悉的声音轻轻地说道："来，站到椅子上，跟我们一起来看。"他们指指点点议论着，什么马一脚（角），斧劈村（皴）的，我看着眼前发黄和晦暗的画，趴在爷爷的耳边说："我画的比这个好看多啦！"几位老先生哈哈大笑……黄老先生摸了摸我的头说："记住，这是宋代马远的画作。"多年之后我才意识到，朗润园迥然不群的生活、丰厚的人文底蕴，对我的人生观产生了巨大的影响。

现如今故地重游，令我感慨万千：冷月染窗前，空照亭台小径闲。风问鹤梅谁与伴，娇怜。唯有蝉鸣朗润园。词曲两缠绵，醉饮千杯泪洗颜。阔别故乡仍念旧，殷然。未尽柔情不入轩。

再赋一首《西江月》：

西江月·未名问柳

春暖燕来林密，冬寒鹊去枝疏。楼台烟雨未名湖，悲喜羁离无数。

何日新颜为老，几时旧貌如初。蹉跎岁月已难书，惆怅与谁倾诉？

（陈梅安，曾住朗润园 10 公寓 104 单元）

朗润园的张奶奶

◉ 张蕾

2012 年春节，朗润园 8—13 公寓那些"50 后""60 后"的"孩子"们时隔三四十年后终于重聚了。童年的故事依然清晰，但当年的熊孩子，如今却已是皱纹爬上眼角，两鬓如霜……简明扼要地自我介绍，是我们重新打开童年往事那扇大门的钥匙。

在"向阳屯"那间最大的厅房门口，小弟哥盯着我说："别动，先说你是谁？"

我说："我是张蕾，张奶奶的孙女。"

我看到了哥哥姐姐们眼眸里闪烁着的光芒。那是惊喜。我知道，一小半是因为记忆中那个瘦弱的小黄毛丫头，变得有点超出了他们的想象；一多半是因为我奶奶——张奶奶……

我相信在 8—13 公寓，在我们这辈人还有我们父辈人的眼里，张奶奶，都是神一般的存在。她带着家属们学习，带着大伙开窑烧砖，建奶站、发牛奶；她仗义执言，邻里有了纠纷都会拉她去断个是非；就连孩子们的事她也要管，女孩子们受了男孩儿欺负会找她投诉，那些顽皮至极的熊孩子们在被她呵斥时，竟然没有一个敢犯浑的……

1968年张奶奶与孙女张蕾合影

童年玩伴张蕾和朱彤，身后的北京大学北墙外就是圆明园南门

奶奶受到邻里街坊的尊重，我也跟着沾光。我刚出生的时候长得小模小样儿，头顶上是一片稀疏的黄毛。说起那会儿的我，父亲如今还会笑出声来。很多年后，我问过我奶奶，我说奶奶，我小时候长得那么难看，肯定没有大人喜欢我、逗我玩吧？奶奶一听，眼睛一瞪："有我在，谁会不喜欢你！"

是的，我想起来了。因为奶奶在邻里间的威望高，童年丑小鸭一样的我，一直生活在周边爷爷奶奶、叔叔阿姨、哥哥姐姐们的宠爱当中，骄傲而自由自在。

我奶奶，不是"小脚侦缉队"，也不是居委会主任，甚至都不是家属小组的组长。很长一段时间她"没名没分"，是不拿一分钱报酬的志愿者，可就算她帮助别人乐此不疲，我也依然不太理解，在北大朗润园这片人杰地灵、名人扎堆儿的地方，奶奶是怎样赢得大家尊重的？

聚会之后，发小们建立了微信群，聊起张奶奶，当年跟我们一起住在12公寓103单元的小玲姐姐说："张奶奶可不是普通的奶奶！"

一句话点醒了我。

奶奶名字叫苏同文，1903年出生于现今江苏省宿迁市的一个乡绅家庭。她身高一米六三，有一双大脚。要知道在那个年代，有这样身高还没有裹小脚的女人绝对是"极品"。再说起她的履历，那就真的是"极品"中的"极品"了——

奶奶是体育健将：

作为第一代中国女排国手，她曾赴日本参加过第六届远东运动会。她还是叱咤北京高校的女篮队长，还同张学良打过网球。

奶奶是学生领袖：

受她父亲开明的影响，奶奶和她的姐妹们思想都很激进。五四运动，她率领同学上街游行。五卅惨案，声援顾正红。"三一八惨案"发生那天，她就在铁狮子胡同段祺瑞执政府门口。

她毕业于北平大学女子文理学院并留校任教。她曾生活优裕，但20世纪50年代却一度要靠拉平板三轮车为生，三年困难时期爷爷竟因饥饿和营养不良离世……但奶奶从不抱怨，她永远在用自己积极的生活态度感染着身边的人。70年代，她是北大为数不多的家属"明星"……

好吧，那就让我来讲讲我奶奶的故事，先从"文革"开始说起吧。

"文革"十年，听奶奶讲那过去的事情

1961年爷爷去世，当年夏天奶奶被批准从成都迁居到了北大，和在化学系任教的父亲团聚。奶奶的全部行李就是一个手提小包和一把蒲扇。9年未见，又赶上三年困难时期，父亲说当时奶奶已经瘦得有点脱相了。

那时，我的父母住在12公寓103—3号。因为奶奶来了，学校又给我们家分了一间房，9公寓104—3号。奶奶开始操持我们家的所有家务，在9公寓和12公寓两头跑。直到第二年有了我之后，学校才把9公寓的房子调整到12公寓104—3号。同一楼层两个对门的单元各有一间，我们不用再"两地分居"了。

这以后爸爸妈妈忙于工作，养育我的活交给了奶奶。奶奶早年家境优渥，车夫、工人、奶妈齐全，我爸小时候奶奶都没怎么自己上手带过。所以，我是奶奶这辈子带大的唯一一个孩子。当时她在小厨房里做饭的时候总是把我背在背上，我的小脑袋不自主地跟着奶奶身体的晃动而左右摇摆，这时，奶奶就说：

1964 年春天的第一张全家福

"毛丫睡着了哦！"此后每次想起那个情景我就有一种幻觉，就好像是一个旁观者，站在厨房里，默默看着奶奶和她背上的自己。

小时候的记忆几乎都与奶奶有关。记得 8—13 公寓家属学习小组特有意思，小组里的人就像是个小社会：有言谈举止很高冷的教授太太，也有季羡林夫人彭德华那样慈眉善目的小脚老奶奶；还有一位个子小小、烟酒嗓音的奶奶，据说她原来是戏班出身，后来做了大户人家的续弦……用现在的话说，这个学习小组绝对是跨界混搭的，大家发言经常不在一个频道，所以每次开会学习现场的气氛总是怪怪的。

学习小组在我家开会学习，小房间里挤满了人。奶奶的角色类似于召集人，她见多识广又豪爽热情，对那些名门望族不卑不亢，对身份卑微者从不轻贱，而且她也从来不炫耀自己。因此，学习小组里的大多数人都愿意跟她亲近。那些自恃清高的人也清楚，这个毕业于名牌大学的老太太不太好惹。

也就是从那时开始，奶奶在家属群里的号召力和影响力开始大了起来。

但是从旧社会过来的人，除了工农出身的无产者，在那个草木皆兵的混乱年代，人们常常会害怕被抓住点什么把柄而挨批斗，日子总是过得惴惴不安的。下面是奶奶讲给我听的朗润园故事：

首先从我家说起吧。奶奶就算经历过再多的大场面，也有心虚的时候。一切皆因爷爷在抗日战争期间曾有过一段在湖南省政府任"参议"的经历。而当时湖南省政府的主席是军阀何键，他手上曾经沾满共产党人和革命志士的鲜血。

爷爷出任的那个"参议"是个拿优厚待遇并不干实事的闲职。原来爷爷的叔父张树煌因为当年参加孙中山推翻清廷的同盟会而去了日本，在那里结识了何键。北伐成功后，何键当上了湖南省政府的主席，看到张树煌的国学根底深厚，就想邀张树煌到湖南给自己助力。可自恃清高的张树煌压根就不屑涉足政坛，更看不上这个"参议"，眼见何键不肯放自己走，便拉来自己的侄子也就是我爷爷做了替身。爷爷由此当上了"参议"，工作是在家里给何键准备演讲稿，撰写孔孟之道、格物致知一类替其装潢门面的文章。其实，何键从来就没演讲过，但出自爷爷手笔的《何芸樵先生演讲集》（芸樵是何键的字），却一集一集地不断出版。

如果爷爷跟何键搅在一起的这段历史被翻开，上纲上线，那我们全家都不会有好日子过。所以"文革"那些年，性格一向直来直去的奶奶开始变得小心翼翼，生怕有祸事找上门来。看到化学系的一位教师被抄了家，她担心自己是不是也会被抄家和查出点什么，害怕得将一瓶法国香水倒进了马桶，厕所为此香了好多天。

有个"张老头"，他曾经跟奶奶在一个学习小组，住在 12 公寓 2 门洞，东北人，长得高高大大的，儿子在北大工作。最开始，我们叫他张爷爷，可是后来他变成了"汉奸"，据说只是因为他伪满时期在学校教过书，或者在伪满洲国政府机关做过职员。

原来挺体面的张爷爷就这样变成了"汉奸"张老头。那会儿家属学习小组里随便什么人见到他就是一顿呵斥，张老头每次都是点头哈腰，赔着笑脸。大家也都跟他严格划清界限。记得有一次，爸爸受奶奶之托，替学习小组写好了一份大字报的底稿，要找人用毛笔誊写，尽管张老头写得一手颜体好字，大家也都不敢找张老头帮忙。如果有人检举这字是"汉奸"抄的，那还得了！

张老头那时候还跟家人住在一起。不过，后来让他一个人搬到了镜春园，无依无靠，穷困潦倒。一次我和奶奶在办公楼前碰到了他，他那样子着实吓了我一跳：衣衫褴褛，又脏又乱已经擀毡的长发遮住了眼睛，脸好像也是很久都没洗过了，伸出来的手像是刚刚捡拾过垃圾一样肮脏，就是一个乞丐也没有像他这样的狼狈。他的这副面容深深刺痛了我的心，那情景，一直在我眼前，四五十年之后依然挥之不去。

奶奶给他手里塞了五块钱。后来，听说张老头贫病而死，死的时候，儿孙都不在身边。奶奶当时听到这个消息时沉默了很久。

朗润园 12 公寓还有一段不为人知的过往——

张老头怎么说都是个小人物，好多人都不知道他。可 12 公寓曾经有个大人物，当时的命运比张老头也好不了多少。他的名字叫叶企孙。

叶企孙先生是中国物理学界的一代宗师，中国科学史事业的开拓者。1967 年"文革"期间，不知是为了什么罪名而被逮捕入狱，1969 年底虽被释放，但一直到 1975 年都还在被隔离审查。可能叶先生住在 12 公寓的这段时间历史太短，或者太过压抑吧，那些有关叶先生的文章都没有提及。我担心自己的记忆出了偏差，2015 年底，和当年住在 12 公寓 2 门洞的发小史晓梅重逢，问她是否记得叶企孙先生曾经在 201 单元那个小 3 号住过，她给了我非常肯定的回答。不过，我们从来没有见到叶先生走出过那间小屋，听说那时他已经行动不便了。

说起那段令人痛心疾首的往事，又不得不再提到另外一个人——胡老头。

胡老头没有胡子，牙齿也掉得差不多了。在他上嘴唇人中的部位，有多条竖的沟纹，很深，看上去极像一个瘪嘴的老太太。我们七八岁的时候，感觉胡老头就得有七八十岁了。

胡老头的家，是 12 公寓西侧与专家招待所之间的一间青砖平房。西边是专家招待所的热水房，东边就是胡老头的家。平房后面是他自己盖的一间茅厕。大人们都说，孤身一人的胡老头曾经是个太监，至于他是怎么出的宫，出宫后在兵荒马乱的几十年里都干了什么，又是怎样在北大栖身的，我们就不得而知了。

当年北大曾派胡老头照顾叶企孙先生的起居生活，就连叶先生的工资或者应该叫生活费，都归胡老头领取。但老太监这一次就没有在宫里伺候主子时那么用心了。有一天，奶奶去了叶先生家回来说，房间里卫生条件很差，她让胡老头尽快把屋子收拾干净，不然没法住人。后来奶奶越说越生气，怒骂胡老头不是东西，对叶先生根本不闻不问，估计把钱都揣进自己兜里了。其实奶奶也知道，把叶先生逼到如此地步的并非胡老头，又怎么可能指望一个老太监对一个落难的专家存有悲悯之心呢？但是在奶奶看来，叶先生曾经为国家做出过那么大的贡献，不管怎样他都应该得到最起码的尊重和善待。

在那特殊的年代里，奶奶一直都善待那些住在12公寓的"黑五类"。在她眼里，大家在同一栋楼里住着，都是街坊邻居，哪有那么多坏人？！

说起外国专家招待所，顾名思义应该是住外国专家的，可这里好像并没住过什么知名的外国专家。在我还上小学时，印象中有位个子高高的黑人住在那里。他穿着黑色的衣服，总爱背着手在专家招待所门前的湖边散步。他的皮肤很黑，但手掌却是白色的。于是我们这些孩子便总爱跟在他身后，趁他不注意，挠一下他的手心，然后嬉笑着跑开……还记得回头看他时，他也回头，笑起来一口白牙。

后来北大学生教职员工分成了两派：一派是聂元梓领头的"新北大公社"，一派是周培源挂名的"井冈山兵团"，两派是死对头。"新北大公社"自称造反派，专家招待所很快就被他们占领了。学校里当时风声很紧，专家招待所正门和东门都有"新北大公社"手持长矛的干将把守，学校里偶尔还能听到有关武斗死人的传闻。

那是哪年哪月的哪个晚上？我记不清了，只记得我和奶奶都已经上床准备睡觉了，妈妈慌慌张张跑来，告诉奶奶说"新北大公社"的人拿着长矛冲到家里来了。之所以如此，大概是因为我爸当时是周培源麾下"井冈山兵团"的一员。不过妈妈说，这些手持长矛的人叫开家门要找的并不是我爸，他们气哼哼地要我爸把他的间谍老妈交出来。

奶奶让我待在床上不许动，她和妈妈去了104单元。我记得我当时坐在床上，小脑袋瓜里各种恐怖念头开始不停地闪现：奶奶要是被长矛扎了怎么办，爸爸要是被扎了怎么办……后来那边发生的事，都是奶奶回来绘声绘色讲给我听的。

"你是间谍！"

一见到奶奶，红卫兵小将怒不可遏地说："你每天在窗口监视我们，就是在打探情报！"原来103—3号的窗户面西，向外望去正好是专家招待所的小东门，专家招待所南面是"朗镜湖"（就是季羡林先生杂文中提到过的他手植"季荷"的那个湖），奶奶担心我在湖边玩耍不安全，所以经常会一边做着家务事，一边

苏同文母子俩在 12
公寓 104—3 号家里

从窗口向外张望。

面对造反派小将和他们手里的长矛，奶奶大义凛然。她说："间谍就那么好当啊，坐在窗口就当了？"住在 104—2 号的邓成光夫妇俩都是"新北大公社"的，但我们邻里关系很好，并没有受到派系的影响。见奶奶敢跟长矛叫板，邓叔叔拉了拉奶奶的衣袖，悄声相劝："张奶奶，好汉不吃眼前亏，不吃眼前亏！"

奶奶并非不害怕，但她更担心我爸爸受到伤害。后来她跟我说：她必须把对方的注意力吸引到自己身上来。后来还好，有惊无险。红卫兵小将没问出什么所以然来，就撂下几句"以后老实点"之类的话，走了。

下一个有关专家招待所的记忆，也是从奶奶那里听来的。

"文革"后期的专家招待所，是北大清华两校大批判组（即笔名为"梁效"）写作班子的驻地。那会儿的"梁效"太出名了，他们的笔就是刀枪。我记得我曾经看到过一个披着将校呢军大衣的人走进专家招待所，听说江青那天在北大，看那背影和发型我也觉得那就是她。门口戒备森严，我问进出专家招待所的大人，他们都笑而不答。

时间到了 1976 年 7 月，唐山大地震波及北京，余震不断，很多人都不敢住在家里，奶奶更是说什么也不愿意回家了。爸爸在材料厂北面废砖窑后的小山坡上，给奶奶搭了一个半地下半地上的抗震棚。

1976 年 10 月 6 日凌晨，天刚蒙蒙亮，奶奶说她听见很多汽车的轰鸣声。走出抗震棚，站在小山顶一看：一辆辆军车正在经过山下的马路，驶向专家招待所。车上站满了全副武装的士兵，都背着枪。

那一天"四人帮"倒台了，专家招待所里的"梁效"也被连锅端了。

其实"文革"这十年的记忆对我来说并没有那么多风雨，更多的是奶奶的睿智和慈祥。奶奶一直说，我是那种绝顶聪明的小孩，当时不敢让我背"封建的"唐诗宋词，她就教我背《毛主席语录》。她说她每一段读完，还认不得几个字的我马上就能背下来。到后来，配上舞蹈动作背诵"老三篇"，就成了每次家里来客人我一定要表演的节目。

除了朗诵、背诵，奶奶为我培养的课余兴趣还有写大字。那时候的家长没有现在这么卷，妈妈会弹钢琴、拉手风琴，奶奶会拉二胡，但她们并没有强迫我学习一门乐器，只有练毛笔字，是奶奶常年不懈督促我每天必须做的事。她说，字是一个人的门面。

在唐山大地震之后、粉碎"四人帮"之前，1976 年还发生了一件影响中国历史的大事：毛泽东主席在 9 月 9 日去世了。现在我们可以去毛主席纪念堂瞻仰他老人家的遗容，但在毛主席刚去世后的那几天，能去人民大会堂瞻仰毛主席遗容的人，大概连十万分之一也不到。而奶奶竟然是其中之一，她是北大家属的唯一代表。在那个年代，那是至高荣誉。

奶奶不仅在朗润园，后来在全北大的家属圈都非常有名，这还要拜 1974 年上映的一部电影——《向阳院的故事》——所赐。这部电影情节说的是 1964 年南方某镇向阳院里的少先队员，在退休老工人、共产党员石爷爷的带领下，响应毛主席的号召，在暑假期间学雷锋、参加集体劳动、与坏人做斗争的故事。电影放映后风靡全国，向阳院的模式在各地如雨后春笋般被复制。北京大学决定成立全校第一个向阳楼，经过斟酌，选定朗润园 12 公寓，奶奶被推举为北大第一任向阳楼楼长。

这下全北大都知道 12 公寓成立了向阳楼，向阳楼的楼长是张奶奶。那时候奶奶并没有工作收入，但楼长这份义工，她却一做就做了十年。

讲了这么多奶奶在朗润园的故事，其实，奶奶之前求学和当运动员的经历，才更加精彩。

学运先锋，经风雨见世面初心不改

1903 年 3 月 2 日（清光绪二十九年二月初四），奶奶出生在江苏宿迁苏腰庄，是家里的长女。奶奶的父亲、我的外曾祖父苏墨林是宿迁知名的乡绅。清末他在家乡主持新学堂，虽然遭到了非常大的阻力，但十个儿女全部入了新学，这在当时非常罕见。

奶奶 7 岁那年进了家族祠堂办的眉山小学，初小毕业后第二年进入宿迁县女子高级小学，1918 年高小毕业。第二年是 1919 年，五四运动风起云涌。

当时 36 岁的苏墨林在宿迁倡导工业救国，办起了艺徒学校。他不仅教学生织毛巾，还带着学生上街游行，声援五四运动。奶奶那会儿正值上初中前的空窗期，也带着弟妹们去游行了。"县长坐着轿子带着县卫队来镇压，被我们学生用石头赶跑了。"奶奶后来回忆说。

在家休学一年后，奶奶考入苏州第二女子师范学校附属中学，成为家族中第一个走入大城市读书的人。其实，奶奶同时也考取了苏州职业女中蚕桑科。当时即便开明如苏墨林，也觉得一介女子读职业学校就行了。可那时只有 15 岁的奶奶却人小心大，她早就打定主意要上大学。

奶奶的反叛从那时就露出端倪。她上了苏州二女师后，学校有一位先生名叫赵紫宸，曾担任过东吴大学的教务长。这位先生在给学生授课时傲慢地说："现在这个社会就是这样的，打鱼的、拉黄包车的、站岗的，历来都是江北人。江北人粗野，江南人文雅。"

奶奶听到这里，举手站起来向老师提问："老师，我也是江北人，我为什么可以在这里听课，你觉得我很粗野吗？"老师脸涨得通红。班里有同学替老师说话："你这样说话就是对老师不礼貌，就是粗野！"奶奶毫不退让地说："是老师对我不礼貌在先的。"

1925 年 5 月 30 日，上海爆发"五卅惨案"，那年奶奶已经读到了高三。同年，奶奶的二妹共产党员苏同仁和她的丈夫、1922 年就已入党的吴亚鲁先生也在苏州。奶奶虽然不知道他俩是共产党，却从妹妹、妹夫那里接受了不少新思想。

学校宣布不准学生出去游行，奶奶作为学生代表，为了声援被日本人枪杀的工人顾正红，不顾校方反对，带领同学强行冲出校门，上街示威、贴标语、募捐。奶奶的行为被学校记录在案，高中毕业时被扣发了毕业文凭。苏墨林找到学校为女儿要说法，校方说："你女儿本来是个好学生，后来变坏了！"我的外曾祖父义正词严地说："我女儿本来确实很好，要说坏，也是到你们这来被你们教坏了！"校方无奈，只得给奶奶补发了毕业文凭。

1924年，奶奶高中还没毕业，就按照父母之命、媒妁之言跟爷爷结了婚。不过婆家也很开明，同意奶奶继续读书。1925年，奶奶高中毕业后一个人坐火车远赴北京，考上了北京女子师范大学。当时的入学考试包括数学、语文、外语、历史和地理。除了没考政治，其他貌似跟我在五十多年后考大学时一样。奶奶报考的是历史系，因为她听说文科的基础是历史，理科的基础是数学。

后来，北京女子师范大学部分并入新设立的国立女子大学；再后来又成立了北平大学，国立女子大学变成了北平大学女子文理学院。奶奶读了两年预科、三年本科，一直到1930年大学毕业。

1926年3月18日，为抗议日本及英美等国向段祺瑞政府提出无理的八国通牒，北京八十多所学校五千多名学生、教职工在李大钊等人的率领下，于天安门集会。之后，数百人从天安门一路游行到铁狮子胡同段祺瑞执政府门前广场。正在读大学的奶奶，也在游行的队伍当中。那天执政府卫队长下令开枪，打死47人、伤两百多人，其中就有奶奶的大学同学刘和珍。奶奶在混乱中逃过一劫。

作为学生代表，几乎每次的学生运动奶奶都没缺席过。大学毕业时，校方考虑到奶奶在同学当中的影响力，将她留在北平大学任助教，后来她当上了斋务课课长，相当于今天的学生工作科科长，专门管理学生。

九一八事变后，张学良跟北平的学生有很多互动，奶奶跟少帅也有几面之缘。奶奶说："我在北平各大学学生代表招待会上见过张学良，他当时因为吸毒、扎吗啡脸色蜡黄。还有一次，我在打网球，他正好路过网球场，还过来跟我打了几拍子。"

奶奶与张学良面对面打交道那次，还是因为学校教室的问题。当时女子文理学院没有地方上课，官司打到了教育部，后来学校派奶奶做代表去找张学良帮忙。"他（张学良）跟我说：杨宇霆在北京有一处大宅，你们可以去找杨太太租，租金就给100块大洋好了。"奶奶后来回忆说，那处宅子其实1000块大洋也租不下来。没想到杨太太竟欣然同意。之后，那里就成了女子文理学院的校址。

从出任北平大学女子文理学院的斋务课课长，到青岛文德中学的教导主任，再回到女子文理学院就任 100 块现大洋的高薪职位，奶奶的职业生涯一直跟教育紧密相连。后来，她随爷爷去了湖南，再加上连年战乱，便一直在家相夫教子，直到抗战后期才在重庆进入国民政府内政部工作。当时给奶奶介绍工作的，是冯玉祥将军的太太李德全。

在外人眼里，奶奶永远是那种特别有号召力的女性。在内政部，当时有两位参事是奶奶的长期牌友。其中一位是包惠僧，曾经是中国共产党第一次全国代表大会的代表。那时候奶奶只是一名科员，经常跟两位"局级干部"打麻将，除了她性格开朗、见多识广之外，还因为她的牌技高超。据说当年奶奶打牌，出牌不消两三圈，就已经把另外三家的牌，摸得清清楚楚了。

女排国手，赴日本参加远东运动会

奶奶最传奇的故事，当属参加 1923 年 5 月 21 日至 26 日在日本大阪举行的远东运动会。翻开大百科全书体育卷第 526 页，就有当年出征日本的中国女排队员合影。那是中国女排第一次出国参赛，也是中国第一次派出女运动员参加国际大赛。

远东运动会创办于民国二年（1913），从 1913 年至 1921 年共举办了五届。因为妇女在中国的地位不高，前五届远东运动会并没有中国女选手参赛。在第五届远东运动会上，中国外交次长、中国体育代表团主事王正廷，提出要在第六届远东运动会上增设女子项目，以此提高妇女的地位，发展女子体育运动。最终，由中国、日本和菲律宾组成的远东运动会竞技委员会做出决定：在第六届远东运动会上，增设女子排球和网球比赛。

排球运动 1895 年起源于美国，1905 年由基督教青年会和留学生传入中国，最初叫"队球"。中国的排球运动最早在广东南武中学和香港皇仁书院等一些学校兴起，后来传到上海、天津、北京等地。中国女子打排球的历史要晚很多，而且也只有广东和上海的少数学校组建了女子排球队。

第六届远东运动会设立了女排比赛项目。尽管只是表演赛，还是引起了北洋政府的高度重视，当时的国务总理张绍曾就亲自过问此事。本来只打算让基础较好的广东南华女排代表中国出赛，后来考虑到要借此机会在全国提倡女子体育，于是决定在全国范围内选拔女排国手。

1923 年 4 月，北洋政府相关部门发布命令，要求所有女子学校、体校，必须保送人选到上海参加选拔。由于当时中国女性的个子都不高，身高一米六三的奶奶，在那个年代就算是身材高挑、鹤立鸡群了。不仅如此，奶奶自从进入中学开始，就参加了篮球、排球、网球的训练，所以是学校和苏州市向国家队推荐的不二人选。

作为苏州的代表，奶奶前往上海参加了最后的集训和选拔。选拔那天，三十多名候选人分成几组对抗。由于大家的技术都很差，选拔的主要标准就是身材和体能。5 月初，16 位选手最终入围。她们是：上海的苏祖祺、张畹清、贺生曦、陈彦融、高爱鸿；苏州的陈翠英、苏同文；南京的岳继先；广东的熊可欣、李首民、王星瑷、李晴雪；天津的郝雨春、高玉珍；北京的陈彩英、黄振球。

苏同文——奶奶的名字，就这样与第一支中国国家女子排球队紧密地联系在一起。那年，她 20 岁。

在奶奶的人生当中，有一个人对她影响至深。她就是中国著名的女子体育

1923 年参加第六届远东运动会表演赛的中国女子排球队。此图刊登在《中国大百科全书》体育卷第 526 页，后排右四为苏同文。

1982 年版《中国大百科全书》

教育家高梓。1923 年，当时在上海女子体育师范学校任教的高梓，以中国女排领队的身份率队出征第六届远东运动会。1925 年，高梓到北京女子师范大学任体育系主任。同年，奶奶考入这所大学的历史系。抗战爆发后，高梓被聘为山东大学教授兼私立文德女子中学校长，奶奶则追随她去了青岛，并担任了文德女子中学的教导主任。当然，开启她们这段 20 年师生情谊的，正是第六届远东运动会。

1923 年 5 月 12 日，中国女排的 16 位姑娘登上了一艘日本客轮，东渡扶桑。姑娘们都没出过国，船离开上海黄浦江码头时，大家都哭了。刚踏上征程就萌生思乡之情的女排姑娘们，在日本受到了华侨的热烈欢迎。"轮船抵达日本时，码头上挤满了挥舞着红黄蓝白黑五色国旗前来欢迎我们的华侨。后来我们乘车前往驻地，在车上看到华侨被日本警察用棍子驱赶，心里很不是滋味。"奶奶回忆说。远东运动会赛程不长，但中国女排在日本停留了将近一个月的时间，除了在大阪、长崎、神户和东京进行比赛，还有就是参加当地华人举办的活动。中国女排每到一地，华侨宴请的邀约都排满了。

有一件事，奶奶一直记得：在长崎体育馆参加完比赛出来，中国女排队员们发现五色旗被倒挂了。五色代表中国的汉、满、蒙、回、藏五个民族，五色旗是当时中国的国旗。"我们特别气愤，向组委会提出了抗议。"时隔 67 年后，1990 年北京第十一届亚运会期间奶奶接受电视记者采访时，还谈到当年的这段经历。

奶奶念念不忘的，还有去日本之前队里教给大家唱的那首歌："中华夺锦标，高唱凯旋……"歌是准备球队夺冠时唱的，只不过没能如愿。参加这次远东运动会女排比赛的只有中国、日本和菲律宾三支球队，比赛采用 12 人制三局两胜。1923 年 5 月 23 日，中国女排首战日本。

中国队是在当年 4 月份才开始选拔和拼凑起来的球队，而日本女排已经在一起训练了 5 年之久。两队的实力，完全不在一条水平线上。经过开局的慌乱之后，中国队的姑娘们稳住阵脚，但对日本队根本构不成威胁。中国队以 0 比 2 的比分败下阵来。

首战落败，中国女排并没有放弃。随后她们战胜了菲律宾队，赢得了第六届远东运动会的第二名。当时的《大公报》在评论中说："此次中国女子与赛，本意不在争胜，为向世界宣传中国妇女对于竞技之觉醒尔。"

我的奶奶苏同文，正是对于竞技最早觉醒的为数不多的中国妇女之一。七十多年后，我成为一名体育记者，大概也是因为我的血液里有奶奶的基因和传承吧！

1990 年，奶奶在第十一届亚运会期间接受采访的视频在新闻中播出，被中国科学院的一位叔叔看到了。原来他的母亲叫张畹清，也是当年中国女排的一员、奶奶的队友。这位叔叔辗转找到我们家，给奶奶看了他收集的《大公报》《申报》的剪报复印件，还有很多有关第六届远东运动会的文字资料。当时我家已经从朗润园搬到了中关园，而张畹清奶奶就住在中科院的职工宿舍。让我们两家人都非常感慨的是：经过了战争、"文革"和数不清的颠沛流离，苏同文和张畹清这两位第一代中国女排队员，竟然都住在北京相隔不过一两公里的地方。很遗憾，当时 86 岁的张畹清已经是植物人了，87 岁的奶奶也行动不便，两位老人自 1923 年 5 月一别便再无缘相见。

从日本回国后，有人建议奶奶去读上海体育师范学校，不过她还是读完了普通高中，考上了大学。之所以选择北京女子师范大学，是因为在这里除了学习自己的专业，还可以追随高梓女士，为普及女子体育做一些事。有远东运动会国际大赛的经历，奶奶在大学里重新回到球场上，并马上就成为校队的精神领袖。"我们组织了校篮球队，我是队长。女子大学篮球队当时在北京学生圈所向无敌，什么师大附中队、翊教女中队、贝满中学队……全都不在话下。没辙了，对方只能给女子大学队起了个外号——妈妈队。"还记得奶奶讲故事时那一脸的自豪感，她说当年队里的年轻女孩听了"妈妈队"这个称呼挺生气，可对方也没说错啊，女子大学队的队长也就是我奶奶，当时不仅结婚了，而且

1931 年的苏同文母子

还在上学期间生了个女儿。但就是在这位妈妈的率领下，女子大学队在京城女篮赛场上威名远扬。

晚年生活，历尽艰辛仍然笑对人生

1949年，国民党军队溃败撤离大陆，在内政部工作的爷爷和奶奶每人拿到了一张飞往台湾的机票。奶奶的第一个女儿不到两岁就夭折了，此时的他们已经把唯一的儿子也就是我父亲从南京送往湖南。两人一商量，用两张机票换回政府四两黄金的安家费，决定留在大陆。之后，爷爷奶奶和父亲在成都团聚了。

经过战争的颠沛流离，那时的爷爷、奶奶都失去了工作，安家费和积蓄很快花光了。为了生存，奶奶去拉两轮板车，爷爷则在一家水泥厂敲石子。这个家庭从锦衣玉食、高朋满座到一贫如洗，只用了不太长的时间。

生活如此艰辛，可奶奶却并没有被击倒。那时候，她白天拉平板车，晚上去夜校当义务扫盲班的教员，乐此不疲。这位已经年届五十岁的知识女性，没有因为自己的人生被时代风云改变而自怨自艾，反而带着满腔的热情，希望用知识去改变社会底层小人物的命运。罗曼·罗兰说过：世上有一种英雄主义，就是在认清生活真相后依然热爱生活。在我心目中，奶奶就是这种平民英雄。

父亲在1950年考入华西大学，随后因院系调整并入了四川大学化学系，1953年又被保送到北京大学化学系读研究生。1956年，父亲在研究生毕业后留在北大任教。这期间，爷爷和奶奶一直都在成都生活，并遭遇了三年困难时期。

爷爷、奶奶工作的地点，分别在成都这座城市的两极，大约只有周日这一天，夫妻俩才可以聚在一起。身体一向不太好的爷爷，没能熬过那场灾难。奶奶说，那段时间，爷爷因为极度营养不良全身浮肿。那天她回到家里给爷爷炒了一碗米饭，想为他补一下身体。吃完饭，爷爷走进洗手间坐在马桶上，然后低下头就再也没能站起来……

爷爷火化后被安葬在水泥厂后面的山坡上，坟前立了一块木牌权当墓碑。那是1961年末的事情了吧，办完丈夫的后事，奶奶只身来到北京，落脚在北京大学朗润园。这也就有了本文开始的那些文字。

苏同文（左）和她三妹苏同俦在 12 公寓前

1984 年，我们家从朗润园搬到了中关园。从邻里来往密切的 12 公寓住进了 48 公寓的单元房，奶奶的内心一定是孤寂的。闲暇时，她打发时间的方式，就是一个人玩玩麻将纸牌。但是生活并不总是那么平静。1990 年因为一次意外，87 岁高龄的奶奶摔断了股骨颈。她后来的生活半径，便局限在了卧室和床上。

1992 年初，奶奶虚岁九十大寿。天南地北、国内国外全家族几十位亲戚前来庆贺，没能前来的表叔还发来长长的文言文电报，为家族德高望重的大家长贺寿。寿诞过后，奶奶的健康每况愈下，多年的肺心病已经让她进进出出医院很多次。1992 年 7 月 23 日，在北京大学医院的病床上，90 岁的奶奶在昏睡中仙逝。

爸爸因为过度悲痛病倒了。从来没主持过告别仪式的我，手忙脚乱，没顾上通知朗润园的老邻居们。不过在奶奶的灵车开往八宝山殡仪馆前，我在校医院的门口，看到了好几位朗润园 8—13 公寓的叔叔阿姨，他们得知消息赶来送奶奶最后一程。

在朗润园做了那么长时间家属领袖的奶奶，最后这一刻大约是可以带着微笑离开的。当年朗润园的人们不会忘记她。而我，再遇到多年不见的朗润园的哥哥姐姐们时，也一定还是会这样自我介绍——

"我是张蕾，张奶奶的孙女！"

2017 年底写于深圳，2022 年 10 月修改

（张蕾，曾住朗润园 12 公寓 103、104 单元）

永远的孟叔

⊙ 张慧敏

　　写这样的文字，我更想用儿时的乳名张小敏来落笔。这是压在我心头多年想写却又从不敢轻易触碰的内容。

　　从前的日子耐琢磨，有温馨简单的快乐，亦有噩梦般的不堪回首……

　　我与孟广平叔叔的渊源，要从家缘说起。

　　我的父亲张力民，是 1946 年北大由昆明返迁回京后首次恢复招生考入北大经济系的。父亲师从于著名经济学家陈振汉先生，1950 年毕业留校任助教。孟广平叔叔是 1952 年毕业于北大化学系的，恰逢那年全国高等学校院系调整，各层级都急需管理干部，父亲和孟叔都被调到学校教务部门工作。从此，开启了他们长达三十多年的同事、朋友加兄弟的情缘。

　　很小，我就知道孟广平叔叔是父亲的同事。搬入朗润园公寓后，孟叔家住 8 公寓 208 单元，我家住 11 公寓 101 单元。我们两家成了前后楼的邻居。在我童年的记忆里，孟叔和父亲在工作之余，也走得很近，更像是朋友。再后来，历经几十载的风雨变故、起起落落，我终觉得他们之间，更是那种不是亲人胜似亲人般的兄弟关系！

　　记忆中的孟叔，阳光俊朗、爽快大气，永远朝气勃勃地出现在你的面前，且极具亲和力。

1962 年的孟广平　　　　　　　　1962 年的张力民

忘不了小时候，当跨年的鞭炮声响起之后，父亲即率领换上新衣的我和弟弟，点上红灯笼里的小蜡烛，怀揣母亲刚炒出锅还热气腾腾、爆了壳的糖炒栗子（那年月除了花生瓜子，这可是稀罕物），在摇曳烛光的引领下，去孟叔叔和向叔叔（中文系向景杰）家，拜大年！

忘不了那年月，孟叔家吸引我们每逢周末必登门"骚扰"的那台 9 英寸的黑白小电视。孟家、我家和果林家（体教的陈桂云当时和孟家合住一个单元），我们三家人聚在一起看电视。屋里充满热气腾腾的欢愉。剧终人散，在回家的路上，我们依然叽叽喳喳，余兴未了。

忘不了某个夏日的傍晚，孟叔还没进我家门就高声大嗓道："嫂子！我一进楼门儿就闻见你家烙馅饼啦！真香啊！"父亲闻声则立马起身，添双筷子、拿个碟儿，紧着招呼孟叔："来来来，一起吃，一起吃……"之后，老哥俩就一起走进小屋里，在烟雾缭绕中探讨工作、互诉心事。

这样切磋的"镜头"，也时不时会出现在朗润湖边。落日余晖中，曾经定格老哥俩各拿一把大蒲扇促膝而谈的剪影。

忘不了父亲给孟叔和其他好友做"小玩意儿"的镜头。父亲的动手能力超强。路边不起眼的废建材、边角料，河边或山坡上无人打眼的"朽木"，常常被父亲相中捡回来，经过一通的锯、刨、锉、磨、漆，再装配上电线、灯泡之后，一盏盏因材就势、造型各异的"艺术"台灯，就这样展现在你面前了。然后，它们会被父亲当作小礼物，得意地送给孟叔等众好友。尤其记得父亲为孟姑姑（孟叔的小妹）做煤油炉子（曾经很时兴）的点点滴滴……父亲曾经在周末带着我去海淀镇上的废品收购站，寻摸、购回了一些废铁皮、子弹壳什么的。经过一段时间的琢磨、设计、制作、调试，煤油炉子终于制作成功了！那可是实打实的五金手艺啊！尤其是用子弹壳做的可以上下调节火势的火捻儿，技术含量很高。现在想想，父亲小礼物的"品相"，肯定不及商店买的漂亮；但我相信父亲选材时的眼光、设计上的巧思、打磨制作过程中所费的心思，点点滴滴都会附着在礼物之中。父亲的用心之作，也得到了孟叔他们的喜爱。常常一句"老张可真是学工科的料啊！不学工科浪费了！"就能让父亲这个文科生，小有成就地高兴上好一阵儿。

忘不了"史无前例"中饱受苦难的父亲和孟叔他们，被下放到江西鲤鱼洲干校劳动改造的日日夜夜……往事不堪，不提也罢！后来，父亲因血吸虫病重早于大"部队"提前返京。不料，放下箱包还未及安顿踏实，父亲就带着我去了孟叔家。原来父亲还另有"使命"。我们在孟叔临时堆放家具和行李的小3号屋里，按纸条索骥，翻箱倒柜找出所需的东西，又分门别类打包。东西寄出，父亲的心才终于踏实下来。与此同时，远在几千里之外的孟叔，则遥控指挥着，安排父亲早日去见自己在人民医院当大夫的堂哥孟广栋大爷看病、诊治……

最难忘我一生中的至暗时刻，是孟叔一家陪我们走过……

1980年的5月25日凌晨，父亲在入院抢救半个月后，还是走了。

不信！不信！执拗地不信！

我拼命地阻止大夫、护士，拔掉管子、撤掉仪器，一遍遍地大声呼喊着："你们干嘛！我爸还在呢！你摸呀！你快摸！手还是热的呢……"

终于明白，一切阻止都是徒劳的……于是，不知打哪来的力气，我把拽着我的医生和护士都推挡在了门外，并很快挪来小桌子和椅子挡住那扇门。

好了，现在只剩下我们俩了——我和父亲在一起！

握住父亲渐渐失去温度的大手，我口中不断地呢喃："爸爸！你快点醒啊！睁开眼啊！我们一起回家，回家，妈妈在等，弟弟也在等……"

空旷的病房里，任我一人在念念碎……

不知过了多久，门被推开了。孟叔的身影，出现在我面前。瞬间，我像见到了亲人般扑了过去。"孟叔！孟叔！他——们——说，爸爸没了！"顿时，我像泄了气的皮球，一下子瘫倒在孟叔的怀里——连日来往返医院的奔波与劳累，使心力交瘁的我，瞬间被放倒。

依稀感到孟叔用宽厚的肩膀搂紧我，轻声道："小敏，小敏，别怕！别怕！有我呢！一切都有我呢！"懵懂中见孟叔快步地走到父亲的床前，低头俯身对着父亲喊道："老张，老张啊！你放心吧！嫂子和孩子们都有我呐！"这句话，我听得清清楚楚！

一句承诺，掷地有声地在天地间回响……

之后，在孟叔的主导下，父亲的后事走入程序。

凌晨五点多，我坐在北大派来的校车上回家。蒙蒙细雨打在车窗上。似乎，老天爷也在为父亲的离世而落泪。而我，则是脑子里面一片空白，只被一种天塌地陷、不知所措的感觉吞噬着，本能地瑟瑟发抖，任凭泪水默默奔涌……车子终于停在了8公寓前。失魂落魄的我，就像个没了魂儿的木偶，被孟叔牵手先带回了他那时住的8公寓208单元的家中。孟叔的爱人张丽霞阿姨，把我安置在她家小3号屋的床上，不一会儿又端上一碗热气腾腾的小米粥……紧随其后，孟叔也进屋将一粒白色的小药片儿，递到我手里："小敏，你现在的任务就是睡觉！别的事情，什么也别想，一切等你醒了再说！"孟叔的口气短促、坚定、毋庸置疑！

当时我所能做的，就是听话，一切照办！心中的感觉却十分踏实：有孟叔在，我不怕！

以后的事情，犹如腾云驾雾梦游般地进行着……

现在想来，当时的孟叔就像是指挥打仗的将军，胸有成竹地部署、推进着一切——考虑到母亲多病、体弱的现状，孟叔决定：将父亲已经过世的现实先瞒下，在过渡中渐渐"吹风"，再慢慢将实情告诉母亲，让时间减弱事实的冲击力。

那些天，是我人生中最艰难的一段日子。在母亲面前，我必须强忍泪水守住"秘密"；同时还得装作若无其事的样子，生活依旧……当时的我，最怕——回答母亲的各种询问；最怕——和母亲确认眼神儿！因为我知道，当四目相对时，眼睛会袒露一切。

置身于当时那种分裂与拧巴的情绪当中，我被压抑得透不过气来。每当我实在忍不住了，就会迅速地冲进厕所里锁上门，开大水龙头——任哗哗的流水声盖过我的痛哭声……释放之后待情绪稍稍稳定，我又会迅速地洗把脸、擦干泪，装作若无其事的样子出现在母亲身边……每当这时，只要孟叔在场，他定会默默地走到我身边，轻轻地拍拍我肩、抚摸我背……无疑，这种无言却充满生命感的传递，是慰我心灵、挺我勇敢的力量源泉……

送走了父亲，6个月之后，母亲也追随父亲而去了。还是我的孟叔他们，带着我和弟弟又送走了母亲，安顿了我们那个风雨飘摇的家。

后来，弟弟工作了。

再后来，我结婚了。

后来的后来，弟弟也结婚了。

在我们姐俩这些人生的重大事件中，总能见到孟叔一家和父亲一众挚友操持与斡旋的身影……有了他们的扶助，我和弟弟在人生的路上，虽磕磕绊绊，却都向前而行，各自生长。

改革开放之后，孟叔的担子越来越重。从北大教学行政处处长，到北大附中校长，直至教育部职业教育司司长……

1980年前后的孟广平和张丽霞夫妇

毫无疑问，孟叔的社会地位与作用以及他在职业教育领域中的独特贡献，早有主流社会在书写；而在我这样"小儿女"的心目中，他永远只是我的孟叔！

　　在孟叔面前，我少有忌讳。生活中的烦恼，可以一吐为快。工作中的难点，也可直言请教（我和孟叔在工作上有交集）。甚至我还曾毫不客气地拉孟叔来为我们杂志的读者做过一场关于职业教育发展趋势的报告……在我心目中，孟叔是如父般的长辈，是良师，也是我的大朋友……几十年来，孟叔的家似乎也成了我的"娘家"。她会牵着我的心常回去看看。每逢年节假日，我必回去"凑热闹"。那里有种家人般的情愫。

　　2005 年，我最亲爱的孟叔叔在 76 岁之际，也走了……

　　生活，不觉似水流年……蓦然回首，我发现老一辈的友情与担当，就是那么纯粹、朴素与低调。一句承诺，几十载的持续，点点滴滴都流于自然。这种人性的温暖，不是我用一篇小文就能轻松涵盖的。这在人情薄凉、满眼功利的当下，尤显得稀缺与珍贵。这也是我鼓足最大的勇气，重提那段不堪回首的往事，并用文字如实记下孟叔和父亲身为同事、挚友、兄弟之间点点滴滴的主要原因。

　　多年来这种人性的温暖，不仅滋养着我们姐弟的心灵，也潜移默化地影响着我们有样学样地做个有情、有义、有温度的人！

　　行文至此，我真的好想大声说：

　　"爸爸，你也是有福之人呐！人生，能与这样的挚友相遇、相知、相托……还复何求！凭此，也是人间值得！"

　　终稿之时，我不由自主地在心中默默地为老哥俩点燃一炷香……我相信天堂之上，没有纷扰、没有病痛，你们老哥俩还是彼此陪伴，谈天又说地，相聚甚欢！

写于 2022 年 4 月 5 日，清明节

（张慧敏［现用名张葳］，曾住朗润园 11 公寓 101 单元）

桃李满天下　慈爱留人间

——忆我的妈妈徐瑄瑄

◎ 朱彤

　　妈妈离开我已经整整十年了，我曾几次提笔想为妈妈写些什么，却总不知从何写起。今年，在她故去十周年，也是她的九十冥寿之时，我强迫自己再次拿起笔一定要为妈妈写点儿什么，为自己，也是为了不辜负我身边许许多多妈妈的学生对他们老师的怀念。

　　每当想起我小时候和妈妈在一起时，总有一幅画面在眼前浮现：我坐在妈妈骑的"二八"飞鸽男车前横梁上，无论是从北大附小回朗润园的家，还是从朗润园去北大附小，妈妈几乎没有和我说话的空闲，迎面总是会不断地有骑车或步行的大人在和妈妈打招呼，妈妈也不停地报以点头和微笑，我既好奇大人们的这种点头礼，也很好奇怎么这么多人都认识妈妈？现在想来一点都不奇怪，妈妈25岁到北京大学附属小学任教，在教学岗位几十年，所教学生无数，认识她的学生家长自然也多。妈妈生前和我谈论她教学生涯的话题不多，我只能从妈妈的亲人和学生们对她的回忆中，从我和妈妈在一起的共同生活中，从一件件的小事中追忆她的教学生涯。

徐瑄瑄与母亲、姐妹在一起

1932 年我的妈妈出生在江苏苏北的古城如皋，这是一座具有文化底蕴的古城。外公家是一个典型的封建家族，家族所开的"徐大昌"酱园起于清朝咸丰年间，是当时如皋城里有名的老字号。外婆是一个只读过一年私塾的家庭妇女，一生养育了三男六女共九个子女，妈妈在九个子女中排行第七。家族的老店一直延续到 1932 年破产，家道开始中落。1945 年在妈妈小学毕业时外公又突发脑溢血去世。外公去世后，家里的主要经济来源断了，外婆一个人承担起了全家生活的重担。依靠已经工作的几个子女的接济，外婆不仅想方设法维持一大家子人的生活，而且还尽量让子女们出门都穿戴得整洁得体，她坚持让还在读书年龄的子女们都完成了至少中学的学业。

1950 年妈妈毕业于江苏如皋中学简师。当时新中国刚刚成立不久，百废待兴，教育事业大发展，乡村极缺教师，为了减轻家庭的负担，妈妈 18 岁便经人介绍成为一名小学教师。自此开启了她长达 37 年教书育人的生涯。

听舅舅回忆，妈妈最初在如皋磨头中心小学当音乐老师，后来被江安区久隆小学的校领导发现，很是欣赏。当时该校没有专职的音乐老师，于是妈妈被当作人才挖到久隆小学。这段音乐教师的经历我听妈妈断断续续地回忆过，妈妈曾经笑着说，当时校领导告诉她代音乐课的老师一首歌教了好几节课，学生们也学不会，她觉得奇怪，去听了一节这位老师的音乐课。原来这位被赶鸭子上架的老师五音不全，每一遍歌唱的音调都不一样，学生当然学不会了。可见解放初期基础教育的人才是多么缺乏。妈妈虽然没有受过音乐的专业培训，但是她生长在一个热爱音乐的家庭，徐家兄弟姐妹九个，几乎个个能歌善舞，这在当年的如皋城也是出了名的。妈妈也不例外，她喜音乐，善舞蹈，不仅会打腰鼓，还无师自通地学会了弹风琴，这些都助她顺利地走上了教师的岗位。

对从小生活在古城的妈妈来说，去乡村当老师，条件是艰苦的。最初乡村的学校连老师开伙的条件都没有。老师的吃饭问题只能靠"轮饭"来解决。即学生如果交不起学费，可以用为老师提供餐饭的形式抵作学费。老师则轮流去学生家解决吃饭问题。交不起学费的学生大多家境贫寒，能为老师提供的饭食可想而知。有的学生家里并不愿意让孩子去读书，因此老师去这样的学生家里"轮饭"，有时还要看家长的冷脸。乡村的人家居住地分散，老师们为了吃饭要走很远的路，下雨下雪也不能例外，否则只能饿肚子。也可能是在那时埋下的病根，我小时候常常看到妈妈因剧烈的胃痛而躺在床上无法起身。

当年乡村教师生活艰苦也体现在薪酬上。最初的工资不是给钱而是实行"折实工资"，即几个月发一次粮食。妈妈每次拿到粮食后就会送回城里交给外婆，以补贴家用。听舅舅说，我的外婆会把妈妈拿回来的粮食积攒起来，为怕贬值找人去换成银圆，并一直替妈妈保存着（后来这些银圆有一块传到了我的手里，它是妈妈初为教师那段经历的见证）。随着国家经济形势的逐渐好转，乡村教师后来开始实行工薪制，可以按月发工资了。

1954年在乡村教师的岗位上工作4年后，刚满22岁的妈妈因工作出色，被调派到如皋县石庄区的沈王小学（当地的一所中心小学）担任教导主任，不久后升任校长。在此期间妈妈不仅把学校的教学工作做得有声有色，还想方设法为学生们募集图书，为闭塞的乡村小学生打开了解外面世界的一扇窗户。妈妈去世后，我的表姐在悼念文章里有过这样的追忆："瑄姨，记忆中您还是如皋沈王小学充满青春活力的年轻女校长，我还是北京实验小学的'红领巾'。当从母亲口中得知沈王小学的小朋友缺少课外读物时，我把自己喜爱的小人书尽数寄去。不久收到沈王小学

任乡村女教师时的徐瑄瑄

小朋友的集体来信。是您在两地小朋友间搭起了友谊的彩虹桥，播下了友爱的种子。"

　　提起乡村教师生活，妈妈对我说得最多的是一些有趣的小事。当南方阴湿寒冷的冬季到来时，年轻的女教师们会嘻嘻哈哈地两个人合睡一个被窝，头脚相抵而眠，只为能相互取暖；在河豚欲上时，学校的教师们会请来同事的母亲，小心翼翼地帮他们制作美味的"河豚大餐"，在"拼死吃河豚"的欢笑声中大打牙祭。听她的回忆，我眼前展现的是一群充满理想、朝气蓬勃的年轻人辛勤而快乐地工作和生活的画面。在几年的工作中，妈妈和那些淳朴的乡村孩子结下了深厚的情谊。1956 年，当她离开乡村小学调往北京工作时，学生们哭着为她送行，走出几里路还拉着老师不肯放手。妈妈一直深深地怀念着她曾经工作过的乡村小学，那是她教学生涯开始的地方。

　　我的父亲朱天俊 1953 年毕业于北大图书馆学系，并留校任教。父亲与妈妈是同乡，1956 年他们确定了恋爱关系。妈妈于 1956 年底调入北大附小工作，在附小一干就是三十多年。1956 年北大附小校址还在北大校园内图书馆的位置。在我成长的过程中，我不止一次地听到过身边的叔叔阿姨谈到对年轻妈妈的印象，其中总少不了的两句话就是："你妈妈刚来时啊，高高的个子，梳着两条又粗又长的大辫子，可好看了。"北大附小的郝素梅老校长说得就更有趣了，她说有一次在西单的公交车上，看见一个漂亮的姑娘，背后梳着两条大辫子又粗又长，郝校长看着这姑娘的背影还忍不住感慨地说："只可惜了，有白头发。"（妈妈年轻时就有轻微的少白头。）谁知没有几天，到北大附小找她报到的竟然就是这位漂亮的大辫子姑娘！郝校长还真没认错人，我的大姨和大姨父当年都在教育部工作，就住在西单的达智营胡同，那里是妈妈初进北京落脚的地方。看来妈妈的这一形象给当年的许多老北大人留下了挺深的印象。

　　初进北大附小的妈妈被分配住在未名湖北边的体斋二楼单身宿舍，房间南边的窗户正对着未名湖。妈妈去世后，我每次路过体斋，都会忍不住地向那扇窗户望去，想象着刚进入北大附小的妈妈面对着未名湖一湖美景会不会兴奋？会不会也带着些许的忐忑？因为她将要面对的学生不同于乡村的孩子，学生大多来自城市，他们中有北大校级领导的孩子、知名教授的孩子，也有普通教职员和校工的孩子。如何当好这些城里孩子的老师，对妈妈是个挑战。

走上附小的教学岗位，妈妈最初负责教音乐课。妈妈教了多久的音乐课？教的是几年级？我从没有听妈妈细说过，而是从许多比我年长的附小学生那里听说的。记得小时候每当有大哥哥大姐姐知道我是徐老师的孩子时，总会兴奋地说："哟，你是徐老师的女儿啊？你妈妈教过我们音乐课，她唱歌可好听了。"在妈妈留存的信件中就有她的学生对那段时光的记忆和描述："记得那时候您教我们音乐。您是一位非常平和的老师，仪表及内涵融为一体，那时候上音乐课，我们是听着您弹奏的钢琴歌曲，从室外排队步入教室的……"

徐瑄瑄与爱人朱天俊合影（1956年）

几年后，妈妈转为班主任，主教语文、算术。在妈妈教过的学生中有一位比我大12岁的王仲华大哥，他可能是妈妈最早担任班主任时的学生。王大哥是北大老工人的孩子，他和妈妈的师生情谊一直延续至今，在妈妈去世后，每年的清明节他依然都会在妈妈的墓碑前为他的老师献上一束花。王大哥小学毕业后读了技校，被分配到南口农场当了工人。记忆中从我读小学三四年级起他就常来我家看望妈妈，他曾告诉我：你妈妈刚来附小做我们班主任时，我们大家看她又年轻，又温和，说话声音不高还带有很重的南方口音，于是淘气的孩子们欺生，不服管教，还会模仿徐老师的南方口音咬字说话。他说："最厉害时，我们还把徐老师气晕过两次。"我还真向妈妈求证过这事，她笑着说："不是他们气的，可能是低血糖造成的。"王大哥回忆说："那时徐老师给我们上课，经常会在快下课前几分钟给我们讲个历史小故事，讲到紧要处下课了，为了能听到接下来的故事，徐老师会要求我们在下一次的课堂上注意听讲，用最短的时间完成当堂教学，如果能做到就能继续听故事。这一招还真灵，不光课堂纪律好了，学生们也因此听了许多有趣的历史故事。"十几年后，当王大哥在我家津津有味地一一回忆着他记忆中的那些历史小故事时，妈妈却笑着说："是吗？我怎么都不记得了。"王大哥还说过一件事，他说："那时我读小说入了迷，不好好完成作业，有一次放学后徐老师留下我让我写完作业再回家，可是那天我正好有一本从岛亭阅览室借的书到期了，我怕不按时还书以后就无法再借书了，因此徐老师怎么说，我都不肯留下。看徐老师不答应，我就用削铅笔刀做出要自杀的样子吓唬徐老师。"说到这儿他自己也忍不住哈哈大笑。后来的结局是什么我记不清了，想来一定是妈妈弄清了原委，放了他一马。

妈妈对教学工作几十年如一日地认真和执着。记忆中，晚上家里那张办公桌的台灯前，妈妈不是在批改着一摞摞的作业本，就是在用毛笔写一张张教学用的生字卡片，妈妈的毛笔字和板书娟秀规整。她也经常会为第二天的教学工作备课到夜深时刻。记得做大学教师的父亲看着妈妈时常熬夜，曾经几次心疼地问妈妈："你都教了这么多年的一年级，闭着眼睛也能教了吧，怎么还要天天备课到这么晚？"而妈妈常常是抬头笑笑，然后继续她的既定工作。

"有教无类"是妈妈始终秉承的教育理念，对不同类型的孩子她会给予不同的施教。记得妈妈班里曾有一位患有脑瘫病的孩子，行动、说话都很困难。由于手无法稳定地控制笔，她的作业本字迹很不容易辨认，但妈妈总会对她的作业仔细辨认，认真批改，并对她给予重点的关照与鼓励。每次提到她时，妈妈语气中都充满了怜爱，说这孩子聪明、学习也非常努力，她是在尽自己的力量为这个不幸的小姑娘铺好一段前行的路。果然，那个行动不便、话语说不清的小姑娘长大后，靠着自己的努力不仅自食其力，且成家生子。

妈妈不仅有丰富的教学经验，她还特别注重对刚入学的孩子们进行良好的学习习惯和生活习惯的培养。举个我听说的小例子，在没有自动铅笔的年代，她会教孩子们用纸叠一个小盒子，每当要削铅笔时拿出小纸盒，把铅笔屑放在盒子里，下课再倒到纸篓里。我还听妈妈说过她教的班上有个小男孩有吃手的癖好，手指都被啃得变了颜色，家长着急却毫无办法，上学后向老师求助，妈妈建议家长给孩子的手指上抹上紫药水，果然很快纠正了吃手的毛病。对那些家庭子女多、家境困难的学生，妈妈更是会给予格外的关爱。她曾把家境困难的小姑娘带回家里帮她洗澡，梳洗打扮得漂漂亮亮地送她回家；冬天里她会在办公室抽屉里准备好凡士林，给那些嘴上或手上裂了口子的淘气男孩子涂抹上。

1970年冬，北大组织了一次冬季野营拉练，北大附小的小学生也参加其中，跟随北大大队人马，翻山越岭，长途跋涉，最远走到延庆，用时一个月，行程近八百里。妈妈当时和一个年轻的男老师被分派带领的是小学五年级的一个班，这也是全北大行军队伍里年龄最小的一个班。行军中孩子们要自背行李，每到一地还要自己挑水做饭，带队的老师不仅要关照到每一个孩子不能掉队，每到一处还要安排一个班的孩子的吃和住。在这趟行程中孩子们有生病的，有突发特殊情况的，有走不动的，还有借用老乡的锅做饭蒸糊了屉布的……总之一路状况不断，妈妈都要一一解决，还要出资赔偿老乡的损失。参加这次行军的好几个同学都是我的同班好友，当她们听说我要写回忆妈妈的文章后，纷纷给我留言，回忆她们亲身的经历：

"徐老师是一位非常仁慈善良的老师，她不是我们的班主任和任课教师，学校却安排她成为我们小学野营拉练的带队老师，拉练途中我第一次遭遇'大姨妈'，当时就蒙圈了，一切措手不及，是徐老师帮助我买了各种卫生用品，还教会我如何使用。这件事情让我终生难忘。"

"徐老师是一个既严厉又让人特别想亲近的老师，小学五年级拉练时徐老师是我们的带班老师，在拉练途中我感冒了还发烧，徐老师不放心我一个人睡，怕出意外，就每天晚上把我带在身边，让我和她睡一个被窝，方便观察和照顾我，和徐老师睡在一起时可是吓得我一动都不敢动呢。"

"我来月经很早的，大概是上小学四年级的时候。当时我妈妈去了干校，突然出了这情况，我爸爸也不知道应该怎么办，情急之下就让我去找徐老师。徐老师知道后像母亲一样耐心地告诉我应该怎么办，有什么应该注意的事，让我紧张的心放了下来，现在想起来终生难忘。"

她们回忆的这些事我从没听妈妈提起过，或者妈妈根本就不记得了，这种事对她来说应该是太常见了。妈妈就是这样，以一颗慈母般的心，赢得了学生们对她的爱戴和尊重。在我所能接触到妈妈教过的不同年龄的学生中，谈到妈妈时说得最多的一句话是："徐老师是我们心目中最标准的老师的形象。"

妈妈不仅获得学生的爱戴，与她共事的老师们也对妈妈的教学工作有着深刻印象。几年前，在一次北大附小的同学聚会上，我见到曾经做过我一至三年级的班主任杨志琦老师。她一见到我就提起了妈妈，她回忆说："徐老师管理学生可有办法啦。当年我们这些刚从师范毕业来到附小的年轻教师，经常搞不定初入学的一年级的小孩，小孩子初进小学不适应，有的哭，有的闹，有时弄得我们连课都上不下去。实在没有办法时，我们就会向徐老师求援，这样的孩子一到你妈妈那里很快就不折腾了，变得乖乖的了，徐老师可真是神了。"

因为妈妈一直秉持着"易子而教"的传统教育理念，所以我没有上过她的课，很多妈妈教学工作之中的点点滴滴，大多来源于她的学生和同事的回忆。在我小时候的记忆中，妈妈对我这个独生女要求很严格。我很小的时候她就要求我学做家务，在妈妈的"逼迫"下我学会了许多生活技能，而每当我对她教我做的这类事有抵触情绪时，她都会对我说：这些事情你现在可以不做，但是不能不会，一定要学会。当我成年后，特别是成家后我才体会到了妈妈的良苦用心。她善于用不经意的小事教我如何做人。记得小时候有一次和妈妈一起出门，当我看到一个有残疾的人迎面走来，忍不住好奇地不错眼珠地盯住人家看，是妈妈轻轻地拉了拉我的手，把我的目光引开，过后还很认真地告诉我那样做不对，是对残疾人的不礼貌。上小学时妈妈时常会把我的衣服送给别人。记得有一天课间休息，我正在操场上玩，突然看见一个女孩穿了一件不久前大姨刚刚送我的衣服，因那件衣服样式很特别，所以我一眼就认出来了，于是不懂事的我大喊：那是我的衣服，是我的衣服。当我回家满腹委屈地告诉妈妈时，妈妈听说后特别严肃地批评我不该在那样的场合大喊大叫，这是对人家不尊重的表现。她就是这样在日常生活中一点一滴地教会我去多替别人着想，学会和别人分享。小时候妈妈几乎不太管我的功课，但是对我每天写一篇大字的事盯得很紧，写大字还不可以用买的墨汁，一定要自己研墨，还要求我边研墨边读帖，然后再去写字。她和父亲的理论就是：字如其人。她会花时间手把手教我如何握笔，如何下笔，在检查我写的大字时，还会在写得好的字上画个红圈。虽然至今我的字也没练出来，但是至少还算能看得过去，这也让我在成年后受益良多。

妈妈喜欢音乐，又有一副好嗓子，只要听到她喜欢的歌，她都能很快地写出简谱轻声哼唱。高兴的时候她也会哼唱一些她年轻时喜欢的老歌，许多20世纪三四十年代的老歌我都是在妈妈的哼唱中学会的。我上学后妈妈早已不教音乐课了，我在学校所能听到的是妈妈在上课间操时，站在操场前面对着一个年级的学生高喊口令，那高亢嘹亮的喊操声至今还时常会在我耳边回响，因为那声音与她平日里说话时的和声细语完全判若两人。

妈妈是一个乐于助人的人。记得当年父亲被发配去江西鲤鱼洲，大部分工资都留给家里。妈妈当年的工资在附小还算是中上的收入，可是当父亲从江西回来后却发现几年间家里的存款居然没有什么增长，原来钱被妈妈悄悄地接济那些家庭生活困难的年轻老师了。

　　妈妈是一个心胸豁达的人。"文革"中她忽然莫名其妙地被打成了"五一六"分子，每天白天要坚持上课，晚上要参加批斗会，被要求交代问题，常常要到深夜十二点后才能回家，这状况持续了近两年，我父亲在江西干校也被隔离审查，音书全无，妈妈的身心受到极大伤害，幸亏有同住一楼当时下放在附小的李铮老师时常来开导劝慰，妈妈才度过了那一段艰难时光。随着"文革"的结束，一切加在妈妈头上的不实之词也烟消云散。此后她再也不提起此事，对当年参与批斗她的人，妈妈也都不计前嫌，对不愉快的往事她一笑而过。她调入北大附小时是带着江苏当地小学校长的职级来的，因此她的工资比和她年龄相仿的老师相对要高，这会让她常常感到不好意思。在"文革"结束后，最初调整工资时有名额的限定，妈妈本来在调级的范围内，她却主动放弃，提出把名额让给比她工资低的老师，她的一次让位造成了后来她的退休金反而比同年代的退休老师低了不少，但她从不介意，依然会时常把自己的钱给有需要的人。名和利是妈妈一生都不在意的事情。

全家合影

妈妈爱整洁，也非常注重自己的仪表。小时候常看见妈妈将普通的裤子熨烫得平平展展，裤线笔直，她总是穿着得体地出现在学生面前，但是她却从不戴任何首饰。她的理论就是如果老师佩戴着饰物走进课堂，哪怕是一个小小耳坠，都有可能会分散孩子们的注意力，会不利于教学工作的开展。爱整洁重自律的习惯一直保持到她的晚年。她在晚年多次生病住院，只要能活动就一定会把自己的病床收拾得整整齐齐，弄得小护士们都忍不住赞叹。

妈妈是一个心存感恩的人，对曾经帮助过自己的人她都会一一记在心里。她对我说起的两件小事令我印象深刻。大概在1960年的冬天，因我的父母都是南方人不懂得要冬储大白菜，结果进入冬季后，他们没菜可吃。一次去费静文老师家无意间说起这事，费老师马上就拿了一颗大白菜送给妈妈，直到几十年后妈妈都还会提起这件事，没有忘了那一颗大白菜的情谊。她还说过当年怀孕，快临产前决定要回如皋老家生产，一开始请假没得到批准，正在左右为难时，事情被当时北大主管附小工作的张力民叔叔知道了，张叔叔说：回老家生产是好事呀，人家生完孩子以后把孩子放在老家，回来不是可以更好地工作吗？张叔叔的一句话让我的出生地变成了如皋，妈妈也一直对张叔叔那一句话的帮助心怀感激。退休后因住所和性情相近，她和傅琰老师交往甚厚，傅老师生日的时候妈妈会送上亲手制作的小工艺品。妈妈生日时傅老师也会送来一本小书或是一幅亲手写的字。

妈妈善于学习。她刚结婚时，不知道切菜用菜刀，而是用剪刀剪菜，到后来学会做得一手好菜。她酿的米酒是我吃过的最甜的米酒。她做的红烧蹄髈会让出国在外的小辈念念不忘，回国时唯一的要求就是能再次品尝。我的父亲是一个热情好客的人，记得70年代中末期，只要父亲在系里遇到他的学长、同学或学生从外地来系里办事，到中午吃饭的点他都会拉人到家里吃饭。那时家家都没有冰箱，物质也不丰富，每遇这样的突然袭击，妈妈总会尽家中所有，帮着父亲尽地主之谊。也时常听见妈妈悄悄抱怨，不是抱怨父亲领人回家吃饭，而是为毫无准备，不能拿出像样的饭菜招待客人而着急。妈妈退休后，父亲教学加行政工作繁忙，来我家吃饭的人更多了，我家就像个食堂，妈妈总是那个默默地为大家准备好饭菜的人。

作为小学老师，妈妈最高带班到五年级。更多的时候她是被作为教学骨干，留在低年级把关，常年"镇守"一年级一班班主任的位置。只要是1980年前在附小一年级一班读过书的孩子，很多人都是妈妈教过的学生。她教过的最后一个班大约是在1982年，这一年的年末妈妈连续几个月身体不适，依然坚持教学，去医院检查后被确诊为子宫癌，她本想坚持完一学期的工作再去治疗，被医生劝阻。手术之后妈妈离开了她热爱的教学一线，直到1988年退休。

2010年前后，随着互联网的普及，许多五六十年代妈妈教的学生纷纷和她恢复了联系，一些在国外的学生只要回国就会来看他们的徐老师。来不了的，会以电子邮件的形式前来报到。大家都在盼着一个机会能够让师生们重逢，欢聚一堂，那就是2012年的5月初北大附小建校六十周年的校庆。2012年5月2日妈妈因突发脑溢血，抢救无效离世。她没有等到即将到来的北大附小六十周年校庆，也没能完成她和学生们校庆会上相见的约定。妈妈一生最怕麻烦别人，所以我们准备好了在医院的告别室，想和亲友一起做一个小小的告别仪式。让我没想到的是，妈妈的学生们在参加校庆的活动中得知了消息，纷纷要求送花圈和参加告别仪式，小小的告别室满足不了这么多的花圈摆放和人员告别，我们只好临时改变计划，把告别仪式安排到了八宝山。至今想起妈妈的学生们送来的挽联，依然让我泪目——

1960届全体同学送的挽联：献上花圈惜别泪，恩师慈母半世情。

1962届一班的花圈挽联：恩师难忘，音容犹存。

在海外的学生托人送的挽联：瑄瑄老师，海外游子永远怀念您。

……

桃李不言，下自成蹊。挽联上的那些话是学生们对老师最深情的告白。虽然妈妈没能完成在六十周年校庆会上和学生们重聚的心愿，但是告别仪式上有那么多她的学生专程前来送行，妈妈天上有知，一定会很欣慰。

愿妈妈在天堂一切安好！

写于2022年秋

（朱彤，曾住朗润园12公寓103单元）

怀念好友符其英

◉ 华欣

　　姐姐转来一条微信，说是北大朗润园 8—13 公寓发小群里有人讨论我的童年小伙伴符其英在美国留学时被害的事情。

　　打开链接来看，是美联社的小镇消息，亚拉巴马州亨茨维尔（Huntsville）的警方，因为侦探查不出头绪，于是宣布 1989 年 8 月失踪的符其英的妻子李莉"死亡"，而符其英于 1992 年底被枪杀的案子，就算结了。

　　这其实是一则旧闻，1995 年 2 月 3 日的报纸，却在我的心头重重地敲击着。从那时算起，又二十多年过去了，符其英，你沉冤昭雪的日子在哪里？

　　1992 年夏秋之交，我接到了符其英从亚拉巴马打来的电话。好多年没联系了，喜出望外。那年头长途电话收费不菲，我俩兴奋地聊了很久，忘了时间。当时我正在爱荷华大学为完成博士论文冲刺。他毕业了，计划先在工业界找个工作干几年再说。我告诉他，我家已经搬到了芝加哥西郊，妻子在那里做大学教授。我鼓动他过来，到我这里落脚，在这边找工作，机会肯定比亚拉巴马多。

　　我俩聊天，离不开音乐和体育。他过去是一零一中学乐队队长，我是八一中学乐队队长，一起自学和声学、作曲法、复调对位和配器法。那时我们手上各有一支配置相当齐全的乐队，写了音乐马上就能演奏。心中的乐声化作台上立体交织的声浪时的那种喜悦和满足，只有亲手作曲和配器的人才能深入体会。音乐学院作曲系的学生，在校时也没多少这样的机会，而我们在那个特殊的年代，却有机会徜徉其中而领略其美，实在是不幸年代的一大幸事！

符其英讲起他在亨茨维尔的文化节上组织中国留学生乐队演奏《送你一枝玫瑰花》的情形。他用了类似"曼托瓦尼乐队（Mantovani Orchestra）"的配器法，追求高音飘、低音沉、中声部镂空的浪漫效果。他边说边唱，我想得出他在电话那边眉飞色舞的样子。后来看到了这段录像，李莉拉小提琴，他拉手风琴，强烈的探戈节奏，飘逸的新疆风情，没有几个人的小乐队，被他发挥到极致了。

中学时代的符其英

从音乐说到体育，他告诉我现在不怎么打乒乓球了，入乡随俗，改打网球。有话说，人过三十不学艺，我儿时喜欢打乒乓，进过北大附小的校队，和符其英一起不知打过多少次，从附小的石头台子砖头网，一直厮杀到北大二体的国际标准球台。但网球我不开窍，试了几次就放下了。可符其英行啊，抓起网球拍，三下两下就玩转了，拿了当地的男子单打冠军，照片上了报纸。他告诉我：那东西不难，把场地看成大乒乓桌，使用乒乓球的战术，先长短结合调动对方，再左右抽杀击中空当就成了。多年没见，他的绝顶聪明和过人体能，又活现在我的眼前。

提到李莉，他的情绪似乎蒙上了一层阴云，淡淡地告诉我，李莉离家出走，已经失踪好几年了。我知道他是自尊心很强的人，自己不说，别人最好不要追问。无力地安慰了他两句，再次邀请他到我这里来，就挂了电话。谁承想，这竟是永诀！

到了1993年元旦前后，汪大明突然打电话给我，问符其英是不是在我这儿。我颇感意外，因为我俩虽都是符其英的朋友，但大明不是北大子弟，我们只是彼此知道对方，从未联系过。大明告诉我符其英已经失踪多日，正在联络各方的朋友找线索。我一开始没往坏处想，可大明的口气十分焦灼，把我的心也提了起来。又过了几周，2月中旬，大明的电话又到了，他叹了口气说："His body was found！"我能体会好朋友离世的消息是多么难以启齿，他不得已才用了英语来说。我的心里也是撕裂般地疼啊！24号公路旁的树林里，符其英无言地躺着，子弹从背后射来，鲜血从胸前流出……我亲爱的朋友，你就这样走了吗？是谁下的毒手？天理不容啊！

警方怀疑李莉已死，把丈夫列为凶手嫌疑人，进而推断符其英的死是有人为李莉复仇，但此说并不成立。警方调查询问过符其英，甚至用仪器对他进行测谎。符其英通过了测谎，他的证词前后一致，警方找不到杀人动机，找不到行凶证据，也没有任何李莉确实死亡的证据，遂还符其英清白。

李莉的去向是疑案中最大的疑团。我相信符其英说的，她离家出走了，是人间蒸发而不是非常死亡。从当时披露出的情况中，可以分析出许多李莉仍然活着的蛛丝马迹。

据报道，符其英是在1992年11月14日傍晚失踪的。那时他在一个餐馆打工，接到一个长途电话，谈了一阵之后，提前离开回家了。在他住的寓所外的停车场，有人看到了外来的车辆，邻居也听到了从符其英房间里传出高分贝的、几个男人的对话声。随后，外来的车走了，符其英不见了（被诱拐？被绑架？），家里的东西没动，车也没动。再后来，他被害了。这些情况，包括打电话的是谁，据说警察都知道。照说有了这些线索破案应该不那么难吧？可他们竟以宣布李莉死亡来草草结案，太叫人失望！

小时候住北大朗润园，一大群孩子在一起玩儿。领头的大孩子会时常搞一种叫"孤立"的恶作剧：他

华欣和符其英（左）在12公寓前合奏

指定一个人，暗暗通知所有其他孩子，从现在起，大家都不理这个人，不许和他说话，更不许和他玩儿，让那个人被"孤立"而且摸不着头脑。我大概是这种游戏的第一个牺牲品。突然间，所有的孩子都不理我了，也不知道为什么！那种孤雁离群的感受现在想起来还痛呢！唯一肯和我玩儿的孩子就是符其英。为此，他也受到孩子头儿的威胁。但他不怕。他告诉我，他不愿意看到任何人被欺负。从那时起，符其英就成了我心中一辈子的朋友！

与符其英交往特别容易，你比他强的地方，他不嫉妒，他会认真听你的，默默加油追赶。他比你强的地方，他不炫耀，他会热心帮助你提高；你做得好了，甚至赶上他了，他比你还高兴。他是那种有朋友而没有敌人的人。

出事后我和符其英的父母通过信，也去林学院看望过一次二老。敲开家门，吴阿姨抱着我就哭，符叔叔眼里噙着泪，凄凄然站在那里不说话。符其英的房间布置成灵堂，骨灰盒上的照片缀着黑纱。我不敢再去，怕引起他们伤心。听说符叔叔 2013 年去世了，吴阿姨已患上老年失智症，搬到她弟弟家去住，不久也走了。

想说的话很多，我却写不下去了……我懊悔自己没有多和他打几次电话，没有坚持让他马上到芝加哥来，没有和他多谈谈家人，没有问问他累不累，有什么烦心的事情。谈了往事，却没有谈信仰、谈未来……我恨自己是个自私的人，只顾从朋友那里得到快乐，却没有为朋友分担忧患！

清明已过，思念常存。符其英，我的好朋友，你如今魂寄何方？好几次在梦里见到你，欢喜异常，想着要赶快去告诉你的爸爸妈妈，可梦偏偏就醒了，空留惆怅。谢谢你的友情，它永远珍藏在我的心里。

（华欣，曾住朗润园 12 公寓 101、105 单元）

故园还在,她们却已离去

——忆我的姐姐周黎黎和儿时伙伴程冬冬

◉ 周明

人到了一定的年龄,"物是人非"绝对是最锥心的一个词。

北大朗润园是我童年生活的地方,我曾经的家园。我出生于 1956 年,直至 1975 年插队下乡,在朗润园差不多待了整整二十年……

每次聚会或是从家园走过,"物是人非"这个词总是沉甸甸地压在心头,像是心中火与冰的共存,时而温暖,时而又寒彻骨髓。物是人非,在我心头最强烈的是故园还在,回忆还在,感觉还在,而身边的有些人——我至为亲密的一些人——却不在了。

几十年人生匆匆而过。那些曾经在一起以稚子之心玩得忘乎所以的发小们,转瞬间都甲子已过、渐近古稀,岂止是唏嘘!

从小到大,我一直不缺姐妹。我家姐儿仨,姐姐和妹妹各有一个,我居中;在朗润园一点点长大的日子里,我还有很多亲密无间的好姐妹,年龄差距在两三岁之间。小时候,我们曾经还有一个关系紧密的"女孩帮",因为家长工作变动和小团体姐妹的进进出出,人多时十来个,人少时六七个。她们是:敏、锦、黎、文、惠、明、冬、嘉、红、彤……还有我们崇拜的大姐姐丽。

时势造英雄。那个特殊时代也成就了我们这群小姑娘不一样的童年和少年。这些当年的"黄毛丫头"能量不小，倚着当时大环境，特别是"文革"初期几个月工作学习停顿的那些日子，干了不少连男孩子都要侧目的事。不过，这些所谓的"调皮捣蛋"坏到天儿也不过是爬爬员二食堂的屋顶、攀攀颐和园停车场的电力塔、"探险"北大北部的各个角落，还有深秋卷起裤腿横穿红湖水滑倒而至全身湿透，等等；成立宣传队，不但在朗润园湖边每天"彩排"，还举着红旗跑到万泉庄乡下、附近大学，甚至海淀法院去"宣传毛泽东思想"，演的也不过是"天上布满星，月儿亮晶晶"或"我们坐在高高的谷堆旁边，听妈妈讲那过去的事情"；"部队支左"期间，我们这些女孩子居然还和8341部队宣传队的战士们建立了"深厚"的战斗友谊……这也成为日后回忆起来颇觉不可思议的一段故事。

扯远了——

我是说在我的童年和少年时代，在朗润园，我有很多好姐妹。直到现在，她们在我的生命里都一直是一份沉甸甸的存在。无论我们离得多远，分别得多久，身处多么迥异的环境，从事多么不同的工作，生活的经历多么天差地别，只要见面就有说不完的话，就没有任何隔阂。这就是发小，就是姐妹。

回想童年，记忆像纷纷飘落的雪片，落在脸上总是有些刺痛，因为冰冷，融化时又有些火辣刺痛。它们密密实实地在眼前飘舞着，倏忽却又不见了；也像北大西门那棵日渐繁茂的银杏树，秋天了，落满一地的金黄，你又知道哪一片是你该拿起端详并珍藏的呢？

人的记忆当然是主观的、个人的，由此也必然可能是变形的。时间一晃过去半个世纪，剩下的这些纷乱的记忆，被时间撕碎，只能由每个人的记忆组合。斑驳、万花筒般的碎片，愈久远愈闪亮耀眼……

2015年深秋的一个下午，细雨绵绵，夹着初雪，氤氲阴冷，我走进那个园子，踩着儿时的脚印，试图拾回落地的树叶，牵手曾经的姐妹，重温童年的快乐——

走进北大西门，跨过校园内第一座石桥，绕过办公楼，穿过依然树木茂盛的小路，就看到了这些儿时上幼儿园每天经过而且必停下来玩耍的景象。石桥、石阶、钟亭、御碑和石供，当然还有未名湖，和未名湖上的翻尾石鱼。

未名湖南岸，有一个钟亭，里面挂着一口很大的钟。关于钟亭以及未名湖

未名湖边的一座石桥

畔的那些景物，对于幼儿和少年以及长大了的我们，一直是一种天然的存在，很少对它们追究和探寻。后来才知道它们都有很悠久的历史。

50 年代末，也就是我们上幼儿园的时候，北大老师和学生上下班、上下课还是靠敲这口钟报时。敲钟的是一位孤独的老人，早上八点和晚上六点，他都会扛着一把长杆铁锤到钟亭敲钟报时。每当我们放学遇到他，就一定会跟在他的身后起哄着也爬到小山头，捂着耳朵听洪亮的钟声回响在整个校园里，哪怕是钟声震耳欲聋。

钟亭所在的小山脚下还有很多圆明园、颐和园的遗存：东面临湖，正对着北大人极为熟悉的翻尾石鱼，据说原来也是朗润园的；钟亭的东坡下一个汉白玉石案（供桌）和石五供（有的说那是明代遗存，好像是 80 年代搬过来的。从哪搬的？不知道）；南面是乾隆诗碑；北面则有一些大小不等的石桥架在当年燕园水系还很完整时的水道上……

那天雨不大，我坐在湖边的椅子上，眼前的景致渐渐便褪了色，真的仿佛回到了那个时代；也好像听到了一群女孩子叽叽喳喳的笑声。

那笑声从五院幼儿园传来，沿着一院至六院，南北阁，两座"小山"，山间圆石子铺成的小路，转一个弯就到了这里。上钟亭拿石子敲敲钟，到供桌上"打打坐"，最后排着队从离翻尾石鱼不远的那座石桥的石栏上鱼贯而过。

我盯着那座小桥看得痴痴的——它那么低矮（所幸却一点没变），现在从桥栏上走过不算什么难事，但想想当年是才四五岁还在幼儿园的我们啊——仿佛当真又看见一群小女孩，步调一致，支棱着胳膊从桥栏上走过，最后几步一定是从桥栏上跳下去，然后大笑着回头看后面的姐妹。难以想象，我们像一群小鸭，扭扭摆摆，却从没有一个人失足而落。这座桥现在很不起眼，甚至有些寂寥——此刻，除了我大概没有人再关注它。是啊，现在再也不会有孩子在没有大人的陪伴下从它的桥栏上走过了。带头走在前面的往往是我的姐姐，就像我们常玩的"老鹰捉小鸡"一样，她总是扮演母鸡的角色。

回忆转向姐姐。小时候姐姐是精力旺盛、"胆大包天"的。当年的姐姐调皮到什么程度呢，她有一个与其似乎非常不搭也不太雅的绰号——"猴子"。姐姐不仅胆大顽皮，而且还漂亮机灵。五院幼儿园的传统毕业演出"大雁舞"，领舞大雁都是由班里最漂亮的女孩子担任，我姐姐就是她们那一届的"大雁"。可惜，那只美丽的"大雁"现在已经不在了，连照片也没有留下。

五院幼儿园传统的毕业演出"大雁舞"（1961 年）

想到大雁舞，回家翻出这张有点泛黄的照片。这不是我姐姐她们班的"大雁"，是比她晚一年我们班的。照片里除了我还有我的好姐妹文、玲，以及冬冬。遗憾的是，冬冬现在也不在了。

……

我就这样七零八落地想着、走着，儿时家园已经幕布般地定格在北大校园的东北一隅。在那个幕布之下最鲜活醒目的莫过于我童年的姐妹了。这些姐妹中又数那些一天天远去的背影最清晰且美好而更加令人不舍，心中的惆怅无以言表。如果说关于朗润园我想写点什么，应该就是那些已然逝去的姐妹们了吧。下面的文字就聊聊我的姐姐周黎黎和儿时伙伴程冬冬。

姐姐，周黎黎

下页图中是我的亲姐姐周黎黎。左边的照片大概是她 5 岁时照的。就是这个精灵般的小姑娘，小时候却十分顽皮。她从幼儿园开始就常常带着我这个胆小的妹妹登高爬低，四处玩耍。和大多数其他家庭的姐妹不同，我和她在年龄上只差一岁，所以我们没有"代沟"，亲密无间。有她这样的姐姐和榜样，我自然也日日成长，在身手敏捷方面不输于她。只是我没有想到，日后的我们会有那么大的变化，从某种意义上说是走向了各自的反面：她出落得愈发美丽，性格上却逐渐变得温厚平和；而我却渐生"反骨"，性格有些执拗。此是题外话。右边照片中是我成年后的姐姐，30 岁。

还是循着那日的脚步继续说吧：过未名湖，北转朝朗润园方向转弯处有一"三角地"，由此，三条路延伸至三个方向，一条沿着未名湖北岸向西，一条从东操场和一体的西边向南到水塔和学校南区，第三条则是向北到朗润园。三角地由大小不一的石块围成，里面是草地和花卉，中间立着一块太湖石，还有一棵银杏树和一丛丛灌木。站在这三角地面前，不由得勾起一段往事，把我从对幼时姐姐的怀想拉到 1976 年。

1976 年 7 月 28 日的唐山大地震也波及北京。地震过后的几天，姐姐穿着医院的病号服就坐在这三角地的一块石头上——这件事是妈妈后来告诉我的，从

童年和成年时期的周黎黎

此，病弱的姐姐坐在这里的画面就定格在了我的记忆里——当时我在北京郊区
延庆插队，姐姐因病住院。地震发生后，医院没有能力照顾病人，也是担不起
这个风险，竟然让还能走动的病人各自回家！那时情况紧急，又没有电话，无
法告知家属。我姐姐就一个人换了三趟公交车回家了。下了车要从北大西门走
到朗润园，这是一段不近的路程，何况她还是病人。大概是实在太累了，她就
一个人坐在那歇息，直到一个路过的阿姨看到赶紧告诉了我妈妈，才把我姐接
回了家。

命运是如此不可理喻。也就是从这时开始，姐姐，以前活蹦乱跳的小姑娘
突然之间就变成一个病弱的女子，无助而疲惫……1987年姐姐病逝。所幸，也
永远地定格在她青春秀美的瞬间。

在她去世二十周年时，我写了一篇长文纪念她，纪念我们的手足情深，写
得哀伤沉痛。现在再写她，我想写写我们在一起的快乐时光，手足情深，点滴
都是她给我的温暖和幸福。

我和姐姐只差一岁。有时就像是双胞胎，尽管我们长得一点不像。可是我
们从小经常穿一样的衣裙，一样的帽衫，一样的鞋袜，并且形影不离。

在她还是"猴子"的时候，我是时刻跟着她的。她做什么我做什么。她给我
壮胆，为我做主，替我挡事，与我做伴。记得小时候她自由的个性最受不了幼儿

园的束缚，一到午睡时间，就悄悄地从她们班逃跑（不知道怎么做到的），然后趴在我们班的纱门外打着手势小声地叫我，让我和她一起逃学。我不敢，紧张地看看她，再看看打瞌睡的阿姨，想跑又不敢，生怕打盹的阿姨醒来。记忆里，我大概只有一次跟她跑了，怎么走的却记不得了。如此费尽心机逃学，结果却是，逃出五院幼儿园尽情地玩耍了一阵之后站在朗润园对面的小桥上不敢回家，怕让爸妈知道，直等到放学的时候，我们才回家。

姐姐调皮归调皮，但很有担当，虽然只大我一岁，却有做姐姐的范儿。小时候有一件事我印象特别深。那时我们已经搬到了朗润园9公寓。外婆（我们叫婆婆）因外公被打成右派监督劳动，不得已从广西来到北京和我们一起住。婆婆脾气好得不得了，因此得到我们姐儿俩的衷心爱戴。有了婆婆的庇护，我们玩闹起来也愈发有恃无恐。一天晚上，父母开会（这在当时已经成为常态，不足为奇）不在家，我们先完成了爸爸留的功课，然后翻看小人书，岁月静好。后来不知为什么我俩竟然为抢一根竹竿，把灯罩打碎。这下我们傻了眼，紧张地看着婆婆。婆婆说，不让你们闹，不听，现在好了，打碎东西了吧！那时，

周黎黎、周明（左）姐妹俩

家里的大小物品都是不能随便打碎的，一毛钱丢了也是大事，现在可好，一个灯罩碎了，事情相当严重。我们吓哭了，趴在婆婆身边，一会儿竟睡着了。过了很久吧，总之，爸妈回来了。我们听到婆婆在为我们说情，还是孩子，不小心云云，并未说我们两个小姑娘舞枪弄棒的事。爸妈看我们醒来，依然很生气，问："谁干的？"姐姐马上说："是我。""你们两个就像一对小公鸡，不是吵就是闹，要么就是惹祸，哪像女孩子！"妈妈总是这么说，"姐姐也不像个姐姐的样子，像个假小子！"有姐姐担事，有婆婆说情，有妈妈佯装批评，这件事竟然就过去了。

在我小时候，类似这样姐姐关照我的事情还有很多。

1971 年，爸爸妈妈带着年幼的妹妹去了鲤鱼洲干校，把我们姐儿俩留在了北京，他们一方面担心鲤鱼洲条件太艰苦，另一方面也算在北京为我们家留一个"根据地"。于是我们姐儿俩一起到了北大幼儿园办的"托儿所"，与很多没有跟父母下放的孩子统一住到了北大南门的 25 号楼。姐姐那时已经上了一零一中学，我还在北大附小。父母不在身边，姐姐更像姐姐了，再不调皮，对我照顾有加。只剩下我和姐姐在北京的那段时间，我们的生活是没有规律和任性的。那时候还小，根本不懂得规律的作息对健康的意义。没有大人在身边，饥一顿饱一顿，为了看书整夜不睡觉……可是我们过得很快活，而且更加亲密融洽，再也没有吵过架。但也就是在那时，姐姐的身体开始不好了，总是出现疲劳的状态。不知道姐姐的身体和那段没有规律的生活有没有关系（不过，把我们姐妹俩留在北京确实成为日后爸妈最为懊恼的一件事）？！

十几岁的我们还完全意识不到身体不好是怎么回事，也根本无法料到后面会发生什么，糊里糊涂地快乐着。爸妈和妹妹走了之后。我们虽然住在"托儿所"，但周末我们常常骑自行车到东郊舅舅家。从西郊到东郊，要走很远的路，偶尔坐车，又觉得太贵，所以总是会骑车去。姐姐常常骑不动，我就用围巾拉她或是在后面推她。在校园里她干脆不愿骑车，总是以各种理由让我带她。这样久了，我就有怨言，两人决定轮流，一天你带我一天我带你。她虽然同意了，但带我时总是摇摇晃晃地走 S 弯，直到有一天她把我们俩一起重重地摔倒在地，车把把我硌得生疼，我哭笑不得地坐在地上，她居然笑得直不起腰。我也不知道她是真的带不动我还是故意的。看她弱弱的样子我实在没法生她的气。从此她就获得了在校园里骑车总是我带她的待遇。这也许是她对我耍的唯一一次"滑头"吧。

在其他方面，姐姐总是尽力照顾我。小学六年级拉练，我出发时，她还为我做了红烧肉炖墨鱼，在那个年代，这可是一道很"硬"的菜啊！这道菜我至今都没有忘记。其实，姐姐对我的好大多不是具体帮我做什么——反倒是身体健康的我在照顾她——而是她发自内心的关爱。最难忘的是姐姐的大度包容。我不懂事，自视清高，姐姐却格外偏爱，以我为傲；我出言不逊，她从不计较，依然如故地在乎我；她不但爱我，还爱我之所爱。是她的爱让我少时自觉孤独的心中总是有一缕阳光在……

重入幼儿园一年后，因为受不了"托儿所"规章制度的束缚，我们争取到回自己家住的权利，回到了朗润园10公寓2门洞203单元的3号小房间住。记忆中就是从那时起，我们开始疯狂地看书。自我小学二年级"文革"开始，我们基本处在无人管束、无人过问的状态下，姐妹们只知自由自在地玩耍，除了爸爸想出让我们每天抄毛主席语录这一招外，也没有人再督促我们读书写字。而此时，疯闹了几年的我们突然发现了读书的乐趣。现在也想不明白当时是通过什么渠道总是能借到各种被封的书籍。每每得到一本书，那一定是废寝忘食、不舍昼夜。很多时候，一本书在我们手上只有一天的时间就必须及时地与朋友交换。回想当年，"放羊"状态的我们正是以读书的方式开始了自我启蒙。现在想一想，真是幸运，书籍终于成了我们生命的永恒陪伴。那个时代，好在有书。

就在父母去干校的那些年，姐姐还参加了一零一中学宣传队。但她没有参加很久，属于边缘队员。我好像是在那段时间开始意识到姐姐的美丽，还有她的温顺敦厚。

姐姐看似温顺敦厚、不善言辞、不喜张扬，实际上是含蓄内敛、善良包容。对姐姐刮目相看是在若干年之后，我发现姐姐天生有对乐器的无师自通能力。小时从未摸过乐器也没学过五线谱的她，一把月琴在手一会儿就能拨出曲调来；手风琴没有人教也不在话下。后来爸爸妈妈特地为姐姐买了手风琴，没过几天她就能演奏很多完整的曲子。从此，我们家总是会传出她拉琴妹妹唱歌的声音。多年后，她是我们姐妹中最早买钢琴的那一个。我总是很好奇，没有学过乐器，也不懂乐理五线谱，姐姐怎么一下子就弄懂了什么是和弦呢？手风琴如此，钢琴也是如此，没有人教她也没有教科书，她的左手能相当准确地配合右手的旋律弹出和弦，这让我佩服得五体投地。之后想想，也许是她继承了爸爸的某些才华。早年，爸爸也是无师自通地会吹笛子和箫，会拉二胡和板胡，还能弹琵琶、月琴，也曾经鼓捣过手风琴、风琴……

自70年代初姐姐第一次生病，到1987年她去世，后面的十年我们时聚时散。姐姐没有插队，留在北京做了小学教员，其间几度因病入院。我则插队上学，有大概四五年的时间不怎么在家。但姐姐和长大了的妹妹仍然是我最好的伙伴。

我永远也忘不了，每次从学校回家，我们姐儿仨坐在并不宽敞的房间里聊天的情景。那时我们已经从朗润园搬到蔚秀园，房间面积还没有朗润园公寓的两间大，但是独立单元——那是当年多少家庭的梦想啊——父母住小间，我们住在大间。一张双人床上姐妹们盘腿坐得近近的，虽然父母听不见，但我们还是常常用几乎耳语的音调说些女孩子的小秘密。有时，我们干脆声称出去玩儿，跑到北大校园，在未名湖畔乘凉聊天。后来，还把当年我的男朋友带到北大校园。我们姐儿仁中第一个谈恋爱的是我，姐姐和妹妹是我最铁的死党，她们替我参谋、把关、保密，还第一时间成为他的姐妹。我把大小故事细细地讲给她们听，她们听我唠叨、为我开心。

那段时间，姐姐身体时好时坏，经常病休在家，时而入院治疗；妹妹尚小，还在初中学习。那是我们姐儿仁最为亲密的一段时光。当时我们热衷的事是：为小妹妹裁剪、自制衣裙，细心地打扮她；交换图书或交流读书的心得；再有就是每个周末我从学校回来为她们"开播"自己在学校里的见闻和故事，像连续剧一样准时而不间断……

再后来，姐姐结婚了。那个时候是姐姐人生中最幸福美满的一段时光：她有了爱她的丈夫，身体似乎奇迹般地好起来，她的精神和身体状态都很好，也愈发地漂亮，令人瞩目……我们都以为这是姐姐完美生活的开始，没想到她却于1987年9月28日遽然离世，永远地离开了我们。

我们姐儿仁的最后一次合影，是在1987年春，全家到颐和园苏堤春游。没有人意识到这是她美丽人生的最后一次回眸。在姐姐过世二十个年头之后，一次偶然翻看我们的照片，那天的一张六人合影，竟发现我和姐姐手指相勾！是的，那就是我们姐妹亲密关系的写照！

每次走到北大校园，看着一草一木，一山一水，一桥一亭，小路、操场、公寓，都能看到姐姐的身影，每每心底刺痛，皆因物是人非。因为，我的童年和少年从来都是与姐姐相依相伴在朗润园度过的，从未间断，直到我插队离家。她是我童年的姐妹，我是她在世的手足。我和她一起成长，她始终伴我左右。说起家园，说起小时候，姐姐就站在那里，绕不开，忘不掉，心中满满的思念。我知道，她是我最亲的姐姐，我也是她最爱的妹妹，永远也不会改变。

虽然物是人非，但姐姐在我心里，永远。

小伙伴，程冬冬

她叫程慧，原来叫程冬冬，大家都叫她冬冬，因为她是立冬时出生，12月份。再后来她还叫过周胤，一个她自己起的生僻拗口的名字。

在我们小小的女孩帮里，冬冬是与我年龄最接近的一个。我们同年冬天生，她比我小一个月，所以我们从幼儿园开始到上小学、初中、高中都是同校同级（幼儿园同班）。而且因为我们的父亲都在法律系，朗润园公寓没有建成时我们还曾经同住在朗润园168号的院子里。因此我们绝对是最地道的"发小"。

小时候照片中的冬冬，紧抿的嘴唇和微蹙的眉头，满脸写着的是倔强、顽皮。她绝对不是一个乖乖女。聪明机敏、伶牙俐齿、敢作敢当，而且是少有的敢于在那个年代和男孩子叫板"对骂"的女孩子。

冬冬非常有个性和才华。确定这一点也是在我长大以后，甚至是在她去世之后才认识到的。想起她之种种，惊奇但心服口服地懂得冬冬是一位多么了不起的才女。无奈，她也是芳华早逝。

我想，也许姐姐的早逝是上天妒其容貌，而冬冬则是忌其才华吧。这样说也许对她们俩都有失公允，因为她们的早逝，让我这个愚钝的人没能在与她们朝夕相处时深切地了解她们、认识她们。

冬冬（右）与周明

冬冬家有两位老人住在一起：奶奶和外婆。这在一般的家庭并不多见。两位老人一个陕西人，一个江苏人，性格迥异，而且都鲜明而执拗。对自己的孩子都有极强的偏袒意识，所以有时难免针尖对麦芒，谁也不示弱，时而剑拔弩张。这个特点之突出令我们这些小孩子也能深切感受。冬冬有些强悍的个性也许正是同时来自她的奶奶和外婆。

我和所有女孩子大概都记得冬冬的

奶奶相当厉害，用现在的话说就是酷，或者是女汉子。她虽一双小脚，但走起路来噔噔的，谁都不怕，话一出口掷地有声，一开口就让对方先矮了一头。奶奶是陕西人，说话的口音极具幽默感，加上声音洪亮，让人印象深刻。

但奶奶对我们孩子从来不厉害，非常慈祥。她很会做饭，特别是陕西面食那是一绝。我印象最深是"程式"饸面饼，有小一寸厚，刚出锅时外焦里软，香味不可言状。今天"百度"一下，这种陕西特有的面饼应该叫"锅盔"，或是"干馍"。到冬冬家要是赶上面饼刚出锅，我们就有口福了，奶奶把饼切成小块，均匀整齐，分给我们吃，里面什么馅也没有，面粉的天然香味把我们这群馋嘴的女孩子幸福坏了。至今我还记得奶奶坐在一个靠近炉子的小凳子上的样子，饼锅里是厚厚的面饼，奶奶瘦瘦的手不停地翻弄着那张越来越香的饼……

外婆的影响在另一方面。她身材瘦小，皮肤保养得很好，说话声不大，但不怒自威，有一种孤冷的高傲状。我一直以为她是地道的北京人，甚至觉得没准她是旗人之后（写完这段，我特意向冬冬的姐姐求证了这一点。其实，外婆是江苏人，很早就到北京了，所以似乎北京腔很明显）。但外婆好像不怎么和我们说话，倒是阿姨——冬冬的妈妈常常招呼我们，很是和蔼。

除了奶奶做的香喷喷的面饼，吸引我们经常跑到冬冬家去玩还有一个极具诱惑的原因，那就是可以悄悄地听唱片。那可是那个年代硕果仅存的黑胶唱片啊。唱片我记得大约是冬冬妈妈的，或者根本就是外婆的。也许因为冬冬外婆和妈妈在北京住了很久，她们似乎是喜欢老北京的曲艺的。不记得那摞唱片里有没有音乐和歌曲，还未开蒙的我们最常听的是侯宝林的相声。说来也算是不可思议，"文革"了，侯宝林也在被打倒之列，至少是旧社会的艺人，是要被"改造"的，而他的唱片在冬冬家居然没有遭到砸碎的命运。她常常招呼我们去她家，一遍遍地听那些老唱片，以至于我对侯宝林的《夜行记》至今记忆犹新。当年我们也常常把这个相声里的段落和某些句子拿来说笑，彼此心中的默契好像只有我们懂，为此乐不可支。

冬冬好像和奶奶更亲，个性也难免打上烙印。口齿伶俐，不，应该是"伶牙俐齿"，从没有在嘴上落过下风，做事风风火火，为人开朗热情。但，小姑娘时这种假小子个性掩盖了她的多情和才情。要是以为冬冬就是一个表面上看起来的那样简单、爽快、泼辣的女孩子，那就大错特错了。

冬冬写得一手好字。她的字用"俊逸潇洒"和"苍劲有力"形容真的不为过，完全没有女孩子的所谓娟秀。她的字在我认识的女孩子中是最让我心服口服的。就是放在男孩子里面也绝对是上好的字。在当时，我们成长的那个圈子里，字写得漂亮是评价一个人学识功底的硬指标之一，她的字绝对称得上漂亮。冬冬的内秀由此可见一斑。

之后她学了法语，据说到法国后迅速得到巴黎人的认可，被赞为"标准的巴黎音"，又可见其语言才华。记得上大学后有一次遇到她，提起她的专业——法语，我非常羡慕。她不无得意地告诉我：法语比英语真的好听多了，优雅多了，别的语言是没办法比的。自小看了很多法国古典小说，也知道法语在西方语系中"高贵"地位的我听到冬冬的一番说辞很有感慨，因而印象极为深刻。冬冬所说来自她亲身的感悟和心得，而不是如我等道听途说，实在令人真心羡慕。

不仅如此，冬冬还是一位颇具艺术才华的女孩子。当年，八个样板戏是我们唯一可欣赏的"艺术"，人人都会唱整段整段的京剧，也会整段整段地跳芭蕾舞《白毛女》和《红色娘子军》。冬冬在这方面绝对出类拔萃，虽然她从未参加过任何"宣传队"。我记得，"文革"后期，《洪湖赤卫队》和《英雄儿女》解禁，它们的主题歌成为我们的最爱。但冬冬唱得最好。我们经常坐在一起齐唱或是让冬冬独唱。她大方自信，有求必应。冬冬的嗓子也许算是小嗓子，声音并不太亮，但她唱起来用情极深，声情并茂，细腻感人。在我看来呼吸用气都很专业，真的不是夸张，绝对动听。我现在还记得冬冬唱歌时那个专注和深情的样子。

冬冬聪明，学啥像啥。除法语之外，冬冬不但通晓英语，还自学了意大利语、日语和世界语。有一阵她还喜欢上了画画，并且画得也有模有样。

冬冬自我。几十年后，从冬冬姐姐敏那里我们还知道她曾经报考过战友文工团，并且考上了，只是人家让她做合唱演员，她却拂袖而去了。她还曾经拒绝过广播电台法语讲座栏目的邀约，理由竟然是单位地处通县（今通州区），太"上"了！

冬冬爱美。她把爱美贯彻到她生活的各个层面，包括拒绝了多个世俗所说家世殷实、学历出众者的追求而执意"下嫁"一位法国美男，尽管这位"俊男"在婚后给冬冬的生活和工作带来很多困惑。

冬冬简单。她宁愿为个性带来的"运气"买单。在去法国之前，她有过几段工作经历，但她宁愿得罪人也不向世俗和圆滑妥协、低头，固执己见，靠自己的才华走出了自己的一片天地。

冬冬大气。冬冬从来不怯场、不扭捏、不做作、不虚伪，有一说一，说一不二，没有女孩子通常有的矫情。

冬冬也勤奋。每一种"技能"都不是天上掉下来的。她勤勉好学，舍得下力气，而且执着坚持。

是的，冬冬自视甚高，个性倔强……但她也终究没有逃出命运不公的安排。

写到这里，冬冬就鲜活地站在我的面前。我多想重温自己与她的友情，多想看看几十年后她会是多么出类拔萃；而我当年曾经是多么眼拙——

我和冬冬曾经非常要好，有一阵子是形影不离。她常常说我是她最好的朋友。但是，小时候的我却是一个自以为是的傻瓜，一度对冬冬的友情不大以为然。直到有一天我发现她和我姐姐、妹妹更加亲密，而且对我保持了距离，我才隐隐地意识到自己可能失去了一份可贵的友情，而且随着时间的推移越来越懊悔，深恨自己的愚钝。直到我痛心地意识到再没有挽回的余地。

那一年，大概是姐姐去世后两年，应该是1990年前后，她带着混血女儿和漂亮的法国丈夫回国探亲。坐在我们家的客厅里，说到姐姐的离世，冬冬的眼泪扑簌簌地落下，反反复复说的是："为什么是黎黎？！为什么是黎黎！？"话语中的沉痛和对姐姐的深情令人动容，我们不由得相向而泣。然而，命运何其吊诡，冬冬在其后不久竟也病逝在他乡。当消息传来，我们无论如何也不能相信，更不能想象，是什么使生命力如此强悍的冬冬那么早地撒手而去！

前不久，冬冬的姐姐给我发来了几张冬冬和她女儿的照片。那是我没见过也不了解的关于冬冬后来的日子和生命。说实话，我对她穿婚纱的样子非常陌生，看起来总觉得怪怪的，而我更习惯于坐在地上啃鸡腿的冬冬，那才是更贴近冬冬个性的样子，也是我最为熟悉的冬冬。冬冬的女儿已经长大。看着那个小姑娘，可以轻易地在她的脸上找到与冬冬不止一处的相像：脸庞、眉毛、鼻子和嘴巴……是，女儿比妈妈漂亮，但她的妈妈是我们的冬冬。我最后一次见到冬冬，就是那次她回国到我们家。她给我们看她丈夫和女儿照片时流露出的自得和骄傲，现在想起来还那么有感染力。

冬冬，就这样在我的思念中离我们越来越远，远得无法触摸……

初稿完成的今天，阳光明媚，却北风呼啸，一个肃杀的北京冬日。我躲在书房里修改着这篇文字。本来我想在完稿的时候再回朗润园走走，看看我们的家园，看看我们家和冬冬家的窗口，看看我们幼时玩闹嬉戏的地方——天气太冷了，我放弃了出门的打算。坐在电脑前与她们神交，也是满足的。也许，春天吧——姐姐，冬冬，我相信在我们的家园，与你们的魂灵更加靠近，你们也更加真实地活在我的心里。但我也知道，不论哪一天或在哪里，我们其实从来没有离得很远。想念你们，我儿时最亲密的姐妹。

姐姐，冬冬，愿你们在天国安好！

初稿于 2015 年冬　定稿于 2022 年初秋

附　记

在朗润园的姐妹里，还有一位曾经与我很要好的女孩子，初中同学，王晓枚。她和我姐姐、冬冬一样，也很早就去世了。这次本也想写写她，但却难以下笔。因为当这些突如其来的变故降临时，我们还少不更事，没有料到，也没有准备，甚至难以理解，那几乎是与我同一起点的生命链条何以会突然断裂？！

今天，回忆自己的发小姐妹，就让我也把她的名字写在这里，算是对她的思念，或许有一天我也能写写她……

（周明，曾住朗润园 9 公寓 105、204 单元）

下篇

抖落一地
陈年事

我喜欢朗润园的静

◉ 夏先之

我是从部队转业到北大工作的，那时已经结了婚。我先是一个人住在北大东门外的槐树街，是学校分给我住的房子，在那里住了一两年。后来我爱人也从部队转业到北大工作，我就带着孩子从槐树街搬到中关园沟东的平房。

美好时光中关园

我和爱人从部队转业到北大，都只有一根带子打个背包来报到，虽然结婚成家有孩子，但一点家具都没有。报到时，人家叫我去北大房产科，问你家里几口人？几个孩子？需要什么家具？然后根据有限的条件配给你床板、条凳、方凳、小桌子、书架等东西。

北大那时发给你床板，也就是木板条钉成的长方木板，床板下面用两张条凳在两头一支，木板上铺上褥子和床单，那就是可以睡觉的床了。有的床板钉得不那么平，褥子一般也没那么厚，睡上去挺硌人的。当年我们睡床板，现在的人不可想象。

我家有三个孩子，我从学校领到三张小桌，孩子们可以用它做作业。我家还领到几条方凳、一个五屉柜和一个书架，记得家里吃饭用的饭桌是自己后来买的。

开始我家住在中关园沟东，住的房子是 50 平方米的平房，有卧室、客厅、伙房、厕所，还有个小小的仓储间，里面可以放张单人床，当时觉得够大的。房前有块空地，有棵苹果树、一株大大的葡萄藤，结的是牛奶葡萄，我们可以在空地上种点菜什么的。房后有个堆煤球的地方，堆煤球的小棚子里还可以养鸡。我在这里住了两年，挺喜欢这里的。如果不是要建托儿所，我家兴许会一直住下去了。

寂静荒凉朗润园

我家那块地要建托儿所，北大动员我们搬到院里的朗润园公寓去住。1960年，我家最小的儿子已经 3 岁了，正是淘气的时候。这一年，朗润园的公寓全建好了，从 8 公寓到 13 公寓。北大动员我们搬去住，有自愿去的，也有像我们一样被动员去的，我记得许多人家都不想搬过去。为什么？当年大家都穷嘛，生活困难，工资低，住公寓楼房房租贵啊。

北大后勤处动员我们的人说，你看你两口子都是部队转业的，都挣工资，条件好一些，住公寓还是交得起房租的。还说只要把中关园的房子腾出来，那几栋楼随你们挑。我们看房去了好几次，挑来挑去，那时候大家都没住过楼房，谁也不知道哪间好。

我家孩子小，都是男孩子，淘气。想到住楼上怕孩子摔了，我们决定住一楼，没敢要四间一套的，只要了两间半的一套，最后订了 8 公寓 101 单元。好处是靠湖边，靠路边，楼前正对着 101 单元有片空地，孩子上学时出家门就上路，方便。住惯平房，觉得住楼上走楼梯麻烦。

刚搬到 8 公寓时，朗润园挺荒的。湖里有水，湖边是塌陷不齐的土岸；有树，树是稀稀拉拉、歪歪倒倒的；一条土道拐来拐去，没有路灯，家里备了手电筒，柏油路是多年以后才修的。12 公寓北墙根那边有个小庙，里边住着两个清朝的太监，我们都见过那俩人。这片公寓楼当时挺显眼，楼墙是淡黄色的，但越往 13 公寓那边走，越是荒凉。

20 世纪 60 年代搞过一场轰轰烈烈的种树运动，湖边种柳树，楼前后种杨树，从那时起，这园子里的树才多起来。建公寓之前这地方是个大大的芦苇坑，尤其 8 公寓的地面就在大芦苇坑的中心，特别深。盖 8 公寓是把芦苇坑填了打地基盖的，剩下坑的西半边就成了湖。

湖、鱼和食堂

刚搬进来的时候，公寓旁边的那个湖看上去乱七八糟的，可孩子们特别高兴，放了学就去湖边钓鱼。公寓的卫生间，家家有个大理石的大澡盆，孩子从湖里钓回来的鱼就放在里面养着，都是小鲫鱼。

我印象最深的是，记不得是哪一年夏天了——应该是"文革"前的一年——一连下了好多日子的大雨，湖里的水漫上来，我们家也淹了，下水道排不了那么多水，公寓这边的大人们都上不了班，孩子坐在我家阳台上钓鱼。那场大水过了半个多月才慢慢退下去。

有一年，湖里的鱼"翻坑"。天要下大雨，气压低，而湖里的泥特别厚，鱼在水里憋得慌，全都翻到湖面和岸边。好家伙，大人孩子全端着盆去捞，我家二儿子肩膀上扛着一条特别大的鱼回来了。小岛那边也住了一些人家，也有不少孩子，那边的孩子为了湖里的鱼，跟公寓这边的孩子老打架。

生活最困难的时期是 60 年代初那几年，好多生活用品，包括食物什么的都是限量配给。都说半大小子吃死老子，当年吃饭的时候，我们大人都把干的、稠的给孩子吃，我们就喝汤。

那时大家都困难。小孩了放学早，我们还没下班，孩子就去办公室找我们。有个同事问我儿子："吃饱没有？"儿子说："我妈做的饭，吃完以后打一场球就饿了。"我心想，你打场球就饿了，我们喝点汤还不更饿啊？！

困难的时候生活真是很困难，人饿得腿都浮肿了。那时榆树钱儿是好东西啊，就因为是在北大的院墙里边，要是在院墙外边，早被人抢着搂光了。我记得那时有人拎个兜子进院里，专掐刚长出来的杨树叶子尖儿，拿回家用水洗啊、泡啊，它那个苦味不就没有了嘛，再放点面煮着吃。

槐树花也能顶点饿，住这里的人都是爱面子的，饿得没办法才去搂槐树花，还怕被人看见。谁不知道是干嘛啊，但大家当面都不说自己没饭吃、吃不饱。

我们家吃过好一段时间食堂的饭。在员二食堂买饭票，开始是纸质饭票，小纸片，粉的、绿的，后来改成小塑料片，也是有红的、黄的、绿的，分米票和面票，还有粗粮票。我记得在食堂吃得最多的就是油泼白菜，食堂弄一盘白菜片，在那上面泼上热烫的花椒油。好多教授都在员二食堂那儿吃饭，还捎带着用饭盒多打点菜回去晚上吃。

后来日子稍微好过些，有时候到礼拜天，我们全家会吃点好的，打打牙祭。在家里吃上一顿鱼，或者从供销社买几个猪的小肘子——就是那种肘子和猪蹄中间那个拐拐的地方，不大，孩子们一人吃一个。小肘子这东西也不是想买就买得到，你得碰运气，供销社来货了，你下班碰上了，排队排在前边就能买到。去晚了，或是不知道来货，你就买不到。我在办公楼上班，下班往北边一去，供销社就在那儿，没几分钟就走到了，买东西回家顺道儿，还算方便。那时住在公寓的人家没有煤气，都是生炉子，厨房里有专门的烟道，可以用烟筒把煤气拔进烟道里。

渐渐地，来住公寓的人多起来，我们也习惯住楼房了，因为这里比中关园平房干净，中关园冬天平房要生炉子，公寓里有暖气。另外，公寓这里安静，离马路远，不吵。

电话、自行车、气筒和缝纫机

我爱人在北大留学生办公室当主任，学校为了他工作方便，给家里安了一部电话。那时有电话的家庭很少，大家都是熟人嘛，家里这电话就跟公用电话似的，有敲门进家借电话打的，有电话打来请我们送信儿的：什么告知工作安排、开会时间、出发地点、招生消息、急病求治的……什么时候来的都有，半夜里还有电话让我们从8公寓送信儿给11公寓的人。

当年北大工会比较好，老给工会会员代买这个代买那个。我家的第一辆自行车就是工会代买的，那个年代要算是家庭生活用品里的贵重大件了。虽然我记不得花了多少钱买的，但是记得那辆自行车是分期付款买来了，挺贵。

我爱人会骑自行车，我学骑车时害怕，骑不好。有了自行车，我家也有了一个气筒。因为我家在一层，住这楼的人上下班都要经过我家，那时的邻里关系比现在好，我家的气筒就像我家电话公用一样，被大家借来借去。人家走到我家阳台旁，一看自行车胎瘪了，气不足，就要借气筒打打气，那气筒也成了公用的。

海淀镇我们老去，什么老虎洞、澡堂子、药店、书店都去过，印象最深的是我去布店买布。家里有台缝纫机，我每天都给家人缝缝补补，那时一周只能歇一个礼拜天，时间都用在缝纫机上了。小孩子淘气，喜欢跪在地上玩弹球做游戏，裤子最爱破。那时候，哪个男孩子裤子上没补丁？！有一次，我爱人带着儿子去开个什么会，拍了照片带回来，拿起来一看，孩子膝盖那里的裤子上有两个大补丁，哈哈。

我们家从1960年搬到这里，一直住到现在，也有六十多年了。你让我说这地方怎么好，我感觉这个地方比较安静。几十年过来，大家彼此往来比较熟悉。春天、夏天天气好的时候，大家都到外面乘凉，坐在湖边，谈谈过去，聊聊现在。遗憾的是，好多老熟人已经去世了，都走了。

夏先之口述，杜萌记录整理

（夏先之，曾住朗润园 8 公寓 101 单元）

享受了半个多世纪的朗润美景

◉ 张丽霞

我是 1932 年出生的，从小在上海长大。1949 年我考进北大，一入校先是在沙滩红楼那儿，1952 年院校调整的时候才来到燕园。

人家都说我不像上海人。上海话我没忘，现在还能说；初中时我在重庆待了三年，抗战嘛，四川话现在还说得很溜儿呢。我高中时又回到上海，上大学来的北京。人家都说我像个"老北京"，其实我是进北大才到的北京。刚到北京时一口南腔北调，总是被人家笑话。

8 公寓

8—13 公寓是 1960 年盖的。刚到燕园前几年，我都没去过朗润园那片儿，我只知道 8 公寓那边当年很荒凉，没什么人，去那边就跟探险似的。盖公寓时，听说是填了一部分湖，就像修整北大五四运动场似的。五四运动场那里原来是块棉花地，我们上那儿去也像是去探险。

当年有一说法，说红楼梦的大观园就是朗润园。城里搞个纪念展览，哪年我不记得了。展览会我去了，会上说大观园就是朗润园，当时说荣国府、宁国府就是北大的蔚秀园和整个北大燕园这边，展览会上还有图对应着，说哪儿是潇湘馆什么的，基本都对应上了。因为朗润园那边当年都是平房嘛，包括那个小岛，纪念展览会上全有对应的图和说明。

小岛是有住宅的。那里原来住着三家人，都是教授，我还挺熟的，老去玩。去小岛过桥有条小路，后来小岛那儿带廊子的平房都拆了，变成了烧垃圾的地方。

当初建这些公寓，听说是为老教授们设计的。以8公寓为例，这栋公寓的居室格局采用"四三三四开间"式：1门洞一至四层单数单元居室为四间，2门洞一至四层双数居室为四间，其中3个大间18平方米，小间12平方米，设计功能是两间寝室、一间客厅、一间书房，层高3.3米，进门开间很大；而1门洞双数居室和2门洞单数居室均为三间。这样的居住格局，在当时北大宿舍中要算是很大气、很舒朗的。8公寓后面依次盖好的那些公寓也都是这样的建筑格局。

8公寓的楼顶是人字形的。建造时处于国家困难时期，楼顶是用苇箔糊泥缮上的，上面覆盖瓦片，四楼的顶棚很薄，要是有人钻进楼顶棚里，如果不踩在木梁和木檩上，就能把四楼人家的顶棚踩漏。当年老有小孩子爬进楼顶棚玩，顶棚被踩漏，一下雨，咱们四楼住户的顶棚总要漏雨。我们家叫孟晋从检修口爬进楼顶棚，用按钉把塑料布钉在顶棚上，让漏下来的雨水往外流。

9公寓住四楼的有一家人也遇到过类似的麻烦。一家人正吃饭呢，突然顶棚被人踩漏了，顶棚上踩下来一只脚，饭桌上落下一大块白灰。

我们家是在1960年刚盖好8公寓时就住进去的，我原来住在健斋（建于20年代的燕京大学一至六楼，名为"德、才、均、备、体、健"六斋）集体宿舍。健斋在湖边上，那栋是三层楼，楼上教职工一家一间。

盖好8公寓以后，接着盖9公寓、10公寓，我们住进去以后，像后边的11、12、13公寓还都在施工呢。开始住进公寓的人基本上都是干部。我们那个门洞有一家不是干部，其他七家都是干部，这些干部倒也不是什么大干部。

8公寓是冬天施的工，水泥没弄好，天一暖和，墙上的水泥迸裂，墙皮都脱落了，后来整个墙铲掉墙皮重新弄。其实那个楼的建筑质量不行，1门洞我不知道，我们2门洞这边的楼梯很早就裂了，一楼有家厨房的墙从上到下整个儿都是裂的。那时候的建筑材料都是代用品，暖气是瓷的，水管子都是瓦的，没有金属的，都是土烧的，家家水管漏水。最后没办法，大家都拿黑胶布缠。

8公寓后边有棵大杨树，长得真高，它的树枝子都戳破了我们家厨房纱窗，伸到厨房屋里。后来我们发现，大杨树的根在地上串着长，把湖边的柏油马路都拱起来了，我们担心这些大杨树根会不会把楼基给撬翻了，因此找来园林局的人，把大杨树锯了，把树根刨出来弄走了。

我家和左大夫家在8公寓住了五十多年。我是2013年搬到五道口这边来的。算起来在8公寓住了53年，所以我和左大夫是五十多年的邻居。后来我住到8公寓三楼，左大夫一家住在二楼。

朗润园这边的湖可漂亮了，可美啦。

我见过湖里飞来过红嘴白毛的鸟，还有鸳鸯，尤其是后湖那边。后来季羡林从湖北弄来荷花种子，撒在他们13公寓门前的湖里，夏天时盛开，大家都去拍照留念，大家给那片荷花起名叫"季荷"。朗润园住着的人们，真是享受了这里多年的美景啊。

鲤鱼洲

"文革"时8公寓简直倒了霉啦。挨斗的人都站在楼前马路上，脑袋被人使劲按着噔噔地往地上磕，前面平房的人也都拉到咱们8公寓前挨红卫兵批斗。

我记得去鲤鱼洲是在1969年国庆节，因为迟群（曾任8341部队政治部宣传科副科长、"梁效"写作小组主要负责人之一）说过："你们就准备葬在那儿、埋在那儿吧！"

鲤鱼洲就在江西鄱阳湖边上，离南昌不是太远。

我去鲤鱼洲把俩孩子都带去了，没准备回来。我这个人适应能力很强，回北京是没想到的事。离开北京的时候只留了一间房。公寓住户大多去了江西鲤鱼洲，整个这片公寓里留下来的人家很少很少，到晚上特别冷清，住在这边的人觉得天黑了都挺害怕。

到鲤鱼洲后，我打石头、烧石灰，故事挺多。以前汪安（住10公寓）老想听我讲故事，说："张阿姨再说点儿，再说点儿。"

1971 年我们一家从鲤鱼洲回来，原来我们住的 8 公寓 207 单元里挤进来两家人，回来只能住 207 单元里的 1 号屋，就剩这一间房。四口人呐，怎么办？一进门摆个床儿子睡，床头横着一张桌子，吃饭什么的都用这桌子，桌子旁边是双人床，双人床旁边搁着女儿的小床，屋里有摞起来的两个书架，怕倒下来砸着女儿，便把两个书架捆在暖气上。我们在双人床对面做了一个木架子，上面全放着什么锅碗瓢盆。家里来客人，说这家里像病房，一开门全是床。

厨房空间不大，更显得拥挤，靠一面墙并排摆着三个蜂窝煤炉子，是三家人的。

张力民（住 11 公寓）家帮了我家的忙。他家有两间房，我家装衣服的几个大箱子全存在他家，要换衣服时，我就去他家开箱拿出一部分衣服过来。我们一家从鲤鱼洲回来就这么住着，后来我去房产处跟他们谈判，请求再给我家一间房。你猜他们说什么，说现在讲阶级分析。我说我什么阶级啊，人家说我是"资产阶级，黑帮"！

后来想尽办法，总算调给我一间小 3 号，我家搬到对门 208 单元跟李玉春、陈桂云他们一家住一起，她家住两大间，我家住一大一小间，208 单元是四间一套，带套间的。搬家住到对门那里，当时就觉得很宽敞了。又过了许多年，我爱人当了教育部的司局长，教育部给了北大一间房，我们就调换成四间房，住到 206 整个单元里了。

从鲤鱼洲回来，我们养了一只三花猫，向迪（住 8 公寓 108 单元，与 208 单元仅隔一道墙，阳台挨阳台）上我们家借猫逮耗子，第二天连猫带耗子给我们送回来了。他说那猫不看耗子老看他，我说你手里拿根棍儿，你是想打耗子，那猫可不是得老看你，怕你打它啊。连猫带耗子给我们送回来以后，猫玩死耗子玩了半天，孟斐说脏死了，赶紧给扔了吧。

除了猫，还有一条从鲤鱼洲带回来的狗。狗是鲤鱼洲一连的 8341 部队军代表带回来的，在鲤鱼洲时大家都喜欢它。那段时间我晚上也上班，每天晚上快十二点了从五院骑自行车回家，刚开始老觉得后头有个人跟着我，回头一看，是那条狗。每天晚上它把我送到 8 公寓，然后又掉头跑回五院。这狗后来挺可怜的，被送给生物系的狗房了。

专家招待所

朗润园的故事，好多出在"北招"（北招待所，或叫专家招待所）。

"四人帮"的时候，那里是禁区，闹过笑话。一个笑话是，有两个解放军战士到北大探亲，这俩人哪儿也不认识，就在北大里乱转，结果累了，就在北招前面的湖边上坐会儿，自然就往北招里边看，结果马上有人报警打电话。保卫组的人过来了，问你们是干嘛的，说我们是部队的；问你们在这儿干嘛，说找亲戚；问找亲戚怎么找到这儿来了，说不认识路。保卫组就把人给扣了，再给部队打电话核实，部队说确实有这么俩人，保卫组说那你们来领人吧，他俩闯入禁区了。部队来人道了歉，才把这两人领走。

再一个笑话，当年我们在机关食堂吃饭，平常军代表到礼拜六就回家，有一个礼拜六，我见军代表都没回家，很奇怪，问他们怎么都没走啊？他们说走不了，出事了。出了什么事儿呢？北材料厂门前死了一条狗，怀疑有人要闯北招，把狗给毒死了。

北材料厂是到北招的必经之路，这事儿上报到上面去了，得到批示要查清楚，所以这帮军代表都没回家。他们查来查去，查明那狗不是毒死的而是被撞死的，接着就调查北大车队，最后有个司机承认是他把狗给撞死的，因为害怕，开始不敢承认。

所以，我们那时候路过北招时，大家都不往里看，就是因为"梁效"写作组在里面。后来粉碎"四人帮"时我得到点消息，"梁效"那帮人礼拜一回来都没进北招，都在湖边上坐着呢。我就奇怪了，说他们怎么都在外边待着，后来听12公寓的人说，昨天来了几卡车解放军，把北招给包围了，就知道出大事儿了，当时还没说"四人帮"怎么着了呢。

那些琐碎的事

说起在朗润园早年的生活，困难时期有一点我记得，一天两毛钱的肉。我们家怎么吃呢？买两毛钱的肉馅，弄点酱油、葱花拍成饼，煎两个肉饼，儿子和女儿一人一个。那时候买肉要本，什么都要票，粮票、油票、布票。住8公寓开始那几年很艰苦。幸好北大每年要在楼旁边的湖里下网捕鱼，那可是这些人家的大喜事，家家去湖边买两条大鲤鱼回去补养补养。

还记得每年冬天海淀冰窖的人来湖上凿冰，凿下长方形、厚厚的大冰块儿搬到骡子拉的车上运走。那湖里凿走一大片冰以后，一边是冰，一边是水，上小学的儿子在湖里玩小冰车，退着退着，扑通掉水里了。还好他自个儿爬上来了，回家我一看，他裤子里外都湿了。我说你怎么回事啊，掉到水里啦？赶紧给他脱啊、洗啊、擦啊。

还有附近的化工五厂。那里的烟囱冒黑烟，怪味儿刺鼻，在阳台上晾衣服全沾上黑末儿。我们找报社记者来体验生活，到处去找去告，上头也知道了清华、北大中间有这么家厂子，后来便全厂搬走了。

那些年朗润园公寓还是挺安全的。但8公寓就有过一次溜门撬锁的事：那天，左大夫回家打不开门，我忘了是邓卓还是邓华，到隔壁借了一把斧子，愣把那门劈出一个窟窿，伸手进去从里面把锁掏开，小偷跳上楼后平台逃走了。好像12公寓、13公寓也发生过几回偷盗事件。

东操场也有故事。一到演电影的时候，成府的人都从咱们那儿的墙头咕咚咕咚往里跳，扒出一墙豁子……

就这些琐琐碎碎的事，想起来还是挺有意思的。

张丽霞口述，杜萌记录整理

（张丽霞，曾住朗润园8公寓206单元）

家在朗润园 166 号

◎ 陈莹

　　我的父亲陈占元 1946 年受聘至北京大学西语系任教，入住北京沙滩中老胡同 32 号院北大员工宿舍 [1]。1952 年院系调整时，举家搬入朗润园 166 号，母亲郑学诗也随之调入北大工作。

　　据考证，朗润园属清代皇亲的赐园。1912 年清帝逊位以后，朗润园仍归皇室所有。朗润园并入燕园之前的最后一个园主是贝勒载涛。1919 年，燕京大学建校。不久，载涛便将朗润园卖与燕京大学作为教职工住宅。听人说：朗润园 165—168 号的前后三进院落即为当时的戏园子。165 号是大门，166 号是看戏之处，也是点戏、颁赏之处。门上匾书"蕴萃斋"，铭章"慈禧皇太后章"。门两边廊柱上有一副木质对联，文字已记不清了。可惜的是，"文革"期间，匾及对联上好的木料被人拿来打了家具。20 世纪 90 年代，在中国经济研究中心修缮改建房屋时，我进去与基建工作人员聊天时听他们说过，匾及对联，以及院落格局和屋舍建制在清史档案里都有记载。第二进院落（167 号）的凸形建筑是戏

---

[1]　参阅江丕栋、陈莹、闻立欣等编著：《老北大宿舍纪事（1946—1952）：中老胡同三十二号》，北京大学出版社，2011。

陈占元、郑学诗夫妇在北大校园

台。最后一进院落（168号）是休息室、厨房、库房，等等。

搬去之前，那里原来是燕京大学宿舍。但我家搬去时原有古建筑的外形建制基本没变化。整座房子共有五个开间，带一间东耳房（西耳房已改造为厨房和卫生间）。一个开间约有十几平方米。自西向东依次是父亲的书房兼卧室，东墙有门通往母亲和我们小孩子的卧室。西面是两开间的客厅，北边有一条向西的通道通向厨房厕所和西面的两间屋子。最东一间则与东耳房相连而与其他房间隔离开，是独立的，权当客房用。1954年，萧乾先生偕新婚妻子文洁若曾来住过。21世纪初，在一次北大出版社作者年会上，我有幸见到文女士提起这件事。她连连点头，说："记得记得，住了好几天呢。"整座房子前后两边都有外廊。房后两边外廊通向北边的凸形戏台，戏台正面中间的是嘉庆帝当年题的御匾"致福轩"。1995年至1997年，林毅夫创建中国经济研究中心时，朗润园进行了全面的修缮和改建，人们从房屋吊顶上面发现了这块匾，当时上方的房梁还可见颜色鲜艳的彩绘。

燕京大学时期，为方便居住校方曾经对屋内进行过改造装修。我家搬进来时，家里有厕所、厨房。厨房有一个大灶和一个小锅炉，热水通往旁边的卫生间，可以淋浴。此外，还有水泥洗衣池。整座房南北的砖墙只有大约一米多高，上面全是固定的方形大玻璃窗，打不开，窗子上方是木质九宫格，贴着高丽纸，中间留有一块窗纱，装有纸质卷帘，卷上去可以通风。纸糊木窗外还有一扇较厚的、两面都糊着厚纸的木质格窗，平时用铁杆支撑着打开，冬天则放下来用以防寒。原来的建筑只有东西两边山墙，五个开间内全是空的，房间很高，有吊顶，还可见到挂宫灯的钩子。改为住宅后，在木头格子上糊纸作为各房间的隔离墙。我睡觉的床挨着墙，睡觉时腿一蹬就是一个洞，白天再补贴上纸。后来校方将糊纸改成苇帘子，上面抹灰。好一些，但还是不隔音。别看房子这样，但冬暖夏凉。冬天取暖靠两个大洋铁炉，热气经烟囱通到各屋。

搬来时，院子里有三棵海棠树、一棵杏树，杏树和梨树缠在一起。后来我们自己种了些花草，每年春天请一位老佟师傅帮忙打理一番。我上初中时，教植物课的李老师曾带我们去一个葡萄园参观学习。我请李老师帮我向园方要了一株"玫瑰香"葡萄苗。葡萄苗只有一尺多长，三个芽。带回家按老师教的办法细心插好、培育。最后转移到房子对面的院里，佟师傅给围了个土圈儿，每年入冬都要埋好，春天起出来。家里的厨余下脚料，鸡肠鱼肚什么的，都埋在圈儿里。经过数年精心培育，长成一架玫瑰香葡萄。收获时节，果香溢满院。

母亲在俄语系图书资料室工作。大约是在1956年，系里有些年轻老师没房子住，我家就将独立的东耳房并一个开间让给了同系的李光中老师家。同时，在客厅那两个开间中做了隔断。西面那间仍做客厅。东面这间又隔成南北两小间（隔墙不到顶）。我睡南面，放着书桌、小书架和床。老保姆陈大妈睡北面。

"文革"时，仪器厂"革命委员会"来人说：我们好多工人没房子住，你们家人少（当时是父母亲和陈卓住在家里），应该让一部分房间出来。父亲同意让

重修后，陈家原来的大门变成了穿堂门

全家福（1953 年）　　　　　　　　　　　　全家福（1955 年）

出客厅及东面的两小间，我家留下西面的套间，将原来屋北边过道的那一段截成一间小屋，可以放一张床睡人。保留了厕所、厨房，从 167 号大门进出。后来的年月，我们家与搬进来的丁师傅家关系一直处得还不错。

1952 年搬到燕园时，我在北大附小上小学四年级。从家出来从东边向南走。过第一体育馆，沿未名湖东岸向南翻过小山，经过现在的校刊所在地（当年校医院），再上个坡，就是北大附小先前的校址了，也就是现在北大图书馆那地界儿。但我有时也走从西边上小学那条道儿——经过镜春园从全斋和健斋那边过来，到钟亭，经临湖轩、俄文楼，再到学校。1955 年我小学毕业那会儿，北大附小还没搬到燕东园那边呢。

刚搬来时，觉得北大校园和朗润园都特别美。古老的王府花园十分幽静，湖水清澈。课余时，小朋友在山坡、湖滨、树林、草地上奔跑，追逐蝴蝶和蜻蜓，捞蝌蚪、粘知了。有人还喜欢在这里钓鱼。夜幕低垂时，萤火虫一闪一闪的，蛙声一片。真是一个生机勃勃的美妙世界。原来在城里的好朋友一到暑假就喜欢来我家玩儿。

小时候，朗润园、镜春园蛇多，一种是地上爬的，一种是水蛇。水蛇特别多，经常能看见灌木丛里挂着蛇蜕下来的皮，那时候许多家里都养猫，猫逮耗

陈莹、陈卓、陈谦与母亲在一起

郑学诗在庭院中

子，还能逮鱼，也逮蛇。有一次，我亲眼看见一只猫逗着蛇玩，那条蛇把头一扬，猫就跟着那蛇头转过去，猫一转，这蛇也就跟着猫转。猫和蛇之间，一般都是猫能赢。

因为校园里方便，朗润园环境美，父亲不愿离开这里。落实政策时，父亲说要搬就搬去朗润园湖东岸的公寓。后来学校分给他9公寓三间一套的住房，虽然三间少了一些，也就去了。

回忆朗润园，忘不了一个人。就是与我们家先后在一起住了二十多年的陈大妈。

1957年，已经年过四十的母亲怀了妹妹，决定请个保姆来帮忙。这时中老胡同时的老朋友杨西孟、杨伯母介绍陈大妈来到我们家。她是通州农村人，大名陈淑清，与父亲同岁，也是1908年生人。

母亲怀孕的时候高龄，为保险起见，校医院将她转到城里北大妇产医院。那时我已经14岁了，因为父亲很忙，很多时候是我去医院探望母亲。妹妹是7个月经催生的早产儿，睡暖箱。妹妹出生时人家说她应该属鸡，我那时还不懂得生肖属性，看妹妹跟小猫那般大小，还跟人家辩说她应该属猫，

随着我长大，陈大妈有时也跟我聊聊天。长此以往，得知了她的一些身世。

陈大妈从通州嫁到来广营一带。因与婆家不睦，她早年就出来打工。她一字不识，第一份工作是在北京女一中给人家洗衣裳。后来，她还做过一些别的

工作。她做过奶妈，曾奶过三个孩子，所以很会带孩子。她告诉我，我妹妹出生后喝牛奶，一次只能喝奶瓶一格的量……陈大妈就这么一点点地把她养大。妹妹刚两岁，母亲坚持要送她去红旗托儿所。尽管托儿所近在咫尺，但每天送托时，妹妹在托儿所里扒着玻璃窗哭，陈大妈在窗外哭。

陈大妈刚来时，母亲给她上了城市居民户口，事先说好，希望她不要随便离开。时间证明，陈大妈与我家相处得像一家人似的。她常说我们一家人对她好，也把我们家当作自己的家。陈大妈很会做面食。广州大舅一来北京出差到我家，就要吃陈大妈做的炸酱面。我还跟陈大妈学会了洗衣服（领、袖、前后衣襟，一把一把地搓洗），还学会了和面、揉面。1958 年，父亲分期付款买了一台苏联纪录牌电子管电视。晚饭后，大家一起看电视，陈大妈收拾完了也跟着看。多年后她对我说，当年一起看电视，知道了很多事情。

60 年代初困难时期，陈大妈和母亲一起想了很多办法改善生活。陈大妈用木箱养了小鸡，还养了兔子宰了给我们吃，但她自己不吃，说自己养的，吃不下。她与母亲一起学做甜面酱，教母亲用旧布打袼褙、纳鞋底、做新鞋。困难时期粮食定量减少，为了月底不"亏空"，陈大妈掌管我们全家的粮食，每顿饭下米用秤称。有时母亲心疼我们，让她多抓一把米也不肯，说月底没得吃怎么办？

重修后，一家人在后门外廊合影

陈大妈（左四）与陈家家人在一起

"文革"的时候，有红卫兵说请保姆是剥削，让陈大妈揭发。陈大妈说我们一家人对她挺好的：和家人吃一样的饭，陈先生每天自己倒便盆，从不麻烦她……但红卫兵反说她觉悟不高，非让她回自己家。临走时她还将自己的存折交给我母亲代为保管。

但是陈大妈在儿子家过得不太愉快。过了几年"风声过去"，她对父母说想回来，我们当然很欢迎，她就睡在北边那间小屋里。

70年代中期，有人给陈大妈介绍老伴儿，她特地让我母亲到对方单位（一个平板三轮车运输合作社）了解情况，看看行不行。陈大妈婚后住在新街口航空胡同，和我们家还有来往。她比较胖，挤公交困难，老伴儿刘大爷蹬平板三轮车送她来看我们，说"你们家就是她的娘家"。1971年我结婚时，陈大妈送我一床亲手做的里面三新、八斤重的大棉被（棉花是自己家种的）。此后的日子里，我和弟弟、妹妹都会抽时间去看望陈大妈，直到她去世。

80年代，我家搬入朗润园9公寓。90年代，林毅夫创立经济研究中心（现为国家发展研究院），一进大门就是原166号的房屋和院子……再后来，整个朗润园建成了一片仿古建筑的学术研究园区。衷心祝福朗润园这片古老的园林庭院焕发新的生机，进而发扬光大！

（陈莹，曾住朗润园166号）

朗润园居住 70 周年祭

——兼谈《从废园到燕园》一书的白璧微瑕

◉ 陈谦

近日，有友人介绍了一本由广西师范大学出版社 2021 年 1 月出版的《从废园到燕园》，立刻上网下单买了一本，如获至宝。

之所以视为至宝，是因为我自 1952 年随先考妣从北京大学的沙滩中老胡同宿舍迁移到燕园之朗润园后，一直在这里居住，已经近七十年了，"前无古人，后无来者"。燕园里的一草一木、世事变迁，几乎承载了我一生的记忆，因此我对有关燕园的书有一种阅读的偏好；特别是对广西师范大学出版社的出版物的品位有长期积累的信任，对于我感兴趣的题目，只要是它们出版的，仅凭书目介绍，就会毫不犹豫地下单购买，从不"手软"。

一打开书，果然惊喜连连。

《从废园到燕园》书中第 62 页有一张老照片。虽然它标示的是 20 世纪 30 年代的朗润园，但是我家搬来时仍然是这样。现在看到了小木桥和大方亭，就像看到了久违的亲人，"泪水涟涟"，亲切无比。

我家的位置就在这张照片里的大方亭的左侧。

这座小木桥，无论是我上幼儿园、上小学（北大附小）、上中学（北大附

朗润园里的小木桥与大方亭（引自《从废园到燕园》）

中），还是出去玩儿、看电影，都是必经之桥。上幼儿园和小学四年级以前的附小时，我过桥后向右转，走小路经过体斋、钟亭、第二体育馆到幼儿园；或者经过钟亭、俄文楼到小学。四年级以后，小学搬到了燕东园，我过小木桥后向左转，经第一体育馆（即《从废园到燕园》书中的"男生体育馆"）出东门，经成府小街去上学；或者经第一体育馆，水塔（即"博雅塔"，这个称谓似乎改革开放后才流行开来，五六十年代校园里的人们都只简单地叫它"水塔"，它确实也是那个时代供全校用水的水塔。因为是从未名湖取水，水塔下面的一小块未名湖的湖面，即使冬季也不冰封），出东南门去上中学。

　　小学三年级时，我曾经独自一人推着一辆"二八"女车到东操场学骑车，回来时虽然还坐不上座位，但是已经可以跨在斜梁上蹬着走了。小木桥南面不远处是一道从镜春园通往朗润园的下坡路，我几乎毫无控制地从坡上冲到了小木桥上，擦撞到栏杆后摔在了桥上，如果没有栏杆，我一定会冲到了湖里，其情景现在仍然记忆犹新。

　　"文革"时小木桥被拆除了，变成了没有栏杆的水泥板桥，现在又变成了俗不可耐的、与环境绝不搭调的、突兀造作的石拱桥。用现在的石拱桥和照片里的小木桥相比较，后者散发出来恬静、平和、宛如大家闺秀的气息，两者实在是有着天壤之别。

照片中的大方亭是朗润园、镜春园里小孩们玩耍时的主要聚集地。钓鱼的在这里比谁的"渔获"多，招蜻蜓的在这里比谁抓到的"老遛遛"（一种肚子上呈现非常美丽的天蓝色的大蜻蜓）更大、更多。这里也是我们这些小孩们拍"洋画"、扇三角的主要地点，它虽然不能遮风，但避雨却是绝好的场所，我们常常玩得"乐不思蜀"，一直到大人出来喊"回家吃饭了"，才散伙儿。在小学生时代，我很多时间都是在大方亭里或者大方亭周边与玩伴们一起非常愉快地度过的，颇有点"玩物丧志"之嫌。

大方亭里有一块匾额，大书"涵碧"两个字。

儿时，一位校园里的长辈和我经过这里，长辈考校我问道"这两个字怎么念"，我毫不犹豫地说"碧涵"，长辈一笑，说："不对，古代的匾额都是从右向左念，应该是'涵碧'。不信，回去看看你家门上的匾额吧。"我家的门厅外面悬挂着一块匾额，是清朝留下的"原配"，上面的字是"蕴粹斋"，上面的印章显示这是慈禧太后的御笔，果然，只能从右向左才能念得通。于是，"涵碧"就牢牢地铭刻在心了。

大方亭确切的拆除时间，我不知道，想来应该也是"文革"后期，甚至更后面了，匾额更不知道踪迹，或许和我家悬挂的匾额的命运一样，被学校里的工人"破四旧"，拿去打家具了。这些匾额一定都是好木料做的，不然"太后会生气，后果很严重"。

书里的一些燕京大学时期的照片，犹如北京大学刚刚搬迁到燕园时期的"原始的素颜面孔的写真照"，未经雕琢粉饰，其所展现的与现在的北大环境大不一样，由此打开了我隐藏在头脑深处、尘封已久的记忆，浮想联翩，感叹不已。

我在标题上所说的《从废园到燕园》一书的"微瑕"，是指书中第78页里的图33《北京西郊海淀镇北清代朗润园全图》。我以为，其所绘的"朗润园"从来也没有存在过，是一幅臆想图。

朗润园的主体是一座四面环水的小岛；面积并不算大；因为岛上有多处小山，平地则更小。这张图里的小岛，无论是岛的形状还是岛上的地貌，都与现实

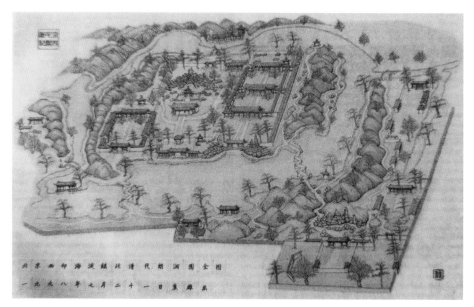

《北京西郊海淀镇北清代朗润园全图》(引自《从废园到燕园》)

中的小岛差异很大；图中左下角的四方形建筑，和右上方的三进建筑也是不可能存在的，理由也很简单：岛上没有这么大的地方供修建这样的建筑，图里的一些建筑的地方，起码到 1984 年还是小山。从图里三进房舍的布局和形制，以及与树木的大小的比例来看，图里的小岛面积也远大于朗润园小岛的实际面积。

看到这张臆想图，我首先想到的是与图的绘制者和提供者焦雄先生联系，请教绘图的依据，并商榷我的想法。上网一查，发现焦雄先生已经在 2019 年仙升，于是只能"自证其实"了。

实际上，想要"自证其实"也并不费事。结合《从废园到燕园》书中第 87 页的《样式雷春和园（朗润园）地盘画样全图》，以及第 407 页的《20 世纪 30 年代初期燕大教职员工住宅在校园中的分布》进行分析，再参照今天的现实情况，即可得出符合历史事实的结论了。

我以为，这幅《样式雷春和园（朗润园）地盘画样全图》应该是朗润园最原始的建造资料，且可信的程度极高。因为其中的建筑房舍的主体——左下角的方形小院和中间的三进房舍——尽管在两百多年间这些房舍可能也经过多次的维修甚至翻建，但是一直到 1952 年北京大学搬来以后，其格局风貌仍然如此。

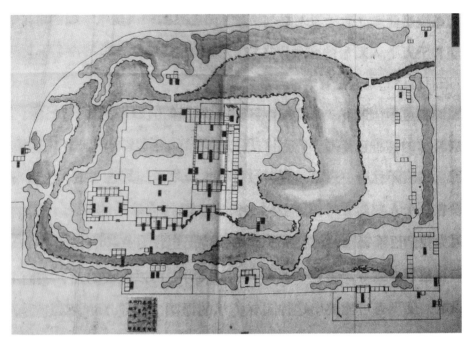

《样式雷春和园（朗润园）地盘画样全图》（引自《从废园到燕园》）

图中最下端的桥的位置非常准确，和 1952 年北大搬到燕园后的小木桥的位置完全一样，正对着在咸丰二年（1852）左右建筑的大月亮门。

我家搬迁到朗润园，就居住在图中的三进房舍里的第一进。这是一所中间南北通透的厅堂式的房舍，南北两面各有四扇高大的门：中间是对开的两扇门，两边各有一扇单开的门。搬来时屋里只有少量用木框加糊纸简单制成的隔墙，显然是"临时性的"。搬来后的第二年，在先考的要求下，学校把它改建为木框、钉苇帘、外敷泥灰的隔墙了。

小时候，先考就告诉过我，我家居住的这间房舍是当年达官显贵听戏的地方，后面的第二进是"凸"形的房舍，其中凸出的地方就是演戏的戏台。先考说此话的依据是什么，我不知道，但是以我对先考严谨学风的了解，听戏、戏台一说绝非空穴来风。在《样式雷春和园（朗润园）地盘画样全图》里，第二进房舍的"凸"形构造画得非常清晰，也佐证了先考的话。既然是听戏、演戏的地方，房舍之间的距离就不会太大，与焦雄先生所绘途中有长长甬道的格局完全不同。

在 1984 年我家搬离之后，小岛上建设的中国经济研究中心，起码前两进都是在原有的基础上翻建的，所以现在的这两进房舍的格局，都与样式雷的图样大同小异，经得起任何人实地的考察。

翻建时我曾经到过现场"怀古"，看见屋里地面起出的地砖随意地堆在一起，当时这些搞古建的工人里就有人说"这是几百年的金砖，是做砚台的最好的原料"。可惜那时书法还未像今天这样普及，做砚台的原料也未能"人见人爱"。记得小时候家里经常擦地，地面锃光瓦亮，就像涂了一层油一样，所以金砖之说，确是不妄。

三进房舍里的最后一进房舍要较前两进低矮一些，房舍的高度和方形小院的基本一样，估计是当时的"管理人员"的居所。杂役估计是居住在最东面的一排"西照屋"里，"西照屋"在样式雷的图上亦有所绘制。在北京大学搬来后，"仍然如此"。

"全图"左下角的方形小院，北京大学搬来后，时任数学系主任的段学复教授就居住在这小院里的北屋，他的儿子段大明也是我儿时的玩伴之一，我得以时常出入其间。

因为小岛上平地的面积有限，中国经济研究中心的"万众楼"，是挖了山才建成的。究竟挖山扩大了多少平地的面积，我没有数据，但是如果真想获得这些数据，也很简单，无论是用航拍还是用遥感技术，都可以轻松地获知现在小岛的图形和面积，只要和样式雷的全图比对即可获得这些资料了。

从样式雷的全图里花园式的空地和房舍的用途看，最早的春和园可能仅仅是一处小小的、不起眼的、兼顾休息的"娱乐场所"。

所以，朗润园不会有焦雄先生所绘图中那种大三进的"官制场面"。那种大三进的官制场面，周边一定要有大量的配房相佐，最著名的例子就是故宫三大殿，其他的如散布北京城各处的有三进殿堂的王府、寺庙——如雍和宫，也是如此。不然，如此空空如也的殿堂有谁去拜用呢？

在《从废园到燕园》第 407 页，还有一幅燕京大学绘制的《20 世纪 30 年代初期燕大教职员工住宅在校园中的分布》图，图的左上角就是朗润园。其中教职员工住宅也是在样式雷"全图"的基础上扩充的。

和样式雷"全图"比较，燕大的图中增加了在样式雷"全图"的三进房舍西

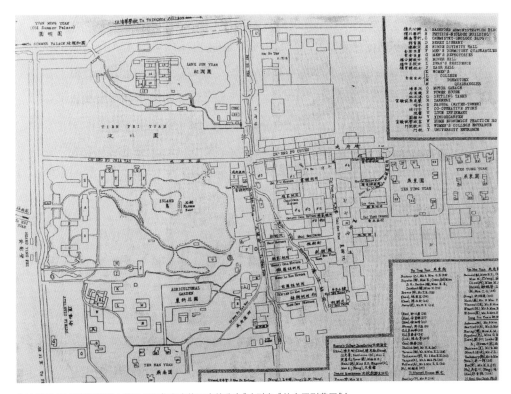

《20 世纪 30 年代初期燕大教职员工住宅在校园中的分布》(引自《从废园到燕园》)

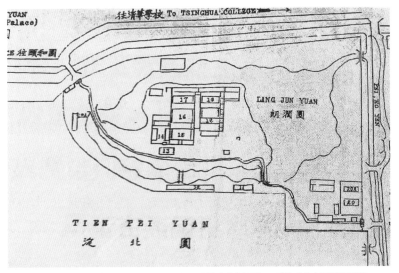

《20 世纪 30 年代初期燕大教职员工住宅在校园中的分布》(局部，引自《从废园到燕园》)

侧，且完全对称的新的三进房舍；增加了小岛的左上角一处独立的房舍；增加了右上角一处小院；增加了大方亭；增加了小岛东侧的大石桥。

但是，在燕大的图中，所有的房舍与小岛的比例明显偏大——这可能是为了编号容易一些。在样式雷"全图"里，左下角的水榭被画在了岸上，且离水甚远，而实际上，在北大迁入后水榭仍然在水边，三分之一在水里，三分之二在岸上。大方亭的位置也画得偏右，离开了小木桥。

这些图中新增的房舍，因为都有清代的匾额和楹联，显然是清代的建筑。《从废园到燕园》书中叙述：朗润园"咸丰二年（1852）大规模重修后改赐给了恭亲王……当时慈禧太后经常在颐和园垂帘听政，朗润园由于相去不远，便被作为内阁军机处和奏事诸大臣的会议之所……"[①] 我以为，这些较样式雷"全图"为新的房舍，就是那次"大规模重修"时所建，因为此后一直到北京大学迁入前，再也没有其他的朗润园大规模建设的记录了。

1952年北京大学迁入燕园时，如图所示，原有的三进房舍和它西侧对称的三进新房舍之间是一条宽宽的"断头路"，路的两边种满了丁香和翠竹，路的大门向南，门制是一座圆形的大月亮门，东西三进共六套房舍的外出门都只通到这条路上，是各家共用的唯一的出路。与其说是路，不如说更像是一座花园。几年后，为了通行方便，大月亮门被拆除，改成两扇砖砌的立柱式的门了，不知何时，翠竹和丁香不知道招惹了谁，都被砍伐殆尽了。

1952年北京大学迁入时——以燕大的图为例——小岛上左侧最下角的水榭里居住的是罗烈先生，左侧中间小院居住的是段学复先生，左侧最上面的独立房舍居住的是邓以蛰先生。三进六套房舍里，左侧的第一进居住的是张颐先生和沈履先生，第二进是缪朗山先生，缪朗山先生一家搬走后改为红旗托儿所，第三进是林超先生和严仁荫先生；右侧第一进居住的是陈占元先生，也就是我的家，第二进是马姓先生和方姓先生，第三进是田宝齐先生和另一家；最右侧的小院居住的是郭麟阁先生，他的夫人也是我在北大附中上学时的老师。

我家是北京大学在朗润园的第一代住户里最后搬离小岛的，之后住进了小岛东侧的隔湖相望的公寓里，地域上仍然属于北京大学的朗润园。

---

① 唐克扬：《从废园到燕园》，广西师范大学出版社，2021，第79页。

综上所述，最早的春和园的建制应该以样式雷的"全图"为准，其后的清后叶的朗润园，建制应该以燕京大学 20 世纪 30 年代所绘制的图为准，理由是因为到现在仍然有其遗址在使用中，证明这些图是准确的。

乾隆时代，春和园作为圆明园的附园，并不一定以居住为主，因为春和园与圆明园的大门仅咫尺之遥，谁敢与乾隆皇帝比邻而居呀？卧榻之旁，岂容他人鼾睡！到咸丰二年（1852），圆明园的地位大不如乾隆时代了，赐园给恭亲王后，居住应该是主调了，这也就是增加房舍的原因。

因此，除这两张图之外，其他都是臆想图，不足为训。

为什么我会这么"较真"地写上面的这些话，并且"借题发挥"？

其一，《从废园到燕园》是一本非常棒的好书，我不忍其有任何瑕疵。这本书真正做到了"形散而神不散"，把"事情"说清楚了，而且言之有据，既有学术味道又没有什么"八股腔"。正因为非常优秀，今后难免会有人引用其中的论述为己用，指出瑕疵是为了防止若干年后，以讹传讹。

其二，借题发挥，是想搭顺风车，翻翻记忆里的旧账，回忆一些往事，满足一点"怀古"的私念。

北京大学不是我的母校，因为"母校"这个名词已经约定俗成地定义为"求学、结业、取得学位的地方"，而我在"北京大学"取得的最高学历仅仅是"北京大学附属中学初中毕业"（1961 年入校，1964 年毕业，没有毕业证）。无论脸皮有多厚，都不敢把它夸张为北京大学的学历，或者相提并论。虽然当时北京大学刚刚接收了 104 中学，把它改造成为北京大学附属中学，并且从北京大学各系借调了一批教师到北大附中任教，校长也是由北京大学的副教务长尹企卓先生担任，因为当时的北京大学领导们希望"建设附小、附中、大学一条龙"。我们这一届是北大附中成立后的第二届学生，深受"一条龙"思想的指导，同学里北大、中科院、清华的子弟比例不小。但是很快"一条龙"思想就被"阶级斗争"取代了，无疾而终且从此湮灭。到现在，北大附中和北京大学的距离似乎越来越远，已经不能再用"隔路相望"来形容了。

但是，北京大学是我的"母亲学校"，因为我当年就出生在沙滩红楼附近的北京大学中老胡同 32 号院教师宿舍里。1952 年因为全国高校院系调整，我的家随北京大学迁入故燕京大学旧址里的朗润园，居住至今已经七十年，"人生天地之间，若白驹之过隙，忽然而已"（《庄子·知北游》）。我的先考妣也都先后从此地西行。已经年过古稀的我不论今后岁月还有多长久，大概也将终老于此，永伴先考妣在天之灵于朗润园之中。

之所以说"北京大学是我的'母亲学校'"，还因为北京大学曾经的学界翘楚以其厚重的人文修养，细雨润无声般地滋养了我的一生。这些学界翘楚对我来说，不像当今的"知人"、学者从故纸堆里发掘出的"泰斗""大师""贤哲"，而是谈家长里短的世俗人。先考在 20 世纪 20 年代曾赴法国巴黎大学留学并游学于欧洲诸国，回国后从事翻译、出版工作，交游甚广，抗战胜利后受举聘到北京大学执教，校园里不乏故人或者故人的故人，不论何种学科领域，总有说不尽的话题可谈。民国时期的学人，特别是有留学欧洲经历的学人，其实"圈子"是很小的，三言两语就可以找到"交汇点"。儿时的我常像"小尾巴"随先考出入诸位老先生的宅邸，看到的多是老先生们风趣慈祥的身姿、高谈阔论的气势，听到的多是这些留学欧美的大学者之间的闲言碎语、轶事趣闻，至今大都仍然历历在目。其实，旅欧的学人和旅美的学人之间往往有微妙的差异，前者多浪漫、厚重，后者多飘逸、锐进，这在季羡林先生和陈岱孙先生的身上体现得淋漓尽致——必须强调的是，这两位伯伯都是我非常熟悉、非常尊敬的长辈——这也反映出 20 世纪初叶欧美学风的不同。这种差异，大概今人是难以体会到了。这些老先生对于我的影响，就像明末东林党人顾宪成老先生题于无锡东林书院的对联"风声雨声读书声声声入耳，家事国事天下事事事关心"，到现在我仍然喜欢买书看书——2020 年因为"足不能出户"，一下买了四十几本书，并且全部翻阅一遍。我喜欢不拘一格地胡思乱想，喜欢写写画画，喜欢听西洋音乐，特别是年届七十三岁时仍然决定开始学习弹钢琴，不管最终弹成什么样的"狗屁琴师"，只要成调儿，足矣。

俗语讲"狗不嫌家贫，儿不嫌母丑"，对于北京大学，我就是那条狗，就是那个儿。尽管偶尔身上会泛出一丝"今不如昔"的遗老遗少的臭味，但是对北京大学于我的养育之大恩、厚恩，无时无处不敢有瞬息的忘怀。在北京大学里无论遇到多么不如意、不公平甚至颠覆我曾经的对高等教育学府的认知的事情，我也总是尽力地排遣、扬弃，不敢有丝毫的忤逆不恭之心。

其三，为什么把前面的考据，和后面的"闲言碎语"，就像标题所述的那样，硬拉扯到同一篇小文里，还要在标题里用一个"祭"字？其实这两段文字讲的是同一件事：今天，朗润园的小岛上已经再无学人居住的宅邸，且现在的建筑格局与20世纪80年代之前的截然不同了，用天翻地覆形容也不为过。我们这一代人应该是最后的"北京大学的大院子弟"了——因为校园里即将不再有居民居住了，前住户们也已逐渐凋零、飞升西去了。这表明，一个旧的历史时代已经过去，"物不是人更非"，今天的朗润园正在以全新的面貌出现在北京大学的新校园里。"祭"字祭奠的不是我在朗润园居住的七十年，而是祭奠已经过去的一个小小的历史时代的碎片。仅此而已。

我在居住朗润园六十周年之际，写过一篇《朗润园记》，记述幼时对朗润园的印象，倏尔又是十年，再接旧话就没有多大的意思了。现在借《从废园到燕园》一书的一个小话题，并且借题发挥，敷衍成文，充作在朗润园居住七十周年的一点纪念。

《从废园到燕园》，唐克扬著（唐克扬先生似乎还是乐黛云先生的门生），广西师范大学出版社2021年1月出版。

在此谨向唐克扬先生传达深深的谢意。

（陈谦，曾住朗润园166号）

我的朗润园

◉ 唐天民

　　我和陈谦同在朗润园长大，北大幼儿园、北大附小、北大附中，十多年滚在一起，是名副其实的发小，从"抹泥之交"到现在整整七十个年头，"古来稀"的友情弥足珍贵。这里深藏着我俩共同的怀念，老朋友知我懂我，心有灵犀，拍下一张照片，2022年第一场雪。远眺朗润园155号，暌违已久的故乡旧居让思绪飞扬，勾起许多回忆。

　　跟小时候下雪天一样，哪儿哪儿一片白，黑褐色的枝条点缀其间，衬托着寂静、萧疏，寒气晕染画面。山还是那座跑上跑下的小山丘，河也还是那道钓鱼、捞水草的小河沟，猩红色二层宫殿占据了155号旧址，红得喧闹、嚣张，不相干的外人看起来美轮美奂，却再也不是我度过童年少年、长大成人，我无比挚爱、魂牵梦萦的那个平房小独院——我朗润园的家。

　　"朗润"二字出自李世民《雁塔圣教序》，"松风水月，未足比其清华，仙露明珠，讵能方其朗润"，是褒扬玄奘法师的，意思是：松风水月也不足以描述他的清丽、华采，仙露明珠也不能形容他的俊朗、圆润。咸丰皇帝把园子赏赐给六王爷奕訢，命名"朗润园"并题写匾额，借大唐贞观之遗风，壮大清盛世的门面，神来之笔超凡脱俗。这里还先后住过和珅、载涛、徐世昌等豪门大佬，亭

2022 年 1 月，朗润园雪景（陈谦 / 摄影）

从朗润园 155 号院门东望涵碧亭和小木桥（引自唐克扬《从废园到燕园》）

台楼阁留下不少踪迹。燕京大学时期辟为教职工宿舍，"旧时奕载堂前燕，飞入寻常百姓家"。

园子的核心是奕訢官邸"致福轩"，坐落在自然形成的岛中央，早前曾经有座月亮门，后来门拆了，但街坊们都还习惯叫它"圆门里"。外围环形水系没有名字，我叫它"朗润河"，河上架了三座桥连通岛内外，其中两座石桥分别通往朗润园的东、西大门，两石桥之间遥遥相对有一座小巧隽秀的木桥。古典园林设计往往讲究"有桥必有亭"，桥北头正方形彩绘攒尖顶的"涵碧亭"，是与"致福轩"前后呼应的配景；桥南头假山石拱卫着一棵挺拔的红皮松，高五六丈，二人合抱，从树下"西行百二十步"小山坡前就是我家。房舍掩映在山前水后，明显是巧借元明清古画的意境仿建而来。

从陈谦拍的照片看，方亭和大松树都已经湮没不见，石拱桥取代了小木桥。猩红楼房中间位置曾经是我家院门，当年朝向河边，双开的嵌芯木板门，年久了，斑驳暗淡褪变成独特的粉灰色，沉淀着岁月的醇厚；花砖平顶门楼，弧形瓦片拼缀成镂空的圆形图案；门前两块桌面大小的青色条石叠放成台阶，没雕凿过，浑然大气，多年踩踏磨砺，泛出岫玉的润泽；台阶两端两块不规则的暗花纹理大块石，随形随意，相当于门墩抱鼓石，推测都是园子里的老房构件；周边几十、几百年的大树，松、榆、桑、柳，绿荫婀娜宛如华盖，从远近左右不同角度看过来，线条、色彩、布局都惹人注目，常有画画的在门前写生，我是习以为常的；出院门到河边相隔七八米，地面平铺着大小旧砖，朴素简洁而实惠得体，形成规整的缓冲带，我把它看成湖广会馆那种传统小剧场的舞台，院门开合，出将入相，44年连续不落幕，上演了数不清的喜剧、悲剧、正剧。

我父亲1953年调进北大时，全国高校院系调整人事大变动已经结束，他的调动是马寅初校长额外签批的。住进这所"青山环抱，绿水人家绕"画中游般的独门小院，全家人都满意，母亲则另有一番格外惊喜——

搬来朗润园的头一天，母亲站在院门外大青石台阶上左右张望，一种奇异、恍惚的感觉油然袭来，明明是刚搬进的新家，环顾四周怎么会梦境一般似曾相识呢？仔细端详小桥对岸挂着"涵碧亭"牌匾的苍绿色大方亭子，记忆的片段渐渐对上茬口，如梦方醒，想起来了。

20年前，母亲还是个12岁的小姑娘，就读于教会学校富育女校，寄住在东城汇文中学姨母家。燕京大学是以汇文、潞河为主体的教会学校合并而来，不少亲朋故友、外籍教员住在朗润园。某日天高气爽，她随同家里长辈来拜访一位美国老太太，不巧"小扣柴扉久不开"，扑了空，一行人坐在"涵碧亭"小憩，欣赏"春色满园关不住"。有素不相识的附近住户，看到生疏面孔知道是外来的访客，主动上前热情招呼，送来果酱茶水，那时母亲毕竟是孩子，后来独对"果酱很香甜"津津乐道。垂柳、野花、小桥流水人家，古道热肠的街坊邻里，司徒雷登的治校风范，大人们盛赞这里是"世外桃源，美如仙境"。

母亲还记得，从亭子里起身朝东走，在朗润园正门方向，有两座并排的灰砖门楼院落，是梅贻琦、梅贻宝兄弟的宅邸。她还知道，梅宅北面（现在8—12公寓）是燕大的"花儿洞子"，里头有"花儿把式"。

哪里就想得到，20年后，汇文来的小姑娘长成了大人，母亲带着自己的孩子安家立业，恰好就回到了当年憧憬的桃源仙境，并且开枝展叶一住四十多年。偶然隐匿于必然，必然暗合于偶然，人世间的前因后果竟然如此不可思议！

晚年的爱因斯坦声称"一切都是安排好的"，我也有点相信。

这段历史中的历史，轶闻中的轶闻，知之者寥寥无几。

朗润园里群英荟萃，左邻陈岱孙，右舍季羡林，隔壁唐钺，斜对过段学复，再远些邓以蛰、邓稼先父子……都是各自领域里享誉世界的名门大腕，"圆门里"更是精英学问家麇集，说"藏龙卧虎"，不如说"恐龙大象遍地游走的野生动物世界"！

父亲是旧北平过来的普通人，在"反饥饿、反内战"动荡里挣扎过，拖家带口在失业困顿中煎熬过，当他戴上"北京大学"红色校徽，迈进155号新家院的时候，宏图待展、心绪高涨，真心相信光明已经到来。父亲不缺自知之明，论学识声望，跟四邻的名教授不可同日而语，但都在一个园子里住着，都在马校长手下管着，尺有所短寸有所长。他乐天知命，自有一股"欲与天公试比高"的精气神儿。

那年月，大家共同生活在一个万象更新、充满希望、蒸蒸日上的梦想当中。

孩子们不管大人的事，只把朗润园当作天堂乐园，尤其到了夏天，树阴照水，蛙叫蝉鸣，树底下够桑葚，河岸上滋水枪，招蜻蜓，捉迷藏，捞蛤蟆骨朵，四脖子汗流不亦乐乎。那时候朗润园水系跟颐和园、玉泉山连通，一脉活水清澈透亮，"参差荇菜，左右流之"，站在门前那座小木桥上倚着栏杆探头看，鱼有鱼道，虾有虾道，透过水草空隙，白条儿、鲫瓜子神出鬼没，一会儿钉在原地，一会儿倏忽窜游，碰巧还能见着个王八、螃蟹，趴在枯木桩上晒太阳。

初中课文《小石潭记》："潭中鱼可百许头，皆若空游无所依。日光下澈，影布石上，怡然不动；俶尔远逝，往来翕忽，似与游者相乐。"我书读一遍即可背诵，柳宗元描画的鱼正是我在朗润园无数次观赏、揣摩的啊！

再说，小石潭的鱼"与游者相乐"，根本没法儿跟我朗润园比，柳宗元是"临渊羡鱼"，我是"退而结网"，他光看不练，我是又看又练。大孩子挑根树棍插进河里，一搅一提，一大团水草便湿淋淋拽上岸来，小孩儿们叽叽喳喳围上去，翻找裹挟其中的小鱼小虾，玻璃瓶灌上水，透着太阳看，小精灵们密密匝匝游得可欢实呢！

1953 年全家搬进园子，依我戏称的唐氏纪年法，叫"朗润元年"。我 5 岁，在门前小河里平生第一次亲手钓到了鱼！一根短竹梢，三尺白棉线，大头针弯个钩，"授人以鱼，不如授人以渔"，这是母亲给我置办的特供装备。投进水里

从小木桥西望朗润园 155 号门前小河，我第一次钓到鱼，身后就是院门

胡乱提起，不留神，一条寸把长"小穿丁"愿者上钩，紧随我的大头针飞出水面，划一条弧线扑扑棱棱脱落在草丛里，我赶忙摁住，小心脏怦怦乱跳，单手掬成碗状，鱼和鱼钩捧在掌心里，沾着几片浮萍也顾不上抹掉，夹着小碎步转身跑进了院子，扯开嗓门冲着厨房大声喊："妈——，鱼——，我钓哒！"

长大一点，我熟知朗润园里每个角落。哪儿河边上有一棵大藤萝，好看；哪儿草丛里长一片小野蒜，能吃；哪儿山坡下有棵桑树结白桑葚，贼甜；哪儿旮旯桥洞藏个大马蜂窝，蜇人……鲁迅自述童年的《从百草园到三味书屋》，比不过我的"从朗润园到北大附小"，这可不能怪我虚骄狂傲，只怪他百草园徒有其名，没啥玩意儿，除了斑蝥、何首乌，玩不出别的花样，和我朗润园的差距不是一星半点！

朗润园的山水环境，让孩子们"文明其精神，野蛮其体魄"，不担心长成"象牙塔里的豆芽菜"。1958年，"朗润六年"，我10岁。马寅初校长批准，利用鸣鹤园的水塘修建红湖游泳池，离家西边不远，抽干河水挖除淤泥，铺卵石做底。朗润园一群半大小子跟着大人们参加义务劳动，家长是看不住的。那天晚上挑灯夜战，人声鼎沸，小伙伴们跳进泥潭里，用自带的洗脸盆，淘出咸丰年间遗存的黑泥，二百年的咸气腥味粘得满身满脸，平时巴不得却做不到的"勾当"，现在明火执仗地干，越逗能越撒欢，好好的洗脸盆不是磕掉了瓷，就是撞卷了边。半夜回到家，母亲嗔怪说："这孩子，要不得了！"

极短的时间游泳池竣工了，碧波荡漾，岸柳依依。我自恃洗脸盆的贡献与资格，理直气壮地进去学游泳。南半部浅水区，体教老师每天指导大学生，不算正式上课，小孩子可以插在当中。我一个小学生拜师大学教授，得天独厚，当年暑假就学会了蛙泳，一口气五十米，岸上那些"旱鸭子"大学生都羡慕，夸我动作标准像个小蛤蟆。由此起步，几年后上中学，我每周六昆明湖训练划舢板，掀开背心亮出腹肌，还代表北大附中参加"北京市航海俱乐部"比赛拿过奖……

大约"朗润十年"以后，房前屋后湖里长起了荷花，起初缩在岸边一角，逐渐蔓延到整个水面（有人说朗润园荷花都是季羡林老先生播种的，恐怕不全对），莲叶高低错落，莲花绽开花瓣，好一个"绿肥红瘦"。清风顺着树梢吹拂下来，荷塘里粉红色荷花摇曳，河岸上粉灰色院门洞开，淡淡的香气氤氲浸透了 155 号小院，坐在床头都感觉清新惬意，怎么待着怎么舒坦。

那段时光是天天过年、日日神仙，小孩子们油瓶倒了不扶，以为永远无忧无虑，永远天下太平。1966 年，忽然说"庙小妖风大，池浅王八多"，无妄之灾砸进朗润园，不只是击垮了毫无戒备的教职员工，还冲散了懵懂无辜的二代子弟。《悲惨世界》的悲惨五花八门。

1969 年，"朗润十七年"，我在京西煤矿已经当了一年井下工人，前一年是父亲送我上西直门火车站的。这年 4 月 26 日，是三弟分配到云南建设兵团登火车出发的日子。16 岁一个孩子，书只念到初中，健康但并不强壮，往后全靠自己土里刨食了。

可怜天下父母心，怎么能不牵肠挂肚？家里前几天就商定了，北京站我和母亲去送，父亲不能去，他为"清队运动"所谓的历史问题，关在二体"牛棚"集中隔离审查，刚被工宣队专案组释放回家不久。

二体"牛棚"占用燕大时期的第二体育馆室内篮球场，标准比赛地板，全体审查对象排成大通铺。相邻的校医院郭大夫和父亲多年同事，两人熟识，临睡前还随便聊了几句，夜里郭大夫裹紧棉被割动脉自尽，悄无声息。清晨被抬走时一大摊血迹浸透被褥留在地板上。作为现场目击者，要多么大自制力才能克服这个心理阴影？父亲回家后亲口对我说过："你放心，我不会走这条路，咱朗润园还有一大家子人呐！"

这是在焦灼恐惧中等待"解放"，卡在"敌我矛盾"向"人民内部矛盾"转化的关节点上，父亲正在接受监督考验，锐气消磨殆尽，不能也不敢请假。满载的骆驼又压上了一捆稻草。

早上七点半多，父亲该去上班了，三弟猫在屋里，我送父亲出去顺便关院门。他推着那辆英国蓝牌旧自行车，站在门外那个"舞台"边沿上。往常，左脚踏上脚蹬，右腿摆动一个弧形，一气呵成，车子即轻快地滑出去。今日，双手握扶车把背对着我，站在原地迟迟不动，也不说话，就像一尊羸弱的雕塑，一分钟，两分钟……他祈求地球停止转动，时间和我们一同静止，糟心的日子早点结束。舐犊情深，岂能心如止水？这一脚蹬出去，生离死别！中午下班回来，他的老儿子就已经离家远行了。万般苦楚自己扛住，我看不到父亲是否在流泪，沉默的背影，无形的稻草，难以述说的两三分钟，加上青石台阶，沉寂的河水，深深刻印在脑子里，三辈子也忘不掉。

北京站开往云南的知青专列启动，送行的亲人们追着车窗跑，活生生现实版《兵车行》："车辚辚，马萧萧，行人弓箭各在腰。耶娘妻子走相送，尘埃不见咸阳桥。牵衣顿足拦道哭，哭声直上干云霄……"

绿皮列车远去，消失在空荡荡的两条铁轨上，家长们嘤嘤哭泣，互相感染连成一片，母亲突然打开了闸门放声大哭，是那种撕心裂肺的号啕痛哭。她自小在汇文教会环境里成长，虽然不是基督徒，却也熏染了坚忍、沉稳、自重，总是拿得起、放得下，从没见过她这样在大庭广众下不管不顾、肆无忌惮地恣意释放！竭尽最大的气力隐忍，直到这一刻爆发，是为了不让远行的儿子目睹母亲失态，不让哀伤沾湿他三天三夜的天涯孤旅。我明白，母亲的恸哭包含着父亲的一份宣泄，是他们共通的愁怨与愤懑，是弱势者的抗争！站台上没有"8341"、工宣队，我的眼泪我做主，天王老子也管不着！

5年后，"朗润二十二年"，1974年2月11日，严冬的末尾。清早六点天还没大亮，院门外有动静，母亲披上棉衣去查看。粉灰色双扇院门打开半扇，只见大青石台阶上站个人，瘦得脱了形，单裤单鞋，寒风中佝偻着瑟瑟发抖，露在外边的皮肤，从脑门到脖子透出黑黄的铜锈色，瘆人。

一个门里一个门外，近在咫尺，母亲上下打量，问道："你找谁？"

回答虚弱打战："妈，是我……"

这是她日夜思念牵挂的老儿子，5年前亲手送上火车，那个活蹦乱跳的老儿子，拖着半条命回家来了。

三弟在湿热的橡胶林里苦熬了五个年头，心情压抑、水土不服、饮食不周、积郁成疾，突发黄疸型肝炎，短短几天，黄疸弥散，浑身铜锈色，高烧，危重，下一步就是不可逆的肝坏死，一位老军医诊断明确，死亡率很高，传染性极强。当地没有医疗条件，从河口团部到蒙自师部再到昆明，上下左右、四面八方只剩下一条路，扔掉坛坛罐罐，轻装北上！回京！逃命！

出发地——云南之南的中越界河岸边，目的地——北京朗润园155号小院，两点直连成一线，逆风三千里九死一生，倘若迟疑，"君不见，青海头，自古白骨无人收"。要不是好朋友许同学冒着被传染的高度风险舍命护送，一切都不堪设想。沿途旅店饭馆没见过这种"铜人"，唯恐避之不及而不愿意收留，一路上谨言慎行、低声下气，说尽小话到达昆明。五年前北京站，五年后昆明站，一根铁轨连接生死两端，进站闸口现在是最后一道横亘的天堑。手里证明只管到昆明，售票处说死要凭进京通行证，一时之间哪里去找？春城花海寻不下一张病榻，街边小旅店里干耗，高烧不退，白白耽搁七天束手无策，许同学眼看战友生命之火日渐衰竭，"昏惨惨似灯将尽"，断然采取非常手段，只身一人直闯昆明铁路局"革委会"，举着病历找到军代表坦陈利害，精诚所至，金石为开，车票到手，天堑变通途。

辗转半个月到北京，午夜错过了回北大的 32 路车，二人饥寒交迫拼尽最后一口气力，从动物园步行四站地，到农科院许同学家暂时落脚。许伯母懂得这病的厉害，急忙腾出一张床，三弟喝下一碗热粥，稳住气脉，精神稍许缓解，垫着报纸和衣而卧歪靠半宿，一早头班车赶回朗润园。

五年前离家的时候，说是"广阔天地大有作为"，红旗招展锣鼓喧天；五年后绝症缠身，管不了每一个孩子，漫漫长路生死跋涉。求生的本能告诉他，朗润园不只是家，更是暗夜里天边一堆篝火，是活下去的希望，回家千万里涉尽艰险，行百里半九十，差一步都不行，只有朗润园 155 号才是自己的皇天后土，敲开粉灰色大门，投入母亲的怀抱，才算凤凰涅槃、浴火重生。

直到母亲"你找谁"，平地闷雷，泣血一问，到家了，得救了，21 岁一条小命捡回来了！

当时北京地坛传染病院第十病区是危重肝病专区，号称"走出去的少，抬出去的多"，三弟用了特效药精心治疗，凭着顽强的生命力，终于痊愈，重新欢蹦乱跳。所有的艰辛都获得丰富多彩的补偿，他是我家的旅游达人，退休后自驾车饱览名山大川。珠穆朗玛北大门地标包含"朗·北大"，纯属巧合，别人无从留意，我却知道，这三个字曾经是他命运的灯塔，在海拔五千多米的世界屋脊不期而遇，实在是一种历尽劫波、至高无上的犒赏。

朗润园里有我的童年、少年、成年，一山一水、一草一木都饱蘸故乡情。"朗润年"四十四载，不长不短一部编年史，往事如炬不如烟，即便如烟也不轻易消散，陈年旧事历久弥新、回味绵长，有昂扬、欢畅，也有愁苦、迷茫，有些是鸡毛蒜皮，有些是时代回响。

我常想，《战争与和平》那样的鸿篇巨制，动辄皇庭内府公侯伯子男，宏大

珠穆朗玛北大门地标（唐天智／摄影）

叙事纵横捭阖，却不免失之于高远缥缈，看得见摸不着，可望而不可即。反倒不如咱寻常百姓的民间悲喜剧，吃些五谷杂粮、聊些家长里短，无论是欢笑还是眼泪，都发轫于肺腑、润泽于心田，自家屋檐底下的聚散离合，貌似不登大雅之堂，却另有一番跌宕起伏、荡气回肠，在你我身边循环往复上演着，从未有停歇。

2022 年 9 月定稿

（唐天民，曾住朗润园 155 号）

朗润园琐记

◉ 程敏

　　假期整理书橱，发现一本季羡林先生早年的小册子，其中收录了二十多篇散文和随笔。季先生在自序中说明，因当时已在北大朗润园居住了二十余年，许多东西又是在园中所撰，故命名为《朗润集》。

　　三生有幸，我也在那个园子里生活了整整十六年，惭愧的是至今拿不出啥像样的文字来回馈一二。朗润园抚育了童年和少年的我，可从未向我索要过什么，以至于近年来每每想起，常有负疚之感伴随左右，思忖着，无论怎样总该为这园子凑上千百字留个念想，也算是不枉生长于斯了。于是，就有了以下这些零星琐记。

一

　　朗润园坐落在北京大学的最北端，是个"虽由人作，宛自天开"的园中之园。自新中国成立初期燕大与北大合并以来，它即成如今被统称为燕园的北大校园组成部分。据历史地理学家侯仁之先生在《燕园史话》中考记，该园最初是清朝嘉庆帝赐予其弟庆亲王永璘的皇家赐园，道光末年，又被道光帝转赐恭亲王奕訢。慈禧垂帘听政时，曾作为商议军机要事之地，许多震惊中外的朝政大议都始出于兹。民国初年，遂又经由当时的紫禁城小朝廷之手，赏赐给奕譞第七子（奕诒嗣子）载涛作为私产，据载，载涛是朗润园合并入北大校园之前的最后一个园主。

朗润园面积不大，景观却十分优美，在季先生的笔下被赞誉为"水木明瑟，曲径通幽，绿树蓊郁，红荷映日"①。的确，那里有山有水，有径有桥，亭廊台榭错落有致，依水沿山际点缀园间，造就四季百景。春夏草木扶疏，榆桑杨柳，桃杏藤萝，梅竹丁香，碧叶红荷；秋冬物景宜人，枫叶黄花，香莲甜藕，灰岩褐壁，晶冰瑞雪。

然而，最引人注目的要数那环山绕丘、均匀分布于园中的小湖，沿着它的流域前行，越小山，穿小桥，忽而曲径通幽，忽而阔步大道。由于水源远自玉泉水，近引万泉河，故流量稳定，水质清冽，水温变化甚微，乃至部分河段冬季也不会结冰，形成了独特的朗润湖水四季长流之景，日常所见青青小草在严冬的小溪中摇曳，颇有几分江南之风。只可惜近年地下水位日渐低下，泉水枯竭的同时亦枯竭了景致。

常说，低处看山，高处看水，身在其中，则不能纵观其形。记得儿时一天，伙伴们相约着登上湖心小山上的小亭，但见亭楣高悬一匾，匾书"涵碧"，有诗（奕譞《九思堂诗稿》中收录有《题六兄朗润园图》）为证，应为道光年间恭亲王奕訢手笔。俯瞰四周，有人高呼：快看，这湖多像个大大的问号。从此，"问号湖"的雅号不胫而走。试看燕园两个内湖，其一曰"未名"，另一称"问号"，还真有些相得益彰之妙呢。在"问号湖"畔，分布着许多大小不一的院落，由各家主人按照自己的意愿装点成不同的风格，像一颗颗明珠镶嵌在湖畔。

然而，到21世纪初，随着现代化脚步的挺进，北大校园的环境也发生了巨变。过去燕园中的许多古建拆的拆，损的损，丢的丢，已所剩无几，朗润园也早已不是旧日景象，朗润湖水基本上已经干涸，河床里长满了蒿草。据说是因为学校经费有限，为将财力集中用于迫切要务，已无心和无力再支付每年巨

---

① 季羡林:《朗润集》自序，上海文艺出版社，1981，第7页。

额的引水入校费用，鉴于无奈未名湖早已成为北大的象征，只好舍车保帅，狠下心来当了一回后娘，断了"问号"的给养，拆散了"未名"和"问号"这对姊妹。

二

据《燕园史话》中记载，朗润园西北端，有"正所殿宇，到底三层，与东西所互成套殿，两山儿复用游廊数十间，以通往来 [今分为 166、167、168 号住宅，部分游廊仍在]"①。

这三套宅院曾是一处前后相连又各自独立的古建体系，院身呈四方形，宽大而幽静，青砖碧瓦的大屋顶房舍，被蜿蜒的游廊环绕着。与通常四合院不同的是，只坐北一方有房舍数间，门脸正对着前院房舍后窗，东西两侧无厢舍，均为虎皮墙壁，院门开在西南角落。这处旧时古建，现被林毅夫先生所率中国经济研究中心统一作为办公用地，改造后的建筑虽然还保留了以往的若干风格，但昔日格局和风貌已不复存在。当年三个院子的主人们如今作古的作古，衰迈的衰迈，已无力顾念，但我们这些在院子里长大的孩子们虽已届中年，却至今无法将童年的记忆抹去。

近年来，当年就读北大附小、如今定居海外的一些同学们在"雅虎"上开辟了一个附小网站，经常将自己的回忆化作文字诉诸网端，以寄托思乡之情。我作为"留守人员"，也常有图文参与，算是提供一些采风素材，不想竟就此找到了当年前院的老邻居某位老同学。记忆里的他是个虎头虎脑的小男孩，曾经住在 167 号院，但没几年就搬走了，后来才知道，搬走的原因是其父自杀身亡，时间应为反右年间。前几年他回国探亲时还特意去探望故居，返美后曾有过短暂联系。听大人们说，那个院子似乎有些不祥，同院两户人家的男主人都以自绝的方式弃世家中。

另一逝者留英物理学博士沈家伯伯我至今尚有印象，是位身着燕尾服、臂

① 　侯仁之：《燕园史话》，第 55 页。

挂文明棍的美髯公；记忆里沈伯母非常美丽，端庄，典雅，高贵，仪态万方，难怪被推举为燕京大学西语系的校花。他们育得儿女一双，原本家庭美满，却被"文革"折腾得家破人亡。突然有一天，红卫兵闯进家中，不由分说剪去了沈博士的美髯，士可杀不可辱的他当夜就自缢梁上。沈家长子赴山西插队，为"脱胎换骨"历经磨难，自己吃尽苦头争取来的上学名额被顶替后，上书当时一度复出的教育部领导，却一直未获回音，乃至最终因就读无望而万念俱灰，自尽在窑洞住所中。据说他自尽的方式很惨烈，将电线缠绕于身，一端连通于定时后的闹钟上，双手攥住电线的两极仰天平卧，闹铃响起之刻，即是他奔向天国学府之时。很多年后，我曾遇到过附小学姐沈家小妹，方才得知她插队回城后曾和母亲同住蔚秀园一间小平房相依为命，母亲去世后她远嫁美国，当时回来是为了却遗留事宜，之后不打算再返伤心之地。

摞下前院不幸故事，没心没肺地回顾儿时环境，记忆中的感觉是美好的。我家和俄语系田宝齐伯伯同住在 168 号院里，院中央错落排列着两棵硕大的海棠树，周围种满了花草。沿虎皮岩院墙内侧，有老爸种的一排排白玉簪花；顺碎石子院路两旁，有田伯伯栽的一绺绺羊胡子草。我家的窗前廊下，清一色金黄的夜来香花簇拥一个精美的葡萄架，分外显眼。印象里，架上葡萄品种独特，味道浓郁，迄今市上难寻。金风送爽之时，果实饱满，甜香四溢，珠珠串串悬挂于藤蔓之间。记得老爸为培养女儿勤劳品德，特赋我浇灌之责，常备水桶一个，似必修课程般数载专修毋误。

田伯伯的庭院门前，五颜六色的野茉莉衬托着数竿典雅的滴泪竹，实在俏丽。野茉莉的果实很有意思，色如墨染，形似地雷，一颗颗嵌缀在花朵中心，有风掠过，遍洒花间。每逢此时，我会约来小伙伴，小心翼翼地一枚枚拾起，装在小盒子里，留得来年再种。

从小路绕到后院，后门正对着"问号湖"的一片水域。湖水青绿静寂，宛如一面古代的玉器宝璧。生活在这样的环境里，冬天依窗赏瑞雪，夏天凭廊闻花香，春天沿湖观新绿，秋天环院拾花黄。

三

"西所北墙外，以山障之，有三卷殿一座，各三间［今为 159 号住宅］。隔河北岸，尚有平台房三间［今为 164 号住宅］。该园北墙内一带土山，墙外即长河。"[①]

循湖浏览，湖岸一隅 159 号院前有一片开阔地，主人在那里栽制了一个大藤萝架，架下安放着石桌、石凳，与架同为青白色，连同院门口的石墩、石屏等，都是 20 世纪初司徒雷登创办燕京大学时从圆明园遗址搬来的石刻小品。每逢夏季来临，藤上吊满了一串串紫色的藤萝花，引得蜂蝶飞舞，行人流连。记得当年我们常在那里活动玩耍，下棋、荡秋千、做家庭作业，当时欢愉情景，此刻还依稀眼前。然而前时重游故地，见那里已是光秃秃一片，故难耐心中失落，特致电园林科询问，方才得知原来那些石器早已于数年前回归至圆明园大水法处，这才心安理得，总算得见它们叶落归根，结束了数十年来流离岁月。

隔河相对，景色更是迷人，沿岸一排古色古香的房舍隐匿在一片茂密的竹林中。竹林前面有一个圆形的大花坛，里面栽种了许多花草。盛开时，姹紫嫣红、美不胜收，使人感到迤逦明媚、豁然开朗。不过，在孩子的意识里，里边住的是两位外国老人，倒是给这里平添了几分神秘色彩。"十七年"间，在朗润园北墙内这处偏僻幽静的荷花池畔，一直住着两位外籍教师。他们都是在 1952 院系调整时从清华大学调至北大任教，并以毕生的精力光照北大和中国教育事业的国际知名学者。试想在那个资社两大阵营交冷对垒的年代里，还能有西方人堂皇出入的地方，恐怕非燕园、清华园莫属了。

西北角 164 号那个颇带田园风味的小院里住着美籍教师温德先生，印象里他身材高大魁梧，皮肤白里泛红，肚子鼓得像座小山丘，当年常在红湖游泳池遇到他。无论池中怎样喧腾，温先生只管戴着一副大黑眼镜悠然自得地仰卧水上，看上去活脱一艘充满了气体的小艇。他在清华和北大任教期间，深受学生们的爱戴，据《联大八年》一书中记载："温德先生，美籍，在清华任教已二十余年。在校担任'英诗'，'现代诗'，'E. M. Forster'三课。温

［①］ 侯仁之：《燕园史话》，第 56 页。

德先生年逾六旬，而活泼仍如少年，讲解英诗时，或模仿尼姑，或假作魔鬼，'唱作俱绝'，时常哄堂。温德先生能说中国话读中国古书，如《庄子》之类，尤好研究草木虫鱼，对音乐亦有了解，所以昆明美领事馆每星期日下午的唱片音乐会便由他作介绍。"①

164 号东邻处，有自成一体的五间平房，那是德语教师赵林克悌先生的住所。赵老师原籍德意志，丈夫赵锡霖教授任职于当时的北京钢铁学院。她早年在举世闻名的柏林大学、哥廷根大学和海德堡大学受到系统的教育培养，后辗转至中国任教，直到 2005 年 99 岁高龄时去世。她的学生评价她：她在中国几十年，只知奉献，一心助人，像圣徒一样把她的全部知识和心血都贡献给了中国，她用心智浇灌出的智慧之花开遍了中华大地。她不愧为一位人民教育家。记忆中她的外形很特别，若是在今天，回头率肯定极高。除了高鼻深眼惹人注目以外，最难忘的是她那微驼的脊背和高耸的双肩，以及走起路来重心前倾的姿态，她四季裙不离身，连数九寒冬也不例外，且裙长仅略微过膝，全靠长筒丝袜遮裹双腿。足下有高跟鞋搭配，跟高绝对不下三寸，每每走在附近那座宽大的青石板桥上，都有嗒嗒声不绝于耳。

"问号湖"上有桥数座，材质或石或木，大小不一，成为赵林克悌女士出入必经之路的这座青石板桥则最为宽大，而作为构成"问号湖"之所在的重要环节，它的位置也最为显赫，因为被石桥隔开的另一端刚好是"问号"的那一点。单独看上去那是个小塘，里面种满了荷花。年年盛夏之际，一塘茂盛的清荷碧叶托举着一位位姣美的荷之仙子，真好似群仙聚会在天鹅湖上。沿塘漫步，呼吸着沁人心脾的阵阵清香，饱览着荷塘的醉人美色，实在令人赏心悦目，自己也有一种飘飘欲仙的感觉。可惜那时我年龄太小，又不曾修炼出诗情雅性，好像从未有过在夜晚独自赏荷的经历，不然，文坛里备不住会生出个"程自清"呢。

---

① 西南联大《除夕副刊》主编：《联大八年》，新星出版社，2010，第 225 页。

四

"西北有水座三间［今为 157 号住宅］，北向，开后窗，可以赏荷钓鱼。"[①]

在整个园子里，要数同学兰儿家的水上宅第最为别致，这所与众不同的 157 号院落是由三间敞亮的旧式大屋连通而成的，其向倒座，可谓朗润园内的建筑奇观。南面两端由水中各伸出一根合抱粗的立柱支撑着，其余三面与陆地相连接，远远望去十足一座水榭。从北面进门，迎头正对着临湖一排明晃晃的大玻璃窗，夏天打开窗子，身居室内便可钓鱼。屋外窗沿下参差排列着一溜青石板条，伴随着串串稚嫩的童嬉声，常有一双双前踢后蹬的小脚丫伸跷水上。房子的两端，主人用竹篱围成两个小院，每当"二月湖水清""径草踏还生"之际，种瓜点豆，莳花弄畦，院中长出茄子、辣椒、西红柿，年年尝个新鲜。

与之隔水相望的是一座小山丘，我们叫它百花山。山如其名，盛夏时分，山上一片郁郁葱葱，点缀其间的是各种各样叫得出名和叫不出名的野花。想到山上去采花，需经过一座小木桥。记得当年我们多少次来往穿行于桥上，怀里抱着野花，手里抓着知了，捧着装满蚯蚓的小罐，唤着散步归来的小猫。

值得一提的是，当年山上最醒目者为四棵生机勃勃的古松。它们高大，挺拔，傲然屹立于山间，可惜除一棵有幸被挪至钓鱼台护卫国宾外，其余三棵均在劫难逃，于"深挖洞，广积粮"时期，因开山掘洞造成树根裸露最终枯竭而死。

朗润园得天独厚的自然美景是绝大多数生活在城市里的孩子们很难见到的，那里处处有水，抬头见坡，树木葱茏，虫鸣蝶舞，鸟语花香，在园内孩子们的眼睛里充满了童趣，早已成为他们一年四季乐趣无限的乐园。特别是兰儿家，那个小桥、流水、人家，风景如诗如画的 157 号院，十足一个儿童娱乐大本营，曾经是儿时伙伴们流连忘返的地方。为撰此文，特意与兰儿一起在电话里回顾了一下当时令人印象深刻的童年趣事，罗列如下。

1. 养蚕。赵忠祥曾在《岁月情缘》中用满满两页文字叙述了城里孩童采桑之难，朗润园的孩子们养蚕可不用为桑叶发愁，园中有很多桑树，为养蚕提供了充

---

① 《北京西郊成府村志》，转引自侯仁之《燕园史话》，北京大学出版社，1988，第 55 页。

足的饵料资源，那时朗润园里几乎家家的孩子都有养蚕经历，他们每天放学回家都不忘去采桑，且方法多多。矮处最好办，直接站在树下用手捋；高处也难不倒，用绑上铁钩的竹竿子往下钩；男孩子们身手矫健，干脆爬上树去摘，反正园子里桑树多多，桑叶富富有余。看着蚕宝宝们从一堆黑压压的小颗粒中破壳而出，历经一次次蜕皮、长大直至吐丝作茧的过程，实在是一件快乐的事情。

2. 摘荷莲和看小猫钓鱼。夏季的朗润湖里荷叶满塘，荷花争芳斗艳，香气袭人。调皮的孩子常常会摘下片大如伞的荷叶顶在头上做草帽，晴天遮阳，雨天挡雨。八月时节，莲蓬熟了，果实累累，大大小小遍布池塘。馋嘴的孩子们将绑着铁钩的竹竿伸到河心里去钩莲蓬。记得兰儿的妹妹最是技艺高超，采莲时小心灵巧，很少让莲蓬落水。莲蓬掰开莲子粒粒饱满，清香扑鼻，孩子们坐在岸边，大吃特吃。

小猫钓鱼，是城里孩子在儿童读物上看到的故事。而在朗润园生活的猫，却实实在在有钓鱼的本领。炎热的夏季，河中一群群小鱼儿在水面上游荡。猫趴在岸边岩石上一动不动，看上去似乎与岩石无二，待鱼群游近，立即采取行动，其稳、准、狠程度实在令人瞠目结舌，一爪子下去就能抄上一条，先甩在岸上，然后叼到一边得意扬扬享受美味去了。

3. 揉赤包儿和拔老根儿。当秋天来临，满园金黄，孩子们喜欢的大赤包儿成熟了。赤包儿是一种攀长在篱笆或山坡灌木丛中的植物，秧上结小瓜，一般鸡蛋大小。小瓜成熟后，颜色赤橙黄绿青，没有重样，孩子们将其摘下攥在手中揉，越揉皮儿越薄，色越亮，直至玲珑剔透，里面的籽儿都可看得清清楚楚。那时的孩子尤其是女孩儿差不多个个都揣着几个赤包儿，当稀罕玩意儿把玩。

园中有很多杨树，于是，孩子们就发明了拔老根儿这种简易而又颇具对抗性的游戏。每年秋末冬初，当杨树叶子在秋风秋雨的催促和威逼下打着旋儿片片落下，厚厚堆满地面的时候，孩子们就开始了他们快乐而又振奋的竞技筹备工作。拾得大堆叶片，从中挑选出宽大结实的作为种子选手，先将叶茎扒下来，然后耐心地等待它们风干、变韧，直至成为老根儿。那时候很多孩子的书包、口袋里都装着上百支老根儿，常常是一帮人凑到一起，俩人一对儿，各持一根，相互钩在一起聚精会神地使劲拽，看谁把谁的钩断，最终以钩断多少分胜负。

4. 滑冰车和抽陀螺。滑冰车是每个住在朗润园里的孩子都喜爱的冬季运动。

冰车很简易，做法也简单，一块长方形木板，下面装上两条三角铁即可，冰扦子只要在长圆形木棒上安根一头尖的铁条就算齐活。孩子们在冰面上热火朝天地滑冰车，玩的花样真不少，分拨玩"大本营""接力赛"，"围湖绕圈赛"是最高层次的玩法，在孩子们心目中跟奥运比赛差不多。全体参赛者各就各位，裁判一声口令，所有冰车像箭一样冲出去，一路上钻木桥过石洞，遇到断水有土的地方就连忙抱起冰车跑几步，遇到有活水的地方就赶紧绕开擦边冲过去，以最先到达出发地者为胜。冬季昼短夜长，天黑得早，夜幕降下寒气升起，可孩子们玩疯了，往往要等到家长到冰面上来招呼，才依依不舍地回家。

抽陀螺是孩子们常见的游乐方式，但朗润园孩子玩陀螺是在"问号湖"的冰面上。一到冬季，结了冰的湖面上常见仨一群俩一伙的孩子们，手中高扬鞭儿跃跃欲试。试看鞭下一只只五颜六色的陀螺，在一次次兴高采烈的抽打下疯狂地飞旋，其中最为精彩的是多只陀螺经过相互撞击后，依然不屈不挠顽强奋转的场面。

除此之外，还有很多当时看起来很有意思的趣事，如捉蛐蛐、粘蜻蜓、逮青蛙、弹弓打鸟、冰上捕鱼……

五

"现在作为校园一部分的朗润园，较之旧日的朗润园，从建筑上来说，已经有了很大的变化。自从东北界内滨湖一带的高楼［第八、九、十、十一、十二、十三公寓和北招待所］兴建以来，古园之内，仍有不少旧建筑保留下来。"①

侯仁之先生文中提到的8—13公寓及北招待所，是学校于60年代初期在铲除朗润东湖北山丘的基础上扩建而成的，除去紧贴北墙的一栋青灰色三层小楼"北招"主要是用于接待和安置前来讲学的外国专家以外，那沿湖以东均匀分布的五栋浅黄色楼宇——8、9、10、11、12公寓，以及后来因补建而独处"北招"以西的13公寓，是当时北大质量最好的教职工宿舍之一。它既不同于燕南园、

---

① 侯仁之：《燕园史话》，第54页。

燕东园中西洋风格的二层小楼，也不似中关园里那般田园味十足的清一色中式平房小院，这群公寓是朗润园内的制高点，楼高虽仅四层，在见惯了摩天大厦的现代人眼里或许不屑一顾，然而在当时却是燕园中最早拔地而起的公寓式高层建筑。

回顾起来，学校在住房的安置上似乎是颇具匠心的，8—13公寓落成后即吸纳了当时校内的一批生力军入住。8公寓以中层管理人员为主，大多为系里的党政干部、校职能部处领导、校医院院长、附中校长等管理精英，当时哲学系的党总支书记、"文革"中臭名昭著的聂姓"老将"也在其中。

其余几栋中的住户大约都是些文理科的学术骨干，印象里9公寓有留英归来的物理学家、我国热力学统计物理研究的开拓者，与周培源先生共同研究湍流理论的副校长王竹溪先生；那位本该以经济学家闻名遐迩，但不幸却因"内务"而沦为"风云人物"的洪先生也曾就居于兹；还有因译著《神曲》等多部外国文学作品而享誉译坛的西语系教授田德望先生，主编过《中国文学史》等著作的中文系教授季镇淮先生，学贯中西被誉为国学大师的一代鸿儒季羡林先生，被称为"钱锺书去世后中国最有学问的人"燕园三老之一的金克木先生，等等。如今，他们其中有人已是年届九十高龄的老寿星，却依然固守旧园，不离不弃。

然而，这些如今听起来如雷贯耳的高名大姓们，在当时孩子的眼睛里既不是巩汉林标榜的"群英荟萃"，也不是赵丽蓉鄙夷的"萝卜开会"，既没有无限崇拜和高山仰止，也没有威风扫地与弃之如履，他们不过是同学或小伙伴们的爸爸妈妈、爷爷奶奶，不过是一些可以被称作叔叔阿姨、伯父伯母的大人们，而发生在他们身上的那些在成年人看来是那样非同一般的故事，在孩子们的心目中，不过就是些最单纯的快乐和不快乐罢了。

从168号搬至10公寓的那些年里，一些人和事留在了我的记忆里。

六

若干年前，作为北大在某省的招生负责人，当我为挑选招生组成员时，在校招生办提供的厚厚一叠自告奋勇前去"抢人"的教师自填表格中发现了一个熟悉的名字，欣喜得不等招办首肯就迫不及待地拨通了对方的电话，果然是他——那个儿时曾经同住在 10 公寓的邻家老四张浩达，自当年一别，再谋面已是三十多年之后的事情了。

记得浩达儿时酷爱艺术，常坐在阳台上拉手风琴，还在附小合唱团当过领唱，不想就此与艺术结缘。他于中央工艺美院毕业后去欧洲游学，并多次在当地开画廊、办画展，志得意满之下辗转赴美进修广告学和视听传播学，回国后即受聘北大任教，终于又回归至这个曾经养育过自己的地方效力。在与之合作招生的几年里，我们经常回忆起当年为邻时的往事，很难想象，眼前这个高大魁伟、儒雅博学的才俊，竟是儿时那个狂傲不羁、顽皮霸道的"小魔头"。

现在回想起来，10 公寓住的大多是些文科学者，浩达的父亲张仲纯伯伯是位"三八式"的老牌知识分子，早年去过延安，曾是北大中文系的副系主任，好像还做过副教务长，"文革"时他难逃厄运，蒙冤受屈被"挂"多年，"解放"后调至中央党校任职。有意思的是，谁能料到当时中文系的一对搭档，正、副系主任杨晦（五四运动中火烧赵家楼的学生领袖之一）和张仲纯先生，若干年后，他们的儿子杨铸和张浩达竟然也成搭档。在北大艺术教研室的学生中间，曾经流传着这样的说法，艺教有两位最好的老师，授业者杨铸，解惑者张浩达。

记忆里浩达家的书特别多，尤其是文学书籍，当时对我们这些"读窦"初开的小学生来说非常有吸引力，时不常就去借上几本，而他家的姊妹们就会以此为资本，来选择和决定与小伙伴们的亲疏。有本吴强著的小说《红日》我非常喜欢，借来后百看不厌，甚至一直放在枕边每晚必诵，久久不肯还给人家，以至于竟然能将其中大段章节倒背如流。忽然有那么一天，不知听哪位大人说起《红日》是一棵"大毒草"，我幼小的心灵哪里经过这般恫吓，立时吓得心惊肉跳，生怕毒液渗出会灼伤双手似的，立马将其用报纸裹了又裹送还主人。而当时的主人，也正被那场突如其来的狂飙席卷得不知所措，甚至不敢再收回自己的物品。

浩达家人口众多，母亲高阿姨在北大国政系供职，外祖母是位知书达理的老人家，最疼浩达。因为姊弟五人中他是唯一的男丁，如此，自然难免会背负更多的期许。当我将自己再次见到他后的观感坦言相告时，他热泪盈眶。我说：

"如果你曾经是一个学者型的艺术家的话，那么如今已经成功地转换为艺术家型的学者了。"听罢，他动容地告诉我，即刻，他的心情和当年将自己首部完成的著作《视觉〈圣经〉：西方艺术中的基督教》一书放在父亲墓前一样振奋和欣慰，他这个张家之后，终于可以告慰先严了。

七

记得浩达家住在1门洞二层，他的楼上和楼下分别住着两位哲学系的知名学者，前者是著名物理学家黄昆院士的伯父、哲学名家黄子通先生，后者是现代美学的先行者和开拓者，被誉为"融贯中西艺术理论的一代美学大师"的宗白华先生。

黄子通爷爷是位非常慈祥的老人，我知道他和黄昆先生的关系已是近年的事情了，黄昆先生的儿子是我小学同班的班主席，可从未见他来10公寓登门拜访过祖亲。所以，印象中黄爷爷似乎没有家眷，出入总是一个人，但生活却很入时。前阵子我老爸还说起当年黄爷爷的前卫，人家居然于60年代就兜里揣个袖珍半导体收音机，边散步边听新闻，真是羡煞人也。

记得最清楚的是，黄爷爷有个玩航模的嗜好。为此，那一带孩子们的眼里又多了一道风景，大家从最初的好奇，到后来的迷恋，以至于时不常齐刷刷站成一排，很有节奏地对着老人的窗子，扯开嗓子"黄爷爷""黄爷爷"地齐声高叫。若是运气好赶上老人有闲，不大会儿，就见他笑意盈盈地捧着飞机模型出得门来，于是，就有了老人家尽兴放飞、孩子们嬉笑追逐的欢愉情景。那种开怀、酣畅，令人至今难忘。

宗白华先生与我家隔墙相邻，他的美学专著《论意境》《美学散步》就是在这里整理而成的。美学界对宗先生的评价相当高，特别是《美学散步》一书，几乎汇集了他一生最精要的美学篇章，被人誉为"高怀同霁月，雅量洽春风"之作。

记忆里，令人印象深刻的恰恰也是他的散步。那时在校园里，特别是朗润湖边，经常会看到一个须发皆白的老者蹒跚前行的身影。令人称奇的是老人家对拐杖的用法，拐杖本是用来助力的，而宗伯伯的拐杖从来都是倒拖在身后的，或许老人持杖是以备不时之需，但看上去拐杖于他仿佛只是一件游艺的道具。老人当时已届高龄，走路似乎是在用前脚掌蹭行，步子虽不大却很急促，所以会发出不小的声响，拐杖与地面的摩擦声和鞋底与地面的摩擦声交织在一起，常常是人未近、声先至。

然而，与脚下频率相悖的是老人那一任银丝飘飘、深谙"于空寂处见流行"的气定神闲。记得他曾在《美学散步》中说过："散步是自由自在、无拘无束的行动，它的弱点是没有计划，没有系统。看重逻辑统一性的人会轻视它，讨厌它，但是西方建立逻辑学的大师亚里士多德的学派却唤做'散步学派'，可见散步和逻辑并不是绝对不相容的。"[①] 又或者，这就是他对自己毕生的诠释和写照，那意境，悠然而又深远。

顺便说一句，有件事如今想起来不无遗憾，我成人后方才得知他家有两件珍奇之物，一件是魏晋时期的佛头雕刻，另一件是他的好友徐悲鸿先生画的一幅女子裸体油画，但我作为近水楼台的邻里却未曾得以观瞻。回想起来，一则当时年幼无知，哪里懂得啥叫珍品；再则，大概是因为他家与我同辈的两个孙孙均为男丁，向来与之少有来往之故吧。

八

除去黄、宗二老以外，哲学系还有一位伦理学方面的资深学者周辅成先生住在 10 公寓。他出生于辛亥年间，历经中国的世纪沧桑，早年曾就读、就职于清华大学，1952 年院系调整时调来北大任教，一生致力于传统文化的研究，著有多部哲学和伦理学等方面的著作，是我国伦理学创始人之一。在中国近现代教育的世纪历程中，他既是践行者，又是见证人。他的至理名言在同行中流传至今："我手中只有半只白粉笔和一支破笔，用它来传播中外贤哲们的智慧，因为知识是可贵的，道德是可贵的，文化也是可贵的。"

自搬入 10 公寓后，周先生就一直住在我家楼上，至今没有搬离。前些时

---

① 　宗白华：《美学散步》，上海人民出版社，2000，第 4 页。

还看到有关他年届九十高龄依然精神矍铄、于家中赋诗论道、笑观风云的信息，由衷祝愿周先生健康长寿。

说实话，因为当时年龄太小，他留给我的印象并不多，充其量就是骑辆女式旧自行车匆匆路过楼门前的情景。但让人不能忘记的是他待人非常和善，每逢我礼貌地喊他周伯伯时，都会见到他充满慈爱的微笑。比较之下，倒是他的夫人，那位一向不苟言笑的周伯母，看上去有些令人生畏，为此孩子们很少和她打招呼。然而，在经历了一件事情后，我才明白了其中的原因。

周先生有两个比我年长多年的女儿，当时在一零一中学就读，曾经都是品学兼优的好学生。一零一中学是延安时期沿传下来的干部子弟寄宿制学校，当时的水平远远高于清华附中和北大附中，所以，"一零一"向来是我们那拨孩子中考的最高奋斗目标，在我们眼里，能考入"一零一"的学生才是最棒、最令人钦羡的。

记得有一天，我把猴皮筋拴在楼前的小树上，正一人玩得欢畅，忽然听到头顶二楼阳台上传来一阵咻咻的嬉笑声，不等闹明白发笑者是谁，就见一个沉重的物体忽的一下从二楼上落了下来。惊魂未定之中，我看到眼前地上居然蹲坐着一位胖胖的女子，而越发令人惊骇不已的是，那位刚从二楼一跃而下的女子不但面无惧色、毫发无损，而且竟然随即爬起身来，拍拍身上的尘土，高声大笑着跑走了。

我被这突如其来的"空降"事件吓傻了，正心有余悸地望着那个女子着地之处两个深深的脚印发呆，就见周伯母匆忙从楼洞口跑了出来，破天荒地主动向我打招呼询问刚才发生的情况。当时的详情已印象不深，不用说，我自然会告诉她那女子的去向。大概是由于禀报有功，周伯母对我的态度热情多了。记得不久之后，她有次见到我，指着我胳膊上挂的牌牌语重心长地告诫说，今后还是多专心学习，少做些社会工作为好。

原来，那位"空降"者正是周家的大女儿，据说她曾因成绩出色荣获"一零一"的金质奖章，不承想担任班干部后，却因社会活动过多而影响了学习成绩，以至于一时想不开精神受了刺激，就此抱憾终身。

时隔多年，也不知这位周家大姐姐咋样了。

九

我住的那个门洞里，有三位历史系的知名学者，他们是被誉为"宋史泰斗"的一代宗师邓广铭教授，对隋唐史颇有研究，却在"文革"中含冤自尽的陈寅恪先生的高足汪篯教授，以及多次主持过我国重大考古发掘的著名考古学翘楚宿白教授。

前阵子，北大BBS上有篇大胆狂徒妄评历史系诸先生的文章，其中提到邓小南时是这样说的："邓小南，宋史选修课教师；从不修饰打扮，女性的妩媚柔情全无。她是邓广铭的女儿，家学渊源，经过'文革'的浩劫，有这种基础的做学问者已经不多了。照理她应该大有成就才对，但好像也不过如此。女人嘛，除了班固的妹妹，谁还听说过什么女人能研究历史的……"

阅罢，对于那些幼稚、狂妄、叛逆年轻人的冲动之说，虽然只能抱笑而了之，但我想说明的是，在儿时的眼睛里，小南姐姐一直是女孩子中最完美的典型。那时的她个子高高，身材匀称，一对乌油油的大粗辫子拖在脑后，常常是上着雪白衬衣，系着鲜艳红领巾，夏有素雅花裙飘舞，冬有修长蓝裤可身；她说话慢条斯理，举止温文尔雅，特别是臂上那时时掀动着的"三道杠"大队委臂章，绝对是我心目中学习和效仿的标杆。成年后，她女承父业，在父辈曾经从教的北大历史系继续史学研究。从本科、研究生的学习，到助教、讲师、副教授乃至教授和博士生导师的教学研究实践，她一步一个脚印，练就了扎实的史学基本功，撰写和主持过大量的学术论文、科研项目，应该说她是无愧于父亲的期望了。

说起邓广铭先生，记忆里他蛮高大的，胖胖的身躯，说话好像带些山东口音，气质上敦厚多于儒雅。当年，在我的感觉里，他不过是邻家一位和蔼可亲的邓伯伯，甚至成年后也不曾真正了解过他蜚声史界的赫赫威名。直至一次在江西参观王安石纪念馆，见到讲解员在提及北大教授邓广铭先生是一位曾经深获胡适和陈寅恪先生称许的宋史研究一代宗师时，表现出那无比自豪的语气和无限敬仰的表情，我才意识到原来自家楼上住着的那位常常手里提个黑包包进进出出的胖伯伯，是何等的英才。

十

印象中，"文革"开始没几天就含冤自尽的汪篯先生，似乎要比楼里其他长辈年轻些，所以我一直称呼他汪叔叔。他早年曾就读、就教于西南联大和北大，专于隋唐史。撰有《汪篯隋唐史论稿》《唐太宗与"贞观之治"》等著作。大概是弃世的震撼导致了印象深刻，在我的脑海里，那是个很久都难以忘记的形象。记忆里汪先生面容清逸、目光英睿，说起话来很幽默，他与在校机关供职的夫人李阿姨及儿子安，一家三口住在二楼周辅成先生的对面。

现在回想起来，即便在儿时，也可以感觉到这个三口之家其乐融融的气氛。以如今的判断，汪先生夫妇应该非常恩爱，他们似乎很会生活，不仅喜欢赏花还擅长种花，当年我家窗前那几棵茂盛的西番莲就是汪篯先生的杰作。每当饭后暇时，他们夫妇便下得楼来，肩挨臂挽地在园中漫步、赏花。

记得有一次，楼里一群孩子玩"捞鱼"游戏。大家一边高呼着"一网不捞鱼，两网不捞鱼，三网就捞小尾巴鱼"的号子，一边排成一字队形，依次往两个孩子用手臂搭成的"网洞"里钻，冷不防一旁观看多时的李阿姨被汪先生一把推进了那个人造窟窿。大家正在被这位不速之客弄得不知所措时，只听汪先生大笑着说：哈哈，你们今天收获不小，捞到了一条大鲤（李）鱼。

不知是否因那张贴在我家窗边上的大字报而要了汪先生的命，上书内容至今尚能记住几句，好像是让汪先生赶快坦白交代啥的。那时于我而言，无论是写大字报、贴大字报，还是大字报中那些在我所接触的书籍中不曾遇到过的极端字眼，都是世界上最新鲜的概念，"它们"强烈刺激着我的求知欲望。可还没等弄明白小伙伴安的父亲究竟做错了什么，以致被人当众指责、羞辱的原因，就传来了汪叔叔自尽家中的消息……

很难想象，当时年轻的李阿姨和年幼的安是如何面对这个从天而降的炼狱般惨祸的，只记得在之后的很长一段时间里，每当李阿姨晚上去单位开会，安就会来我家逗留。我们曾去过安家，印象最深的是房间里那些顶天立地的书架，和上面堆得满满的暗蓝色包装的线装书。想象中，那些暗蓝色谱于集汇之下，难免会生出一种鬼气森森的感觉，说不定汪先生的冤魂会经常流连、眷顾于内，难怪安不敢独自留在家中。久而久之，安便成为我家的常客，他非常聪明，小小年纪就阅读了大量书籍，每每与其相伴，都能听到他对天文、地理海阔天空地侃侃而谈，颇有些博古通今的潜质。

如今，安在《北京大学学报》做文字工作，很久没在校园里遇到他了，不知道李阿姨是否安好。

十一

严格说，我知道宿白先生在考古界是位响当当的领军人物，已是成年后很久的事情了。那时，因夏鼐先生的公子与我同单位，且又是我的顶头上司，所以我时不常会接触到一些考古界的信息。比如，一位当年曾就读于北大考古系、如今在学界颇有成就的知名学者曾经无比崇敬地告诉我，如果说国内考古界是个王国，那么夏鼐先生就是这个王国的国王。就此，想起当年楼上住着的宿白叔叔，立马回问道，那宿白先生呢，在那个王国里是啥？回答同样是爱戴若斯，依旧是肃然起敬。

宿白先生早年就读于北大史学系，新中国成立后一直在北大历史系考古专业从事教学和研究工作。1983年"考古"单独成系后担任系主任，是我国佛教考古的开创者。他自1944年毕业后，辗转数年，直至1952年正式到北大历史系任教至今，曾经在考古界有过诸多重大建树和显赫头衔，但我小时候唯一知道的，是住在楼上的宿叔叔有个很了不起的"特权"——有了他的帮助，不但不用买票就可以参观故宫，而且浏览之处可"为常人所不及"。

依稀记得有次老爸既兴奋又得意地告诉我，说自己很早就去故宫博物院参观过金缕玉衣，当时这件稀世国宝还未曾公开对外展出，他是被享有出入故宫特权的宿白先生用特殊证件"接应"进去的。为行文表述准确，我特意致电询问老爸当时的具体时间，他说记得好像是在"文革"前夕，而尼克松访华参观故宫得见金缕玉衣也已是1972年的事了。

论年龄，老爸应与宿先生相差无几，但宿家一双儿女却比我年长许多，因而平时来往甚少。听说宿先生的女儿下乡回城后曾在电影洗印厂工作，不知近况如何。宿伯母好像在人大附中做老师，印象里那是一位十分精致的女人，容貌秀丽，皮肤白皙，穿着十分入时得体，但"文革"中也难逃厄运，硬是被红卫兵剃成光头示众。听老爸说，两年前他因病在北医三院住院，还遇到住在同层病房的宿伯母。一晃数十年过去，大家都已鬓发如霜，回想起当年同住 10 公寓时两家因种花争地的花絮，不禁哑然失笑。

就此，我这篇"琐记"也该收场了，至于楼里还有几户，如图书馆系系主任刘国钧先生、地理系林超先生等，因印象不深，实在说不出啥正经东西来，也就不在这打肿脸充胖子了，否则，这朗润之篇便非"琐记"而"嗦记"了。

2008 年发表于本人博客

（程敏，曾住朗润园 10 公寓 201 单元）

朗润园 158 号：遥远的故居

◉ 段大亮

往日亲王府署堂，朗园岛屿水中央。
青砖黛瓦白墙壁，碎雨闲风入曲廊。
陌石丘湖镶晚月，亭台殿榭映初阳。
鱼游浪起惊飞鸟，树动花飘遍地香。

世纪风云史事长，京西燕大尽沧桑。
临湖授业先生住，凭岸吟书弱冠忙。
似见家人身影过，犹闻老少笑声扬。
徘徊几度情如旧，却在他乡忆故乡。

1952 年中国高校院系调整，清华大学数学系并入北京大学数学系。家父调任北大数学系，故举家从清华园胜因院 5 号迁入朗润园 158 号。1965 年因房屋后墙倾斜濒于倒塌而搬到燕东园 32 号，所以我家在朗润园 158 号居住了 13 年。我在那里出生，也在那里度过了童年。

158 号是典型的一进四合院布局，当时有三家人居住。从东南角（"巽"位）大门跨半尺余高门槛而入，一方小院子，面对一簇郁郁葱葱的竹子。左转穿过

朗润园建筑与繁花

圆拱月亮门，便是庭院了。青砖铺成的田字甬道，连通上房（北房）五间，以及两耳房、东西厢房各两间和南房（倒座房）三间，其中上房在春和园时期原名"益思堂"，应是书房。房屋为灰瓦盖顶、一色青砖到底的传统中式建筑。上房门廊上有四根楹柱、一面窗棂。上房后面和东边有两块空地。庭院中还有一架葡萄、一棵丁香树和几株梅花。

在158号，我们一家人依小丘傍清水而居，舒适温馨，其乐融融。父亲每日沿湖边的青石板小路，前往数学系工作，母亲骑车去清华附中教书上班。而我们兄弟姐妹则度过了无忧无虑、幸福成长的童年和青少年。

那时，朗润园处处青山绿水、风景秀丽。从春到秋，园子内桃树、杏树、枣树、李子树，花开花落；榆树、桑树、柳树、洋槐树，郁郁葱葱；各种灌木和植物花卉，争奇斗艳。特别是夏季，湖面一片碧绿的荷叶浮萍和白里带粉的荷花，娴静的景色犹如仙境。到了草木知秋、蔬果留香的季节，更有饱腹琼浆野果的欢乐。比如桑葚，有紫桑葚和白桑葚两种。紫桑葚多且好吃，但吃完唇上痕迹明显，不易洗净，回家时就少不了一顿挨说。后院的一棵硕大榆树，开花时节铺满了榆树钱儿，榆树钱儿加上到处可见的槐树花，还有后院和旁院种的玉米、南瓜，在60年代初经济困难时期，就成了饭桌上母亲念叨的"瓜菜半年粮"。

那时，朗润园的各种飞禽走兽——游鱼野鸭、飞鸟青蛙、蜻蜓知了、喜鹊麻雀甚至蛇鼠猫狗，也是遍地寻得见的，特别是在158号紧邻的几座小山丘周围。我家曾在院子里养过鸡，有一次还被黄鼠狼叼走过几只呢。

那时，朗润湖的水一年四季都是满满的。1963年夏天北京地区暴雨导致大水，湖水居然漫上湖堤，一直淹到了大门口，出入全要蹚水而行。到了冬天，湖面结了冰，出门便是冰场。这里没有未名湖冰场那么多人，滑冰车、抽陀螺都是孩子们的最爱。水里的鱼、泥鳅和莲蓬，也是野生野长，没人打理，年年却是丰收。记得家人一次从湖里摸出一盆螺蛳，煮熟之后用针挑螺肉蘸了酱油吃，真是难以忘怀的美味，以后再没有吃过这般"佳肴"了。

那时，朗润园虽然地处北大的东北角，相对僻静，但因很多教学楼、教工宿舍、活动场所集中在未名湖周边，离朗润园并不远，所以并不落寞。东操场的电影、一体的比赛、办公楼的演出、红湖的游泳池、岛亭的图书室与夏日晚会……留下满满的美好回忆。我曾在原校医院旁边的五院幼儿园上学。每天都有一位工友叔叔骑着一辆带顶棚的三轮车，到朗润园接送各家的孩子们上学下学。

俯瞰朗润园

朗润园西面的石平桥

　　除了青砖乌瓦的房子和四合院外，朗润园还有很多挖湖时堆砌的假山和中国园林特有的亭台，众多散落四处的奇石与汉白玉物件，那是我们孩子嬉戏和游玩的天堂。少儿多顽皮，有次上学途中过一座小石平桥，不走正路，偏要翻到石桥护栏外面的边沿上曳行。一个趔趄，失足落水，竟大呼"救命"。被大人拎出水赶回家，更换了衣履再去学校。忽一日有人问道："不曾教汝呼救，如何学到如此求生之术？"低头无言以对。

　　在朗润园，少时的我有过冒险。1965 年，不记得为什么，居然和附小另外四个都不到 10 岁的小伙伴商量了自己徒步去香山玩！我们跟家里编造了学校春游的故事，准备好食品和水壶，一大早便兴冲冲地出发了。那时过了颐和园就是农田野郊，人迹和车辆均少。虽然只有十几公里，但中途还去卧佛寺转了一圈，等到了香山，我们就已经不那么兴奋。毕竟年纪太小，回家的路是越走越长，天也渐渐地暗了。家里的大人们可是急坏了，学校也不知道是怎么回事儿，反正是找遍了能想象到的地方，都不见我们的踪影。当我们走回到北大西门时，天已黑了。有大人觉得这些孩子实在"形迹可疑"，才把我们看住并打了电话，通知了家人。事后虽没少挨骂，但我仍为这次"壮举"自豪。

　　从 158 号往西过一座石平桥，原有个建在土坡上的大院子（已是镜春园的地界了），住着罗伯特·温德先生①。他1923年就来到中国，之后再也没有离开过，不仅是许多文化名人的挚友，还是中国整整一代英语语言文学学者的老师。温德先生从东南大学到清华、联大再到清华，1952年转至北大，35年后，以百岁高龄而善终。对我们孩子来讲，总会对一位住在咫尺、路上擦肩而过的高鼻子、凹眼睛洋人充满好奇。当时还少见的小汽车偶尔从温德先生家进出，又多了一些神秘的色彩。而他专门雇花匠打理的花园，长满了五颜六色的花花草草，也曾是朗润园一景。

朗润园158号北面的159号，是邓稼先的父亲邓以蛰先生的寓所。邓稼先回家时，一定要经过158号西屋外的一条小路。他若与我父母相遇，也应会相互问候。北京大学中国诗歌研究院于2015年4月在采薇阁举行开园仪式，而采薇阁正位于原159号旧址。通往现在158号院大门东边甬道口的月亮门，沿原158号的东外墙北行即可抵达。对面的157号为北向水座三间（已拆除），开后窗即可赏荷钓鱼。在朗润园中所原址，现建有利荣森楼/北京大学斯坦福中心和中国古代史研究中心。在现中国经济研究中心/国家发展研究院（原朗润园东所寿和别墅、恩辉余庆旧址），那里曾居住过北大哲学系心理学教授沈迺璋。沈先生的儿子，一个绝顶聪慧的青年，1968年上山下乡到山西插队，1972年因对前

朗润园中国画法研究院与采薇阁月亮门

---

① 　关于温德教授的详细经历，可参阅［美］伯特·斯特恩：《温德先生：亲历中国六十年的传奇教授》，北京大学出版社，马小悟、余婉卉译，2016。

中国画法研究院内院

途的迷茫、对生活的厌倦以及精神上的极度疲劳而自杀身亡。沈夫人胡睿思是北大附中也是我高中时期（1973—1975）的英语老师。胡老师虽"文革"中遭遇如此变故，历经磨难，但站在三尺讲台的时候，永远是那样的温情高雅。她纯正的英语、娴静的语音和端庄的气度，让一群懵懵懂懂的孩子，在那个年代多少明白了一些文明和知识，英语课也成了我们最喜爱的课程之一。

1965年我家搬走后，158号院内改建和加盖了一些房屋，又迁入了几户人家。90年代我曾去探访过。除了正房的旧时模样依稀可辨，整座院落却成了名副其实的大杂院，庭院和空地都被占据。后来，158号被全部拆建。2013年夏天，那是一个阴霾闷热的下午，我又前往探视。因为施工，我只能远远地在围挡外面窥探。旧址面目皆非，掘土机的轰鸣声、打桩机的砰砰声，撞击着我的胸膛，震撼着心底那块遥远平和的故居，似乎也把童年的记忆埋到了瓦砾碎土之下。五味杂陈、百感交集、思绪万千……

经过数年的修建，2015年北大中国画法研究院迁入重建的158号。2016年夏，我们姐弟三人故地重游，正遇上开会，不让我们进去，而平时大门紧闭，谢绝参观。从拍到的照片看，上房格局如旧，尤其门廊那四根楹柱和窗棂，但大门、庭院和南倒座房，则与原来是完全不同的风格了。

往事如斯，愿朗润园故土秀水，源远流长；朗润园故人幽魂，宁静安详。

2022年10月

（段大亮，曾住朗润园158号）

朗润园的建筑与园林布局及其他

⊙ 段大亮　杨光　王敬献

　　两位从北大附小到附中的同学，也是燕园子弟的杨光先生和王敬献女士，几年前看到我写的《朗润园的回忆》后，对其中一些信息很有兴趣。于是，我们开始了对现北京大学园区史料的远程跨洋交流和讨论，至今仍在继续。杨光多年关注、研究燕大和北大的历史；而王敬献在一篇纪念她外公、燕大著名教授、教育家周学章先生的文章中，记录了周学章一家在朗润园居住的往事。此外，他们通过查阅美国耶鲁大学神学院的燕大档案、纽约托事部燕大档案，掌握了大量宝贵的文字资料和照片，做了很多非常有意义的工作。

——段大亮

通过参考清人金勋的《北京西郊成府村志》、侯仁之先生的《燕园史话》、北大校友邱明斥（燕大和北大资料收藏家）的收藏和清华大学贾珺教授2009年出版的《北京私家园林志》等史料，我们在此尽可能全面记录朗润园建筑与园林布局的演变历程。

朗润园的建筑与园林布局

我们迄今收集到的关于朗润园（原名春和园，后亦曾称庆王府，咸丰初年改称朗润园）的绘图与文档，按时间先后排序有：咸丰元年（1851）前的样式雷图《春和园地盘画样全图》，反映咸丰、同治年间朗润园全盛时期面貌的《朗润园图》（8 幅条屏），复原全盛时期朗润园基本布局的《咸丰同治时期朗润园平面图》，何重义、曾昭奋《圆明园园林艺术》（中国大百科全书出版社，2010）中的《朗润园平面图》，邱明斤所藏 1952 年北京大学筹委会印发的《朗润园、镜春园宿舍平面图》、20 世纪 50 年代后期《北京大学校园简图》。

金勋《北京西郊成府村志》中有关朗润园的文字，侯仁之先生在《燕园史话》书中引述时有所注释（括弧内文字），抄录引用如下：

> 成府北头路西，过石平桥［今已拆除］即［朗润园］东门。入东门西行北视之，宫门三楹［今为 152 号住宅］，前列石狮二［今在 152 号住宅院内］。入正门，环山西行，道路平坦，松柏成荫。北渡石平桥［今仍旧］，殿宇奇伟，分中、东、西三所。中所宫门三楹［今为 165 号朗镜区服务站］，额曰"壶天小镜"［近年始移去］。左右云片石堆砌假山［今残缺］。三所皆南向，殿宇四周环河。其前稍东，有四角方亭一座"涵碧亭"［今仍在］。河南岸有倒座抱厦房三间［今为 154 号住宅北房］，再西北有水座三间［今为 157 号住宅］、北向，开后窗，可以赏荷钓鱼。正所殿宇，到底三层，与东西所互成套殿，两山儿复用游廊数十间，以通往来［今分为 166、167、168 号住宅，部分游廊仍在］。西所［今为 162 号红旗托儿所］前面一带白墙，上嵌十锦假窗。前后河岸，密排垂杨……殿院后墙之外，修竹万竿［今已甚少］。西所北墙外，以山障之，有三卷殿一座，各三间［今为 159 号住宅］。隔河北岸，尚有平台房三间［今为 164 号住宅］。该园北墙内一带土山，墙外即长河。[1]

---

[1] 侯仁之：《燕园史话》，第 55—56 页。

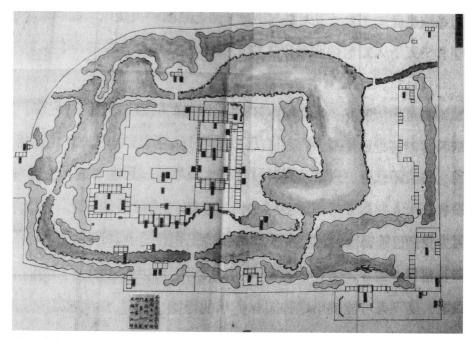

《春和园地盘画样全图》（咸丰元年前，收藏于国家图书馆，转自贾珺《北京私家园林志》）

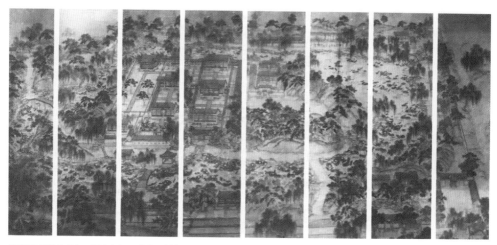

《朗润园图》（咸丰、同治年间，收藏于首都博物馆，转自贾珺《北京私家园林志》）

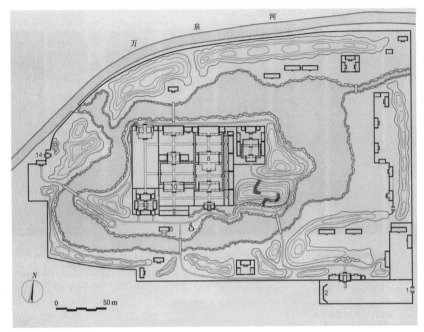

《咸丰同治时期朗润园平面图》(转自贾珺《北京私家园林志》 1.东门 2.影壁 3.宫门 4.涵碧亭 5.水榭 6.东所大门 7.恩辉余庆 8.澄怀撷秀 9.中所倒座厅 10.中所前院正厅 11.中所中院正厅 12.西所 13.歇山厅堂 14.西门)

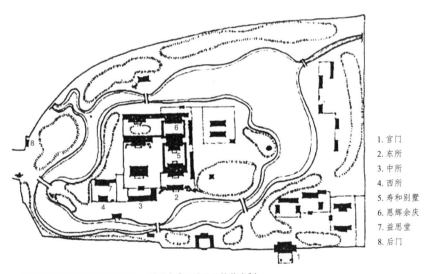

1.宫门
2.东所
3.中所
4.西所
5.寿和别墅
6.恩辉余庆
7.益思堂
8.后门

《朗润园平面图》(转自何重义、曾昭奋《圆明园园林艺术》)

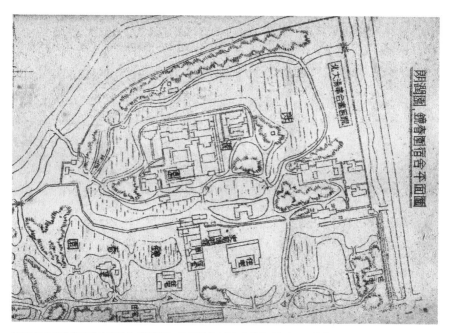

1952 年北京大学筹委会印发的《朗润园、镜春园宿舍平面图》（引自邱明斤收藏）

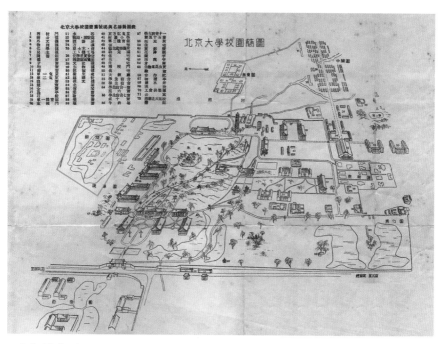

50 年代后期《北京大学校园简图》，已有中关园但尚无朗润园 8—13 公寓（引自邱明斤收藏）

据此，可大致确定朗润园建筑与园林布局和文字之间的对应情况。以贾珺《北京私家园林志》中所刊《咸丰同治时期朗润园平面图》为背景，参照《北京西郊成府村志》的文字描述加以标注，可得更为直观的早期朗润园布局图。

几处补充：

1. 进入朗润园正门后，绕过对面山丘东行，还有几处住宅，此处遗漏。后面会详细介绍。

2. 没有描述东所东北侧的一座院落。这座院落虽在 50 年代的《北京大学校园简图》中仍被标注，但始终没见过相关的文字说明，儿时的印象中那已是遗弃的废墟。

3. 没有详细记录西所。实际上初期"西所分三进院，南为倒座房，门在两侧，内有正房三间。最后一进院子进深较大，其北建有三间歇山花厅，前出三间歇山抱厦，造型独特，春和园时期原名'益思堂'，应为书房所在，花厅后檐临水，可从小桥行至北岸"[①]。后来，与南面的两进建筑建墙分隔，成为各自独立的两部分。因此，原西所的倒座房、正（北）房及东西厢房，保持四合院结构，就是今天的 158 号。段大亮一家 1952—1965 年期间曾在此居住。

4. 在东所东南面的山丘上，还有一座亭阁，今仍在。

5. 朗润园原有五座石平桥，而记忆中，北面与东北角的桥早已荡然无存了。

6. 与《朗润园平面图》相对应，肖东发主编的《风物：燕园景观及人文底蕴》中的一段文字可供参考："朗润园全盛时有东西两门，东门斜对今成府街西口，西门北临万泉河，出门有石平桥，过桥向西，便是直通万寿山的大道。光绪末年诸王大臣前来朗润园议事，就是经由这个西门出入的。现在这东西两门都已改建，踪迹已经无处可寻了。当时的朗润园分为中、东、西三所。中所自南而北前有宫门'乐静堂'，后有正殿 5 间，殿后有土山。东所自南而北依次有宫门'春和别业'，正殿'恩辉余庆'，抱厦殿'澄怀撷秀'等。西所内为方形庭院，正厅为书房'益思堂'。东所东南侧建有四方亭'涵碧亭'，'涵碧亭'三字为恭亲王亲笔手书。可见当时朗润园的主体建筑集中在东所。"[②]

①　贾珺：《北京私家园林志》，清华大学出版社，2009，第 358—360 页。

②　肖东发主编：《风物：燕园景观及人文底蕴》，北京图书馆出版社，2003，第 77 页。

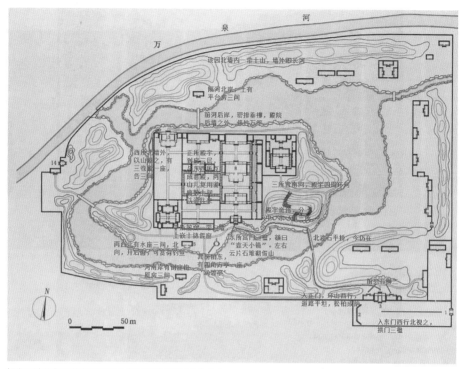

朗润园建筑与园林布局配以《北京西郊成府村志》文字

其中关于中、东、西三所的位置，与金勋的文字基本相符。关于朗润园入口的描述，也符合《咸丰同治时期朗润园平面图》和1952年北京大学筹委会印发的《朗润园、镜春园宿舍平面图》所示。这在著名教育家周学章的女儿周懿芬女士2019年手绘的朗润园地图（后面会详述）中，也得到了佐证。

7. 在朗润园东侧和东北角的围墙内，有一些从未见于文字记录的附属建筑，可能是随从和差役的住所、工具房或辅助房屋等，60年代初北大在那里建造了8—13号公寓和一座招待所。

另外，在第一次世界大战之后，朗润园内一度置有德国士兵的战俘收容所。1919年，中国"俘虏情报局"曾编印影集《中华民国八年俘虏起居写真集》，收录了战俘生活照片。李学通、古学明编著的《中国德奥战俘营》（福建教育出版社，2010）的《朗润园里的囚徒》一章，对影集所收相关图片资料做了整理和解说。其中，有几幅照片展现了当时的朗润园正门、东所宫门和中所大门面貌。

朗润园正门内侧（引自《中华民国八年俘虏起居写真集》）

朗润园东所宫门（引自《中华民国八年俘虏起居写真集》）

朗润园中所大门。照片中，门旁墙上写着"西所"，但似临时的标记，与史料记载不符，
应为"中所"。（引自《中华民国八年俘虏起居写真集》）

朗润园房屋门牌号码变迁

根据杨光的查询，燕大时期（1926—1952）校园的住房号码在 1 号至 63 号之间（43 号至 49 号空缺），按地区排列如下：

1 号至 9 号：天和厂、佟府、冰窖；

10 号至 20A 号：朗润园；

21 号至 42 号：燕东园；

43 号至 49 号：空缺；

50 号至 66 号：燕南园。

就朗润园的 10 号至 20A 号，王敬献的母亲周懿芬女士曾手绘和标注了一张朗润园地图，并得到其弟周乃扬先生的补充（周学章一家 1930 年搬入朗润园 10 号，1941 年底被迫搬出。此图是对 1930—1941 年间朗润园建筑与园林布局的回忆而作）。尽管图形比例与地理位置不十分准确（比如 14、15、16、17、18 号应该是西所、中所和东所，都是多进的院落，而不只是一处住房），但整体观看，与前文中的《春和园地盘画样全图》等朗润园布局图乃至金勋的文字，都基本吻合。

此图明确地标注出了进入朗润园原正门后，东北方向不远处的 10 号两进庭院和 20 号及 20A 号两处房屋。因为此处三面（南、北、西）被山丘及高大的松柏树林环绕屏障，东面又是朗润园的围墙，比较隐蔽，所以常被遗漏。还有可能这原是一些附属建筑，故没有列入朗润园皇家园林的建筑画样中。

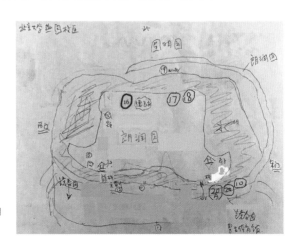

周懿芬女士手绘的朗润园 30 年代地图

据此，仍以《咸丰同治时期朗润园平面图》为背景，尝试标注门牌号码如下图。

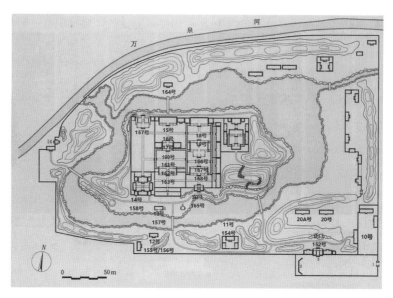

朗润园燕大时期的十位数和北大时期的百位数门牌号码的标注

杨光从唐克扬的《从废园到燕园》一书中，还看到30年代初期燕大教职员工住宅位置分布图（有些模糊），图中朗润园地区的住宅门号标注，与我们的标注基本一致。

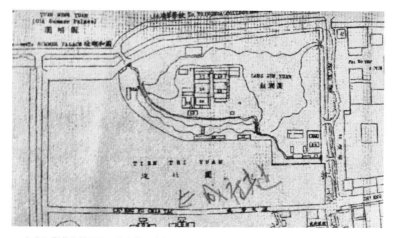

30年代初期燕大教职员工住宅位置分布图（引自《从废园到燕园》）

对于朗润园当时的门牌号码位置，可以得出如下结论：

1. 正门东侧的房屋分别标为 10 号和 20、20A 号；

2. 环湖南外侧的两座房屋标为 11、12 号；

3. 西所南面水榭建筑标为 13 号，西所标为 14 号；

4. 中所三进院落被细分后，分别标为 15、16、17 号；

5. 东所三进院落被细分后，分别标为 18、19 号；

6. 西所北面原进深房屋，没有标注门牌号码；

7. 东所东北侧的一座院落，已荒芜废弃，没有标注门牌号码；

8. 环湖北外侧的一座房屋，没有标注门牌号码；

9. 燕大初期，从未名湖校区不能直接进入朗润园。必须先从学校的东门出校，左转沿围墙北行至朗润园的东门，进门后西行，方能抵达朗润园的正门。之间地带就是当时把燕大主校园和朗润园分割开的淀北园、成府夹道（现鸣鹤园和镜春园一带）。直至 1940 年燕大买下淀北园，拆除了淀北园和朗润园之间的一道隔离土墙，才使得燕大主校园、镜春园和朗润园连成一片。

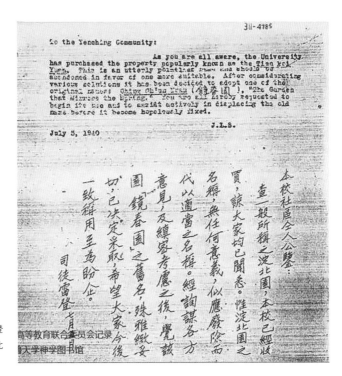

1940 年 7 月 5 日，由司徒雷登校长签署的宣布燕大买下淀北园的公告

1952 年中国高校院系调整后，朗润园的住房门牌号改成了 150—169 号，与原门牌号的对应大致如下：

正门（拱门三楹）改为 152 号；

10 号，改为 153 号；

11 号，改为 154 号；

12 号，改为 155、156 号；

13 号，改为 157 号；

14 号（西所），改为 158 号（益思堂）；

西所北面原进深房屋，改为 159 号；

15、16、17 号（中所），改为 160、161、162、163 号；

18、19 号（东所），改为 165 号（东所宫门），166、167 号（寿和别墅），168 号（恩辉余庆）；

20、20A 号，改为 169 号（待确定）。

50 年代末，北京大学在朗润园东边围墙内建造了 8—13 公寓，又于 90 年代后期开始，对朗润园及其周边的镜春园和鸣鹤园进行了大规模的修缮、改建、重建和扩建。虽是有意保护历史文化遗产，维持原建筑布局与风格，却还是存在着较大的变化。现在很多建筑都是在原址位置上重建或改建的，但规模和结构都不太一样了，房屋的门牌号码也被一些机构的名称代替。

尽管如此，参照百度地图中的朗润园，还是能找到部分机构与原门牌位置之间的对应关系，比如：

正门（拱门三楹）、10 号、20 号、20A 号，改为李兆基人文学苑之历史学系。

西所 158 号，改为中国画法研究院；159 号，改为采薇阁（中国诗歌研究院）。

中所 160、161、162、163 号，改为利荣森楼（北大斯坦福中心）、中国古代史研究中心分馆。

东所 165、166、167、168 号，改为新结构经济学研究院、中国经济研究中心、国家发展研究院。

东所东侧的两进院建筑，改为万众楼。

8—13 公寓，未变。

原招待所处，改为科维理天文与天体物理研究所。

百度地图中的今日朗润园

朗润园燕大时期的部分住户名单

　　杨光参照一些燕大时期住户后代、亲属的回忆，并根据耶鲁大学神学院图书馆藏亚洲基督教高等教育联合理事会的档案资料，制作了《1926—1937 年间朗润园住户》（不完全统计）一表（见下页）。此表所涉内容时间久远，难免有遗漏或错误，因此希望得到知情人的补充和纠正。

朗润园三四十年代老照片

　　近年来，在查找相关朗润园的资料过程中，我们还看到了一些三四十年代朗润园的老照片，包括东所宫门及院内游廊、涵碧亭、朗润园正门内侧、10 号院等。

1926—1937 年间朗润园住户（不完全统计）

制表：杨光

学年

门牌号	1926—1927	1927—1928	1928—1929	1929—1930	1930—1931	1931—1932	1932—1933	1933—1934	1934—1935	1935—1936	1936—1937
10 号	（女部）博爱理 包贵思	博爱理 包贵思	包贵思 柯必营（博爱理在费城）	施美士	周学章	周学章	周学章	周学章夫人	周学章	周学章	周学章
11 号	博爱理 包贵思	博爱理 包贵思	博爱理 包贵思	博爱理 包贵思	博爱理	博爱理 包贵思	博爱理 包贵思	博爱理 包贵思	博爱理	博爱理	王美佳
12 号	吴雷川 冯国昌	许地山 吴雷川	祝廉先 吴雷川	张鸿钧	任宗济 普施泽	任宗济 普施泽	任宗济 普施泽	谢景升 吴雷川	吴雷川	吴雷川	李恩茂
12A 号		傅云雅	傅云雅	傅云雅							毕蔼德
13 号	黄国安	海松芬	海松芬		英瑞	英瑞		毕肇功	毕肇功	孔敏	孔敏
14 号	刘和 刘兆慧 史威尔	史威尔 毕施恩 达伟德 Woo	安德德 卞德 英瑞	谢景升 吴之渊 吴雷川	谢景升 吴之渊 吴雷川	谢景升 吴之渊 吴雷川	谢景升 吴之渊 吴雷川	阿世伟女士 茹女士	白雅格夫妇	郭绍虞	郭绍虞
15 号	安德生	安德生	包世伟	鲍嘉乐	鲍嘉乐	鲍嘉乐	鲍嘉乐	黄阜	吴其玉	吴其玉	吴其玉
16 号		卫尔逊夫妇	卫尔逊夫妇	卫尔逊夫妇	卫尔逊夫妇	卫尔逊	卫尔逊	卫尔逊	毕范理	卫尔逊	卫尔逊
17 号		许保来	鄂闵畴夫妇	鄂闵畴夫妇	鄂闵畴夫妇	鄂闵畴夫妇	鄂闵畴夫妇	祝廉先	祝廉先	戴乐仁	戴乐仁
17A 号			康爱华	康爱华	康爱华			普施泽	谭超英	罗文涛	罗文涛
18 号	徐宝谦夫妇	徐宝谦夫妇	徐宝谦夫妇	徐宝谦夫妇	徐宝谦夫妇	徐宝谦太太	徐宝谦太太	徐宝谦	T. B. D.	侯树彤	侯树彤
19 号	夏尔孟夫妇	夏尔孟孟爱华夫妇	徐宝谦夫妇	徐宝谦夫妇	张印堂	张印堂	张印堂	张印堂	张印堂	张印堂	茹亚德
20 号	蔡一谔	蔡一谔	蔡一谔	蔡一谔	蔡一谔	蔡一谔	蔡一谔	蔡一谔	蔡一谔	蔡一谔	蔡一谔
20A 号	鄂云观夫妇	任宗济 许地山	卞德 柯必营 海松芬	史威尔	卞德 海松芬	卞德 海松芬	卞德 海松芬 孟福林	高君珊	卞德 海松芬	卞德 海松芬	卞德 海松芬

30 年代的东所院内游廊（转自耶鲁大学神学院图书馆）

30 年代的中所正房（转自耶鲁大学神学院图书馆）

30 年代的东所宫门，墙上门牌似是"正所"。（转自耶鲁大学神学院图书馆）

年代略晚的东所宫门，仅露一级台阶。（转自《北京私家园林志》）

1931 年从南岸房屋北望涵碧亭。（转自耶鲁大学神学院图书馆）

30 年代朗润园正门内侧，一对石狮子在门内。（转自耶鲁大学神学院图书馆）

结尾的话

我们三人去国经年，但一直在关注和收集有关燕园的历史资料。每当看到故园的文章和照片，总是兴奋不已，相互传送、考证、议论。这些史料不仅限于朗润园，还包括燕东园、燕南园、中关园……

1940 年左右周学章的孩子们在 10 号院大门前（王敬献 / 提供）

　　随着岁月的流逝，经历和见证往事的父辈们大多已经驾鹤西去，而我们的兄弟姐妹、朗润园的子弟们，大多也已过耳顺之年，能得到的一手信息越来越少，过往的记忆亦渐行渐远。

　　此文章非学术研究，我们也很难接触和查询到学校以及国家资料馆的档案，所以旨在抛砖引玉，以仅有的资源和绵薄之力，尽可能地介绍所得史料，希望不断地得到补充和修正。

隐藏在朗润园中的"圆明园"

◎ 侯帆星

朗润园和我住过的燕南园中间隔着未名湖。未名湖的东北角有座罗锅桥。桥很陡，行人在绕未名湖遛弯时一般躲着走。在我幼年的记忆里，从罗锅桥往北就算是朗润园了。如果骑自行车在罗锅桥上一松闸，估计可以一直冲到朗润园的大石桥。

最初，这条自未名湖罗锅桥往北通向朗润园的南北大道并没有被一条东西向的机动车道打扰，只是在路边西侧有座没有栏板、桥身微拱的青石大石桥，似乎深深地陷入芦苇塘里不能自拔。在这条路的东边有一个尚未命名的小湖，当年也长满了芦苇。我猜这两个湖原来是一体的，只是后来由于进出朗润园的人员车辆很多，就填湖铺路，分成两块了。如果你注意，路在此地拐了个缓缓的 S 弯并不起眼，连深居朗润园的季羡林老先生也从未描述过。

长大一点我才知道，北大大名鼎鼎的未名湖其实在燕京大学时代已经命名，而未名湖的前身是清朝淑春园里面的一片没有名字的湖泊。岸边停靠着等待乾隆宠臣和珅的石船。如果夏天暴雨，未名湖会暴涨把石船淹没，因为罗锅桥下的暗河无法吞噬过量的雨水。

20 世纪初司徒雷登校长创办燕京大学时，陆续把淑春园、镜春园、朗润园、鸣鹤园等几个清朝遗留下来的小园子买了下来，收纳于校园中。墨菲先生在设

1963 年 8 月暴雨过后未名湖水位暴涨。侯仁之先生骑着他的三枪牌自行车，把儿子侯帆星放在车的大梁上，在北大校园湖区勘察水位，此时的朗润园已经是一片汪洋。照片中站在未名湖南岸慈济寺旁边、拎着手提包的小男孩就是侯帆星。（侯仁之／拍摄）

计规划燕京大学时，还把圆明园废墟中安佑宫的麒麟、丹陛、华表，以及西洋楼方外观的两座石桥等大件石雕拉入校园作为陈设点缀。这些是我老爸告诉我的，他早在 30 年代就来燕京大学读历史地理了。

别看我在北大大院里长大，其实我对朗润园并不是特别熟悉。住在朗润园的有我的同学华欣、白健明、马爱梅，他们和我一起上了八一中学（现在的北京市八一学校），然后高中毕业，华欣同学参军了，剩下的我们又一起到东北旺人民公社唐家岭大队插队。时光飞跃，很快就到了 1976 年秋天，十年浩劫结束。有一天海淀区城建局的边满堂局长特意告诉参加海淀区城乡规划会议的老爸，说海淀区政府决定将绿化队分出一支来成立圆明园的管理处，专门负责整修圆明园。要知道在这之前的几年，老爸还在朗润园的材料厂修理桌椅板凳呢。此时还在插队的我已无心待在乡下，就期待着招工回城。一听说新成立的圆明园管理处要人，我就想办法过去。

说起圆明园，我第一次去是"文革"初期。邻居周培源先生的外孙周义东说要去圆明园探险。路上可能会遭遇小流氓，于是就又拉上一位小顽童壮胆。

我们出北大东门，没敢过小桥进成府，没敢东张西望，贴着朗润园东墙外往北走，过了万泉河一座残破的石拱桥马上出现在眼前。我们爬上桥出溜下来，这比罗锅桥刺激多了。然后穿过比我们还高的芦苇荡，蹚着溪水前行。四下安静得不得了，我低头看着清澈小溪里的浮萍、小鱼、泥鳅。也不知是谁大叫一声"水蛇"，撒腿就跑，踢起一脚泥沙，正好溅到我的眼里，顿时迷了眼睛。我捂着一只眼，一脚深一脚浅跟着他们俩落荒而逃。我想我们大概是从一零一中学跑出来的（后来我才搞清楚，闹了半天我们只是穿越了绮春园，根本没进圆明园）。

再去圆明园是十年之后。我骑车去唐家岭大队插队。走圆明园西侧的柏油路倒是平坦，但西北风太强劲了，骑车太费劲，而且圆明园西北角的那个粪场臭不可闻。然后我发现了一条捷径，就是穿过圆明园。还是出北大水塔下的东门，路过小时候第一次进绮春园爬过的石拱桥，沿着湖边弯曲的土路前行，左侧是长着油松的土山，右侧是大片稻田。穿过一处立着西洋石柱的废墟，看着车轮下压出来一道道三合土地基，最后穿出圆明园，迎面而来的是凛冽吼叫还夹着沙土的西北风。

1977 年初春我再次骑车进圆明园，不过这次是老爸亲自做导游——骑着他失而复得的三枪牌自行车。这次我们没有出东门，而是出西校门，奔着颐和园方向下去了。到了西苑我们往北，穿过杂乱的居民区很快进入了圆明园。不多时迎面而来的是"三一八"烈士纪念碑。老爸拿出一份地图，那是民国二十二年（1933）的测绘图，比例尺是 1∶2000。他用手指了指说：眼前这个鱼池以前叫前湖，前湖之南是正大光明殿，其地位相当于紫禁城的太和殿；我们现在站着的这个岛叫"九州清晏"，它北面的这片稻田是原来的后湖，环绕后湖的还有八个岛屿，每个小岛上都有一组美妙的庭院。老爸娓娓道来，圆明园中山峦起伏，流水潆洄，在林木映掩之间点缀着数以百计的殿阁楼台亭榭馆，陈设了无数珍宝。

按图索骥，我们经过"杏花春馆""廓然大公"，路过一座夯土打造的大城，还有用青砖砌的猪圈。老爸说圆明园虽然消失了，但是它造园山形水系的艺术魅力还在，在这错综复杂的空间变换之间隐藏着峰回路转的神奇。身在圆明园腹地，静得出奇。我努力去想象在一道道长满酸枣刺的山岗和割过水稻的田野里，竟然曾经是一片天下最妩媚的皇家乐园。

几经周折我深深领略了圆明园山形水系的魅力，我们终于来到静谧的西洋楼。这时候老爸再次拿出地图，说：看，这是我们走过的路线。我拿过地图仔细一看，西洋楼只是在圆明园三园的东北角。我还发现原来我骑车穿越圆明园去唐家岭时，竟然没有进入过真正的圆明园，而只是沿着长春园的西侧而行，最后穿过西洋楼的迷宫。

说着老爸又拿出一本相册，说这是在 1860 年圆明园被英法联军焚烧后过了二十多年，外国摄影师溜进来拍摄的西洋楼照片。我一看，太震撼了。西洋式建筑已经完全破落，被掩盖在高耸的树木之间，仿佛一座座被人们遗忘中沉睡的宫殿。天啊，看来圆明园真的神奇般地存在过！原来我骑车经过这个石柱上顶着西洋纹饰石雕的地方叫"谐奇趣"。我忽然想起来，燕南园 63 号原来马寅初校长家的院子里也有一块同样的西洋石雕。老爸说：你知道北大未名湖里的翻尾石鱼吧，就是来自谐奇趣前面的喷水池。

走过倒置金字塔的三合土大家伙，我们来到大水法。老爸说我们站的这个地方叫观水法，乾隆坐在宝座上面向北欣赏大水法的喷泉。宝座的背后按照传统有屏风环绕，屏风是用石材雕刻的，图案是西洋军鼓火炮。老爸问："你知道照片里的石屏风在哪里吗？"我摇摇头，老爸说就在朗润园。啊？圆明园西洋楼观水法的石屏风在朗润园？我怎么不记得看见过呢？

那段时间我有空就骑车去圆明园里转转，还认识了赵光华老先生。赵老告诉我：圆明园虽然在 1860 年 10 月被英法联军掠夺焚毁，但还是有相当一部分建筑幸免，毕竟圆明园太大了。同治年间慈禧还试图重修圆明园。拆东墙补西墙，恢复了绮春园里的一些殿堂，并改名为万春园，不过最终因国库空虚作罢。之后随着清朝的没落，园内的许多建筑构件被拆、被卖。

赵老研究过金勋老先生的记载，观水法的石屏风大约在 1910 年后被卖了。当时圆明园内的李太监私自与私商串通，试图索价五千元将石屏风及小方塔出售，而私商仅肯出两千。此事被光绪皇帝同胞兄弟贝勒载涛得知，他把太监驱逐出园，并将石屏风运至隆裕太后所赐得的朗润园。美国甘博（Sidney D. Gamble）先生大约在 1919 年来圆明园时还拍摄到了石屏风。此后这五块石屏风、两座石塔、两根石柱就被运到了朗润园，沉睡在朗润园岛的西北岸边，多年之后逐渐下陷被芦苇掩盖。①

这一躺就是半个多世纪。一天我陪老爸绕未名湖散步碰上负责校务的王希祐"总管"。"王总管"赶快从自行车上跳下来，笑眯眯地打招呼。寒暄几句后老爸开门见山，说："我去区里开会，现在成立了圆明园管理处，他们现在开始清理遗址了，打算变成一处遗址公园，我们支持一下。""王总管"一听也挺高兴。此刻老爸话题一转，说："咱们朗润园里有几块石屏风是圆明园的，咱们要还给人家。"一听这话，我看出来"王总管"脸上滑过一丝尴尬，他说："咱们校园里圆明园的东西可多了，总不能把华表也拆了吧？"老爸说："这几块石屏风不是燕京大学拉来的，是贝勒载涛，就一直扔那儿了，也没用上。""王总管"一听这话也是："那，行吧！"你想啊，"王总管"脑筋快，像这类重大历史文物移交肯定要报校长，校长也肯定征求侯老意见。既然侯老自己提出来了，那就好办了。

而那时我正在调动工作，时常去圆明园尽个义务帮个忙。于是我跟圆明园管理处工头杨振铎师傅以及新来的张恩荫书记透露了好消息。说北大"王总管"点头了，可以把观水法石屏风拉回来了。我还拿着那本滕固先生编辑的西洋楼相册，以及1933年实测圆明园地形图给他们看，相册和地图上各有老爸的印章"仁之藏书"。他们如获至宝，说："我们留下仔细看看行吧。"张书记说："听赵光华老先生说石屏风流落在北大朗润园，可是咱们跟北大说不上话呀，人家不给呀。侯老先生帮咱们把这事搞定了，太好了。""这样吧，"杨师傅说，"现在要抓紧种树。有空了我安排人把观水法石屏风的基座清理出来，秋天接宝贝回家。"

1977年秋我开始在圆明园上班，拿了圆明园管理处的介绍信去北大总务处办了文物移交手续。10月的一天，杨师傅带着十几号工人，岳师傅开着常州牌手扶拖拉机，孙师傅开着上海581型三轮汽车，拉着撬杠、滚杠、大绳、杉板和绞盘，浩浩荡荡跨过万泉河，进了北大东门直奔朗润园。随后男男女女推着绞盘，一寸寸地拉，把石屏风、方塔、立柱一块块从泥塘里拉到吊车点（我当时临时被安排上夜班没有直接参与搬运）。

老爸抽空过来瞧了瞧。老爸很有意识，说拍下来。我拿起老爸被红卫兵抄

---

① 美国杜克大学保存有甘博先生大约在1919年拍摄的石屏风原状照片，可参阅：https://repository.duke.edu/dc/gamble/gamble_072B_0782。（访问日期：2023年9月28日）

圆明园管理处的员工正在朗润园搬运观水法汉白玉方塔（左一董世光，左四张恩荫［书记］，右二王大个）

圆明园管理处的员工在推绞盘，将陷在朗润园泥塘里的圆明园观水法石屏风拉出来。

家又被退回的 135 照相机——那是老爸去英国留学带回来的蔡司相机——拍下众人推绞盘拉石屏风的历史镜头。①

　　几位进出朗润园的老师家属围观。有人说：我怎么不知道有这么个东西，还有西洋雕刻。有老者说：我见过，冬天的时候就露出头了，不过现在是越陷越深了。还有人说：也奇怪了，当年燕京大学从圆明园拉过来不少石雕，怎么墨菲建筑师没把这玩意立起来用呢？

　　到了起运时，卡车一次只能拉一块石屏风。卡车在前面开，吊车后面跟着。绕行未名湖，经过罗锅桥，出北大东南门，路过物理大楼再往东，路过清华大

---

① 　我拍摄的搬运和吊装石屏风的照片被用在圆明园园史展览中（未署名），底片保存在圆明园管理处。我近几年多次联络管理处寻求查找，至今无果。本文中这些搬运石屏风的照片是我从园史展板上翻拍的。

在观水法基座上复位石屏风。站在柱顶的是杨振铎，下面扶着的是董平波，后面负责盯着的是曹师傅。

学西校门，再路过长春园大门，最后从西洋楼东头豁口进入西洋楼。当年石屏风坐着马车从这里离开了圆明园，谁也没想到，五十多年后坐着"大解放"回家了。

此时观水法的基座已经从两米厚的渣土里刨了出来，乾隆宝座还没有完全清理出来，还埋在渣土下面，正好可以让吊车骑在上面。吊车安放两个四方锥形石塔时没问题，一步到位。石柱由于早已断成两截，所以在接缝处放一些水泥浆当黏合剂，再把上面一块放上去。如果你注意，你可以看到石柱中间有条缝。

五块石屏风中，四块厚 63 厘米、高 220 厘米、宽 83 厘米，约 4 吨，最大一块 114 厘米宽，吊车师傅说估计有 5.5 吨重。要知道解放牌卡车的承重能力是 4 吨，吊车的安全载荷上限也是 4 吨。没辙，我们只好硬着头皮搬。吊车司机先把大臂尽可能立起来，再把石屏风吊起来，然后慢慢地旋转塔台。眼看石屏风在半空中缓慢地切割着空气，支撑脚下发出碎砖石破碎的声音。大家全憋着气看着。我也站在旁边看着，手里拿着相机。终于吊车转到了基座的正中间，开始提升石屏风。现在的麻烦来了，虽然高度是够了，但是距离不够。吊车司机把油门收了点，大声跟杨师傅说："还差点，要放大臂，再往前来点，您瞧着点。"杨师傅点了点头。吊车司机小心翼翼地下放大臂，我听见钢丝绳制动鼓盘在吱吱作响，心都提到嗓子眼儿了。

眼看大臂越降越低，石屏风也越来越接近预定位置，可是吊车的车头却越抬越高，支撑脚下的渣土扑哧扑哧压出白烟。忽然，因为吊臂伸出去太多，整个吊车失去平衡向前栽了下去，随着闷闷的一声"砰——"石屏风砸落到了台基上，瞬间空气都凝固了。杨师傅赶快前来查看，没想到他扭过头来乐了，来了一句："何家姑娘给郑家了——正合适。"石屏风和基座都安然无恙，好一个完美的一次到位。此刻我转头一看，吊车的前轮还吊在半空。

　　自 1860 年秋英法联军焚烧掠夺圆明园，多少年来圆明园一直在被拆、被毁、被倒卖，宝贝流散到全世界。连园内房屋的砖头也被农民刨出来盖房子、盖猪圈，等我进园时只剩下一道道地基壕沟。直到有一天，历史发生了转折，那就是石屏风回到了圆明园——这是有史以来第一件流失文物回归，也是第一件回归到原位的文物。

　　不过当年观水法石屏风复位并没有引起轰动，没有剪彩仪式，没有媒体报道，更没有网红前来打卡。似乎就像朗润园里曾经隐藏过石屏风的坑，在石屏风被拉走后又被野草、芦苇覆盖，一切烟消云散。大概没有什么人知道，朗润园竟然隐藏过国宝，而失主就是北墙外的圆明园。人们似乎也忘记了是谁找回了"圆明园"。

　　最近听华立女士说要出一本《朗润园的天空》，我说我也来凑个热闹，虽然我不是在朗润园长大的，但是知道有件与朗润园有关的事，就是历史上有记载的圆明园西洋楼观水法的石屏风曾经被拉到了朗润园。

　　现在问题来了，如果按照我的印象，石屏风是陷在去朗润园 S 弯道西侧大石桥附近的苇子坑里，可是此地属于镜春园呀。我翻开我收藏的 1977 年圆明园管理处《简报》第三期，有这样的描述："这七块石屏风从北大运出时，都要先经过一段羊肠小道。工人们硬是十几个人绞动绞盘，一公分一公分地把她拉到 110 公尺以外的装运点。"青石大石桥附近好像没有这么复杂的场地吧。哎，慢着，朗润园岛的西头不是有一座花岗岩条石大桥嘛！多谢北京大学城环学院岳升阳教授提醒。

　　我本想拿着当年在起运石屏风时拍的照片来现场核对，不料疫情三年回不去，燕南园 61 号再也不能叫作"家"。有认识背景中平房的人可以告诉我在哪儿。哦，对了，顺便帮我看看未名湖东北角出水口的罗锅桥有一根残缺的柱头修补了没有。说不定罗锅桥也是从圆明园拆过来的呢。

　　　　　　　　　2023 年 10 月 5 日写于美国华盛顿州西雅图

"朗润园"源头略考

◎ 张军

北京大学今天的地理位置俗称"燕园"。燕园最早的人类活动可追溯到大约距今 6000 年至距今 4000 年的新石器晚期，并始终延续。20 世纪 50 年代在施工工地（大约在今天国际关系学院位置）就曾发现新石器时期的磨光石斧，后被侯仁之先生保存。1970 年在挖防空洞时发现一口汉代陶井（大约在今天俄文楼后位置）。1985 年在燕南园也发现过东汉时期的墓葬和陶罐。此后，在今日一教以西区域又多次发现大量陶片、建筑构件等两汉和魏晋时期遗物；在今日古籍图书馆位置发现过两汉时期大灰坑。20 世纪 50 年代初兴建哲学楼时出土过金代墓葬；21 世纪初出土过元代墓葬；20 世纪 20 年代前后兴建燕京大学时出土过多个明代墓葬，其中包括勺园主人米万钟父亲的墓志（今日摆放在办公楼内），1993 年兴建资源大楼时再次出土了明代墓葬。

明代勺园的建成，标志着燕园建园的开始，自清代初期开始，逐步形成以畅春园、承泽园、蔚秀园、鸣鹤园、镜春园、朗润园等为主的皇家园林。其中就地理区域、水系、建筑格局而言，唯有朗润园保存最为完整，成为北京地区保存最完整、面积最大的清代皇亲私家园林。

关于朗润园的建园史，以往资料虽有涉及，但多只上溯到清乾隆年间的

"春和园"，本文尽量汇总可见史料，尝试梳理并寻找"朗润园"始发源头及基本演变过程。

一点说明：《古园春秋——回望朗润园三百年》是我耗时一年多撰写的一篇数万字长文，由于本书字数所限，仅节选第一章节首发于此。

在当今中国，几乎无人不知晓北京大学；每年寒暑假都会有数万人慕名而来，一时间未名湖畔人满为患，高高伫立的博雅塔好似一座丰碑圣殿，供所有人顶礼膜拜。然而，对于未名湖北部仅百米之遥并具有数百年历史的朗润园而言却显得安静了许多，绝大多数人只是与之擦肩而过。朗润园对"北大人"并不陌生，但对外界人而言，知道的人就不是那么多了，甚至许多人根本就没有听说过这个名字。

20世纪80年代北京大学出版社出版了一本《季羡林散文集》，书中有一个章节收入了季先生多篇关于朗润园的文章，此章节也被季先生命名为"朗润集"。随着"季羡林热"的不断升温，一时间，关于季先生各种版本的书籍出版了不下几十种之多，"朗润园"这三个字随着图书的热销也开始慢慢地走入了人们的视野。朗润园神秘的大门就这样被季先生轻轻地推开了一角。

至20世纪末，随着在朗润园内全面整修并建成北京大学中国经济研究中心后，描写朗润园的短文开始频频出现在各种出版物中；随着各种活动的频繁举办，甚至国外首脑的到访，朗润园开始"名声鹊起"。以至于引得一些到访燕园的人们必要巡游一下朗润园，以目睹其真容。

燕园内的古代园林形态有着数百年的传承延续，最早发端可追溯到明朝米万钟所建私宅勺园，距今已有四百多年历史。今日燕园地域内在不同时期先后出现了勺园、清华园（指李伟所建园）、畅春园、淑春园、春和园、朗润园、鸣鹤园、蔚秀园、承泽园、镜春园、十笏园、成王园、墨尔根园等诸多皇家（亲）园林，曾经一派繁荣景象。然而伴随上百年时间的流逝，很多园子出现败象甚至消失；至八国联军攻陷北京并火烧圆明园时诸园难逃一劫，大多陪伴着圆明园的火焰付之一炬，残垣断壁随处可见。

历史经常会出现令人费解的事情，在摧毁人类文明的熊熊烈火中，地处中心地带的朗润园居然未受殃及并奇迹般地完整保留下来，实属罕见幸事。在其后的百年多时间里，朗润园虽略显败落，但经过不同时期的不断维缮，整个园子从未改变过整体格局以及主体建筑。直至 21 世纪初彻底翻建后以崭新的面貌呈现给世人。朗润园是今日北京保留下来规模最大、最完整的清代皇亲私家园林，其历史与现实的意义已经远远超出自身价值。

今天，关于朗润园历史演变的专著、文章少有，但也绝非不见，只是多见于一些专著中的章节部分。其中，尤以金勋先生著《北京西郊成府村志》、侯仁之先生著《燕园史话》、张宝章先生著《三山五园新探》（上下）、舒衡哲（Vera Schwarcz）著《鸣鹤园》、唐克扬先生著《从废园到燕园》、焦雄先生著《北京西郊宅园记》、方拥先生主编《藏山蕴海——北大建筑与园林》、贾珺先生著《北京私家园林志》等书中所涉及朗润园历史由来的内容较为详尽。其中，又尤以著名历史地理学家侯仁之先生、海淀史专家张宝章先生、美国著名汉学家舒衡哲等人的论述相对更为权威。近年来，在凡涉及朗润园历史的文章中，上述专著中的相关内容被引用率最高。

然而，对于一个具有数百年历史的皇家（亲）园林且保存如此完整的朗润园而言，至今几乎未见专门关于其源头、名称、地界、园内建筑演变的详细文章，这不得不说是一个小小的遗憾。

为了加深人们对朗润园地域的名称及基本演变过程的了解，本文尽量以可见文献为支点进行梳理、阐述。同时，对资料中出现的某些论点提出疑问并尝试纠正，以便供人探讨。

朗润园地处今日北京大学东北侧，属于清代皇家附属园林之一。关于朗润园的演变历史，目前所见文章几乎全都是引用对燕园史研究最具权威的侯仁之先生观点，即："朗润园原名春和园，清嘉庆（1796—1820）间为永璘赐园，永璘为乾隆第十七子，嘉庆二十五年（1820）封庆亲王（赐园当在是年），所以春和园又俗称庆王园。到了道光（1821—1850）末年，春和园转赐奕訢（恭亲王），并改称朗润园。"① 据侯仁之先生的考证，今日朗润园是由清代乾隆年间的春和园逐步演变而来的。

清乾隆中叶，乾隆皇帝为奖励重臣，特下旨将淑春园北部（今未名湖以北镜春园、朗润园、鸣鹤园一带位置）赐给傅恒。傅恒在搬入赐园后便以自己的字

---

① 侯仁之：《燕园史话》，第 53 页。

"春和"命名为"春和园"。傅恒于乾隆三十五年（1770）去世。之后，春和园由其次子福隆安继续居住。约十二年后，该园收回内务府并入圆明园。据清廷文献《钦定总管内务府现行则例——圆明园卷》记载："乾隆四十七年正月奉旨：淑春园改为春熙院。钦此。"春熙院命名后则改建成专供皇帝游赏的御园。

傅恒画像

我注意到，侯仁之先生在《未名湖溯源》一文中曾对自己此前出版的《燕园史话》中的观点做过补充修正："到了乾隆四十七年（1782），又在淑春园中的北部，也就是靠近万泉河的南岸，划分出一个新园林，名为春熙院，其位置正好和万泉河北岸绮春园中的正觉寺，隔河相望。"侯仁之先生在"名为春熙院"后特意加了注解："春熙院应即今日镜春园和朗润园前身，拙作《燕园史话》第22页，只写了镜春园，未加注朗润园。"[1]侯仁之先生根据自己的研究，十分肯定地表明了在傅恒去世的大约十二年后，也就是乾隆四十七年（1782）时，在淑春园北部（今日未名湖以北一带）新划园林（也就是之前傅恒的春和园位置），名曰"春熙院"，并特别在文章脚注中加以修正说明。

由此不难看出，在乾隆年间赐园给傅恒并由其命名"春和园"，在傅恒去世大约十二年后该园被内务府收回并奉旨改为"春熙院"；也就是说至嘉庆初年间赐给永璘为私园（后俗称庆王园）之前，该园还曾出现过一个名字，也就是"春熙院"，该名称大约使用了有十五年时间。在今天所见关于朗润园的文章中，凡涉及其历史演变过程论述时大多都忽略了"春熙院"这个名字。

在中国现存古代园林建筑中，许多都是在最初园林建筑形态的基础上逐步扩建演变而来的，其名称也会出现更迭的现象。我一直在设问几个问题：今日朗润园在乾隆年间赐给傅恒之前——也就是傅恒命名"春和园"之前——该地

---

① 侯仁之：《未名湖溯源》，载《北京城的生命印记》，生活·读书·新知三联书店，2009，第465页。

域内是何状态? 是否属于"一块平地"? 还是已有某些园林建筑雏形存在?

为此,我在查阅资料时发现另一种说法:在方拥先生主编的《藏山蕴海——北大建筑与园林》中有这样的说法:"朗润园在镜春园北部,北依万泉河,对面为圆明园三园之一的绮春园。雍正年间这里是怡亲王允祥的交辉园,后为傅恒春和园。"[①] 按此文之意,雍正年间的交辉园应该是春和园的前身。换言之,傅恒的春和园是在交辉园基础上扩建而成的。

我按照这个思路追查下去发现。有资料显示,在雍正三年(1725),怡亲王允祥得赐交辉园。而史料显示,交辉园的前身则是始建于康熙二十八年(1689)前后的蓼辉园。如果按此逻辑相推,朗润园似乎是沿着蓼辉园——交辉园——春和园这个脉络发展而来的。其早期建筑雏形的时间似乎可前推至康熙二十八年前后所建的蓼辉园。如此计算,在关于朗润园"源头"的问题上,方拥先生的观点把侯仁之先生的观点往前推了大约近百年的时间。这可是一个不短的时间了。

我也一度这样认为,并为此翻阅了很多资料以便确认;但看了大量的各种资料后,对只言片语的资料抽丝剥茧时发现方拥先生的这一观点其实是一个大大的误解。误解在于:方先生"指正的地点"出现了偏差。在此,有必要特别说明一下,因为这涉及朗润园"源头"的重要问题,一旦有误,将误导后人,有必要予以纠正。

资料显示,在北京西郊皇家园林史上曾经出现过两个"春和园",而这两个"春和园"之一的前身确实为交辉园,也就是蓼辉园之后的交辉园(大致位置在今北京一零一中学所在地)。而更为巧合的是,两个"春和园"又都恰恰与傅恒赐园有关系。

其一,在乾隆年间,的确曾经将怡亲王允祥的交辉园(前身为蓼辉园)赐给傅恒,傅恒得赐园后便用自己的"字"命名,也就是"春和园";其二,后来为了扩建圆明园,乾隆下旨将该园并入绮春园,傅恒则奉旨搬出了春和园(原交辉园),同时被重新赐园,住进了在交辉园南仅"一箭之遥"的淑春园之北处。傅恒搬至此地后,这座新的皇帝赐园仍沿用"春和园"之名。有资料显示,傅恒第二次被赐园即淑春园以北的位置,恰恰是在前身为蓼辉园的交辉园与淑

---

① 方拥主编:《藏山蕴海——北大建筑与园林》(第二版),北京大学出版社,2008,第80页。

春园之间区域（今北大未名湖以北，后分为三座园林即鸣鹤园、朗润园、镜春园）。

因此，可以断定，傅恒第二次被赐园位置才是侯仁之先生"朗润园原名春和园"所指的"春和园"，方拥先生所述"朗润园在镜春园北部……雍正年间这里是怡亲王允祥的交辉园，后为傅恒春和园"中所指的"春和园"并非在今日朗润园地理位置，而是在今日北京一零一中学位置。

至于傅恒何时迁入（出）前一个"春和园"（指前身交辉园），而又搬入后一个"春和园"（指淑春园北一带位置）的准确时间，在清代资料中难觅任何记载。可见资料多属于近些年"抽丝剥茧"佐证分析之文，许多结论也不免有相互矛盾之说。我综合可见资料认为：傅恒搬入赐园交辉园的时间是在乾隆十四年（1749）左右，而后搬出该园的大致时间应该是在乾隆二十七年（1762）左右；再得淑春园北部为赐园（今日朗润园地域）并搬入的时间大致是在乾隆二十八年（1763）前后一年间。

其实，关于傅恒在不长的时间内搬入（出）两个赐园的准确时间也许并不是那么重要了，重要的是历史上傅恒确实和交辉园以及淑春园（北部）所在地理位置"发生过关系"，而其结果只有一个，即：两处均都被命名为"春和园"，在"一箭之遥"范围内傅恒一手缔造出两个"春和园"。这也正是为何在清代北京西郊皇家园林中曾经出现过两个"春和园"的原因所在。

也许正是这些错综复杂性与巧合，加之史料缺乏才导致方拥先生"朗润园前身为傅恒春和园，而春和园前身又是交辉园"的误解。

我上述观点多源自《圆明园》学刊第 11 期张宝章先生所撰的《萼辉园和交辉园沿革初探》（2011）及《三山五园新探》（中国人民大学出版社，2014）一书中的部分章节。《萼辉园和交辉园沿革初探》详细考证、阐述了萼辉园、交辉园、淑春园、春和园以及它们与傅恒之间的关系，虽然文中个别结论有"推测"成分，但仍不失为一篇质量很高的考证文章。基于表达的目的，我在此仅做归纳阐述，不做原文引用，有兴趣者可自行查阅。

既然侯仁之先生所指的春和园与交辉园无关，而方拥先生的"春和园前身就是交辉园"观点又有误；那么，在春和园（朗润园前身）之前该地域内是否就已经存在了园林形态，依旧是一个需要搞清楚的问题，毕竟这涉及今日朗润园始发源头是春和园？还是在此之前就已经有了更早的初始园林形态？

我们今天所见到的古代园林建筑，就其源头和源流而言，只要不是"平地"始建，一般来说都是有一个传承演变至今的过程。而考察始建源头在哪里，通常要考虑两个方面的因素：其一是最初始的地域所属人或园林形态及其演变的连续性；其二是使用名称的演变脉络及其内在关系与连续性。

在历史上，今日朗润园地理区域位置内曾经在不长的时间内分别出现过两个名称，也就是"春和园"与"春熙院"，这是今日所见资料中该地域内出现的最早使用名称。但当顺着这条线索探寻之前的园林形态时却发现史料十分匮乏，即使偶有"零星说法"也难有清晰表述。

不过，在查阅、对比各种资料时可以看出一个基本规律：在表述春和园或之后的春熙院，以至于再后来朗润园区域位置时，都会频频出现一个关键句子——"在淑春园北端"。换言之，也就是指今日未名湖以北一带位置。这种说法的频频出现并不是明确说明淑春园就是春和园的前身，而是在阐述春和园地理位置时习惯使用淑春园作为对应"坐标"，也就是地理位置"参照物"。

既然从地理位置上看，春和园在淑春园北端（今日未名湖以北），那么就可以沿着淑春园发展演变的思路寻找下去，一旦有资料显示在乾隆中叶之前淑春园北部已经出现了其他园林的存在，那么就能证明春和园的前身所在。

清顺治年间，明代李伟所建清华园（在今日北大西门外畅春园一带）已呈荒败之象，该园被收为"官地"。康熙二十二年（1683）前后，奉旨在此地大兴土木修建康熙行宫畅春园。在康熙二十六年（1687）前后，畅春园建成。此后，康熙帝每年有大量时间在此居住。一时间，在畅春园周围各皇子及皇宫大臣纷纷建园，以便"待命"于康熙周围，随时听候皇帝召唤。

侯仁之先生曾考证并推论淑春园前身始建园林雏形可追溯到康熙二十六年叶洮所规划设计的自怡园。自怡园为康熙朝大学士明珠别墅，又称"明珠国相园"。侯仁之先生在《未名湖溯源》一文中通过全方位的分析对此有清晰的论证："最初的自怡园，就是日后的淑春园，两者同是一地，只是前后名称不同而已。"[①]

---

① 侯仁之：《未名湖溯源》，载《北京城的生命印记》，第 461 页。

侯仁之先生在 2001 年 12 月 4 日海峡两岸"大学的校园"学术讨论会上发言中，对此有过更加详细的解读。由于该文很长，在此仅将相关"句"集纳引用，有兴趣者可自行查阅。

侯仁之先生说："康熙二十六年（1687）……兴建了皇家御苑的畅春园之后，又立即下令……为武英殿大学士（相当于宰相）明珠兴建了一座别墅园，叫做'自怡园'"，"不幸的是这座一代名园……到了雍正二年（1724）……被'籍没'，自怡园之名不再见于记载"，"到了乾隆中期……自怡园的故址才重新见于记载，这也就是日后闻名的春熙院和淑春园"，"实际上从现在未名湖周围地区的燕园（也就是历史上的淑春园）一直向北，经过镜春园，直到朗润园，南北连成一片，这就是原来名盛一时的自怡园的所在"，"镜春园和朗润园在燕京大学建校之后……直到 1952 年……连同上述的燕园在内，才真正恢复了原来自怡园的故址"，"尔今回顾 80 年前燕园创建之时……而现在镜春园和朗润园中的大小湖泊，追根寻源，也都是自怡园的遗存。"①

侯仁之先生的上述观点，可以看出明确表达了两方面意思：其一，自怡园就是后来的春熙院，换言之，自怡园就是春和园的前身；其二，镜春园与朗润园就是曾经著名的自怡园所在。

此外，在海淀史专家张保章先生撰写的《淑春园及其沿革》以及曹汛先生撰写的《自怡园》文章中，对此也都有过详细阐述，有兴趣者可自行查阅。近些年来，有关建于康熙年间的自怡园的具体位置也有其他考证文章，其中不免也有争论。本文主要依据侯仁之先生观点而论。

我特别注意到，《故宫博物院院刊》2021 年第 2 期发表了中国人民大学清史学者何瑜先生所撰的《清代皇家赐园与北大校园》，文中也详尽考证了今日北大未名湖以北镜春园、朗润园等诸园区域早期形成发展及演变的过程。该文章以清史档案资料为基础考证了北大未名湖以北的早期园林形态，是一篇难得一见的史料考据类的文章。

何瑜先生的观点，与侯仁之先生"而现在镜春园和朗润园中的大小湖泊，

① 侯仁之：《北京大学校园本部在规划建设上的继往开来》，首届海峡两岸大学的校园学术研讨会论文，北京，2001，第 2—8 页。

追根寻源，也都是自怡园的遗存"的观点有所不同；但其不同点并不在于否定康熙年间此地是否存在园林建筑，而是认为并非存在"自怡园"。

何瑜先生认为："康熙四十六年，七位皇子所建花园的大概位置也就确定了。'似觉窄狭'之处建园的四、八、九、十阿哥，其庭园位置应该就在今北京大学北部，也就是鸣鹤园、朗润园、镜春园"，"综上所述，我们可以有一个合理的推测，即康熙四十六年，皇四子胤禛的赐园在今北京大学西门内，即后来乾隆十公主的赐园淑春园；皇八子允禩的赐园在今北京大学鸣鹤园一带；皇九子与皇十子赐园，应在今北大校园未名湖和朗润园一带"[1]。这便是何瑜先生关于今日北大未名湖以北区域最早园林形态的"皇子园说"。

我在查阅所见各类文献时，关于今日北大未名湖以北区域最早建筑雏形的准确年代及其归属的记载并不多见。偶见资料，也是"众说纷纭"，难以统一。我认为比较权威的当属侯仁之先生的"自怡园说"与何瑜先生的"皇子园说"。

就我本文所述角度而言，两种说法孰对孰错已经完全不重要了，重要的是前辈学者侯仁之与后辈学者何瑜两种完全不同的观点中却拥有一个共同的观点（换句话说，就是有一个共同的时间节点）：今日北大未名湖以北区域最早建筑雏形始建于康熙年间兴建畅春园之后的一段时间内，具体时间也就是康熙中叶前后。

可以肯定地说，在淑春园以北区域，早在康熙年间（1687 年左右）就已经陆续形成最初的园林建筑形态，也许是重臣明珠的"自怡园"，也许是康熙帝八、九、十子中某位皇子的"皇子园"。之后随着雍正、乾隆两朝的发展，这里先后演变出现了其他名称的赐园，如春和园、春熙院、淑春园、鸣鹤园、镜春园、朗润园，而淑春园的南半部分长期称为"淑春园"（也曾短暂有过十笏园、成王园、墨尔根园之称）。

从史料中频繁出现的以"淑春园以北"作为地理参照坐标来描述春和园的位置，可得到启发而追溯到康熙中叶，这应该就是朗润园建筑形态的始发源头所在，距今大约已有 330 年历史。

乾隆三十五年，傅恒去世。乾隆四十七年，在春和园内扩建园林并改称之

---

① 何瑜：《清代皇家赐园与北大校园》，《故宫博物院院刊》2021 年第 2 期。

为"春熙院"，供乾隆独享游赏之用。自乾隆四十七年至乾隆五十三年（1788）之间，乾隆帝每年正月必来此园游赏。嘉庆年间，该园赐予乾隆第十七子永璘为邸园，因永璘曾经被封为庆郡王，它又被俗称为"庆王园"。后又传永璘之子庆郡王绵愍，道光年间又传奕采，后因奕采被夺爵位，便收回归宫。道光末年，又转赐恭亲王奕訢。咸丰二年（1852）秋，该园再次易名，皇帝亲临游赏此地，亲笔题写"朗润园"三个字并制匾额悬挂于园门。此后近一百七十年时间里朗润园之名一直沿用，再也未更换过其他名称。

光绪年间，奕訢去世，朗润园便被收归由朝廷内务府管理，用作内阁军机处及诸大臣会议之场所。民国初年，紫禁城内小朝廷又把朗润园赐给载涛作为私产，载涛便成了朗润园最后一位私人园主。

20世纪20年代后燕京大学特租朗润园作为教师宿舍。1952年北京大学与燕京大学合并时，朗润园彻底归属北京大学。

综上所述，朗润园演变至今的一条清晰脉络展现出来：康熙中叶时期的初始园林"自怡园"或某"皇子园"为始发，并在乾隆年间逐步演变出春和园、春熙院及后来诸园，再到咸丰年间皇帝亲笔赐名"朗润园"至今大约已有330年历史。朗润园名称的使用也有近170年历史。

关于朗润园地域内历史上先后使用过的曾用名，我还注意到在史料中出现过的另一种称法，即"古芳园"。

金勋，满族人，光绪八年（1882）出生于营造世家，自幼生长在海淀成府村，对西郊园林建筑非常热爱。他经常到圆明园旧址勘察，保存了大量园林史

庆郡王永璘

恭亲王奕訢

载涛

料。金勋先生于民国二十九年（1940）在亲自实地考察的基础上刊印了《北京西郊成府村志》，在关于朗润园的章节中开头有这样的记载："朗润园，原名古芳园。"这也是目前所见各种资料中唯一提及朗润园原名"古芳园"的，在其他文献中从未见到此称。

关于朗润园是否曾经使用过"古芳园"这个名字，已无从考证。但有一点可以肯定，金勋先生作为晚清至民国时期著名的圆明园建筑图史料专家，其《北京西郊成府村志》被业内人士称为是介绍圆明园及周边附属园林历史变迁的一本经典著作，他在文中明确指出"朗润园，原名古芳园"应该绝非空穴来风，一定有其依据。但遗憾的是，金先生对此并未做详细阐述。只能待他人进一步考证了。

附录：质疑"恭亲王时期的朗润园图"（焦雄于 1998 年绘制）

近些年，凡是有关燕园史特别是朗润园历史的文章，几乎无一例外地都会引用三张图，即：道光时期、恭亲王时期、咸丰同治时期的朗润园图。这些图无疑已经成为研究朗润园历史的重要依据。

我经过反复对比"三图"以及查阅相关资料认为，"恭亲王时期"这幅图对朗润园东部位置所标示的内容存在着严重的问题。鉴于此图引用率十分之高，深感非常有必要借此机会纠正一下，以免长久下去误导他人。

为了便于清晰对比观看，我将三个不同时期的朗润园图合并为一，并将相关位置放大展示，供读者辨正。

仔细比看三个时期的朗润园图时，会发现有一明显的不同之处：在左上图中，在朗润园内东部"建筑与回廊"位置的东侧明显标示有自南向北堆土小山；在左中图中，清晰可见的小山却被标示在"建筑与回廊"的西侧；在左下图中，小山又被标示在与左上图中相同的位置。这就让人费解了，是何原因造成标示有着如此明显的巨大反差？（详看合图右侧放大位置标示。）

我认为：当时堆土小山在"建筑与回廊"的西侧应该是个错误标示，在东侧则为准确，理由有三——

其一，左上图在很多文章中被反复引用，且均注明"国家图书馆存样式雷

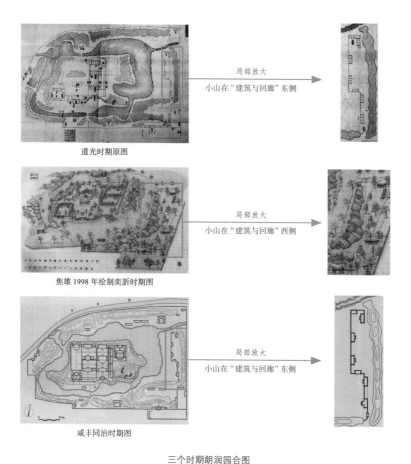

道光时期原图

局部放大
小山在"建筑与回廊"东侧

焦雄 1998 年绘制奕訢时期图

局部放大
小山在"建筑与回廊"西侧

咸丰同治时期图

局部放大
小山在"建筑与回廊"东侧

三个时期朗润园合图

（左上图见贾珺著《中国私家园林志》；左中图见舒衡哲著《鸣鹤园》；左下图见贾珺著《北京私家园林志》）

图《春和园地盘画样全图》"字样，其出处十分明确。同样，左中图也在很多文章中被多次引用，其备注均为"恭亲王奕訢的朗润园图，焦雄于 1998 年绘制"字样，顾名思义就是焦雄先生"于 1998 年绘制的恭亲王奕訢时期的朗润园图"。虽然两图均有资料来源备注，但其含义却有不同。我认为，焦雄先生在 1998 年绘制此图时若能明确备注为"依据某某原图焦雄于某年临绘"的字样，则将更为清晰准确。虽然仅仅"几字之差"，但其概念表达却出现了明显的"模糊不清"。到底是"依据某图绘制于某年"？还是"某人绘制于某年的图"？这不得不让人产生某些疑问。想必焦雄先生一定是参考某些图于 1998 年绘制的，但毕竟没有明确说明。

其二，假设焦先生所绘制的图确实是根据"恭亲王奕訢时期朗润园图"临摹绘制，并准确无误；那么疑问来了，"三图"的时间相隔仅约百年，并非久远。在如此不长的时间内"小山"反复在"建筑与回廊"的东西两侧出现"漂移"现象，这实在令人费解。毕竟移动一座小山在当时条件下是一个不小的工程，更何况其来回"漂移"的必要性到底何在？

其三，朗润园自建园至今其水域状态基本没有任何改变，也就是说，在"建筑与回廊"的西侧一直是一片湖水，隔水之西是小山，小山上有一角亭，毫无疑问，这样的布局是一个园林景观所常见的。我认为，假设确实如左中图所示小山在"建筑与回廊"之西侧，那当人们悠然漫步在"回廊"西望湖水、小山、亭阁时，一定会造成"隔山望水观亭"视觉上的遮挡。无疑这显得十分别扭与不合理，而且也不符合中国古代园林建筑的理念。

基于这三点，我认为左中图所标示的小山位置一定是个错误，而小山在"建筑与回廊"东侧的标示应该是准确的。

焦雄先生作为北京皇家园林史专家，曾经绘制过很多清代皇家园林图，在各类文章中被引用率非常之高，这足以说明焦先生对于该领域的研究贡献很大。其所绘制"恭亲王奕訢时期的朗润园图"在整体概念上也都是基本准确的，特别难得的还在于这是一张唯一可见朗润园的立体透视图，因此，不失为一份朗润园珍贵的史料。我仅仅是在上述这一个位置"点"上提出纠正，并无全盘否定用意。目的仅在于：一份被引用率很高的朗润园史料图，今后不要再在这个位置"点"上继续诱误他人。仅此而已。

借此机会，也希望今后凡是引用该图的作者们，应该备注出这一错误。

节选自《古园春秋——回望朗润园三百年》

2021 年春初稿，2022 年初冬终稿

我的家在未名湖北

◉ 郭珠

北大，以其悠久的历史、独特的人文精神和文化传统、迷人的校园风光而享誉全中国，乃至全世界。我从小生活在北大未名湖北的朗润园，心中对北大总是充满无限自豪和倾慕之情。离开朗润园将近五十年，我无时无刻不在思念着她，曾几多梦里重返故居。

1952年，全国高等学校院系调整，家父郭麟阁教授奉命从中法大学调到北大西语系任教。因此，全家从城里搬到了朗润园173号，那年我6岁，在北大附小读一年级。

童年时，我不懂得欣赏校园里的美姿，只把这里当成乐园。我记得未名湖不大，但水很深，里面养了许多鲤鱼和草鱼，有时候学校会把湖里的鱼捞出来分给员工吃；我记得湖的四周种了许多樱桃树，我和小伙伴曾为偷摘樱桃被老师痛批过。

到了冬天，未名湖结了一层厚厚的冰。这时候，哥哥就会搬着自己做好的冰车，带我们去冰上滑冰。我们像小鱼一样穿梭在滑冰的大学生之间，玩得不亦乐乎。

随着年龄的增长，我不再痴迷于在未名湖畔做那些小儿科游戏。我会坐在湖边静静地欣赏着她的美丽。在我眼中，未名湖的一切都是美好的。她的名字，她的悠久历史，她的迷人景色，甚至就连她旁边的建筑都会令我心动不已。

从未名湖北岸向北走两百多米，就是我家故居所在地——朗润园。曾有人说："未名湖美，但朗润园比未名湖更美。"我很认同这种说法。

据史料记载，朗润园原名叫"春和园"，是清代八大古园遗址之一，最后一位园主是载涛。虽经几代更迭，朗润园并没有遭到实质性的破坏，作为清代圆明园的附属园林，它恐怕是目前保存最完整的皇家园林了。

朗润园的主体是一个方形小岛屿，四周环绕着曲曲折折的小河和湖泊，再外面还环绕着一座座小土山。据说在清代，园内有几百间房屋、几十条回廊。房屋分西、中、东三所。小岛中间还有许多小土山，山上有小亭子，景色很美。

我家住在173号，估计是清代中所或东所里的一个两进大宅院。

故居坐北朝南，呈长方形，共有16间房屋。从红色大门进去是一个小院，院里种着许多向日葵。再进绿色的二道门便来到中院，院子有很大的空地，是孩子们做游戏的地方。沿着砖铺的甬道走十几米后，向左拐就来到了后院，后院长满各种花草树木，就像一座大花园。大门、二门红绿相间，错落有致，三院一体，层次分明。后院有客厅和家父的书房及家父家母的卧室，还有卫生间和厨房、饭厅。前院和中院有孩子们的卧室及卫生间。靠后院东墙根还有几个放杂物的储藏间。房屋布局合理，且有回廊连接。房屋以西洋式为主，尤其室内装饰更是典型的西洋风格：屋内铺设木地板，客厅里有烧木炭的大壁炉，冬天取暖用的是高大、绿色的暖器，每院房屋各有带澡盆、马桶的独立卫生间，厨房有锅炉和烤箱，生活既方便又舒适。

家母爱花，所以也爱养花。

记得几个小院除了原先种有的桃树、丁香树、珍珠梅、榆叶梅、葡萄外，家母又种了许多矮小的花草，什么玉春棒、黄花菜、芍药、玫瑰、菊花、含羞草、死不了、指甲草、蝴蝶花，等等。不论春天、夏天还是秋天，满院子总是鲜花朵朵，芬芳四溢。记得在三年困难时期，家母在后院东墙下开辟出一块小菜地，上面种了一些西红柿、小辣椒等，后来又搭了一个鸡窝，养了一些母鸡。母鸡一下蛋，我们就会抢着去捡鸡蛋。

我特别爱我家的院子：春天，我们可以坐在游廊上赏花，下雨也不怕淋；

夏天，我和哥哥姐妹们在墙根下捉蛐蛐、逮萤火虫、数星星和赏月；秋天，我们坐在葡萄架下边摘葡萄吃边"听妈妈讲那过去的事情"；冬天，我们可以在院子里打雪仗、堆雪人——我家的小院不知要比"百草园"美上多少倍！

我家前门正前方十几米处有一座小土山，我们上学必须从东或西绕开它走才能到学校。出了家门，沿东边小路绕山走半圈后，就会看见河上有一座小石桥，桥的两边长满了荷花，穿过石桥就是未名湖；或沿西边小路绕山走小半圈，就会看见河上有一座小木桥，桥的两边也长满了荷花，穿过木桥也能到未名湖，因为未名湖是我们上学的必经之路。我每次从家出来，一看见小山就会想起《愚公移山》的故事。

我家厨房有一扇后门，后门外有一个小湖泊和一座小土山。我们经常在湖中捞蝌蚪，捉小鱼，逮小虾。小山上长着一些果树，有桑葚树、柿子树、海棠树、杏树等。有时放学后，我们会爬到树上摘桑葚吃，嘴都吃紫了。夏天，湖中长满了荷花，只要打开我家厨房的后窗，立刻就能听见蛙鸣，闻到荷香，再看看天上挂着的那一轮明月，让人情不自禁地想起朱自清的《荷塘月色》。

朗润园里有山、有水、有树、有花、有竹、有鸟、有小亭、有楼阁、有水榭、有荷塘——真是风光各异，美不胜收。而且它们都能完美和谐地结合在一起，这才使朗润园更像一座幽雅秀丽的皇家园林。虽说经过多年的风雨剥蚀，景物和建筑有些破败、老旧，但依然遮不住她那迷人的风韵。据说20世纪50年代的朗润园与晚清时候的样子差不多。生活在这样的环境中，我们是多么快乐与幸福！

朗润园不仅风景优美，而且还是一处藏龙卧虎的园子。在五六十年代，这里住着许多著名人士。我记得与我家比邻而居的172号，住着北大原教务长崔雄昆。另外，还有小提琴家马思聪的弟弟马教授、闻一多的弟弟西语系闻家驷教授、蒙古公主的丈夫黄教授。附近住着的著名教授也有很多：如中文教授王力、经济学家陈岱孙、法语教授陈占元、德语教授田德望、数学教授段学复、外国专家温德，等等。有些人我已经忘了，名单不太全了。后来著名教授季羡林也住进了朗润园。这些老先生跟我父亲一样，一辈子不图名、不逐利，老老实实做学问，清清白白做人。虽然他们都已驾鹤西去，但他们的治学精神及高尚品德却永驻人间。

1963 年夏天发大水，朗润园内许多房屋被淹了，我家也在其中。

记得屋内积水有半尺深，院内积水没过大腿。陆平校长亲自到我家慰问，家父非常感动。因房屋要修缮，于是我家搬到了湖对岸的 9 公寓，直至"文革"时期。173 号大院经修缮后住进了八户人家，我朋友张凡也住在其中两间。听她说 1966 年以后，院内又搭建了许多小厨房，173 号真正成了名副其实的大杂院，昔日的风采早已荡然无存。呜呼，哀哉！

前几年，我们姐儿几个到故居重游，发现整个院落被修葺一新。它与其他几个院子连成一体，成为一组仿明清建筑，具有典型皇家园林的风格。感谢北大还原朗润园历史风貌，保护了古建筑，让这里又重现了昔日的风采。

现在我家故居成了北大中国经济研究中心的教学基地，也是经济学家们云集的地方。听说这里曾接待过美国原总统吉米·卡特、澳大利亚原总理鲍勃·霍克、法国原总统瓦莱里·吉斯卡尔·德斯坦这样的贵客，我们感到非常欣慰与自豪。

我爱北大，爱未名湖，更爱朗润园故居，因为我在那里度过了一生最美好的时光。

（郭珠，曾住朗润园 173 号）

朗润园记

◉ 陈谦

　　1952 年因为院系调整的缘故，尚在童年的我随父母从北京大学的沙滩中老胡同宿舍迁移到燕京大学旧址（亦称燕园）的朗润园居住，到 2012 年刚好满六十年。其间我虽然曾委身为下乡知青、石油工人，漂泊在外二十二年，但是我的家始终在朗润园，后来我回到北京大学工作继续住在这里。我的父母也都逝于朗润园。为纪念在朗润园住满一个甲子，我刻了一方朱文印，印文为"朗润园居"。

　　最初的朗润园仅指周围被湖泊环绕的一个小岛。小岛由东西两座石板桥和正南面的一座有雕花栏杆的小木桥通出。后来在湖泊的东面和北面建了几座公寓和一座专家招待所，燕园的整个东北角就都被定名为朗润园了。

　　小岛上有多处清代修造的房舍，这些房舍的中心是两处对称的三进的大院落。院落的大门是一座月亮门，进门后东侧为观戏台、戏台和一座回廊环绕的小院落，西侧则是三进的带有宽阔露台的厅堂。各座厅堂、观戏台和戏台都有楹联牌匾。大院落东西两侧另建有两处较小的院落。岛上还有南北两处水榭。在各个院落里多种有丁香树和果树，并处处可见茂盛的竹林。小木桥的桥头东侧还建有一座挑檐的大方亭。这些房舍在北京大学迁入后都改建为住宅了。

我的家就是住在改建的观戏台里，门厅上的牌匾"蕴萃斋"据说是慈禧太后的御笔，"文革"时被学校里的工人拿去打家具了。

环岛的湖泊周围多为小山丘，夏日里湖中荷花密布，多鲫鱼、鲤鱼、黑鱼、白条，也有小虾、螃蟹、乌龟，等等。朗润园的夏夜蛙鸣也曾是一景，蛙鸣此起彼伏、声震四方。山丘上林草丰茂，多百年古松，间或可见到黄鼠狼、松鼠、蛇等小动物；草丛里多昆虫，尤其多萤火虫，一到夜间忽明忽暗，宛若繁星点点落人间，美不胜收。冬日里小湖皆冰冻，若逢下雪岛上的松树、竹林被银装素裹，使小岛更别具洞天。

对于我们一群年龄相仿的小孩来讲，朗润园实在是玩耍的天堂，夏日或垂钓或招蜻蜓或摘莲蓬或斗蟋蟀或用弹弓射鸟，冬日或滑冰车或打雪仗；野趣多多而且地域开阔，是燕园里其他任何一个地方——如东大地、南大地、中关园、蔚秀园、承泽园——所无法相比的。

朗润园曾经居住过诸多学人，多为各学界领域的一代翘楚，早期如段学复先生（数学系，不善言笑，他的儿子段大明比我高一届）、林超先生（地质地理系，非常儒雅的一个长者，他的女儿林宁辉和我从幼儿园到初中都是同学）、郭麟阁先生（西语系，据说郭伯伯有一次和人打赌一顿吃下一百一十个饺子，他的儿子郭瑜常对我们这些比他小的孩子玩恶作剧）、芮沐先生（法律系，在中老胡同就是邻居）、张颐先生（哲学系，他和夫人是一对非常和善可亲的老夫妇）、缪朗山先生（西语系，他的大儿子缪铁夷手工艺非常了得）、严仁萌先生（化学系，先生的妹妹是我的七婶母，小儿子严文典也是我从幼儿园就开始结识的同窗）、陈岱孙先生（经济系，后移居镜春园，先生不苟言笑，令众孩童望而生畏、敬而远之）、邓以蛰先生（哲学系，他有一个非常出名的儿子邓稼先）、闻家驷先生（西语系，闻一多先生的弟弟，与我家通家之好）、田宝齐先生（俄语系，我母亲也是俄语系的，先生的儿子田之麦高我两届）、唐钺先生（心理系，所住地点为小木桥南侧，因为在朗润园与镜春园分界的小山坡之北，不知算朗润园还是镜春园，先生有一副难得一见的唇须，其外孙汪宾低我两届）、罗烈教授（其女儿罗思懿为我幼儿园和小学的同学，她的家在筑于湖边的水榭里，别具风味，但是冬天极冷。她的父亲1957年前后调出北京大学，举家迁移，所以没有查到罗先生的专业）、温德先生（西语系，美国人，游泳极棒，可以漂在水面上看书，在红湖游泳池没有修建的时候，常在颐和园里看他游泳），以及我的父亲陈占元先生（西语系），等等，稍后如居住在朗润园公寓里的田德望先生（西语系，极为和善，且通家之好）、金克木先生（东语系，通家之好，父亲与他当面开玩笑，说他把子女都垄断了，因为他的几个子女的名字里都有先生名字里的两个字，先生的大公子金木子低我一届，也是小时候的玩伴）、季羡林先生（东语系，小的时候放学只要遇到先生，先生一定抱我坐他自行车的后座）、邓广铭先生（历史系，一件轶事表现出先生对女儿的厚爱让我的父亲赞叹不已）、李赋宁先生（西语系，极其谦和的一个文人）、周一良先生（历史系，父亲不仅和先生相熟，而且和先生的几个哥哥更熟悉）、周辅成先生（哲学系，先生搬来朗润园之前的住宅靠近幼儿园，院子里的大柿子树曾经让我垂涎欲滴，我和先生的小女儿周邦洛从幼儿园到中学都是同学），等等。"文革"前另有两位沈姓教授和一位方姓教授也在岛上居住过，然而他们的经历不堪回顾更不忍细说。

那个时候，诸先生学识、领域各异，但都彼此熟识并且经常走动，不为世事左右而私下高谈阔论。我小的时候曾以"朋友的儿子"或者"儿子的朋友"的身份经常出入诸先生的宅院，亦和诸先生相熟识。

我虽然草芥布衣，陋居在朗润园，但是仰观北京大学六十余年的风雨，唯有一声叹息。

2012 年 11 月 12 日

抖落一地陈年事　尽是朗润浮想中

◎ 华立

懂酒的人，常说好酒是"陈年佳酿"。但人生记忆中的往事，却未必都如佳酿般醇厚。不管往事因时代、因个人或家庭的遭际而味道有怎样的不同——或快乐、甜蜜，或痛苦、迷茫，那都是我们人生中曾经独特而难忘的、只属于我们自己的一部分。

当人生走过大半，回头望去，那些陈年的往事，有的轮廓已不甚鲜明，但滋味却时时泛上心头，让人回想、回味，由回味又生出许多眷恋。于是我体会到，这眷恋才最重要，品味眷恋，也是回顾人生。

引起我回顾往事的契机，说来真是意外又有趣。我旅居东瀛多年，几年前的一天，远在美国的弟弟发来一行短信："姐，看看这个链接，有人在想念你。"这家伙，没头没脑的，说什么呢？这样想着，随手打开了那个博客链接，谁知，还真是一连串意外和惊喜的开始！首先映入眼帘的，是贴在博主"朗润园公寓813"页首的老照片，多么熟悉的情景——北大校园深处幽静的一隅，与圆明园仅一墙之隔的朗润园8—13公寓，儿时的天堂，我和博主（后来知道是一群朗润园的小妹小弟）就在这一池绿水和沿岸垂柳旁的几座楼里长大。当然，我更年长，是她（他）们的老大姐，当年也就有了孩子头的地位。

接下来，博客里赫然出现一张合影：我居中，被小妹妹们簇拥而立，每个人都手捧红书，胸配像章。下有附言：姐姐，还记得这张照片吗？我们在找你！我当然记得！那是 1969 年，我下乡一年后被调去加入临时组建的六师宣传队，为呼市的内蒙古兵团成立大会助兴演出，回程路过北京时和小妹妹们的一张合影（见后文）。看照片上的那些稚嫩的面容你就知道，我们之间相差了不止六七岁。久别重逢，姐妹都欢欣不已。我侃山，大谈草原上的各种故事，她们听得近乎传奇，眼神里饱含敬意。最后大家决定要很正式地留影。在几乎不知照相机为何物的年代，红艺照相馆是海淀镇上唯一的照相馆，我们从朗润园一路走过去，正经也是不近的一段路呢。

在牧区插队七年多，我只断续地回过几次北京，后来，父母搬出了朗润园，妹妹们也各奔东西，再后来，我去东瀛任教，一住就是二十几年，我们相遇的机会几乎没有了。想不到今天，在这样一个意外的场合，我们意外地重逢了。更想不到的是，她们用如此深情的语句讲述我们之间的故事，呼唤我，让我的心头滚热滚热……

现在，朗润园的小妹小弟们发出倡议，请大家来追忆和回味往日的朗润园，我无由推辞，只能领命。虽然岁月久远，记忆大多已经成了碎片，也要勉力而为。

不过，从 1960 年末搬入朗润园，又在 1974 年搬出，我家住在朗润园公寓仅有十几年。自从 1968 年夏天我下乡插队远走内蒙古草原后，除了不多的几次短暂探亲，很少再回到这里。我能讲述的往事大多发生在下乡插队前的那几年，和那些在朗润园住了 20 年甚至更长时间的发小们不能同日而语。所以请原谅我讲述的往事太少、太短，也太琐碎。也因此，我给自己的短文命题为"抖落一地陈年事，尽是朗润浮想中"。

去归来兮入朗润

如果我的记忆不错，我家是 1960 年末搬入朗润园公寓的。

至今，脑海里还能闪现出初见它时的那个画面：

清冷的冬日，冰封的湖面，山坡断开处一条弯路沿湖岸延伸。湖旁，五座浅黄色的四层楼房自南而北，静静地一字排开。新家入住在最北边的 12 公寓，背靠北大校园北墙，与墙外的圆明园遗址遥相对望。

很快我便知道，朗润园公寓实有六座。12 公寓西侧的灰砖楼房叫作专家招待所，用来接待到北大讲学或工作的外国专家。再向西还有 13 公寓。只是因为它"地处偏远"，不如东边那组公寓一目了然，在孩子的印象里，也就或多或少被"边缘化"了。到后来，它身旁的小山成了我们玩耍的场所，我们对 13 公寓也渐渐亲近起来。

专家招待所前的全家合影，远处可见 13 公寓

这是我家第二次入住北大校园，前一次则是 20 世纪 50 年代初，而由头，还要从更早的 40 年代末说起。抗战结束后，父母亲先后考入红楼北大，父亲读历史，母亲读化学。他们作为进步青年积极参加学生运动，遭到国民党当局通缉，先是辗转南方避难，后奉命转移到华北解放区，从此离开北大。

新中国成立后，父母均调入中南海内的政务院工作，在那里结婚，随后有了我的出生。然而母亲一直对心爱的专业难以割舍，渴望重新回到课堂。1952 年，她终于等来了调干生回校复学的机会。母亲多次说过，她拿着调令回北大办手续（这时已是燕园北大），接待她的是教务处的张力民老师（也就是慧敏和小弟的父亲，日后我们在朗润园公寓前后楼为邻）。张叔叔认出母亲，慨然说道："国民党把你开除，共产党请你回来！"很快，张叔叔为母亲安排了相关事宜，使母亲顺利复学。对此，母亲一直心存感激。

母亲回北大复学圆了多年的梦想，却也给当时的家庭带来了新问题。我正幼小，需要照顾；而父亲也因工作变动，从市中心去了当时北京最西边的五棵松。于是母亲决定将我带在身边，边读书边照料。那么住处问题又如何解决呢？

一个调干生，分宿舍是不可能的。好在母亲的好友、化学系同窗梁思萃阿姨和她的家人热情相助，将她家院落的一处偏房腾出，让我们有了住处。梁阿姨的父亲梁启雄先生，是中国近现代历史人物梁启超的七弟，梁爷爷在北大哲学系任教授，梁婆婆持家。梁家居住在早年北大校医院的西北面，院子很大，呈倒写的 L 字形，坐北朝南有一排长长的正房，坐东朝西的东厢房很短，我家借住在东厢房尽头。我和梁家孙女守方同年，两人一起玩耍，最喜欢跟着大我们一两岁的守信哥哥去放奶羊。出院门向西是一片开阔地，长满草，羊吃草，我们撒欢儿。那时没有牛奶供应，梁婆婆养羊挤奶，早餐便有羊奶喝，我也跟着享受这份美味。

我还常跟着母亲去她的化学楼。大人要做实验，时常忙到夜深时分。我在旁边看着那些加进量杯里的透明液体一会儿变成红、变黄、变绿、变蓝，呈现出各种彩色，多一滴，色调和浓淡都有变化，心里充满好奇。看累了，我就趴在桌上睡．直到懵懵懂懂地被叫醒，才高一脚低一脚地跟着母亲下楼，坐在她的自行车后座上返回梁家院子。我们在梁家院内大概住了四年，弟弟华欣也出生在这里。之后，母亲毕业，留校工作，更加忙碌，而父亲在他供职的单位分到了宿舍，于是我们把家从北大搬到了西城区南礼士路一带。

我在南礼士路住到上小学的年纪，进入复兴门外大街小学读书。升入三年级时，我们又要搬家了。这次是重回北大，入住朗润园公寓。搬家自然麻烦，好在那时生活简单，家具不多。小孩子不懂大人的烦恼，只觉得入住新家，又在湖边，自由舒展，和城里拥挤的环境完全不同，很是新鲜。

其实这次搬家的背后，是父亲在政治上遭受严重打击。1957 年反右运动前后，父亲正担任北京市建工局机关报的主编。"大鸣大放"鼓励党外人士帮助党整风，建言献策，父亲也受命组织有关人员开会，辑录言论，登诸报刊。然而随后风向一转，开始大举肃清反右，几十万人被打成"右派分子"，受到残酷迫害。父亲虽然未被戴上右派帽子，但党内定性为"严重右倾""阶级异己分子"等，批判之余，降薪降级，下厂劳动改造。公职既然不保，原来的宿舍也无法再住。幸而由于母亲的关系，我们得以在北大校园内谋得栖身之所，这才有了我们家与朗润园公寓的缘分。

生活半径中的点、线、面

因为搬家，我于三年级中途转入北大附小。

十来岁的孩子，生活半径中最重要的点莫过于学校。上学是日课，从朗润园公寓到北大附小，路径明确而固定：从公寓出来沿湖而行，向南经过一体（北大第一体育馆）和东操场（为图近便，自然是穿东操场而过），而后出东门，沿成府街道向东，进入燕东园（俗称东大地）院门后贴着边儿走一段，从一处豁口穿出，前面就看到北大附小的西校门了。

北大附小院落原本该是燕东园的一部分，后来辟出来用作附属小学，专收北大子弟。院内平坦开阔，树木葱郁，有松柏也有桑、枣、柿、栗等许多果木。教室则清一色是平房，低年级在北，高年级在南。院落中心的一栋是校长办公室，也是树木掩映。

每年暑假，学校会组织高年级同学护校，看护果树，防止有人偷摘。我还清楚地记得，当自己终于有了巡逻资格，执行任务时心里充满了骄傲和神圣的责任感。有一年，枣树大丰收，校长办公室前高高地堆着打下来的枣儿，都堆成了小山。那些枣青里透红，个儿大圆润，郝校长亲自给大家分枣，每人捧着一个小茶缸接着，吃到嘴里那叫一个甜，美到心里！

我到北大附小报到时，教务主任老师曾问我有没有认识的朋友，我想到梁家的守方，就说了她的名字。事后，我分到了她所在的三班，和守方久别重逢，特别高兴。但小孩子结识新朋友也很快，没几天我就与同班同学、同样住在朗润园公寓的玲华和玲莉，以及苏军成了好朋友。

玲华、玲莉的家住在10公寓，是双胞胎姐妹。外人都说她俩长得很像，活脱脱是一个模子里出来的，我却不以为然。我是她们的好朋友，再熟悉不过了，两人的神态举止各有特点，一望便知，我从来不会认错。她们家里姐弟众多，上面有玲棣大姐，下面有弟弟浩达和妹妹小慧儿。她们家的那份热闹和温馨，总让我心生羡慕。特别是玲棣大姐，虽然我与她相差只有两个年级，却让我怀有"高山仰止"般的敬意；听她说话，执行她的指示，从来都是毕恭毕敬。

苏军家在8公寓，下面有妹妹苏燕和小弟。那时的她个子不高，小巧可爱。

未名湖畔华立、华欣姐弟合影，身后的建筑是备斋

几十年后我们在北大附小的同学聚会上再次见面时，两人对望，都很诧异自己的印象出了问题：苏军成了高挑身材，而我从上中学以后大概就没再长高，所以看起来身高"缩水"了。

8—13公寓各家各户的孩子大多两到三个，加在一起，称得上是"孩子成群"。不过，从年龄段上区分，以50年代后期到60年代以后出生的居多。与我同届的女孩子就只有玲华、玲莉、苏军几人，邓（广铭）家的小南比我们高一届，至于玲棣大姐的同龄人，更是寥寥可数，除了她，大概只有宿（白）家的兄妹志一、志丕了吧。

生活半径中另一个重点，就是员二食堂了。员二是员工第二食堂的简称，在未名湖北岸。

这一带有七座仿古楼宇，沿着湖岸依次取名"德、才、均、备、体、健、全"，当时都是单身员工宿舍。除了全斋建在健斋后面，外形稍嫌简朴外，其他六座或临湖或临路，连同附属建筑，组成飞檐斗拱大屋顶的古建筑式样群落；而夹在均斋和备斋之间的员二食堂，当然也不例外。

对我来说，员二食堂是须臾不可或缺的。因为父母都忙，除非星期天父亲有空，亲自在家下厨，平日我家基本上不开伙，所以一日里至少有两餐要依赖员二食堂。多数时候我们在食堂里用餐，有时也遵母亲嘱咐，打了饭菜回家吃。

那时双职工家庭多，朗润园公寓里像我和弟弟这样，脖子上挂着家门钥匙逢饭点去食堂的孩子，不在少数。中午北大附小下课，我们一群小伙伴儿进东门穿过东操场，便沿未名湖畔直奔员二了。玲华、玲莉也常同行。偶尔我得到母亲同意，获准骑着她的那辆匈牙利产红色"二六"女车去学校，于是便由我带上她俩坐"二等"。今天想来，真是不可思议！也不知道她俩是怎么挤在那个小小自行车后座上的。反正我们一路乘风，有说有笑，没人喊硌屁股，也没人从后座上掉下来过。

饭票、菜票，每周由母亲仔细点发给我。弟弟上小学后也和我一样。我们每人一份饭菜票，各自保管。有时我和弟弟在食堂碰到，谁带的饭票不足，就会向对方"借用"。最有趣的是一次弟弟碰到妈妈，也开口说"妈，借我一点儿饭票吧"，旁边的叔叔阿姨听到后哈哈大笑，说你们母子哪儿来的借字可言啊？

提起员二食堂的菜谱，因时光久远，说实在的，已经印象不清了。当时物资匮乏，素菜为主，偶有荤腥，没有什么特别的留在记忆里。倒是主食类还能记起一二，像偶尔改善伙食吃个糖三角、豆包之类，可以高兴很久。还有烤玉米饼子，好像叫两面焦，比起粗糙的窝头来，焦黄带香，算得上可口了。

"民以食为天"

三年困难时期通常指 1959 年到 1961 年。可在我的记忆里，直到 1962 年，人们还在为吃不饱而发愁。因为营养不良，很多人患有浮肿、夜盲症等。为了增加营养，寻找可以果腹、补充营养的替代品，朗润园里的住户们也是八仙过海、各想招数。就说说我们家干过的事情吧。

养小球藻

关于小球藻，我所具备的常识是，它属于一种淡水藻类，含蛋白质，通过光合作用培养。在学化学的母亲带动下，我家两个房间的窗台上，密密麻麻地摆满了大大小小的玻璃罐头空瓶。瓶里加入藻菌和大半瓶水，如果日光好，几天就长满绿藻。将绿藻捞出，做成汤喝，如此反复。汤的味道淡淡的，怪怪的，似乎还有点腥气，我并不喜欢，但是为了营养，更因为母亲的命令，我还是乖乖喝下。

种莙荙菜

那时 12 公寓的西侧有一条水沟，沟里的水与公寓旁的湖相连，流向墙外的河里。母亲在沟边开了一小片地，种了几畦莙荙菜。我的任务就是每天拿着水桶，从沟里汲水浇菜。菜长得很快，叶肥大厚实，可以多次剥叶采收，产量颇高。后来才知道，莙荙菜就是叶用甜菜。菜叶拿来炒菜，端上桌来，绿油油，肥坨坨，味道还不错。

养兔子

养兔子完全是我起意，为了好玩，并不是要食用。我央求母亲买回一对安哥拉长毛兔，母亲答应了，约法三章，要保证有始有终，负责到底。我一口应下。其实母亲之所以答应，另有缘故，那是后话。

兔子养在厨房外的北阳台上，白茸茸的毛，红玻璃球似的小眼睛，一蹦一跳，煞是可爱。但饲养兔子却是一件费心费力气的活儿。第一要保证其吃饱，我每日挖野菜、打兔草，一点儿不能偷懒；第二要保证其住好，窝里要清洁，屎尿随时清理，换垫新炉灰。否则不仅兔子要生病，那股臊气味也让邻居叔叔阿姨无法忍受。

为了打兔草，我跑遍了朗润园公寓周边的大小山头；一手镰刀，一手簸箕，也因此认识了不少野菜，什么马齿苋，苦丁菜，锯齿菜……不过，我也发现兔子的最爱，不是这些野菜，乃是楼前湖里的荷叶。

在 8—13 公寓前的湖里，长荷叶的水面在北边，靠近专家招待所。有荷叶才有荷花，那夏日的出水芙蓉亭亭玉立，一朵朵盛开，粉得娇嫩，翠绿的荷叶托着晶莹的水珠在微风中轻轻摇曳，与荷花相映成趣，那可是公寓楼前的一处美景。

为了给心爱的兔子改善伙食，我不得不做那亏心的坏事。中午人们午休，我拿起竹竿，在杆头上绑上铁丝弯钩，悄悄溜到湖边，趁着没人，迅速撅断几片荷叶跑回家。手里的荷叶发散出扑鼻的清香，虽然心中不免有些羞愧，但看到我的兔子大快朵颐，又忍不住觉得很是宽慰。

夏去秋来，到了冬藏时节。拿什么给兔子过冬呢？

唯有储存树叶。好在北大校园内林木茂密，取之不尽。课余时间，我拿着竹耙子，到各个山坡划拉落叶，装入麻袋，塞紧扎好，有时用自行车驮，有时用小轱辘平板车拖回家。一开始在朗润园附近，后来越走越远，临湖轩北、钟亭下、南北阁旁都有我的足迹，拉回的树叶就塞到12公寓一层楼梯背后的储藏间里。不知不觉，树叶竟将整个储藏间都堆满了。

冬去春来，兔子平安过了冬，还生了兔宝宝。可是，兔爸爸的"厄运"也来了。一个星期天，母亲请来了同教研室的年轻老师数人，请他们在家吃饭，主菜竟然是红烧兔肉。我反对，但是没用，我用哭声抗议，大声地哭，泪如雨下，也救不了我的兔子。母亲说，同事们都是年轻人，单身在外，营养又差，要用兔肉来帮他们改善生活。兔肉端上桌，我躲在门背后，不肯出来，直到客人们饭毕离去。

也不记得是过了多久，家里不再有兔子，只剩下一楼储藏间里仍然满满的干树叶。那树叶就这样放了很多年，直到我下乡多年后回家探亲，才扒出来烧掉，足足烧了半天，连我都对当年的自己感到吃惊，为了兔子怎么能下如此大的工夫，用心到如此程度！

无忧时代的快乐与情谊

如今的孩子们好可怜，一个个"压力山大"；从学龄前开始，就被各种负担压得喘不过气。上学、作业、考试、上课外班……没有个人自由支配的时间，不能开心玩耍，与五十几年前我们童年的生活完全不同。

我们也读书，分数都还过得去，但从未觉得作业是负担。完成作业后，我们还有大把的时间去玩儿。再加上北大校园内得天独厚的自然环境，一年四季，我们都有与此相宜的玩乐方式。除了跳皮筋、跳房子、拽包、捉迷藏之类的小儿科外，夏天我们觉得红湖游泳池也不过瘾，就骑上车去颐和园游泳；冬天若觉得门口的冰面上溜冰车还不过瘾，就去一体前的未名湖冰场穿上冰鞋驰骋（男孩子们还打冰球）。朗润园长大的孩子，不会滑冰的只怕不多。

说到游泳，就不能不提到11公寓的刘天鸣叔叔了。我父母亲虽然都生长在南方水乡，却没人会水，父亲最多来几下"狗刨"式，算不得会。我能学会游泳，后来参加横渡昆明湖，还在密云水库的深潭里自在来去，完全归功于刘叔叔的启蒙指导。我还知道，刘叔叔不光教会了我游泳，还教会公寓楼群里很多像我一样的小朋友。

刘叔叔是小锦姐弟的父亲。小锦姐弟的母亲黄慰曾阿姨，则是与我母亲在一个系工作的同事。刘叔叔在解放军报社工作，擅文辞，写得一手好书法。他既有身为军人的英武之气，脸上又总挂着盈盈笑意，充满亲和力。

最让我们小孩子倾倒的是，刘叔叔对体育样样在行，是名副其实的文武双全。夏天一到周末，只等刘叔叔一声召唤，我会立刻拿起早就装好泳衣的小书包冲下楼去，跟他去颐和园游泳。一开始，我只是在颐和园的浅水区里从憋气、蹬腿、划水一点点学起，慢慢地，游得有了模样，距离越来越长，终于有一天，刘叔叔宣布我可以"出师"了。出师的奖励，就是跟着他游向深水区。

进入深水区，那里水深一米五到两米，前方有浮台，目标是游到浮台。我们游到浮台稍事休息，再游回来，这正是我盼望已久的。出了浅水区，浪大起来了，我没有害怕，跟着刘叔叔游向前，他的身影和笑脸就是我的信心。终于，我第一次爬上了浮台，台子有些摇摆，我气喘吁吁，可是心里充满了前所未有的兴奋和满足。

还要说到东操场，那也是我最喜欢的场所之一。我好动，喜欢运动，虽然球技类一无所长，跑跳还算过得去。放学经过东操场，少不了就在那里徜徉，玩单双杠、攀登架等器具。一来二去，我们和北大体育教研室的年轻老师们成了朋友。我和玲华、玲莉叫他们叔叔，其实现在想来，他们刚刚师范毕业，大概也就二十郎当岁罢了。

看到我们这些小孩子胆儿大，敢上手练，小老师们有时还叫我们进到体育馆内的场地，用那里的器械，或是练习前后滚翻、侧手翻、上平衡木什么的。虽然没学会什么技艺，但很满足了我们的好奇心，也激发了我们对锻炼身体的兴趣。上初中时，我和玲华都参加了北大附中田径队。我们每天坚持在朗润园公寓湖边晨练，跑步、做俯卧撑，几乎从不间断。这个良好习惯的形成，与东操场及体教老师们的感染和影响是分不开的。

再来说说电视的故事。

在 20 世纪 60 年代的朗润园里，电视远未普及，看电视的快乐也是邻里共享的。那时没有国产电视，有电视的家庭大多购买苏联产品。较高级的品牌为红宝石牌，降一等的为纪录牌。我家当时已有一台纪录牌黑白电视机，放在外间大屋的柜子上。

平时父母亲不准许我和弟弟看电视，只有周末可以例外。所以，星期六常常是还没吃完晚饭，就有邻楼心急的小伙伴儿们，抱着小板凳在家门外眼巴巴地等待开场了。因为这台电视，我家还创造了一个了不起的纪录。

那是 1961 年 4 月，第 26 届世界乒乓球锦标赛在北京举行。在两年前举办的第 25 届世界乒乓球锦标赛上，我国选手容国团第一次夺得男子单打冠军，燃起了国人对乒乓球的热情。这次第 26 届的赛事在北京举行，随着国家队频传捷报，史无前例地一举拿下男子团体和男女单打多项金牌，人们收看乒乓球赛的热情也达到了顶点。

团体决赛那天晚上，我家大屋里挤满了大大小小的看客，说来难以置信，总共二十平方米的面积，黑压压地人挨人，竟然容纳了七八十位！除了朗润园的邻居们，还来了不少化学系的教员和学生。为了不辜负大家观看电视的热切心愿，让更多的人看到电视，素有"主意篓子"之称的母亲，想出了巧妙的安排：

小朋友坐小板凳，可摆三四排。小凳子后面是方凳席，但方凳不够多，就在两张方凳之间架上木板，拉开距离，又是三四排。方凳席后就是"站票"了。所有人按大小个互相谦让，高个儿主动向后退。大屋贴墙处有床，床上也分坐两排，第一排坐床沿，第二排脱鞋上床坐褥。站票"售罄"时，观众已经堵到房门口了。最后一排只能作"凳上观"，甚至"桌上观"。有人个子大，头顶着门框，就以那个姿势看到终场。

多少年后，我将这件趣事讲给同为人大 78 级的新闻系朋友们听。没想到言者无意，听者有心，研究中国电视史的同学，就把这个故事写进了自己的学位论文，后来又修改成书，还特意将那部分复印后寄给了我。我回信时打趣说：感谢你，我家电视也因此"名垂青史"了。

草原家信与"小孩们"

有一年暑假，我从日本回京看望母亲，母亲从书柜下层取出一个白色的纸盒交到我手里，神色有些郑重地说，这些都给你了，拿回去好好保管吧。

我想象不出里面会是什么，接过来打开一看，满满的都是旧信。寄信人不是别人，正是我自己，是我在去草原牧区插队时写给家里的信，母亲竟然一封不少地把它们全都保留下来。我捧着纸盒，一时说不出话来，鼻子有些酸，心里有股热浪翻滚。

古人云"儿行千里母担忧"，母亲保留下来的每一封信，都是她对离家女儿的殷殷牵挂。而我，长大成人，越走越远，甚至走出国门，又曾经拿出多少时间来陪伴母亲，用心去抚慰她内心的寂寞呢？

我惭愧，更自责。

回到自己家里，我把信一封封摆放在写字台上，已经泛黄的信纸铺满了整个桌面。纸张大小不一，格式各异；有的只有半张，是从哪个笔记本上匆忙撕下来的。第一封信，写于 1968 年 8 月 2 日；第二封，从 8 月 15 日到 19 日分两次才写完；第三封，9 月 5 日……坐在桌前，我的思绪渐渐远去，回到半世纪前那个动荡的年代。

1966 年夏天，聂元梓在燕园贴出她的第一张大字报时，我已经在北大附中读初二了。随着"文革"狂潮掀起，学校、家庭、社会都不再是从前的样子。在铺天盖地的大字报和"批判""打倒""忠于"的喧嚣声中过了两年，17 岁的我迎来了人生的重要转折——上山下乡。我和同校的许多同学一起插队到内蒙古锡林郭勒盟东乌珠穆沁旗的胡热图诺尔公社。这一去，就是七八年。

念念这拗口的地名就知道，这些都是用汉字译写出来的蒙古语。是的，在北京长大的我们，进入了一个彻头彻尾的异乡地带：

天高云阔，旷野无垠。居则穹顶毡房（即蒙古包），食则羊肉奶茶，行则跨马扬鞭，言则胡音胡调（老乡都是蒙古族，说蒙语）。这里是纯牧区，延续着几千年来的游牧传统，常年逐水草而居。从此我们有了一个共同的蒙语称谓："色和腾佳洛"（色和腾：知识。佳洛：青年）。

上山下乡是一场波及上千万人的运动。就我本人而言，那不是可以简单用黑或白来形容，用好或坏来评判的经历。我不能忘却那段岁月，甚至不无感念，因为我在那里留下了自己的青春，经受了磨炼，看到了边疆异域的社会底层，也由此认识了最淳朴真诚的牧民。草原岁月对我的影响，贯穿了我后来的整个生涯。

话扯远了，还是让它回归朗润园的主题吧。先引用几段旧信的原文：

> 妈妈，这封信给小孩们、玲华看看，以后再详细写。这儿交通很不便，浩特（家）离公社70里，难得来一次大队，更别提公社了！寄材料来，黑鞋油（马靴用），讲讲北京的消息，要歌本，结实的厚袜子要一双（不急需）。鞋垫，比较急需。（1968年8月19日）

> 谁去农村插队了？你知道吗……玲华去了吗？还要鞋油，黑的。我的马靴坏得太快了！还要些伤湿止痛膏，这儿的牧民腰痛的很多。去痛片、四环素软膏，有纱布也寄点儿来。致革命的敬礼！我以后再给小孩写信吧，问大家好！（1968年9月5日）

> 内蒙的形势变化很快，据说最近北京尽是内蒙来上访的人，不知是否，来信谈谈吧。你们是否听到、看到中央对于内蒙问题有什么指示？我们队里变化不是很大……我们最近听到、看到几个文件和首长讲话，有些感觉不理解，过一段看看吧，再说也没见到正式的讲话。最近队里生产很紧，我也懒，不愿多写信，先写两个字报个平安。别着急，放心好了，我是死不了的，除非将来打起仗来，冲杀时，是吧，哈……把这个条给小孩们，给玲慧吧！（1969年6月5日）

在我写的这些信里，除了家人、好朋友玲华以外，出现最多的就是"小孩们"。她们不是一个人，而是当年公寓楼群里的小字辈儿：小锦、慧敏、黎黎、明明、志文、冬冬、玲慧、张嘉、朱彤、苏萍……

人在童年时，哪怕只相差两三岁，也好似很大的台阶，就如同我对玲棣大姐的仰视，我也赢得了这些小我五六岁甚至更多的小妹妹们的仰视。在她们的拥戴下，我享受了一把作为姐姐的种种快乐。

听说我要去牧区，小孩们又惊又喜。惊的是在她们的想象中，那片天地有太多的不解和神奇；喜的是姐姐先行，有朝一日自己也可以步后尘而来。我也

华立和"小孩们"合影

觉得被人敬仰是一件很过瘾的事情，慨然答应随时把自己的见闻与她们分享。后来，我听说小孩们中年龄稍大的慧敏、黎黎、志文等几人，还曾当真谋划过如何奔赴内蒙古投靠我这个姐姐呢。"不幸"，她们的小"阴谋"被大人发觉而不了了之了。

下乡第二年，我被临时抽调到一个宣传队，编排了一些节目，并奉命前往呼和浩特给内蒙古生产建设兵团成立大会演出助兴。归途经过北京，上级给了几天假，让我有了一次回朗润园探亲的机会。当我身着蒙古袍、脚蹬马靴出现在小妹妹们面前时，她们欢呼雀跃，叽叽喳喳问个不停。我从她们嘴里得知，这些喜爱歌舞的小妹妹组织了一个宣传队，还不时在公寓楼群和校外演出。我便现学现卖，把自己刚学会不久的蒙古族舞蹈动作传授给她们。随后，不记得是谁提议，要去照合影。于是我被她们一路簇拥着，来到海淀镇里的照相馆，留下了这张珍贵的、带有鲜明时代烙印的集体照。

时光流转，"小孩们"早已长大。她们中有人做了编辑，有人当了老师，有人移居海外……许多人如今和我一样，两鬓华发；也有的人已经当上了姥姥或奶奶，享受天伦之乐；还有人不幸芳华早逝，化作星空中一颗闪亮的星，静静地守护着我们，而我们之间友情，永远亲切如初。

（华立［曾用名华丽］，曾住朗润园 12 公寓 101、105 单元）

两位小脚老太太

◉ 徐军

近日，应发小华立女士之邀写一篇回忆北大朗润园生活的小文，欲集文成册。作为现在父母居所仍在朗润园 13 公寓的资深住户，我爽快地答应了。因为我觉得即便是历史碎片，也应该记录下来留给自己和后人。

这几天，脑子里全是过去的回忆。写啥呢？太多太多的故事，太多太多的悲欢离合，竟让我一时不知从何下笔。思来想去，"文革"前和"文革"中一般的经历就不写了，因为大家都基本一样；太悲惨的也不写了，免得难受。干脆说说我家两位小脚老太太吧。两位老太太是婆媳关系，一位是我姥姥，一位是我舅妈。别看她们脚小，却都很能干，承包了一大家子八口人的吃喝拉撒。

先说说我这位生于清朝的姥姥。姥姥的娘家虽不是富贵人家，但姥姥却是一位讲究而得体的妇女。三寸金莲穿上小白袜和黑色尖脚

徐军的姥姥

鞋，那叫一个秀气。听姥姥说，旧社会娶亲，掀开轿帘先看脚，脚越小人越美。姥姥是位标准的封建社会的妇女，特别注意个人形象，无论在家或出门，大襟上衣，缅裆裤，扎一条布腰带在腰间，穿戴极其整齐。尤其出门时手上必拿个小湿巾，万一有风吹乱了头发，小湿巾往头上一抹，一丝乱发也没有了。在待人方面，姥姥也是个讲究的人。比如，她常说家里挣钱的人要吃好喝好，不挣钱的就凑合吃剩的，所以家里待遇分着等级，小孩们级别肯定较低；再比如，家里有客人来吃饭，再穷也要光鲜，桌上不能有光盘，必须得有剩饭菜，方显出待客之诚意。

再说说我舅妈。她赶上清朝灭亡时被放了脚，所以是半大脚。两位老太太1957年进京时脑后都梳着发髻，为了走社会主义道路，摒弃封建糟粕，老太太们响应政府号召剪去长发变成齐耳短发。舅妈是儿媳，显然要听婆婆的，但姥姥在家中从来不摆婆婆架子，家里大小事，两位老太太商量着来，所以相处十分和谐。

舅妈那时年轻，干活麻利，做饭洗衣，十分勤快。我从小看舅妈做一家人

家人合影，第二排中间老人为徐军姥姥、姥爷，第三排右一为徐军舅妈

的饭，耳濡目染学会了做河南饭。印象最深的是擀面条。舅妈把面和得像砖头一样硬，醒上一会我就开始在一个大面板上擀。面很硬，加上我个子矮使不上劲，擀了半天还是一坨面。舅妈接过手，起先也费劲，等擀开些时用擀面杖一卷，转着圈地前推后拉，很快一张大而薄的面饼就成形了。折叠起来切成细条，齐活。看来，一切手艺皆学问啊！

在"文革"中，我爸爸被打成了陆平和彭佩云的"黑班底"，不但挨打挨批斗，还被关进牛棚，每天破衣烂衫在校园里干苦活；我妈妈也被派到江西鲤鱼洲农场改造。全家因父母受到牵连，生活过得是满眼辛酸泪、日日受熬煎。两位老太太为了解救这个家，也是想尽了办法。她俩积极靠拢居委会班子，参

2013年朗润园13公寓前的合影

加会议，努力学习《毛选》干革命。有段时间，我每天晚上教她俩背毛主席语录。我姥姥虽不识字，但人很聪明能干，背得比舅妈还快、还好。有一天，我突然想考考她们，结果俩老太太用纯正的河南话背得完美无缺。我有些不甘心，就让她俩分别念我单独指出的某个字，一开始还好，越往后越开始胡说八道了，原来她们还是大字不识的文盲，只是背得熟，可以按顺序猜出字来，当时把我气得够呛。

后来，整个社会又开始每天"早请示，晚汇报"。家里墙上端挂着毛主席像，早饭前和晚饭前全家人必须整齐地站在毛主席像前唱歌并祝毛主席万寿无疆！开始我们家住8公寓105单元四居室，"文革"中因是"黑帮家庭"被赶到对门106单元（原聂元梓住的三居室）。我记得，冬天不管多冷，即使北风呼呼地刮，姥姥和舅妈在活动前一定要把家里南北窗户和阳台门全打开，冻着饿着，扯着河南大嗓门，没有任何音律地高唱："天大地大不如党的恩情大，爹

亲娘亲不如毛主席亲，千好万好不如社会主义好……"可别小瞧这两位个子不高的小脚老太太，唱起歌来那是一个赛一个声尖气足，跑调跑得没谱，把我们都带沟里去了。她俩大声喊唱的同时，还要求我们所有人都把吃奶的力气拿出来大声唱。我家阳台挨着平秉权叔叔家的阳台，姥姥让我站在阳台门旁大声唱。当时我对这事很不解，觉得特别好笑。后来姥姥很严肃地悄悄告诉我，这样做是为了让街坊四邻都听到我们家对毛主席和党的忠心，目的是能把这忠心早日传到北大"革委会"去，以减轻我父母的罪过，早一批得到解放。虽然姥姥和舅妈大字不识一个，但她们对家庭和亲人那种发自内心的朴素和善良的感情，却永驻我心中。

（徐军［曾用名苏军］，曾住朗润园 8 公寓 106 单元、13 公寓 102 单元）

朗润园 172 号——儿时的回忆

◉ 汪中

1958 年我家从燕南园搬到朗润园 172 号，直到"文革"中的 1967 年搬到燕东园，我在朗润园度过了懵懂的 9 年儿童时期，留下了人生中值得回忆的多彩一瞥。

刚搬到朗润园时，我只有两三岁。我哥哥汪端大我一岁。由于太小，我能记住的事并不多，但那几年正赶上三年困难时期，所以我印象深刻的事都与吃相关。

那时家里请了个阿姨带我们哥俩，我们叫她"白姨"。困难时期食物奇缺，白姨在院里种了一些白菜，作为补充。因没有种菜经验，长出来的菜是散开没心的，就像现在的小白菜。收了以后我们还不舍得吃，又没有储藏方法，就用铁丝穿起来晾干，结果成了一捏就碎的黄干菜叶子。如果放现在早就扔进垃圾箱了，没人会去吃。但那时却小心地保存着，到冬天没菜吃时会拿出来用水泡软，放点盐包成包子吃。我当时觉得那是很难得的"好吃的"。据大人说，我一个 4 岁的孩子，这没油水的干菜叶包子，一顿能吃 9 个！包子虽然个儿小，但这个量听起来还是很惊人的！

记忆中的另一件事是，我的祖父作为知名学者（老人家是我国哲学逻辑学的奠基人之一），国家每月发他两斤鸡蛋，祖父会给我们哥俩送一斤过来。这在当时绝对是稀缺蛋白质啊（据说，那时如果蛋白质缺乏到腿上一按一个坑的程度，就可以到指定地点去领半斤黄豆）！妈妈把这鸡蛋均分到一个月，大概每周哥俩各有一个鸡蛋吃。一天，又到了早上有鸡蛋吃的日子，妈妈去拿鸡蛋。我们非闹着要自己拿，结果我没拿稳把鸡蛋掉地上摔破了，于是大哭了起来。妈妈看我伤心，就说："好了，别哭了！不打屁股了！"我扯着嗓子继续大哭，妈妈问："为什么还哭呀？"我只哭着说出两个字："要吃——"关于吃鸡蛋，也有令我得意的记忆。一次拿完鸡蛋，妈妈问我们："吃煮的还是炸的鸡蛋呀？"我哥大声叫着："煮鸡蛋！"我从来喜欢与他不一样，于是说："炸鸡蛋。"等鸡蛋做好拿给我们时，哥哥看到就哭起来了，指着我的说："我也要吃那个。"其实这正是妈妈的得意之作。以这种方法，一下子就让小哥俩知道了煮鸡蛋与炸鸡蛋的区别。解决方法也简单。妈妈将鸡蛋分成两半，每人半个煮的半个炸的。结果我们连口感带味道的区别，都记住了。

还有一个吃鱼的故事。一天妈妈看着我俩吃鱼，帮我们挑刺，嘴里说道："这个鱼不错，基本上没刺。"哥哥反应迅速，马上举手大叫："我要吃'基本'！"妈妈先是一愣，反应过来后就笑弯了腰，这也成了那段回忆中的开心一刻。

再有一次较深刻的记忆是下馆子。一次，我们一家人去海淀下馆子打牙祭。四个人点了一盘肉末炒韭菜。菜里见不到什么肉末，但已算是很奢侈了。韭菜吃完后，盘子里还有些菜汤，那时吃完菜，小孩儿舔盘子是必须的。于是，剩下的这盘底上的菜汤，自然是我哥俩的红利。但两个人一个盘子咋办？为公平起见，要在中间画条线；而用筷子画线，筷尖上这点给谁呢？于是又为公平起见，两根筷子从中间往两边画，一人一根筷子，先每人细品筷子尖上的美味，然后每人再各舔半个盘子，不许过线。

这就是我在朗润园172号最初几年困难时期关于吃的记忆。想来那时如果营养再好点，我们的身高应该比现在再高个五到十厘米才对！

1962年后经济形势好转，我也从五院幼儿园毕业升到北大附小上学了。谁想到1963年暑假里连续几天的暴雨，把172号院的宁静生活给搅乱了。我们后来称其为"发大水"。朗润园处在北大校园的最低点，我们岛的位置更低，而172号院恰好是在岛上东北角的最低位。当时的大水不仅灌满了周边的荷塘，而且漫上岸、进了屋。那天的雨下了一夜，第二天早上只差几厘米就漫上床了。当时我还在床上睡觉，一觉醒来床周围都是水，家具、书本都漂在水面上。小孩子不知道害怕，只觉得好玩。我们还在争论着是谁先睡醒发现进水了。其实由于地势低，遇上下大雨时，我们院子经常会进水，还有小鱼游进院子。我们还在石阶上拿个小盆捞鱼玩。但大水进屋还一尺多高，这是第一次。不久，妈妈工作单位自然科学处的两位叔叔来到我家，受妈妈之托把我们哥俩送到爷爷家去。叔叔背着我们哥俩出了院门。看到周围的景象，我才感觉到有点害怕了。岛上所有原来的地面，都到了水下，只有门口那几棵树还站立在水中，门对面的小山变成了岛屿，静卧在一片汪洋之中。关键是，原来的石桥，全都淹到水下看不见了。那时石桥两侧并没有栏杆，我们只能通过桥两边漂浮的荷叶去判断桥的位置，一步走偏就会掉到湖里。于是我问："叔叔，你们会游泳吗？"得到肯定的回答后，我才稍许放了心。一个叔叔把我们送到城里干面胡同的爷爷家。爷爷请叔叔吃饭，其中的一道菜叫"桃花饭"，给我留下了深刻的印象。好像是炸锅巴，用虾做的粉红色的汁趁热浇上去，噼里啪啦的爆裂声和着扑鼻的香味儿，成了我那段时间记忆中排列第一的人间美味！

大水退去，172 号院经过翻修整理后，我们才又搬了回去。这之后陈燕军一家搬进 172 号院。燕军跟我同岁，他姐姐陈朝雁是附小戴"三道杠"的少先队大队委，他还有两个妹妹——跃音和小兵。他妈妈是中文系老师，参加过抗美援朝战争。这令我们很是敬慕。我跟燕军后来一起到了汉中北大"653"分校，又一起回到北京。可以说，我们是一起玩着长大又互相看着变老的朋友了，这是后话。我们 172 号院有个后门，出门就是湖边。那时，摘片荷叶拿回来熬荷叶粥是常事。我跟燕军一起去抓虾米，也是很好玩的事。东操场西北侧有个长方形的池塘，池塘边有些不知啥工程废弃后丢的空心砖。我们把砖放在池塘水浅处。第二天放学回来路过时，我们用手堵住空心砖孔洞的两边，拎到岸上，河虾就这样被捕了。傍晚，几个孩子围着火炉烤虾，分吃香喷喷的虾肉，这成了172 号院难忘的记忆。

1958 年无线电系建系，父亲是系主任兼党总支书记。系里一班领导便成了我家常客。当时他们都是 30 岁上下风华正茂的年轻人，记得有郑乐民、徐承和、王楚、王义遒等几位老师。后来他们都成了相关领域的著名学者。而我读

朗润园 172 号的孩子们（左起：汪端、陈燕军、陈朝雁、陈跃音、汪中）

完研究生后，也进入电子系做教学和科研，还师从这几位教授做了相关的研究工作。他们做学问的严谨、勤奋以及不断创新的精神，使我受益匪浅。

郑乐民先生是我国激光研究领域的先驱，激光物理理论方面的权威。我也是学这个专业的。我不仅上过先生的课，还经常向他请教问题。王楚老师是我的博士生导师，实际上从大学本科开始，他就指导我如何去思考科学问题。我还曾跟着他和郑先生一起去计量院做激光稳频实验。这些都为我后来在这一领域中的研究打下坚实基础。王义遒老师 90 年代曾任北大教务长，后来又担任北大常务副校长。他是我国原子钟研究领域的泰斗级人物。他在回忆文章中，总要提及当时是在家父汪永铨的劝说下，开始进入这个研究领域的，那也正是我们住在朗润园的日子。2005 年后，我也进入了原子钟研究领域。之后读王老师原子钟领域的经典著作，研究中遇到问题跑去向他请教就成了常态。

其实 70 年代初期，我就听说王老师已经研究出了铷钟，还要研究铯钟。尽管那时我才初中毕业，还根本不知道什么是原子钟，更不知道铷和铯是个什么东西。我只是觉得那东西很高深莫测，很羡慕他们的学问和研究成果。这以后北大的原子钟和冷原子研究在王老师带领下一骑绝尘。从"巨浪 2"到北斗系统，再到刚发射的梦天实验舱的原子钟及冷原子实验系统，他们为国防现代化、为航空航天事业的腾飞，做出了重大贡献。两个月前王老师九十寿诞，我有感而发写下一首《沁园春》：

沁园春·贺寿

望重德高，硕果累累，桃李芬芳。

原子钟泰斗，学生敬仰，频标之父，弟子传扬。

仁厚达观，清风两袖，只与时空论短长。

一挥手，令指尖铷铯，闪烁光芒。

粗茶陋室书香，引战士同心为国强。

看升腾巨浪，震天动地，群星北斗，精准巡航。

探宇神仓，嫦娥奔月，笑望苍穹谱华章。

九十寿，见平生途路，尽显辉煌。

我为老师们的成就而高兴，更为从朗润园时期就认识他们并最终成了他们的学生而感到荣幸。现在看来，儿时的经历一直深刻地影响着我后来的人生旅程！

朗润园新修的石桥和桥头的"大石头"

多年后我又回到了学校工作。在校园散步时，我会经常去朗润园看看。彼时 172 号院已经成了中国经济研究中心的一部分。所有房屋已经翻盖成两层的仿古建筑，完全没了旧时模样，只有东面小山上的亭子，仍然仁立着。大石桥头，那大石头还在，上面凹槽形状的"扶手椅"也在。我们小时候经常爬上去坐一会，称之为"太师椅"，现在路过看到，还有点想坐上去的冲动。大石桥重修了桥面，已经不是 60 年代四排条石、中间还有很宽缝隙的样子，两面还加装了栏杆。这每每让我想起，如果当初"发大水"时有栏杆，就不会有那时的担心了。

朗润园是最能勾起我儿时回忆的地方，柳荫、石桥、荷塘，特别是夏日里荷花盛开的时节，花红柳绿，静美如画。两年前，我去散步观荷时，写下一首《清平乐》，就把它放在这里作为本文的结束词。

清平乐·朗润园

柳荫花艳，又绿池边岸。

每在故园迎菡萏，沐浴清香一片。

蜻蜓荷叶鸣蛙，石桥碧水人家。

秀美出于宁静，淡泊孕育芳华。

2022 年 11 月写于蓝旗营

（汪中，曾住朗润园 172 号）

书乡，书香

——记童年与读书有关二三人二三事

◎ 周明

回顾自己的一生，好像没什么可抱怨的，小"富"即安，顺风顺水而已。在一个甲子的生命里真正值得骄傲的事情并不多，更没有什么值得夸耀的成功经历。如果给自己做个定位，不过一个爱读书的人吧。想一想，此生所有得失大概都与读书有关。这倒不是说，通过读书我得到了什么世俗的认可和功名或遭遇什么大难，没有，还真没有。但正是读书让我成为现在的这个我，得失自知。

人这一生难免为俗物所累，我也是俗人，不敢自视清高说一生所为皆非俗事，没有丝毫功利动机。但唯独读书这件事，对我而言却是一件绝对纯粹的事，无关功利。读书是我生活的必需品，一种生命状态。我虽忝为理工女，后来又做了理工技术类出版社的编辑，但因为不喜欢也因为天分所限，向来对技术类的书籍少有兴趣。我所喜欢读的书，是那些与我的专业毫不相干的闲书，那些"无用之书"。对于"不思进取"也不善竞争的我来说，读这些书仅仅是因为喜欢。我喜欢沉浸在那些对我"毫无用处"的书籍里，与我喜爱的智者或者自认为的同道神交，让我有机会"生活在别处"，获得精神上的某种自知、自在、自足。

从什么时候开始，又是谁启蒙了我，让我有幸爱上读书呢？答案可以很复杂也可以很简单。也许是性格、爱好、机缘，甚至是时代；也许不过就是童年生活的环境和身边出现过的那些特别亲近的人。

此生有幸，我出生在北京大学的校园里，一个到处是读书人、到处是书香的地方。我人生第一个家是一个叫作"朗润园"的地方，我在那里长大，直到19岁离开家到延庆插队。我的爸爸妈妈都在北京大学工作，爸爸是法学教授。我所有童年伙伴的爸爸或妈妈都是北大的教员，邻居多是知识分子、读书人。当然，小时候的我们并不知道自己有多么幸运，更不知道身边的那些叔叔阿姨、爷爷奶奶都是些什么量级的高级知识分子和学贯中西的学者大儒。他们当中的很多人，都是对中国近代、现代乃至当代的历史与学术具有左右走向和格局的举足轻重的人物，能在相应的领域里留下重重一笔的执牛耳者。只可惜，当年的我们浑然不觉。但也正是因为这样，我们在不自觉、不自知的环境里像一张张白纸般耳濡目染，被晕染、被熏陶得有了些天然的书生气。这一点在三四十年后朗润园发小的聚会上得到确认。这些和我一样在朗润园长大的孩子们，后来的经历非常不同，所学专业、所事职业也千差万别，但却惊人地存在一些共性，即有相当的文史哲修养，以及对文字的一份热爱。而这一点不见得与所受的正规和正统教育获得的知识有关，却一定与童年成长的环境有关，与读书、见识和教养有关。我相信并确信。

在我小时候，我和我小伙伴的父辈们，还多是北大的青年教师。邻居中还有一些更年轻的老师。但他们几乎无一例外地都终生读书、爱书且有藏书，进而著书。站在此刻回头望去，童年乃至少年时期的记忆无不与朗润园相关，与那些鲜明生动的读书人有关，那些人、那些事，还有那些读过的书，由近及远地站在远处，历经岁月而未曾模糊……

回想自己的"读书生涯"，不得不提到我幸运地降生在这样一片富含养分的肥沃土地之上。北大、朗润园是我读书的起点，而那些藏龙卧虎于北大这片土地上的普通读书人，则是我最早的开蒙者。

先说说我爸爸。

爸爸对我的最大影响就是让我爱上读书。他是一个爱书的人，而且是一个有着旺盛学习欲望并努力学习新东西的人。当他还是青年教师的时候，家里已经有不少藏书了（当然不能和那些老教授们的藏书比）。不但有那个年代最普及的马列经典，他的法律专业和他偏爱的中国历史的书籍占了很大一部分（正是由于爸爸对历史的偏爱，后来他的专业方向定格在了"中国刑法史"上），中国古典文学自然也是少不了的。除此之外还包括很多英文小册子，都是些短小的英文小说（有些还有中英文对照）。我还记得每每从书店买回一本心爱的书爸爸有多么高兴，会不顾任何事情坐下来翻读。买书、藏书、读书、写书，这种爱书的执着，持续了他的一生。在我们还很小的时候，他就尝试用各种春风化雨的方式引导我们读书，也会用一些小小的奖励办法鼓励我们读书。他会给我们讲那些英文小说或是经他选择的中国古典小说，然后给我们出一些小问题，谁答对了就会给谁一些奖品。我为此得到过笛子、小画本、画笔之类的奖品。记忆中最重大的奖品，是因为我和姐姐表现不错，爸爸送给我们姐儿俩一套连环画《水浒传》，共21册！礼物那么贵重，我至今记得当时我们欢呼雀跃的高兴劲儿。要知道，在当时能有一整套小人书简直可以在小伙伴中成为香饽饽，得意得鼻孔朝天好一阵子了。所以在我们能看正版《水浒》之前，我和姐姐已经反反复复地把那套小人书翻了很多遍。可惜，这套小人书没能留下来，"文革"时被一些调皮捣蛋的大哥哥们作为"四旧"撕碎了，扔到我们公寓旁的湖里。那些被撕破了扔到湖里去的小人书碎页漂浮在湖面上的画面，连同那种心疼的感觉，刻骨铭心。

"文革"时期，正经书都成了"大毒草"不让读了，学校有段时间也不上课了。爸爸怕我们整天在外面胡闹，竟然要求我和姐姐（妹妹还很小）每天抄十段毛主席语录（大概抄毛主席语录比较安全吧），并且要求我们每天写日记。那个时代过来的人都还记得，有些毛主席语录很长，十段！对于天性爱玩的我们，每天抄完十段还真不是一件轻松容易的事。想想爸爸真是良苦用心，说一边学习毛主席语录，一边练字。初高中时我一直在年级和班里主持板报，现在我的字还能一看；有事没事的时候用笔记录自己的心情、感受，以及读书笔记，这些都是托了爸爸严格要求的福，部分受益于抄写毛主席语录和坚持了很久的写日记习惯。

1969年，大人们下放江西鲤鱼洲"五七"干校，我们的生活轨迹似乎要发生根本的改变。所有去干校的人都觉得也许不再会回来了，便处理了自家的图书和其他有用没用的家具细软。鉴于当时"文革"仍然如火如荼的形势，爸爸也忍痛卖掉了大部分书，只留下几套马列经典和几本单行本，以及一些工具书。当我 1976 年下乡时，就是从这些仅存的图书中挑选了一些带到了乡下，其中有一套马克思恩格斯选集，一本《简明欧洲哲学史》，一本黑格尔的《小逻辑》以及其他一些单行本，还有几本小词典。两年半的插队生活中，在田间地头、放羊的山坡上，我开始反反复复地看这些带去的书，并因为欧洲哲学史以及黑格尔开始爱上了哲学。

过去，我有点抱怨爸爸当年坚决反对自己学文科，现在反倒不这么看了。读书不是功利的，我也正是因为没有把读书当成敲门砖或者安身立命的手段，才能一直爱读书，并且能随心所欲地选择自己喜欢的读本。爱读书，从读书中感受人生、丰富精神、滋养心灵，让自己多一份读书带来的自由感，不是更好吗！

爸爸是法律系的。我们当时刚搬到朗润园时是住在朗润园平房。我记得院子里住了三家，其他两家与我同龄的孩子志文和冬冬，是除了姐姐之外我最早的小伙伴。她们与我同龄，志文的妈妈和冬冬的爸爸都是法律系的教师，而志文的爸爸和冬冬的妈妈也都是学法律的。我们一起在院子里玩耍，一起上幼儿园，又差不多一起上小学，还一起在 1960 年搬到了新建的朗润园 8—13 公寓，分别住在 9 公寓和 10 公寓。

至此，便要说一说第二个对我读书产生很大影响并左右了我读书方向，领我入门更多阅读领域的一个人，他就是我童年好友志文的爸爸张叔叔。准确地说，是我间接地受益于志文爸爸的藏书。

张叔叔也是个爱书之人，很痴迷的那种爱。他是那种对新事物充满好奇心的人，这大概是所有读书人具有的品质。2014 年我去志文在西雅图的家，张叔叔已经九十高龄，仍然读书学习，孩子似的迫切想要掌握如何上网、写博客的技能。当年他们家的书比我们家还多。我至今记得那些装帧精良的西方童话故事绘画本，有《海的女儿》，美丽的童话故事唤起我们对浪漫的幻想；有《木偶奇遇记》，匹诺曹因为贪心调皮而变成一头驴子，又因为说谎话而长出长长鼻子……那些漂亮的彩色图书，是我们众小姐妹们爱不释手的读本。

我不记得是什么时候了，反正是"文革"期间，大概是中后期了。一次我到志文家玩，偶然看到志文家书架上有一些看起来很破旧、书皮都已经斑驳的小册子。我抽出一本，封面赫然写着《论人类不平等的起源》。当年无知如我，视野虽然有限，还是知道这是一本极其重要的书。我知道书的作者叫卢梭，一个法国人，名字好看、好听，文字掷地有声，并因他的文字成为启蒙运动的开创者。我很长一段时间对他都有深深的好感。尽管后来随着阅读的深入，最初的印象发生了根本变化。我也知道这本书在"文革"时绝对是一本禁书。那时我还从来没有读过这样的读物，一见之下异常兴奋，马上向志文请求借来一读。志文说："别告诉我爸，看完就还回来。"我忙不迭地点头……

是的，这是我看到的第一本真正具有启蒙意义的非小说类西方名著。我还记得看那本书时的感觉。书页的留白处到处是张叔叔留下的字迹，我第一次知道大人是怎么读书的。而这样的体验对一个刚刚开始读书的孩子来说，真是加倍的收获和享受啊！只可惜，时间久远，我早就不记得那些笔记都写了些什么。现在，我读书也沿袭了那次阅读体验，只要是我自己买的书，读到精彩处也会画满条条杠杠，还会留下几笔心得和感想……

我要讲的第三个对我读书产生影响的人物，是住在我们隔壁西语系的董阿姨。

父母从鲤鱼洲干校回北京后，我们家从原来的 9 公寓 105 单元搬到了 9 公寓 204 单元（其间我和姐姐曾经住过 10 公寓 203 单元小 3 号，与汪安和李阿姨为邻）。204 单元的两个邻居都是西语系英语教研室的老师，他们比我父母又要年轻很多，大概是"文革"前入学、"文革"中留校的。

董阿姨住在 3 号，有一个女儿，比我们小很多。杨叔叔憨厚、讷言；董阿姨却热烈而话多，是个风风火火、不拘小节、爱说爱笑的人，有着极鲜明且极爽快的个性。她对我们姐妹很好，态度平等，从不把我们当小孩子看。这在那个时候的长辈中极为少见，因而深得我们姐妹的喜欢。从大人们的话语中，我们似乎了解到董阿姨是江浙一带长大的，非常聪明。就连那个同是英语教研室、有点高冷的住在 2 号的沈叔叔，也常常流露出对董阿姨的肯定。不过，董阿姨是那种超级自我的人。她绝对不在乎别人的看法，对不以为然之之不以为然，我行我素，旁若无人地高声说话、开怀大笑。

我们喜欢她，还有一个更重要的理由，那就是有段时间的每天晚上，在我们家会有一个文学读书会。经历"文革"，我爸爸变化很大，对我们看小说多有管束，基本上不主张。每次发现我们姐儿俩"挑灯夜读"总是"斥责"，害得我们看小说好像"做了坏事"似的。而董阿姨却经常和我们谈小说，从没在意过我爸妈的态度。直到有一天，她公然拿着一本大部头到我们家来，说是要给我们讲外国文学名著。我爸妈碍于面子，也不好阻拦。

董阿姨之所以要抱着书到我们家来，是因为她的房子小，家里还有杨叔叔和年纪尚小的女儿。我们住在1号，房间相对大一些，所以有一阵每天晚上董阿姨就端坐在我们的床上，我和姐姐坐在床边，听董阿姨讲故事。这么高雅奢侈的读书方式，别说当时了，就是现在又有多少人会享受又能享受到呢？说了那么多，也许有人会疑惑吧，为什么董阿姨要讲给我们听呢？原来董阿姨捧着的那些精装大部头都是英文版的！在"文革"时期，她居然不知道从哪里搞到了原版的文学名著（可能是假教学之名吧）！董阿姨给我们读/译的第一本小说是《基督山伯爵》。那是一本英译本。董阿姨边阅读、边翻译、边转述。我还清楚地记得董阿姨的表情和她讲故事时的样子。她沉浸在对文学的热爱里，绘声绘色地翻译给我们听，也在讲述中把她对文学的理解传递给我们。读完《基督山伯爵》，她接着给我们读的第二本书是《红与黑》……所以，我最初接触法国文学名著，是从听董阿姨"说书"起步的。听董阿姨讲故事的温馨画面我至今难忘。

是啊，要不是在北大这个相对封闭的环境里，要不是有董阿姨这样敢作敢当、执着地爱着文学的人，这一切又怎么可能？！我幸运，我感恩！

其实，本篇短文我所记述的仅仅是朗润园大人中的一些"小人物"、几个小事件，远未涉及那些泰斗巨擘，也并未谈及发生在那个时代的惊天大事。在朗润园，与我们成长有关的关于读书的故事，却绝非仅限于此。

回想在朗润园的日子，我们曾利用到同学家里玩的机会"偷窥"父辈的书房；也曾因同学的哥哥姐姐话语中透露出来远胜我们的阅读量，而心怀羡慕。晚上湖边，除了嬉戏玩耍之外，小伙伴们经常会换一副模样围坐一圈读书听书。即便封闭如"文革"，我们还是能从各种渠道，"搞来"一些被禁的世界名著，并以最高效率在小姐妹们手中传递，或口口相传。为了按时还书，我们纷纷练就了快速阅读的本领……

有一个场景是令我们难忘的：连续有几个晚上，我们在楼下园中湖畔，听抢先看了《福尔摩斯探案集》的玲慧给我们神神秘秘地讲"巴斯克维尔的猎犬"。月黑风高，我们屏息而坐，神经紧张又被深深吸引，久久不肯散去，直到各家父母"回家了"的呼叫一阵紧似一阵，才恋恋不舍地散去……

那不是一个好时代，但我们有幸活在一个相对好的小环境里。囿于那个年代，我们没有接受过良好纯正的基础教育，比起早我们十年的哥哥姐姐或晚我们十年的弟弟妹妹们，我们欠账太多；但拜那个特殊环境所赐——生长于北大，生活于朗润园——我们以"野蛮生长"和"自我启蒙"的方式，完成了最基本的自我教育，并因此形成了读书人的精神底色。在那个虽历"文革"动乱却未使书香散尽的小环境里，我们的家园——朗润园，她简直就是一个"世外书乡"。

因为北大，因为朗润园，因为父母，因为这些不一般的叔叔阿姨，以及同样在这样家庭长大的小伙伴们，让我在读书之乡长大，闻着书香成长，与书交上了朋友，并且终身受益。

书乡，书香！

2017 年 7 月 10 日初稿，2022 年 9 月 6 日定稿

（周明，曾住朗润园 9 公寓 105 单元、204 单元）

我的邻居们

◉ 米宁

1967 年春夏之交，我家从北大 4—7 公寓搬到了朗润园 10 公寓，在这里度过了长达十年的童年时光。

初到朗润园

北大 4—7 公寓坐落于清华西门东南侧围墙外。

朗润园坐落于燕园的东北角，原本是皇亲国戚的私人花园。朗润园的核心是小湖。小湖呈环形，多少有点儿像一条河，环绕朗润园岛，岛的东端是小岛亭，差不多是一个缩小版的未名湖。小湖、岛及沿岸的楼房就是朗润园的主要部分。朗润园的六座公寓楼和北招待所就沿着小湖东北岸而建。1960 年，8—13 公寓六座米黄色的公寓楼在这里建成。中间夹着为接待苏联专家而造的灰色三层小楼——专家招待所，后来苏联专家走了，就改叫"北招待所"。

搬来朗润园以后，我在附近探索新家园。我从家里出来，走过北招待所、13 公寓，往红湖游泳池方向走，也就是镜春园合作社的方向，一路上隐秘而好玩儿。

习惯了生活在城里的闹市，这突如其来的恬静给我的印象特别深刻。这种印象持续了五十多年！昔日的燕园，无论是未名湖岛亭还是朗润园，鸟语花香，布谷鸟在叫："光棍儿好苦！"朗润园又是燕园中最幽静的一个园林。

13公寓以西是德国年长女教授的小屋，再往西，曲径通幽，林荫小道依小山、傍湖水、过小桥，幽静得几乎令人害怕。再往前，是一个恬静的栅栏门独院儿。那时候整个朗润园西北就这么一户人家，谁敢住这么偏僻的地方呀？沿着小道走，过了朗润园西侧的桥，就到了红湖游泳池，一路上从来碰不到一个人！再往前走，就到了镜春园合作社后身儿的粮店。这一路，水上是荷叶莲花，山上是灌木荆棘，我小小的年纪也能感受到心旷神怡。我来到这里就爱上了这个地方。

朗润园是我童年的家园。什么时候回想起儿时的景象，朗润园首先浮现。在这里我度过了从7岁到17岁的童年和少年时期。

我的邻居们

我在朗润园10公寓204单元住了十年，除了与老教授周辅成老先生住在同一套单元房，还得以洞悉10公寓邻居中那些学术声望不凡的学者。

我家正下方202单元住着沈履教授。沈老先生早年毕业于美国芝加哥大学，是心理学家，曾任民国时期国立中央大学教授、清华大学心理系教授，还出任清华校长梅贻琦先生的秘书长、西南联合大学总务长。从1952年开始，他在北大任教授，直至退休。由于他后来双目失明，很少出门，十年间我只看到过他老人家一两次！沈老先生的女儿在美国定居，70年代初来探望过他。

我家上方三楼住着历史系的老教授邓广铭老先生。邓老先生是中国史学界泰斗，著有多部宋史专著，并撰写了《岳飞》（再版后改名《岳飞传》）一书。我几乎每天都见到邓先生，他和蔼可亲，边上楼、边思考，从不抬头。后来在北大江西南昌鲤鱼洲干校，邓先生被派去干比较轻一些的农活儿，做鸭倌儿，我还成了邓先生的帮手，帮助他老人家把鸭子拢到一起。

邓先生的同层邻居是考古学教授宿白先生。那个时期，考古还是历史系的一个教研室。宿先生是老教授中较年轻的一位，他总是笑容可掬。宿先生后来成为中国考古学会名誉理事长、中国考古学会终身成就奖获得者。

四楼208单元住着老教授刘国钧老先生。刘老先生早年赴美国威斯康星大学求学，1925年获博士学位。刘老先生曾经是图书馆学系主任、北大图书馆馆长。刘老先生的太太刘奶奶身材高挑，爱洁净，热心公益，每天都用鸡毛掸子掸掉楼梯扶手上的尘土，从四楼掸到一楼，天天如此。

那时候楼里的门洞或楼洞，现在普遍叫单元。

1门洞102单元住着老教授宗白华老先生。五四时期，宗老先生任《时事新报》副刊《学灯》主编，将哲学、美学和新文艺带入《学灯》，举足轻重。那时他扶植了当时的青年诗人郭沫若。宗老先生著有《美学散步》等著作，我们小孩子天天都见到这位老先生。他从来都是那一身老头儿青衣，迈着老人的小碎步，在燕园里经常可见，经常走西南校门去海淀镇买茶叶。

1门洞高层住着老教授黄子通老先生。黄老先生早年先后赴英国伦敦大学学经济，赴加拿大多伦多大学学哲学。学成后立即回国，在燕京大学、北京大学等多所大学任教。黄老先生著述颇丰，著有《亚里士多德论本体》《康德论本体》《英文文法例证》等。我常常见到黄老先生和宗老先生见面寒暄几句。

1973年以后，我家在9公寓还分到201单元一间"小3号"，以补偿1969年疏散下放时归还北大的10公寓204单元的"小3号"。

9公寓三楼住着经济系洪君彦老师，美国经济专业学者。他从来都笑容可掬。

周先生

我和周辅成老先生一家同住一套单元房，共用厕所、厨房、过厅。周先生是哲学系伦理学教授。

周先生是四川人，生于辛亥革命那年。他自清华大学哲学系毕业后，又考上研究生，攻读西方哲学和伦理学，与乔冠华、吴晗等知名学者同窗。周先生从1952年起就在北大哲学系任教，直至1986年退休。退休前周先生曾任中国伦理学会副会长，是西方伦理学史专家。

周先生和家母同在哲学系教书。1969年那两年中，周先生和家母、我一起在北大江西南昌鲤鱼洲农场下放劳动改造思想，我们在同一个连——8连。

周先生于2009年去世，享年98岁。

周先生一家四口本来住在10公寓204单元的四居室公寓套房里。1号的两个房间各15平方米；2号是一间有阳台的大房间，19平方米；3号只有11平方米。"文革"开始后，成了"资产阶级"教授，受到迫害。周先生一家被迫让出2号和3号两间房，挤进1号。我家四口搬进2号和3号，1969年下放时被迫退掉了3号房。

周家从四居室被压缩到两居室，厨房和厕所都要与其他住户共用。这是受排挤迫害的结果。在互相揭发的年代，人情冷漠，人人自危，周家人和我们很少说话，除非是躲不过去的事情。

周太太的心情看样子很糟糕，我想不光是因为他们的居住空间被挤压，更是因为周先生大会小会三天两头被批斗检讨，精神压力巨大。

何叔叔与高阿姨

我们家那时住在朗润园10公寓204单元。我们住在这套房的2号房间。那是一间有阳台的大房间。3号只有11平方米，我们退还给学校后，搬来了何叔叔、高阿姨夫妇。

何叔叔是北航教师，力学专业，他是国内计算机应用的先驱，用计算机做飞机设计。他当时的主要工作就是把空气动力学和力学相关的公式变成计算机程序：在卡片上穿孔、上机运算、改正错误、改进算法……周而复始。他的程序卡片和程序流程框图都摊在床上，让我觉得非常神秘、高深、时尚！

何叔叔耐心地给我讲解计算机如何使用，包括遇到错误后自动报错停机、机器对错误怎样的零容忍，以及编程工作必须有一丝不苟的工作态度，这对我来说是绝佳的科学启蒙和熏陶，对我后来选择计算机专业有潜移默化的影响。

何叔叔对我最大的帮助之一是他教会了我英语国际音标。那时候我开始自学英语，但发音不准确。这是很大的问题，我下决心先学好国际音标，这样就能通过查字典正确地发音。那一阵子，我每天都去何叔叔学音标，每次学三五个音标。何叔叔英语发音很准，肯用心花时间栽培我这个邻家小孩。短短两周，我就精确掌握了英语国际音标。这使得我的英语学习添加了翅膀，让我受益终生。

那时候我喜欢组装无线电晶体管收音机，组装了一个又一个。何叔叔有台收音机工作不稳定，就拿给我修着玩儿，他大概也没指望我能修好。那时候我有一种"洁癖"，追求完美，觉得重新组装才能完美。结果，我把零件拆散，却装不回去，更甭提修好。我不好意思告诉何叔叔修不好……也不记得最后是如何交的差。但何叔叔肯定是一句宽容的话："没关系！"

追求完美的习惯彻底触礁了，本来想重新整理，结果破坏了原有机器里元器件的基本结构，完全没达到目的。这样的教训不止一个。我从教训中学到了维修原理，即先不能拆散，而要诊断。这是我毕生向追求完美作斗争的开始。

何叔叔是长沙人，多才多艺，年少时就学会了绘画，很多人排着队来请他画马。他的夫人高阿姨很欣赏他的绘画才艺。高阿姨是化学系教师。他们是亲密幸福的一对，爱，充满了那个小小的家庭。我特别为他们的美满家庭骄傲。70 年代中期他们迎来了女儿的降生。

我与他们夫妇的交往也是我学习人际交往、礼节的过程。那时候我们小孩子都是推门就进，也不敲门，反正大人们很少拒绝，自己后来反思邻里礼貌，从点点滴滴中学习总结成长。

在知识分子聚居的环境中受到的熏陶是潜移默化的，这里可以略见一斑。何叔叔在所有我的邻居中对我影响最大！

连哥

住在 10 公寓 208 单元的刘老先生一家"文革"初被迫腾出 1 号的两个房间，搬进来的是印尼华侨连哥一家，全家老少三代人。连哥比我大三岁，我们成了好朋友，整天在一起玩儿，形影不离。

1965 年，印尼开始排华，连哥一家是从印尼逃难来中国的。连哥给我看了他家族的殡葬照片，不知道是否与排华暴乱中的杀戮有关。我什么也不懂，羡慕华侨家境富裕，例如他家的自行车都是全链套的，还有一些南洋小零食，如放在小铁盒子里的话梅类零食。除了全链套自行车，他们家人有些方面与我们不同，例如南方人穿人字拖鞋。此外，他骑自行车不"溜"，而是抬腿跨坐到车座上就开始蹬，开始学骑车时不能保持平衡，自行车侧倾时就跳下来让车子倒下，但是避免人摔倒。全新的做事风格令我耳目一新。

跟着连哥我很开心。我们一起用抬网捞虾米。网是用布口袋做的，两根树枝十字交叉，支起口袋。口袋底部放家里吃剩下的骨头。那时食品紧缺，骨头啃光后才舍得放在抬网里做诱饵。每天早晨我们去提网，一点儿一点儿往上提。提网要慢，否则虾米感到晃动就会从网中逃掉。

我们一起去13公寓和北招待所之间的小山包上摘桑葚。朗润园的野味多。桑葚太好吃啦！除了采桑葚以外，我们还摘黑枣儿吃。黑枣更好吃，味道有些像柿饼。也有人吃过榆树钱儿，我没吃过。但是我吃过烤季鸟猴，就是蝉的幼虫。当季鸟猴还在地下的阶段把它挖出来，放到炉子边儿上烤，非常好吃。对于今天的人们来说，那就是吃虫子。怪不得多年后联合国提议第三世界国家吃昆虫补充蛋白质！

我们一起钓鱼。钓鱼需要诱饵，我们就一起去红湖游泳池东北方小池塘里捞"红虫儿"。这是像小蚯蚓一样的虫子，生长在死水里。那个地方给人荒凉的感觉，我年纪小，很害怕。怕的是遇上坏孩子，怕挨打。

连哥还下水摸鱼。朗润园小湖的湖底有很多半截儿的管道，横断面也就巴掌大。小湖里的鱼是养殖的鲢鱼，还有鲇鱼。鲇鱼有长长的须，浑身滑溜溜的，专门在湖底游荡，喜欢藏在水管里面。连哥憋一口气，然后扎进湖水里，把水管举出水面，两个手掌拦流出的水，用手指过滤管子里的东西，里面八成儿"有货"，不是鱼就是虾，偶尔也有王八。王八和水蛇比较令人生畏。我不敢下水，我怕王八和水蛇，也怕湖底淤泥肮脏。湖心还是挺深的，湖边较浅，能淹没到腿或齐腰深。

大孩子胆子大、点子多，年龄小的孩子常常有依附和顺从倾向。跟着大孩子玩儿就免不了做附庸。玩什么、到哪儿去，一般都听大孩子的。大孩子一般是不听小孩子意见的。后来他搬走了，我不当附庸了，也是小小的解脱，当然也突然感到有点儿六神无主，若有所失。现在我有时还想，连哥在哪里呀！此时耳边响起朴树的歌："在哪里呀……我们就这样各自奔天涯……"巧的是，朴树就是我们朗润园出来的，虽然比我小十几岁。

童年时期和邻居们的交往最密切，主要是因为多户挤着合住一套单元。北大老师南腔北调，到头来我的北京口音也被消磨殆尽。耳濡目染之间，北大的环境熏陶了我。

（米宁，曾住朗润园 10 公寓 204 单元）

梦想的启航与归程

—— 我和北大的故事

◉ 谢晓亮

光阴似箭，岁月如梭，历经百廿沧桑，母校北京大学今年迎来 120 周年华诞。

我生于北大，长于北大，熟悉这里的一草一木，一山一水。从北大幼儿园、北大附小、北大附中到北京大学，我在北大度过了大部分的学生时光，与北大一起经历了中国的历史变迁，建立了无法割舍的联系。每次回到燕园，我总会感觉到一种温暖的气息，使我变得沉着和平静。对我而言，北大不仅仅是一个学校，更是一个家园；她不仅是学术的殿堂，更是我心灵的归属地。如今在美国留学工作三十余载后，我选择回到北大，与燕园再续前缘——这里既是我的人生启蒙之地，也是我的科研回归之地。

百废待兴，科学理想

1962 年，我出生在风景秀丽的北大朗润园，父亲谢有畅和母亲杨骏英都是北京大学化学系教师。我幼年时期家里书香满屋，生活宁静幸福。燕园堪称世界上最美的校园，原是美英教会学校燕京大学的校址，也曾是明清皇家园林的

谢晓亮近照

一部分。

　　燕园是我儿时的乐园。春天，繁花似锦，春意满园。夏季，园子里郁郁葱葱，生机盎然，我总喜欢到未名湖畔捕捉蜻蜓，然后再将它们放归自然，观察湛蓝的天空中它们舞动的翅膀。秋天是燕园最美的季节，银杏树叶慢慢被染黄，在红墙绿瓦前随风飞舞，绚美如画。冬天，未名湖则成为冰上乐园，孩子们可以尽情享受冰上飞驰的快乐。

　　然而，这样欢快的生活却在1966年戛然而止。那一年，"文化大革命"开始，学校教学活动全部停顿。作为大学老师的我父母被接二连三地卷入政治运动。我不能忘记，宁静的深夜里，朗润园邻居家的教授们被红卫兵抄家、辱骂、带走，年幼的我被恐惧逼到墙角。彼时的我尚在懵懂，只是隐隐约约感到一切都变了。后来我父亲被下放到江西"五七"干校参加"劳动锻炼"，完全脱离教学和科研。而母亲、弟弟和我则留在北京，不得不和父亲分离。

　　虽然"文化大革命"在如火如荼地进行，孩子们的世界却是单纯的。记得1969年，我刚上小学那年，父亲回到北京，在江西学得一手泥瓦木匠手艺的他，亲手为我做了一个陀螺。这个不断旋转且做工精致的陀螺引发了我的好奇心。

　　我用父亲的工具箱完成的第一个木工作品是杆秤——它是我人生中设计的第一个精准测量工具！此后便一发而不可收，我相继动手做出了飞机和轮船模型，甚至还做出一个音箱。就这样，我的动手能力不断提高。随着制作的项目越来越复杂，我对于科学技术的好奇心也越来越强烈。

　　上中学时，我又开始动手制作各种电子仪器，先后做出了超外差收音机、遥控模型轮船，并完成了一套音响。我对实验科学的兴趣正是从这一个个电子仪器开始的。从那时起，我逐渐树立了自己的人生理想——做一名科学家。

　　在我的高中时期，国家恢复了高考，回归正常的北大附中充满了浓厚而愉悦的学习氛围，除了学习课本上的知识和准备高考，我们还拥有丰富多彩的课外活动。我担任班长，是班上排球队的主攻手。我的同学许多是北大子弟，大家多才多艺，爱好广泛。记得当时我的同窗好友余廉，以其精湛的文笔，编写了一个展望未来的广播剧，颇受同学们的欢迎。那时的我也开始对西方古典音乐产生兴趣，不仅沉醉于艺术带给我的听觉享受，更痴迷于制造出更棒的音响。

高中时我曾写过一篇题为《圆明园》的作文。我以当时圆明园中的景色比喻

1975 年谢晓亮与父母、弟弟在新建北大图书馆前

谢晓亮童年时在未名湖边留影

北大未名湖冰场

1978 年谢晓亮与北大附中同学们在圆明园

在经历"文化大革命"浩劫之后祖国百废待兴的状况，憧憬改革开放为我们的国家、为我们年轻一代带来的美好未来。基于其贴切的寓意和爱国情怀，这篇作文被语文老师选为范文在班上传阅。

从学生时代开始，不管是写作，还是动手制作仪器，我都喜欢自己找课题和选项目。课题和项目的意义越大、难度越大，完成后就越能给我带来喜悦感。还记得那时，北大计算机所王选教授正在领导计算机汉字激光照排项目的研创，彼时就读北大附小的我与其他小朋友还曾一起帮助该项目一个字一个字地人工输入数字化的字型。多年后当人们体验到世界首创激光汉字照排技术取代铅字排版的伟大时，曾作为其中一名小小参与者而产生的自豪感使我更加肯定：要做就要做这样的大事！做有意义的课题成为贯穿我之后科研生涯的习惯。

在我的中学时代，我的父母终于重新回到他们心爱的教学科研岗位。记忆中父亲潜心完成了他的《结构化学》教科书，并时常沉醉于科研突破的喜悦中，而母亲则一心扑在教学上，深受学生们的爱戴。我耳濡目染，也对教学和科研产生了浓厚的兴趣。高中毕业时，我考上了北京大学，被第一志愿的化学系录取。

治学之地，创新萌芽

1980 年，我带着儿时的梦想、美好的憧憬和对知识的渴望，开启了北大本科的学习和生活。

北京大学从五四运动起一直秉承民主、科学的理念，弘扬爱国精神。80 年代初的北大学子忧国忧民，追求民主与进步，各种思想流派在校园里百花齐放，"三角地"成为那个年代北大学子心目中永恒的记忆。

北大更是治学之地，学术具有至高无上的地位。北大学子大都怀揣"科学救国"的理想。我中学时代就立志成为一名科学家，进入北大这样一片学术自由的沃土后，便开始如饥似渴地吸收专业知识。

北大使我可以在知识的海洋里尽情遨游。我主动旁听了许多其他院系开设的我感兴趣的课程，如物理系的四大力学：经典力学、量子力学、统计力学、电动力学，以及无线电系的电子学课、数学系的概率统计课，等等。这些知识的积累使我受益匪浅。

我的高中同窗好友余廉和我一同考入北大化学系。我们经常在课余时间进行学术讨论，探索科学问题，彼此相互鼓励。他现在是威斯康星大学麦迪逊分校药学院的教授。

在北大求学时的谢晓亮

赴美留学时的谢晓亮与北大导师蔡生民教授（左）团聚

大学的第一个暑假，自学计算机编程的我在北阁上机。经过苦思冥想，我发现了离子晶体的能量是一个无穷级数，需要大的计算量，于是试着写 Fortran 程序来计算晶体结构的能量。这个课题在现在看来也许微不足道，但对于当时学化学的我来说，第一次能用计算机解决这样一个"跨学科"问题，我喜不自胜，无比满足。

潜心专业之余，打排球是我喜爱的运动之一。作为一个排球迷，我喜欢的中国男排在我大二那年逆转制胜，进军世界杯预选赛。深受鼓舞的北大学子喊出了"团结起来，振兴中华"的口号。之后几年中国女排蝉联世界杯、世界锦标赛和奥运会"五连冠"，更加激励了北大学子奋发图强的爱国之情。这些在北大就读时的珍贵记忆一直都被我铭记在内心深处。

大四的时候，我有幸跟随化学系蔡生民教授在化学南楼做毕业论文。蔡生民教授是一个实验技术精湛的电化学家，他兴趣广泛，思维活跃，精力充沛，讲一口流利的英文，幽默感极强。他的为人和对我的学术指导，对我以后的工作有很深的影响。蔡老师善于用生动而形象的语言解释复杂而抽象的概念，我当时的论文题目是用计算机来控制光电化学反应，其中用到锁相放大器，他对锁相放大器原理的解释，我仍记忆犹新。在做毕业论文的过程中我开始意识到，在仪器设备上的创新往往可以带来科学研究的突破，而我独立工作以后的科研经历也证明了这一点。

大学本科是积累专业知识的阶段，科研不是积累知识而是创造新知识，难就难在创新。科研工作者最大的挑战就是如何发展和保持创新能力。我在北大的童年、少年和青年时期的经历，为我以后的科研生涯孕育了创新的萌芽，使得科研成为我毕生追求的目标。

本科毕业后我在北大做了一年硕士研究生。当时国内的科研水平与世界先进水平毕竟有很大差距，我打算出国深造。

我们比父辈们幸运得多，改革开放使我和许多同学得以出国留学。毕业那年，北大学子在国庆 35 周年天安门游行时打出了"小平您好"的横幅，那是我们发自内心的呼喊。

学术追求，济世理想

1985 年，23 岁的我第一次离开北大，飞抵美国，开始了我人生的另一段旅程。我来到了加州大学圣地亚哥分校攻读博士学位，师从约翰·西蒙（John Simon）教授，学习化学动力学，用超短的皮秒（10^{-12} 秒）激光脉冲研究超快化学反应。在西蒙教授的大力支持下，我成功地实现了用快速圆二色性光谱检测生物大分子结构变化的设想，并以之作为我的博士论文。发明这项技术时我就用到了蔡生民教授之前讲解的锁相放大器。

随后我在芝加哥大学著名物理化学教授格雷厄姆·弗莱明（Graham Fleming）的实验室做了短暂的博士后。在那里，我初步明确了自己独立工作后的一个全新的研究方向——室温下单分子的荧光检测和成像。

1992 年，我作为第一位来自中国大陆的科学家加入美国太平洋西北国家实验室（PNNL），并组建了自己的独立实验小组，很快就实现了室温下单分子的荧光成像。PNNL 所在的华盛顿州在冷战期间受到原子弹核废料和化学试剂的严重污染，美国能源部拟在 PNNL 兴建一个耗资 2.5 亿美元的"环境分子科学实验室"，希望从基础研究入手解决环境问题。

1998 年，借助 PNNL 的良好条件和我实验室在荧光显微技术上的积累，我的博士后路洪（北大化学系本科毕业）与我在《科学》杂志上首次报道了用荧光显微镜实时观测到单个酶分子（生物催化剂）不断循环生化反应的动态过程。这是一个具有突破性的工作——单分子的化学反应的发生是随机的，即化学反应发生所需的等待时间是随机分布的，而不像传统实验中大量分子的反应那样可被推测。而细胞中许多生物大分子，比如 DNA，都以单分子的形式存在，因此实时观察到单分子化学反应为生物学研究提供了全新的重要方法。

同时我实验室还发明了一个无须荧光标记的拉曼光谱生物成像技术。1928年印度科学家拉曼发现了以他名字命名的分子非弹性光散射现象，因此获得诺贝尔物理学奖。拉曼光谱可以测量分子的振动频率，然而拉曼散射信号极弱，需要很长的测量时间。后来激光和非线性光学的发展使得拉曼信号大幅增强，但技术上的困难限制了拉曼光谱在生物影像上的应用。我们的新方法使快速非线性拉曼生物成像成为现实。

细胞的拉曼光谱显示其中不同分子（水、脂肪、蛋白质、DNA）各自特征的化学键振动频率。但传统拉曼光谱弱信号，需要长时间收集（>0.1 秒每个点，600×600 点成像需要 >10 小时）。我们的发明最终实现了拉曼视频成像。

这两项工作成为我实验室迄今为止被引用次数最多的论文。一步步拾级而上，1998 年，我被哈佛大学化学与化学生物系聘为终身教授。

哈佛大学的韦德纳图书馆旁边有一个来自中国的精美石雕赑屃，一个背着石碑的石兽。它是 1936 年哈佛三百年校庆时，由时任北大文学院院长的胡适与其他哈佛的中国校友捐赠而来。碑文写道："我国为东方文化古国，近三十年来，就学于哈佛，学成归国服务国家社会者，先后达几千人，可云极盛。"

有趣的是，当初招聘我到哈佛的化学与化学生物系主任吉姆·安德森（Jim Anderson）的父亲保罗·A. 安德森（Paul A. Anderson）曾于 1925 年被司徒雷登任命为燕京大学第一届物理系主任，在燕园生活和工作了数年。

哈佛大学化学与化学生物系人才济济，许多教授都是各自领域的顶级专家，更有四位诺贝尔奖得主在此工作。著名华人科学家庄小威后来也加入哈佛化学与化学生物系，我们成了好朋友。2013 年，吉姆、庄小威和我一起参加了北京大学物理学院百年庆祝活动。

初到哈佛，我预感到单分子技术将会在生物学中有重要应用。虽然我在北大打下了很好的数理化基础，那时却还没学过分子生物学，所以我决定从头学习这门学科。于是，我与我实验室的学生一起旁听生物系的分子生物学课程。瑞驰·罗思科（Rich Losick）教授用虚拟的动画片来讲解 RNA 聚合酶以及核糖体等生物大分子的工作机理。在聆听教授生动的讲解时，我的脑海里已经在思

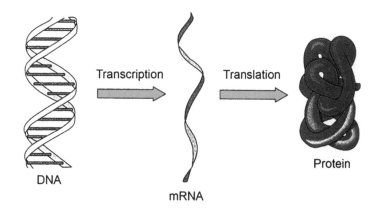

DNA 以单分子的形式存在于细胞中，基因表达按照分子生物学中心法则进行

考，如何通过实验直接观察到这些生物大分子进行基因表达的过程？这就需要在一个活细胞里面观察单个 DNA 分子的行为——一个细胞里基因的拷贝数是一或二。

2006 年，通过三年的努力，我的两篇分子生物学方向的"处女作"在《科学》和《自然》杂志上同时发表。文章首次报道了活体细菌细胞中蛋白质分子一个一个随机产生的实时观察，数据与我们的理论相吻合，定量描述了分子生物学的中心法则。文章产生了很大的学术影响，罗思科教授甚至开始在课堂上用我们实验的录像来讲解基因表达。这一工作使我进一步认识到学科交叉的重要性：新的物理和化学方法往往可以给生物学带来新的视角和新的发现，而对生命过程本质的了解非常需要定量实验和理论分析。

两篇文章发表后一周，盖茨基金会打电话邀请我申请资金，希望用我们的新技术来研究一小部分肺结核的细菌细胞产生抗药性的原因——那时肺结核每年可夺去数以百万计的非洲儿童的生命。来年比尔·盖茨作为"最成功的辍学者"被授予哈佛的荣誉博士学位，他在毕业典礼上的致辞非常感人。后来他来我实验室交流，我感到他对相关分子生物学的理解颇深——想必与我一样也自学补过课，而令我没想到的是他竟然也熟悉我们实验时用的超快激光。虽然我们至今还没有解决那个抗药性的科学问题，但这个盖茨基金会的项目却为我带来了新的思考：能不能用我们基础研究的成果来造福社会？

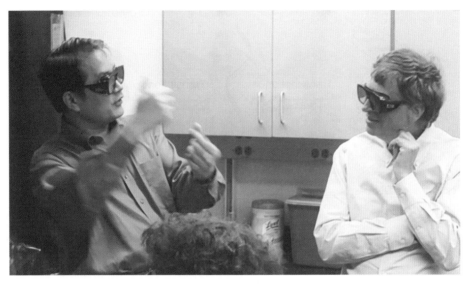

2010 年，比尔·盖茨（右）到访谢晓亮哈佛实验室，图为两人在讨论科学问题

　　科学研究需要好奇心和灵感，更需要不断积累。而科研项目的选择至关重要——科研难就难在选择做什么和选择不做什么。能在别人之前做出好的选择不容易，特别是需要足够的资金和优秀的团队来完成时，往往很困难而且有风险。我认为不管是基础研究，还是技术开发，一个科研领导者的最大挑战就是选择和组织完成真正意义重大的科研项目。然而很多人往往不是在最初选题时下功夫，却大力吹嘘一些实际意义并不大的研究结果。

　　我们的第一个科研成果转化是把我们发明的无荧光标记非线性拉曼成像技术应用在脑外科肿瘤切除手术中区分肿瘤边缘。核磁成像可以看到大脑何处有肿瘤，但空间分辨率不足以看到细胞。脑外科医生手术中需要利用更高分辨率的光学显微镜，传统的技术是冷冻、切片，用两种染料 H&E 染色后光学成像，过程烦琐。而我们的快速拉曼光学成像技术看细胞无须标记，可以大幅度加快手术中肿瘤边缘的鉴别，现在已经被产品化并试用于脑外科医生们的手术中。

　　与此同时，正在发生的新一代测序仪的革命使得 DNA 测序的费用大幅下降，预示着个体化医疗的来临。我意识到做这样的工作才真正有意义，又恰好能用到我们的长处。于是我的实验室开始转型，从事单细胞基因组的研究，并于 2011 年研制出一种新型 DNA 测序仪。

谈到转型，任何一个新的研究领域兴旺之后会饱和甚至过时，转型往往是一个科研领导者科研生涯中必需的。实验物理化学家所需要的仪器上的投资很大，我曾担心转型难。我很幸运能两次得到美国 NIH 先锋奖的资助，该奖大力支持高风险高回报的课题，使我度过转型期相当长时间的逆境。

2012 年，我们发明了一种叫 MALBAC（MALBACMultiple Annealing and Looping Based Amplification Cycles，简称 MALBAC，即多次退火环状循环扩增技术）的单细胞 DNA 扩增技术，能为单个人体细胞进行 DNA 测序。

在一个人体细胞的细胞核里有 46 条染色体，46 条 DNA 分子，其中 23 条来自父亲，23 条来自母亲。DNA 有四种碱基 A、T、C、G，A 与 T 配对，C 与 G 配对。一个人体细胞共有 60 亿个碱基对。这些碱基 ATCG 排列的序列决定了遗传信息，也就是基因组，人与人相比绝大部分碱基序列都是相同的，只有千分之一的碱基对是不同的。碱基序列的突变会导致遗传疾病或癌症。2001 年人类基因组计划的完成是人类历史上的一个里程碑。当时测的基因组是几个人的综合，而不是一个人的。

不但每个人的基因组不一样，每个细胞的基因组也都不一样，因为基因组会随时间发生突变。但以前的技术不够灵敏和精准，无法让我们看到单细胞间的区别。MALBAC 技术可以均匀地放大单个人体细胞的全基因组——60 亿个碱基对中即使有一个突变都能被检测到。因为很多情况下，比如受精卵和血液中的循环肿瘤细胞，只有很少几个细胞存在，因此 MALBAC 技术在基础研究和临

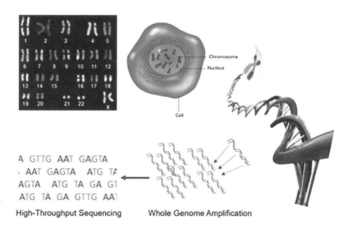

单细胞 DNA 扩增后测序，可以得到人的 46 条染色体的 DNA 序列

High-Throughput Sequencing

Whole Genome Amplification

床医学中均有重要的应用。

我在哈佛最大的享受是与学生和博士后们夜以继日同甘共苦的创新过程。他们中不少人比我幸运——在研究生和博士后期间就能做出许多重要的科研工作。我很欣慰他们现在已在世界上四十多所大学任教，很多人已经成为各自领域的专家或领军人物，比如堪萨斯大学的 Bob Dunn、苏黎世联邦理工学院的 Lukas Novotny、康斯坦茨大学的 Andreas Zumbusch、鲍林格林州立大学的路洪、加州大学尔湾分校的 Eric Potma、卧龙岗大学的 Antoine van Oijen、普林斯顿大学的杨皓、波士顿大学的程继新、康奈尔大学的陈鹏、加州理工学院的蔡龙、魏兹曼科学研究所的 Nir Friedman、约翰霍普金斯大学的肖杰、康涅狄格大学的俞季、乌普萨拉大学的 Johan Elf、中国科技大学的张国庆、哥伦比亚大学的闵玮和 Peter Sims、哈佛医学院的 Conor Evans、斯坦福大学的 Will Greenleaf、贝勒医学院的钟诚航、麻省理工学院的 Paul Blainey 和李劲苇、奥勒冈健康科学大学的南小林、华盛顿大学的傅丹、复旦大学的季敏标、清华大学的孔令杰、纽约州立大学的鲁法珂，等等。

同时也涌现出把我们实验室的技术发明转化成产业的人才，比如 MALBAC 的发明人之一——陆思嘉获得博士学位后回国创业，将 MALBAC 技术用于在试管婴儿中避免遗传疾病；非线性拉曼成像发明人之一——Chris Freudiger 毕业后将该技术产品化并促成了在脑外科手术中的应用。

2009 年，哈佛任命我为 Mallinckrodt 化学和化学生物学讲席教授。然而，回归的种子早已在我心中萌芽。

怀北大情，圆中国梦

今年是中国改革开放四十周年。赴美后每次回国，我都为祖国翻天覆地的变化而震惊和感慨。感恩改革开放和我们所处的时代，让幸运的我们得以邂逅中国近现代以来最快的发展时期。2008 年回国看奥运会，我为祖国健儿获得最多金牌而振奋，但同时也感到夺取科学技术的金牌还任重道远。

2001 年，我被北大化学学院聘为客座教授；2009 年，时任北大生命科学学院院长的饶毅教授也劝说我回北大工作。同年，北京大学聘我为"长江学者"讲座教授。后来，我与海归的苏晓东和黄岩谊教授共同向母校提出了建设成立北京大学生物动态光学成像中心（Biodynamic Optical Imaging Center，BIOPIC）的提案。这个提案得到了学校领导的大力支持。2010年12月BIOPIC正式成立。"BIOPIC"名字源于我之前在光学领域的单分子成像工作，旨在建立一个技术驱动型的生物医学研究中心——生命科学的发展特别需要研究手段的突破和多学科的交叉集成。我们最近将更名为"生物医学前沿创新中心"（Biomedical Pioneering Innovation Center），仍称BIOPIC。

BIOPIC吸引了一批优秀的海外人才，汤富酬教授就是中心从剑桥大学聘请回来的第一个年轻海归学者，现已成为国内外引人注目的科研新秀。张泽民教授则是从美国加盟的癌症专家，他是国家千人计划学者。8年过去了，中心的学者们已经发表了很多高质量的科学论文，从事生命科学领域世界前沿的研究，实现具有实际意义的医学应用。过去几年我一直往返于北大和哈佛之间，我在哈佛的团队和北大的团队紧密合作。几年来，BIOPIC逐渐在单细胞基因组学领域达到了国际领先水平。

我的北大团队和北医三院乔杰团队、北大汤富酬团队合作，利用MALBAC技术，帮助那些携带单基因遗传疾病基因的父母通过试管婴儿的手段成功地拥有了健康的后代。没想到这项工作竟然让我在北大圆了单分子科学造福社会的梦。

目前已知有六千多种单基因遗传疾病。在患者的一个体细胞里，同一个基因有两个拷贝，分别来自其父方和母方，而致病基因一般只是两者之一。作为一个单分子的随机事件，患者的致病基因有50%的概率传给下一代，这本来是"命"！而我们的工作以精准战胜随机，利用MALBAC筛选和移植无致病基因的受精卵，避免了听天由"命"。

我至今仍然记得自己在2014年9月19日那天抱着第一例"MALBAC婴儿"时内心的那份激动。这项工作已经成为"精准医学"的范例。截至目前，国内MALBAC技术的应用已使几百例"MALBAC婴儿"成功避免了父母的单基因遗传疾病。我很自豪我们在北大的工作可以真正推动医学的进步，能为人类健康贡献一份力量。

2016年，在北京市政府支持下，北京大学成立北京未来基因诊断高精尖创

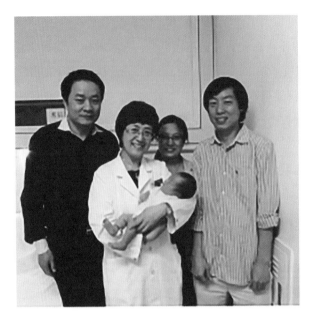

谢晓亮与乔杰（左二）、汤富酬（右一）
看望第一位 MALBAC 婴儿

新中心（Beijing Advanced Innovation Center for Genomics，ICG），希望继续在基因组学相关领域做出更多世界领先的工作，造福百姓。

2018 年毕业季到来，这是我 20 年来最后一次作为哈佛教授就座毕业典礼的主席台，很高兴这也是我的长子哈佛本科毕业的毕业典礼。我还参加了两个女儿的高中毕业典礼，她们也都要上大学了。很欣慰孩子们已经长大成人，这样我可以安心回北大继续我的科学研究事业。

动笔撰文之际，正值今年未名湖冰场又开放之时，让我回想起在学生时代，寒冬之日，同学们争先恐后在未名湖上滑冰的情景。而自己在未名湖冰面上纵情驰骋时的喜悦，至今难忘：从童年、大学直到现在，滑冰和滑雪是我最喜爱的运动——北大亦赋予了我相伴终生的爱好！如今，看着新一代的学子驰骋于冰场之上，我又不禁回想起那青春的 80 年代——每个时代北大青年的样子，亦是北大的样子！

2018 年 7 月 2 日

（谢晓亮，曾住朗润园 9 公寓 202 单元）

翠湖柳岸的少年时代

◉ 张宇恒

我虽出身平民，却从 1974 年到 1984 年在北大朗润园里，住了整整十年。那里即是季羡林先生所写的《朗润集》中提到的那个园子。另一位国学大师张中行先生，与我家同住一楼。他的书中也没少写到朗润园。

那十年，是我告别童年直至大学毕业所经历的岁月。当然，前六年我是完全在那里居住的，包括我中学时代的全部。那时候，虽然国家的政治时局变化不断，但我现在回忆起来，那段生活还是甚为有趣的。当年我并不知道与诸多名人为邻，因此更值得怀念。

无奈我是三代理科出身，文笔和境界无法与大师们相比。我唯愿学学他们处世与思考的方法：平平淡淡地回忆以前发生的事情，点点滴滴地映射出一点历史和人生。

由于年代久远，记忆未必准确，文中人物因无法取得他们的同意而写他们的故事，所以涉及姓名多数隐去。季先生是例外，因为我不记得曾见过他，只知道他住 13 公寓。听儿时玩伴们说，他家的特点就是书多，客厅四面墙全为书架所占，更不用说书房了。他有个孙子那时住在他那里，从小学到初中一直与我同校同一年级，却从未同班。我们的交情，不过就是同路骑车上学。

后来季先生出书，我才从照片上得知他的相貌。再想想他孙子，感觉的确是像，尤其是他们的浓眉与长脸。到了高中，这位季同学就不再出现了，或许是搬到父母身边去了。他给我的印象是标准的正人君子，从来都做班干部。说话有板有眼，滴水不漏。这些，估计是遗传的。因为从季先生的书看得出，先生是极认真的人。

季先生书中写过一对异国老夫妇，住在他们楼边的平房里。先生是中国人，太太是德国人。他们的房子周围长满了竹子。我几乎每天能看到老太太提个口袋出门采购。她的背已微驼，但走得很快，而且总穿双半高跟的皮鞋。她的衣服与提包似乎总是深绿颜色的。他们有两个儿子，我经常看到那俩孩子骑自行车，却从来没敢与他们家任何人交谈过。恐怕，这也是那个年代的特点，人人都怕沾上"里通外国"的嫌疑。玩伴们也很少有人知道这家人的底细。到了改革开放的年代，我离家远行了，直到近年看季先生的书，才对他们夫妇略知一二。

张中行先生写过一篇散文叫《老温德》，是写一位美国出生的先生，住在中德夫妇的房子再往西、临近湖边的一座平房里。我的玩伴们说温德先生游泳技术极佳，躺在水里，肚子一大半在水上。我见到他时，他大概已有六七十岁了，却从未见他游泳。只见他骑一辆很老旧的自行车来来去去。我有一次在合作社看到他问售货员："山楂糕，还有吗？"我就以为美国人都爱吃山楂糕。等我去美国时，也带了一些山楂糕到美国。结果发现，人家对此并无特别喜爱！这才意识到，美国人同样是一人一个口味。遗憾的是，等我的英文过关了，却失去了与老温德交流的机会。

我对张中行先生本人的印象，就是他的头发由花白至全白，却从未稀疏。这位老先生总是把头剪得短短的，脸刮得光光的。奔七十的人，身体很棒，经常骑车。从未见到他穿着自己年轻时穿的长袍，但冬天总见他穿一件中式棉袄，夏天见他穿一件背心，手拿一把团扇在楼前走来走去。他从不与我们小孩子说话，但有一次例外，他训了我。原因是我出于好奇心，弄坏了他的车铃。他那辆自行车很旧很老，车铃是通过牵引使一个铜锤摆到车条上弹回到铃盖上而发声的。那时，我正处在对机械部件着迷的年纪，看到这么个神奇的东西，怎能不端详一番。结果不仅看，还要上手试试。于是，我抬起车身，转动车轮，拉着牵引，听那清脆的铃声……可惜力气用得太大，扯断了弹簧。吓得我赶紧逃离。无奈还是被老先生看到了。他试了试铃，冲我很严厉地问道："这铃是你弄坏的？"我满脸通红，一句话也答不上来。老先生无奈地摇摇头，上楼去了。

那时，我不知道老先生日后会这么出名。回想起来，这竟然是老先生对我说的唯一一句话。自那以后，我总是特别怕他，能躲就躲着他。老先生的夫人与老先生不一样，见了我总是有说有笑的。多年后，我母亲将外祖母接到朗润园，与张先生夫妇成了好朋友。大概因为年纪相仿，又都出身于北京周边的农村。他们坚持要称我外祖母为老姐姐。再后来老先生出了书，送给我妈，在书的扉页上写有"赠与外甥女"，令我们觉得十分有趣。

住在我家同楼，张先生家对门有一对法律系的夫妇。先生是不声不响的学问人；太太则是个"大嗓门"。她叫自家孩子时，恨不得全朗润园都听得见。这里人几乎人人都认识她。我们叫她王阿姨。王阿姨是系里的积极分子，也是我们居委会的负责人。她家有三个孩子，老二是男孩，与我同年级，自然成了我的玩伴和后来的学伴。

印象最深的是，他家孩子跟大人顶嘴是家常便饭，顶嘴时全楼都听得见，那家孩子对父母，尤其对他妈好像全无尊重。王阿姨如此积极，可她的孩子们却都是上了高二才写入团申请书的主儿。几年后，王阿姨的社会活动终有成效，成了全国妇联的大领导，专门负责妇女儿童权益。再见到她的孩子们时，他们好像从不以此为荣。谁提这事儿，就跟谁"急"。现在想想，一个仨孩子的母亲，在北大做教授，热心公益，为弱势群体东奔西走，实为不易。

20世纪70年代，北大教职工住房极为紧张。我们单元小3号房，住了另一家人。那是一间不到12平方米的小屋。1976年初，小3号搬进一家三口。先生是王叔叔，典型的南人北相，虽操一口吴音，却长得人高马大。骑一辆凤凰牌加重车，他告诉我说别的自行车他骑不了。王婶是个典型的北京人，他们有一个极可爱的大头儿子，那时才一岁，随他妈讲一口地道的胡同儿腔。

有一次，王叔叔带儿子去捞鱼，他指着渔网说，"还有窟愣（窿）哪"，逗得我们乐了好几天。王叔叔是邻居里人缘极好的人，包括对我，都是有求必应。他教过我下围棋，邀我与他儿子一起游泳、捞鱼。我多次政治考试，都是他不厌其烦地帮我复习、背提纲。回想起来，与他们家相处的日子，是十分愉快的。

1976年发生的事情很多。我们那堆孩子最喜欢的，是地震后住抗震棚那段日子。正值暑假，本来就没什么功课，又能与小伙伴一起在手电光里玩牌到深夜，真是不亦乐乎。白天主要是帮大人加固或修缮抗震棚。我是那堆孩子里唯一会骑自行车的，于是我自愿申请蹬三轮车拉材料。大人笑我个子小，我说让我试试。

平生第一次骑三轮车，很幸运，三弄两弄就真会了，也靠王阿姨的儿子在旁敲边鼓。我平生第一次成了孩子堆里的英雄，因为拉材料总有跑空的一程，我可以拉着一帮哥们儿在路上骑。我们还能冠冕堂皇地说我们在做好事。那时的我，也就一米五出点头，却像个"板儿爷"。按今天的话说，也算是一道风景。

有一位与我同岁却高我半头的玩伴，住在同楼另一个门洞里，单名一个"朴"字。我们那时朝鲜电影看多了，知道朴是个多音字，又可念"瓢"。于是就给他起了个外号，叫"老瓢"。

"老瓢"个子高，身体壮实。每次开运动会，他都是打旗子的。这回抗震，他只能在材料厂装车，而我却一趟趟地兜风，搞得他挺嫉妒。于是，他找我教他骑三轮。一天中午，趁别人午睡，我俩把车骑到空地上。我给他讲了各般要领。然后，我坐在后边，让"老瓢"自己骑。开始，他的灵性是真不错，没几下就上了路，又骑了几百米。

我说："行了，你出徒了。"刚说完，车轮压到一块大石头上，车就向路边湖里冲去。我开始不觉得怎样，提醒"老瓢"踩闸。可车龄不到十分钟的他，早把闸在何处忘了个一干二净。眼见车离湖边越来越近，我喊破了嗓子，他还像没听见一样。离湖边还有两三米时，我跳车了。三轮车继续前行，我眼睁睁地看着车前轮进到水里，然后是"老瓢"落了水。

最恐怖的是车前轮入水较深，车尾竟然掀起，三轮车空翻了一百八十度，翻到"老瓢"前面去了。他则闷在水里，头朝下。我吓呆了，完全不知所措。醒过神来，首先想到的是，这下完了！"老瓢"被压在车底下，头会不会受伤，会不会溺水？要真出了大事，"老瓢"妈，还不得要了我的命啊！

我正要脱鞋下水，只见"老瓢"浮出水面，晃晃脑袋。我赶紧问他：受伤没？他竟冲我笑了起来。我不敢相信，以为他脑子被撞出毛病，更是紧张起来，腿肚子都软了。这时他告诉我，他确实没事。接着，我们商量三轮车怎么办。他说着"我先试试"，竟一个人把车从水里翻过来，拉到了岸边。我在前边拉拽车把，他在后边使劲推，三轮车上了岸。我仔细看过他全身，确实没有一丝受伤的痕迹。这才放了心，跟他笑了一个痛快。再问他在水下怎么着？他说自己也吓晕了，根本不记得那几秒钟里是怎么冒出水面的。

结果，自然是大家都猜得到啦。我俩保守这个秘密，得以保持住能一直骑这辆三轮车的"特权"。"老瓢"成了新"板儿爷"，我们一直由他载着骑遍了整个北大校园，直到暑假结束。

再后来的故事，就越来越不精彩了，因为我要读书、考高中、考大学，而后走向社会。但在朗润园生活的十年，尤其是对1976年的那些回忆，总在我脑中挥之不去。

（张宇恒，曾住朗润园11公寓202单元）

父亲告诉我什么叫浪漫

◉ 张蕾

　　现在看父母当年的结婚照，郎才女貌、才子佳人……反正我觉得多少溢美之词用到他们身上都不过分。父母结婚后的第四年，也就是1960年，他们走出北京大学筒子楼的集体宿舍，搬入朗润园12公寓103单元。又过了不到两年，我出生了。

　　奶奶、爸爸、妈妈和我，我们一家在朗润园12公寓生活了24年。2009年父亲节，应《深圳商报》编辑的邀约，我为我的父亲和母亲写下了这篇文字——《父亲告诉我什么叫浪漫》。转载于此，父辈的爱情也许我们不懂，但几十年过去，回忆点滴细节，依然会让我泪流满面……

　　20岁那年，母亲问我："你想找一个什么样的男朋友？"我想都没想就说："我爸那样的！"

　　在我的童年、少年乃至青年的记忆中，我们家的人际关系是倒错的。母亲严厉，父亲慈祥，这是我恋父情结产生的原因吗？我不知道，只记得那天母亲听了我的话，脸上露出笑容，然后用少有的温柔声音，像是规劝又像是自言自语地说："你爸，他可不是一个浪漫的人！"

　　有关父亲不懂浪漫的往事，母亲能举出很多。我的父母20世纪50年代初

1956 年，张蕾父母结婚照

毕业于四川大学。在北京大学化学系读研究生时，父亲还拜在一位苏联专家门下。那是充满激情的年代，在俄罗斯文化的熏陶下，我能想象当时他们的恋爱生活该有多浪漫。可事情好像并非如此。母亲翻来覆去讲的一个笑话，就是一次学校举办大型舞会，舞技欠佳的父亲跳着跳着，竟然在溜光水滑的大理石地面上跌了一个大跟头。

母亲的美丽是公认的。她弹得一手好钢琴，还会拉手风琴，唱歌、跳舞、演戏、写诗、作画，甚至连服装设计与制作都在行。如果当时也评"超女"什么的，相信她不进三甲也是五强。这样的女人骨子里自然是浪漫的，可记忆中我那位高大英俊的父亲，却只爱钻实验室，业余生活似乎也有些不可理喻：他竟然能不管不顾地把家里漂亮的五斗橱，生生锯开做成了音箱，还安上了黑胶唱机。

别说浪漫了，父亲留给我最深刻的童年记忆，竟然大多是揪心的往事：

60 年代中后期，北大"武斗"，好几名手执长矛的造反派冲到我家门前，把我吓得魂飞魄散。父亲下放到江西南昌鲤鱼洲"五七"干校，送他走的那个早上，北大的高音喇叭里不停地放着一首歌："毛主席的战士最听党的话，哪里需要哪里去，哪里需要哪安家……"当年只有四五岁的我，从未学唱过这首歌，但因为那个早上，因为父亲，至今我仍记得每段旋律、每句歌词……

我在父母的吵吵闹闹中长大了，丝毫没从他们平常得不能再平常的日子里体会出什么浪漫来，直到二十多年前的一天，刚刚退休不久的母亲突患脑梗塞。现在想想都觉得很不可思议，后来的日子里让我印象最深刻的事，不是父亲二十年如一日悉心照顾生活完全不能自理的母亲，也不是他在学术和科研领域取得的成就，反而是他的浪漫。

50 年前那个跳舞都能滑倒的人，后来竟成了我们家的"舞林高手"。为了让病重的母亲轻松一下，父亲不定期地在家里举办"家庭舞会"。打开音响，"蓝色多瑙河"的旋律轻轻流淌出来。父亲推着坐在轮椅上的母亲，一对加起来年龄足足超过 140 岁的老人，随着音乐"翩翩起舞"。

2005 年岁末，母亲的生命进入倒计时，那时她已经对这个世界完全失去了感知。父亲每天都会去医院探望，在床前一遍一遍地叫着母亲的名字，希望能唤醒沉睡中的爱人。后来护士告诉我，她经常在门外听见父亲在为母亲唱歌，都是 50 年代最流行的苏联歌曲："田野小河边，红莓花儿开……"

张蕾母亲不同时期影像

护士忍不住落泪了，她跟我说："你们家老太太，这辈子值了！"母亲此时的大脑早已是一片混沌，可每次睁开眼睛，她的目光总是清澈如水。我猜，她肯定是同意护士小姐的话。父亲的浪漫，母亲一定能够感受得到。

我父母的金婚纪念日是在医院过的。父亲之前可能从来没有独自去花店买过花吧，那天他买了一大捧红玫瑰插在母亲床前的花瓶里，然后与生命垂危的母亲留下了他俩最后一张合影。

母亲是在她自己生日那天住进医院的，11 个月后在我生日那天一声不响地走了。她好像是在用这种奇特的方式对女儿说："我这大半辈子都是你爸照顾，现在，我把照顾他的责任交给你了！"

张蕾父母同年同月生，这是父亲与病中的母亲在 70 岁生日时的合影。

我的确担心父亲。很长一段时间，他都不能从母亲去世的阴影中解脱出来。

直到有一天，父亲整理多年不听的卡式录音带，随手拿起一卷往录音机里一放，里面竟然传出了母亲的歌声："田野小河边，红莓花儿开……"这就好像是一种跨越时空和阴阳两界的心灵契合，老人释然了。

两年又八个月过去了，年近八旬的父亲已经恢复了正常生活。他除了忙着著书立说，就是锻炼身体……只是不经意间提到母亲时，他的眼眶里还会有泪。每到这时我就对他说："放心吧，妈妈在天堂一定会非常快乐。虽然病痛折磨了她二十多年，可在这个世界上，像她这么幸福的女人，不多！"

因为父亲，我懂了什么是爱，什么是浪漫。

写于 2009 年 6 月，改于 2022 年 10 月

朗润园 13 公寓那些人，那些事

⦿ 夏冰

    小学五年级这一年的寒假，母亲无暇陪我住在北大，于是将我托付给了她的好友、西语系法语专业的俞芷蒨教授，借住在她在健斋的家中。但是每个白天，我几乎都是在朗润园 13 公寓德语教授张玉书家中度过的。

    母亲安排我待在张教授家里，其中一个目的是跟张夫人戴述姜老师（北大附中英语教师）学英语，没想到张教授抢在夫人之前，要求当我的英语老师。除了上英文课，就是跟他们的独生女张意（现人大德语系主任）玩在一起。

    今天，位于燕园最北端的这座公寓，已经被赋予了一种神奇的色彩。尤其是它的一楼曾经住过季羡林先生。可是当时我并不知道季先生何许人，而是先认识了他的那只肥肥胖胖的虎斑猫，一有空就跑到楼下，朝他一楼的窗口张望，盼着猫爬到窗台上晒太阳。很多次看到一位老者坐在窗边，惬意地抚摸着猫儿的脊背，猫也十分配合地眯起眼睛，享受主人的疼爱。那时我也只知道那位老者是猫的主人，至于别人说他是什么大教授我是完全没兴趣的。想不到若干年后，我成了季先生创办的东语系的学生。

    张教授家常常来一些我觉得有趣的客人。某天来了一个样貌憨厚、肤色黝黑的老者，张教授叫他"老田头"，我便想当然地以为是他下放时认识的老农。

回家后我告诉母亲："张叔叔还有农民朋友，叫'老田头'。"母亲忍俊不禁，说那个"老田头"就是田德望教授，留学意大利的文学博士，人不可貌相，田教授的学问可大了！

某天黄昏，敲门声响起，开门一看，竟是一个外国老太太。老太太看上去年过古稀，步履已经有些蹒跚，不知她怎么奋力爬上四层楼的。她用德语和张教授聊天，面对张夫人则极自然地转换成英语，离开时留下一大堆糖果、饼干等花花绿绿的零食。

"这老太太是谁呀？"我问张夫人。

"是张叔叔大学时代的老师赵林克悌（北大师生用德语称她 Frau Zhao）"

"老师爬四层楼上门看学生？"

"是啊！在她心目中每个学生都是她的孩子，妈妈看孩子不会介意爬四层楼。虽然我们也常去看她，可是她非要礼尚往来。看见了吗？她知道张叔叔喜欢吃零食，就给他带来啦，那可不是给张意的。"

隔年，张家搬到中关园，数年后又迁至畅春园的教授楼，令我惊讶的是，无论是在中关园还是畅春园，我都邂逅了带着大包零食上门探望学生的 Frau Zhao，只是一次比一次苍老，步履一次比一次蹒跚。

母亲告诉我，Frau Zhao 的先生赵锡霖是北京钢铁学院（现北京科技大学）的名教授，冶金专家。早年留德，两人相识相恋，第二次世界大战结束后双双携子女回到中国，Frau Zhao 50 年代就加入了中国国籍。后来赵教授因为"妄议苏联专家"被打成右派，整整当了 21 年图书馆管理员（另有一说是，赵教授在图书馆的工作其实是扫厕所），最近（1978 年）才获得平反。Frau Zhao 和两个孩子也是历尽坎坷，Frau Zhao 脸上甚至留下了红卫兵"仇恨的子弹"带来的疤痕，所幸欧洲人宽大的眉骨挡住了眼球，才没有伤及眼睛。

Frau Zhao 的另一名弟子赵鑫珊教授在回忆录《我是北大留级生》里，关于 Frau Zhao 还有这样的描写：

> 在她和我的师生关系中，还有点母与子的成分。她比我母亲的岁数估计大三五岁。记得有一次，我的纽扣掉了，她替我缝上。这个细节，这个镜头，永远留在我的记忆里。

....

赵太太是个人道主义者，从头到脚，充满了人情味。

班上耿义顺同学是个调干生，已婚。有一回，他儿子满月，赵太太特意送他一个洋娃娃和一袋糖，以示祝贺，由此可见她的爱心。

1955年冬，期终考试，外面下雪，赵太太给我们每个考生（共20个）发一块牛奶糖，说："给你们增加一点热量！"

她天性开朗，能歌善舞。有几首德国民歌，我便是从她那里学来的。有几回我们抽空跑到钢琴房去，她自弹自唱，我也附和着几声。[1]

2005年，Frau Zhao 驾鹤西去，享年99岁。我从没上过她的课，却有幸数次遇到她，亲眼见证一个像中国人一样爱中国、像母亲爱孩子一样爱学生的德裔老师，如何在古稀之年爬楼梯去看望学生的。

独自在燕园"游学"的日子里，需要给母亲打电话时，我会敲响13公寓二楼的一个房门。母亲嘱咐过我，这家的主人叫张学书，是校领导，整个公寓没有公用电话，默认的解决办法就是借用张校长（张学书曾长期担任校党委副书记、副校长等职）的电话。

记得电话就在张校长的书桌一角，我借用电话的时候，看见他的桌上总是堆满了书报和文件，一望便知他虽然在家，却正在工作，每次有人借用电话对他都是一种打扰。但是戴着黑色宽边眼镜的张校长从来都是挂着温和的笑容，没有任何不耐烦的神情。想起有时打来的电话还需要他楼上楼下去传呼，这对一个要在家办公的人是多么大的负担！多年后想起此事，我不禁觉得，换了我，真是宁可把这电话撤走。

那时的我，对"领导"也没什么概念。何况我几次听见母亲打电话到张校长家里，一开口就是："张学书吗？麻烦你能让张玉书接一下电话吗？"这样直呼其名，我感觉不像群众和领导说话。

有时候会闹出"独子笛奏"式的笑话："张玉书吗？麻烦你能让张学书接一下电话吗？"当然，接下来就是话筒内外的大笑。

---

[1] 赵鑫珊：《我是北大留级生》，江苏文艺出版社，2004，第250—251页。

我问母亲："张玉书和张学书名字只差一个字，是兄弟吗？"

"不是。"

"那为什么住楼上楼下呢？"

"偶然吧，也许是缘分！"

后来由于一次半夜急救，这缘分更深了。

某日深夜张玉书教授哮喘发作，病情危急，在没有手机也没有座机的时代，要叫救护车只好半夜去敲楼下张学书校长的门，借用他的"公用电话"，才及时得救。

季羡林先生在《牛棚杂忆》里，也有关于他与张学书校长的往事。"史无前例"开始不久，季先生和其他"黑帮分子"一起遭批斗和殴打，直到血肉模糊，被人扔到煤厂的门外。是一起挨批斗的张学书校长和另一名老师把他背回家中的。其实，张学书校长当时也遭打伤，一只耳朵被打聋，一只眼睛被打坏。季先生所写"这种在苦难中相濡以沫的行动，我三生难忘"，应是肺腑之言。

母亲还记得"文革"期间张学书校长在鲤鱼洲干校的一件往事。那时我父亲从进贤干校到鲤鱼洲探亲，尽管那时张校长已经被"打倒"，跟其他下放教职员一样只是一个普通的"五七战士"，他仍然热心地帮助我父母安排临时住处，好让他们短暂地团聚。

我考上北大以后，张学书仍然是北大的副校长。不过那时北大教师宿舍已经普遍用起了分机电话，张校长肯定不用再为传呼电话劳神了。比起丁石孙校长和王学珍书记，他的知名度显然不那么高，也不大引起同学们的关注。而我之所以记得他，还是因为在13公寓多次借用他的电话的缘故。

2002年，我收到了北大同学转来的讣告，张校长在这年8月不幸逝世。从讣告中我才知道，张校长自1957年调任北大，直到1994年离休，在北大工作了整整37年，37年是什么概念？今天算来，相当于超过了百廿校龄的四分之一。而在其任职北大的大部分时间里，张校长都是全校行政系统的最高负责人之一。懂得那个时代社会生态的人都知道，那是一个行政人员地位高于业务人员，而且信奉"知识越多越反动"的时代。而就在这样的背景之下，身为老革命、老干部的张学书校长不随波逐流，无论身处顺境或逆境，一以贯之尊重知识、平等对待身边每一位知识分子，他也应该是北大校史中应该被永远尊敬和铭记的校长。

自从张玉书夫妇80年代初搬出13公寓，我就极少再去造访。最后一次，是1995年冬陪同母亲以学生的身份探望季羡林先生，给他带去我当时尚未付梓的书稿，听了季先生一番鼓励的话，然后依依不舍地告别了他那两只闻名遐迩的大白猫。没想到，那是和季先生的最后一面。

从此，朗润园13公寓，算是正式封存在我的北大记忆库里了。

回忆童年的二三事

◉ 麻亚平

到底哪儿算家乡呢？我觉得咱打小儿在哪儿长大的，哪儿就应该算是家乡。我们园子里孩子的家长，大都是来自五湖四海，新中国成立后进京，进学校，进朗润园。我们不是生在园子里，但是我们是在这儿长大的，这儿对我们这帮孩子来说应该算是家乡了吧。

谁都说自己的家乡好，咱也一样，就认定咱们园子最好，真的没谁了。咱不会说那些动听的词儿，什么山清水秀，什么湖光塔影，咱就知道咱们这园子里的孩子最友好、最团结，哪怕是刚刚还在吵架，只要有外人敢来捣乱，那没的说，一致对外！

说说北大公寓的孩子吧

"文革"前，北大一共有 13 栋公寓楼，1 公寓在中关园的沟东，2、3 公寓在中关园的沟西，4—7 公寓在东大地的北边，也叫燕东园，学校主校园内只有8—13 公寓这六栋楼，在环境最好的朗润园里。

要说朗润园这几栋公寓楼，就数 8 公寓的孩子最多，别看只有 16 户，好歹数数，大的小的孩子加一堆儿，一准儿能凑成半个加强连，无冬历夏，只要是一放学，楼前边叽叽喳喳，别提多热闹了。

这么多的孩子，玩啥的都有，只有谭家的俩男孩儿总是玩得比较超前，大家管他们哥儿俩叫"大鸡子儿"和"小鸡子儿"。当男孩儿们还在玩气枪，玩弹弓子，玩冰鞋、滑冰车的时候，人家开始琢磨矿石收音机了。他们家住在二楼，从阳台上，用一根细铁丝拉到马路对面山上的一棵大榆树上，做成一个天线，不知道怎么捣鼓捣鼓，用个耳机就能听到动静儿了，这在半个多世纪前的孩子们眼里，不得了呀。"大鸡子儿"只要是琢磨上这些东西，作业都可以不做，废寝忘食呀。记得"老胖子"给我讲过一件事儿，说是有一天"大鸡子儿"在阳台上琢磨啥玩意儿，"小鸡子儿"给他和奶奶买了两根冰棍，"大鸡子儿"告诉"小鸡子儿"，放屋里吧，让奶奶先吃，我过会就吃。"小鸡子儿"撂下冰棍就下楼了。等干完手上的事儿，"大鸡子儿"回屋问奶奶："冰棍儿呢？"得到的回答是："这东西忒凉，搁锅儿里给你熘着呢。""大鸡子儿"赶紧跑到厨房，揭开锅盖一瞧，盘子里一汪浑水儿，当间儿飘着两根冰棍儿棍儿。"大鸡子儿"苦笑一声，又去阳台干他该干的事儿去了。你说，这么一个十来岁的孩子，能够做到这样，这心有多大呀？这就是咱园子里的孩子。

算算这也过去半个多世纪了，"大鸡子儿"也应该是"老鸡子儿"了吧？他一直还是爱琢磨点新鲜玩意儿，用他的话说："玩儿呗！"听说他最近又整出一套用手机远程控制给家里的花儿浇水的系统。咱园子里这个孩子，真是活到老，琢磨到老，玩儿到老。

你懂啥叫坐怀不乱吗？

前两天和北大的老毕业生吃饭聊天儿，才知道，中文系的一个男同学读书四年，居然没去过 31 号楼，我还真不明白，没去过就没去过吧，怎么了？整了半天才明白，31 号楼是女生宿舍，这个同学还真真儿的正好姓柳，"坐怀不乱"，名副其实。

说到这儿，突然想起来小时候每天中午在员工二食堂吃饭的地方，食堂的西边是均斋，东边是备斋，均斋是单身女教员的宿舍，附小的好多年轻女老师都住在均斋，咱那会儿还小，男女之间的事根本不明白，可是比咱大的孩子明白呀，没事儿就琢磨着有哪个男老师进了均斋，课余时间可就有的聊了。

住我家楼上的"老秃子"，挺好找事儿的。他可能感觉学校的王老师有故事，这个王老师瘦瘦高高的，鼻梁上架副眼镜，是个招女生喜欢的男人。"老秃子"有事儿没事儿地跟踪人家，那天"老秃子"趴在传达室窗户往里瞧，突然大喊一声："我发现新大陆了！我发现新大陆了！"喊完扭身儿就跑，紧跟着嘭的一声，传达室的门被踹开，只见王老师拿着一把墩布追了出来，北大附小校园里从来没有过的一幕出现了，一个老师，手执墩布，发疯了一样在追赶着一个学生，问题是追了半天还没追上。可能就这一段追逐，成就了"老秃子"的奔跑能力，他最后成了二炮篮球队的主力队员。

事后问"老秃子"，你到底看到了啥情况？回答总是：没啥，王老师坐怀不乱。谁信呀！没啥他拿墩布追你。

这就是朗润园出来的孩子，守口如瓶，打死也不说！王老师现在不知道在哪里，怎么样了，有这样的学生您也应该放心了吧？

住在什么地儿叫位置好？

谁说得清楚呀，有的说山清水秀好，有的说闹中取静好，有的说附属设施齐全好，还有人说交通便利最重要，反正是根据自己的想法和喜好，说啥的都有。要说咱们打小住的园子也算不错了，坐落在北大的东北角上，名字嘛，好像打清朝起就叫朗润园，是不是老佛爷起的名字就不得而知了。

咱这园子哪儿都好，就是离哪儿都不近，小时候最近的合作社离家也得个三里地不止，打点酱油跑得你能把舌头吐出来。听说后来这最近的合作社还被咱后边楼的"小地主"霸占了，成立了一个啥公司。那也无所谓了，因为小岛上孙家，在木工厂北门对面开了家小卖部，可解决大问题了。小岛属于朗润园的地界儿，岛上住的后勤家属比较多，湖东边公寓里住的教职人员多一些，大牌儿、有范儿的知识分子，多半住在燕东园或者燕南园。这一下可好，孩子们有意无意地组成了一个个自己的团队，同属朗润园，就有两拨儿人。记得有一年冬天，小岛的一个孩子与我在滑冰时闹了一点小矛盾，那孩子比我小个一两岁，吵不过我，嘿，扭身儿找他妈去了。不大工夫，对面来了一位胖大婶儿，长了一脸麻子，脸红脖子粗地朝我喊："你是谁家孩子，叫什么名字？！"

我还没说话呢，一边"高秃子"抢着说："他住 8 公寓 101 单元，他叫'大麻子'！"这不是扇胖大婶的嘴巴子吗？胖大婶急赤白脸地找我们家去了。那时候的小孩儿最怕有事没事地找家长，说来也巧了，"高秃子"妈，我们都叫她杨阿姨，和我妈正在我家聊天儿呢，胖大婶闯进门儿就是一顿白话，等说完全过程，杨阿姨憋着笑扭过头看别处，我妈只能给人家解释："我家孩子是姓麻，孩子们都叫他麻子，和你没关系，对不起啊。"胖婶最后还是臊不搭地走了。这是我小时候唯一的一次，有人找到家里还没挨骂的事儿，记忆犹新呀！

可见，环境再好，老百姓过日子也不过是柴米油盐酱醋茶，茶余饭后聊的也就是些家长里短，忆往昔岁月如梭，看今朝日薄西山。真是老了，没辙。

啥叫老了？

那就是刚才的事儿记不住，以前的事儿忘不了。到我们这奔七的年纪，好像真的有点老了！这几天回老爸老妈家住，没事围着河边儿转转，脑袋瓜子里满满的都是儿时的回忆。记得小学三年级时，有一篇课文是《春游钓鱼台》，其中有几句记得尤其清楚："忽然，鱼漂一动，我把鱼竿一扬。鱼！一条银白色的鱼上来了。"打那以后，咱家池塘边上就多了一帮正儿八经的"小渔民"。每天做完作业就奔湖边，朗润园的特点是湖水多，水面大，河连着湖，湖通着河，是垂钓爱好者的天堂。但是学校是禁止钓鱼的，有一个事务科的胖大叔专管我们园子这一片儿，自打被胖大叔没收了一次鱼竿以后，"对敌斗争"算是正式开始了：从站岗、放哨、消息树，发展到敌进我退，敌驻我扰，敌疲我打，敌退我追……从小就把游击战十六字令的精髓刻在骨子里了。胖大叔几次被我们调开后，他的坐骑——三轮车被推到河里。打那以后，他看见我们往山坡上跑，虽然还是拧着大屁股，甩着八字脚追两步，扯着嗓子喊几声儿，骂两句，但是再也不敢远离他的三轮车了。

漫步在湖边的小路上，看着熟悉的一切，想想，半个多世纪过去了，胖大叔不知道还在不在。河还是原来的河，湖还是原来的湖，一草一木，一莲一荷都是记忆中的样子，只是我老了。

（麻亚平，曾住朗润园 8 公寓 101 单元）

曾经岁月安好

◉ 张慧敏

说起北大朗润园，那是早已深深嵌入我生命的一段岁月。

我们家应该是 1960 年搬入朗润园公寓的。记忆中，新家生活是从清理窗前的建筑垃圾开始的（我家住一楼）。尽管我真正生活在朗润园的日子并不长，但园里得天独厚的山水桥路、四季光景仍给了我足够的滋养和丰富的人生"底色"。

或许是因为如今的世面太过喧闹、现代人的步履太过匆匆……蓦然回首，我发现自己倒是更喜欢 1966 年以前在朗润园里生活的日子。怀念儿时那坡、那湖、那景和那时"原色"的人们……

其实，那时国家还没完全从自然灾害中走出来，家家的日子都不宽裕。儿时抹不掉的印象除了买什么东西都用本儿、凭票儿以外，就是夏天做西红柿酱、秋天买白薯、冬储大白菜……那时的孩子们，都没什么像样的玩具；然而大自然却照样毫不吝啬地赐予我们欢乐。守着朗润园里特有的一池清水、一溜土坡，我们春夏秋冬变着花样地尽享。只有朗润园里的孩子们，才能独享的那份快乐。身边不起眼的花草鱼虫、成人眼中看不上的边角废料，皆入我们的法眼……男孩儿的游戏轮不到我说。女孩子们那些动感十足的游戏，如跳皮筋、跳房子、拽沙包儿、"拍家一二三"啥的，我也不想说。相信我们这代人，人人都能活灵活现地向你道来。

如今，我更想书写那些淑女范儿十足，能够使人安静、独享其乐的小"游戏"或小爱好，尤其在经历过天翻地覆的折腾之后。

先讲个安静的玩法"造书签儿"吧！

小时候，我们要想送同学小礼物，指望爸妈花钱买是没门儿的，只能靠自己想办法了。现在早已想不起由头，也忘了是打哪儿学来的"手艺"，反正我很小就会自己动手做叶脉书签。原料就是秋天的馈赠——满大地的树叶。那可是秋日里北大最容易找到的了。只要你愿意，很快就能搂到一大堆形状各异、色彩斑斓的树叶。

工具也很简单，就是用写字的铁垫板和最普通的大刷子、小牙刷。我记得树叶得先在碱水里浸泡几天，待叶子腐蚀发黏后，再冲洗掉黏液放在铁垫板上，用大刷子开始敲打，同时交替着用小牙刷在细微之处轻轻地抹刷，直至叶肉和叶脉两分离。这过程有点费劲，需格外小心。关键在于用劲和时长。劲儿大、时间长了，叶脉就被打断了；反之叶肉又敲不下来。接下去是将去了叶肉又稍稍晾干、呈丝网状的叶脉，丢进事先调配好蓝色或红色墨水的容器里染色。再然后就是把这些半成品用抹布擦干，夹于老爸的大书里定型。当然，为了吸潮、防染色，你还得垫上两三层手纸。最难的就是为叶脉配上小流穗了。记得为这事儿，我到处转悠、寻摸啊，恨不得见了人家有穗儿的东西——锦旗、灯笼啥的，就往下搋，以便成全自己的"作品"……呵呵，那阵儿可没觉着我是在搞"破坏"。整个制作叶脉书签的过程，充满着专注、执着与耐心。那时候，就是这些自制的小礼物让我特别有成就感！

瞧，下图的小书签，是不是看上去既精巧又雅致。

刻剪纸，也是我们女孩儿中曾经很流行的玩法。

工具也很简单，就是用铁垫板和削铅笔的竖刀。后来发现垫板被"千刀万剐"几乎快废掉了，于是就改在玻璃板上刻了。刻刀也升级为更轻快、锋利的老爸的刮胡子刀了。

瞧！下图既有用同学之间互通有无按"拓"来的样子刻出的剪纸，也有因不满足而自己寻摸挖掘出来的新品。我当然是更钟爱自己发掘的"新大陆"了！

最倒霉的，就是我家当时订阅的《小朋友》杂志了。那阵子，凡我家《小朋

叶脉书签（张慧敏／摄）

剪纸（张慧敏／摄）

友》封二至封四上有剪纸插图的那页，都遭殃了，统统被我掏洞"开天窗"。几十年来，虽经数次搬家、折腾，这些小东西居然还保存得这么完好！可见珍爱的程度。这些"作品"足以见证我们曾经也像小公主那样内敛、秀气、静气十足呢！

最后说说集邮票吧，这可算是孩子中比较高级的爱好了。

我的集邮历史是从天上掉下了"大馅儿饼"开始的。一日父亲的老友，送了我一大包未经整理的各色邮票。这事可让我乐滋滋的了！睡梦中都能几度笑醒。相信当年的我，肯定是高调地向小朋友们显摆"炫富"来着，也敢肯定我的"宝贝"必招致小伙伴们的羡慕妒忌恨呐！

毫无疑问，这点"宝贝"是我集邮的"第一桶金"！多年之后我才知道，我得到的盖戳邮票，叫作"信销票"，也叫"剪片儿"……

怎么开始的并不重要，重要的是后面的集邮过程。

首先是"制作"不易。面对一堆"剪片儿"，主要是浸洗、分离和晾干的过程。"剪片儿"先要用清水浸泡，待邮票和信封两分离了，就用旧牙刷刷去邮票的背胶，然后再用清水洗净。之后是轻轻地把邮票搭在事先擦干净的阴面玻璃窗上，再在窗下摊开一张旧报纸。好啦，你就静等自然干后纷纷飘落的邮票吧！接下来，是将邮票夹在爸爸厚厚的俄文字典里"整形"。再后面就是制作集邮册了。为这，我毁了家里的一本厚书，记忆中好像叫《新编小说选》。制作过程如下：模仿正规集邮册的样子，不超书的宽度裁出很多一寸多高的小纸条，将纸条三面抹上糨糊，只贴在书双号的页面上，每页贴4—5条。待纸条干透后，再将配好套的邮票按"纪念J"或"特种T"的类别分插进去，就大功告成了！

其次是"淘换"更难。在小学二三年级的年龄，我所能想到的集邮办法就是到处淘换实寄封上的信销票了。最直接的对象，当然就是老爸老妈了！一是磨叽着让老妈多给亲戚们写信，且仅仅广而告之"我集邮啦"还不行。关键是，你要得到人家的"好"邮票，你得先主动给人家用"好"邮票才行。为此，我又央求着老妈别在近处的西门合作社买普通邮票，而要多走几里地到南边的学生合作社去买"好"邮票。记忆中，老妈虽不情愿，也还是从了。二是奔着老爸上班的办公楼去了。当然，我哪敢跟一脸严肃的老爸直接要啊，而是动了点小心思，迂回前进。记得那段日子，放了学我就隔三岔五地往父亲工作的教务处跑。仗着年幼无知又无畏，我向负责函授教育的叔叔阿姨们讨要"好"邮票，求他们为我留心、别把废信封随手扔了……挺佩服我那时的勇气！这个办法还真让我淘到了不少"好"邮票呢。

更重要的是，集邮过程给了我很多邮票以外的东西，至今仍然令人回味。可别轻看了那一枚枚的小邮票啊！当年它们就像包罗万象的小百科，引导着我透过方寸，窥到古今中外色彩斑斓的大千世界：诸如马恩列斯毛、孙中山、卡斯特罗等伟人、名人的头像，梅兰芳唱戏的各种姿势、身段，当代英雄人物王杰、欧阳海和刘英俊，全运会的各种项目等；此外，还有黄山的千姿百态、金鱼的各类品种、国画梅兰竹菊、花草缤纷……玩着，玩着，我认识了什么叫"纪念"和"特种"邮票，什么叫票面、票背、齿痕、背胶……现在回想起来，最愉快的还是整个的集邮过程。至今我都惊异不已：那时，为了制作"剪片儿"，自己怎么会有那样的耐心、专注、热情和创造力啊！自己怎么会那样兴致勃勃、不辞辛苦呐！自己怎么会那么勇敢地向大人提要求啊！

谢谢老爸和当年的叔叔阿姨们！当我独自跑去骚扰他们时，没被制止；当我毁书造册时，也没被呵斥。感谢老妈，当我求她多给亲戚写信时，没被回绝；当我更过分地求她多走几里地去买"好"邮票时，也没被拒绝。是他们的宽容，延续着我集邮的小爱好……尽管后来我的集邮之路，并没发展到费尽心机去与人交换分享、结交笔友、加入俱乐部等高级段位，却也一直顺其自然，在几十年的时间里始终不辍。不管时代怎么变，尤其是后来当集邮这事儿变得越来越高大上、花钱越来越多；邮品越来越丰富、工具越来越齐全、集邮册也日益精美，我的初心却始终不改。一如既往地对小时那种"不花一分钱、成本最低"的集邮方式，抱有最高的热情。

下图，是我日后仍不断积攒、未及加工的"剪片儿"。只可惜，随着网络邮箱、微信的普及和快递的发达，"剪片儿"这东西，早已绝迹喽！

怀念儿时那纯粹的、"费劲巴拉"的集邮过程！

其实细想想，那时候朗润园公寓独生子女的家庭极少，每家至少也得有俩仨孩子。印象里的父母们，总是各种忙，很少顾及我们，更不曾长篇大套地说教什么。往好里说，那叫"散养"、不干涉、挺宽容的；客观讲，那叫顾不上、

未及加工的"剪片儿"（张慧敏／摄）

较粗疏更确切！只要娃不惹事，就一切 Ok！或许也正是这种"粗疏"和"漫不经心"，才使我们得以自由呼吸地长大。我们那时所受的教育，其实更多的是来自大自然的陶冶，来自自由玩耍时无拘无束探索中的体验。

那是一种发现的快乐、创造的快乐、自由伸展的快乐，那中间充满着无忧无虑的惬意⋯⋯

现在想来，幸福与快乐，其实与物质是否丰富并没有太多的直接关系。

怀念那个自然、淳朴、干净的年代；怀念那个既能让孩子们聚在一起众乐乐，也能使一个孩子独乐乐的氛围！

2022 年 9 月

（张慧敏，曾住朗润园 11 公寓 101 单元）

我的儿童乐园

◉ 王小戎

1975 年，我们家搬离北大朗润园 9 公寓 104—3 号。从那一年算起，光阴已经转过了四十多个春秋。而我也从那个朗润园的顽童步入耳顺之年。

多少年来，我曾无数次梦回北大校园，特别是我在青少年时期，前后居住长达十多年的朗润园。回顾以往，我越来越确认，以朗润园为家的那些岁月，是我有生以来最无忧无虑、最开心畅怀的时光。

进而言之，可以说北大朗润园潜移默化地塑造了我的人格，并在不知不觉中影响和引导了我后来的人生道路，成为我永远怀念的精神家园。在走出那个环境多年之后的今天，我才渐渐地从往昔的追忆中体会出这份特殊遗产的珍贵。

俗话说得好，"三岁看到老"，说的是人的性格基本上是在孩提时期形成的。

我的童年恰恰是在这个独一无二的自然环境优美、知识分子云集、精英荟萃的大学校园内度过的。毫不夸张，跨出家门，走在校园的湖畔小路上，迎面遇见任何一位貌似寻常的谦和老者，都有可能是闻名遐迩的学界泰斗。

若说我童年时亲耳聆听朱光潜、宗白华、季羡林等大学问家们的教诲，那纯属瞎吹。毕竟我那时还是隔着辈分的小孩子，在他们眼里，我们是吵吵闹闹、不添乱就好的一群顽童。而在我们看来，他们也不过是邻居小伙伴家的老太爷，最好躲着点。

那么，朗润园里童年生活的核心到底是什么呢？

"玩耍"。

没错，这才是我找到的关键词。有人说过：玩是最高级别的学习。此话不无道理。进而言之，贪玩对我们的人生态度之形成产生了不可估量的作用。

深藏于北大校园东北一隅的朗润园，东、北两侧有围墙围住，隔墙与成府和圆明园毗邻。南面有草木繁盛的小山包形成自然屏障，西边隔着连片的湖泊、池塘，连接上另一处优美的园林镜春园。脱胎于清末王府的朗润园可谓得天独厚，这里山环水绕，野趣十足，为小孩儿们提供了一处难得的天然游戏场所。

沿未名湖和东操场之间的马路向北行走数百米，穿过左右两侧土山拱卫如门的狭窄通道，道路顺地形自然右转，左手前方池塘水静鱼喧，右手前方小山树高草丰。至此展现于眼前的便是由南到北一字排开的五栋淡粉色坡顶、四层两门洞公寓楼，分别是8、9、10、11、12公寓。由于空间所限，13公寓被建在西边，紧贴北墙，中间还隔了一座灰色的专家招待所。因这些公寓建造于中苏关系密切的年代，其建筑形式拷贝于那个年代比较流行的苏式建筑，而那栋特别而神秘的专家招待所，自然是为招待苏联及其盟友社会主义国家的专家而特别建造的。

这六栋四层的公寓大约建成于50年代末60年代初期，主要住户是那一时期北大的中青年教师。年纪稍长的多安家在稍早建成的1—7公寓，其位置分别在中关园和北大东门外。

朗润园公寓的小孩儿们大多数出生在50年代后半段和六七十年代。相近的家庭背景和年龄为这群小孩儿们和睦相处、一起开开心心地游戏孕育了天然基因。

每一栋公寓楼有两个门洞，对等内设8个单元。若保守估算，按每栋楼十六套住房、平均每套两户人家三个孩子计，8—13公寓里的第二代小居民加起来将近三百人。就是这群习性相近的小主人们把个秀美的朗润园当作尽情挥洒少年无穷精力、纵情嬉戏的大好园地。小孩儿们也从这里汲取了无可替代的丰富养分而茁壮成长，继而从朗润园出发，走向五湖四海，演绎出各自的精彩人生。

关于朗润园的故事，还是让我从小学时代开始说起吧。

也许是因为活泼的课外玩耍在顽童的小小脑袋瓜里产生的刺激远远大于在严肃课堂上学习知识，从记忆之门里蹦出来的不是北大附小校园内发生的事情，而几乎全是走出校门之后在回家路上发生的。

每天下午放学回家，在课堂上闷了一天的小学生们一出校门，就如同从圈舍里释放出来的羊群。从那一刻起，顽皮的小孩儿们一个个撒了欢儿似的活蹦乱跳。然而途中必经的成府街对朗润园的小孩儿们来说，犹如令人惊悚的"青松岭"。

一旦踏入这个地带，你不能不提心吊胆，势必时刻提防侧旁哪个街角或者某个院落里突然窜出来拦路打劫的"成府小孩"——这个约定俗成的称呼是从朗润园的小孩儿们的嘴里叫起来的，专指家住北大东校门外成府街一带的小孩儿。那些孩子大多数属于北大职工的后代，明显地比我们彪悍粗野，在体力和胆魄上处于优势。遇上一对一的短兵相接，朗润园的孩子肯定占不到便宜。所以在经过人家的地盘时最好别惹是生非，须要偃旗息鼓，尽量不引起注意，尽快地低调通过。谁知道什么时候就会被无端纠缠。万一半路遭劫也只好认怂，三十六计，走为上。只有进入东校门，一颗悬着的心才会放下来。从进入东操场起，那无所顾忌的嬉闹才算正式开场。

进了操场，小孩儿们就闲不住了。

对一二年级的小学生来说，这个给大学生开辟的第二运动场实在是大得足够撒开了玩。且不说操场边上那些吸引人的单双杠、可供攀爬的障碍赛铁架子和障碍墙让小孩儿们流连忘返，单凭那宽阔的操场本身就够大家奔突打闹的了。然而，在这操场上发生过一件乐极生悲的事情，可以载入我童年的"血泪史"。

那天放学回家，走到东操场，我和班上的张惠铨同学展开了一场有潜在危险的游戏：互相扔石头。虽然张惠铨比我长得高大威猛，但是我对自己这个左撇子的投掷本领多少有点自信，也就无所畏惧地捡起手边的石头跟他对扔起来。只见飞出去的石头一来一往，落在对方前后左右，看到对方躲躲闪闪的样子，我仿佛上了战场一般兴奋不已，越扔越来劲儿。

就在这节骨眼上，张惠铨顺手捡起一块我刚刚扔过去的石块朝我抛来，不偏不斜像一颗威力巨大的开花弹正中我天灵盖,一下就把我给砸蒙了。鲜红的血立马止不住地流淌下来,遮住了我的眼睛。从来没见过这么多血的我,当时就傻眼了。

见此情景,在场的小孩儿们全然不知所措。很快,我就被簇拥着往家走。我用双手紧捂着流血不止的伤口,跌跌撞撞、血洒一路地颠儿回家。见到这番情景,我爸都慌了神,手忙脚乱地用自行车把我驮到校医院,请出医术精良的孙仲鲁大夫亲手操刀、手脚麻利地给我上了两颗钢钜子才作罢。

其实,我想要说的并不是这次"开瓢儿事件"给我肉体上带来多么疼痛难忍的创伤。真正令我不堪的是,当我第二天上学时,头上缠满白色纱布绷带,活像个电影中的国民党伤兵,走进教室的那一刻,我在全班同学众目睽睽之下狼狈亮相,满心委屈交织着羞愧差一点让我泪奔。

穿过东操场再往北走,要路过一个小操场。值得一提的是,这里有个对我诱惑力极大的宝藏——废铁堆。对于生活在玩具匮乏年代里的孩子来说,这无异于闯入一个令人眼花缭乱的玩具店。每次走到这堆废铁跟前,我就挪不动步了,总要趴在上面扒拉个够,期望从中搜寻出好玩的东西。什么大小钢珠、废旧轴承、奇形怪状的金属小物件,还有当时很少见的有机玻璃,等等,都被我当成宝贝捡回家。碰上运气好,还能捡到神奇的吸铁石,用吸铁石的磁力吸到铁砂,再把铁砂收集起来放到一张纸上,手持吸铁石在纸页下面来回滑动,上面的铁砂就如同跳舞的小人跟着舞动起来。拿它在小朋友面前显摆时,那份自得就别提多给面儿了,以至于那玩意成了我许多年间压箱底的至尊宝贝。

再往前走,就进入朗润园了。我总是放着平坦的马路不走,噌噌噌三步五步登上右侧的小山包,隐入茂密的树丛。中间那棵粗壮的老松树是我的瞭望哨,爬上去不费吹灰之力。我常常会隐身在树上,等待爸妈下班经过此地时呼喝一声,给他们一个惊喜,或者吓唬一下过往的小朋友。等我回到家中,三下五除二草草做完作业,就被焦急等待在外面的小伙伴召唤去,不知疲倦地沉溺于花样繁多的玩耍中,任凭家长三番五次地呼喊回家吃饭,不到日落天黑,绝不肯罢休。

六七十年代,中国人的文化生活远比今天贫乏得多,对我们小孩子来说尤其如此,娱乐节目中除了去东操场看露天电影或去大饭厅看电影以外,实在乏善可陈。但要论起户外玩耍来，可就别提多丰富了。只需摆一摆各种我们玩过的游戏的名目来，就花哨得足以让今天的小孩儿们目瞪口呆：打梭、弹球、弹弓、踢包、拽包、剁刀、斗鸡、跳绳、打佬儿、拔根儿、拍三角、放风筝、放炮仗、抖空竹、滚铁环、踢毽子、抽陀螺、耍羊拐、跳山羊、跳皮筋、跳房子、压大摽、大本营、捉迷藏、骑马打仗、官兵捉贼、拍家一二三。不一而足，数不胜数。

然而这些都不是我要描写的，因为这大都属于可以在任何地方流行的儿童游戏。而我想着意描述的，是朗润园那片得天独厚的山水自然，为生活在这里的小孩儿们创造出别开生面、丰富多彩、趣味无穷的玩法。

昔日的山水园林，富于天然和野趣，是各类花鸟鱼虫繁衍的天堂，自然而然成为我们这群顽童的渔猎场。在复杂的地形上、变化的季节里，小孩儿们花样翻新、层出不穷地上演着欢乐多彩的课外娱乐。我敢说，每一个朗润园的小朋友都能抖落出一连串趣味横生的故事。然而最能吸引小孩儿们注意力的，当属公寓楼西面、走出家门数步可及的那片湖水。

春季是钓鱼捕虾的最佳时节，在水下蛰伏一冬而没有进食的水族们被初春的暖流催醒，饥肠辘辘地蠢蠢欲动。鱼儿们离开水底，懵懵懂懂地出来透气觅食，这时候鱼最爱咬钩。憋足了劲儿的小渔夫们早已按捺不住，纷纷拿出各家自制的鱼竿，坐在湖边垂钓起来。这鱼竿说起来简陋得不成话。讲究点儿的用竹竿，凑合的就干脆折一根树枝，枝头系上玻璃丝鱼线，线上套一小节气门芯，上面插一根鹅毛充作鱼漂。鱼漂坠儿是用牙膏皮上的铅皮做的，就连鱼钩都是用大头针做的，手巧一点的，还能弄出个倒刺来。挖来几条蚯蚓就是最好的鱼饵。湖里常见的鱼是鲫瓜子，容易上钩的还有个头儿稍微小一点的白条和川丁子。嘎鱼，鳝鱼，泥鳅，甚至王八都有可能上钩。

在岸边垂钓是需要有耐心的慢活，小孩子一般哪有那份儿耐性，能坐住两三个钟头就不错了。花上半天时间钓到三五条半大不小的鲫瓜子，就算运气不差。收竿时心满意足地将这些战利品拎回家，先放养在浴缸里玩个够，再让妈妈下厨房熬锅鱼汤打打牙祭，别提有多美了。

白天钓鱼过度兴奋，晚上睡在床上往往阖上眼却睡不着，满眼都是泛着绿色涟漪的景象，波光闪烁的水面上，鱼漂一上一下地戳出一圈圈水纹，碰巧了还能做个鱼儿上钩的美梦。

捉虾基本上有两种方法，一种最直接，脱鞋下湖徒手抓。但这可是一件技术活，必须熟悉虾的藏身之处，并掌握抓捕技巧。虾们一般喜欢藏身在湖岸边水下的树根处和石块下，发现后必须小心翼翼、轻手轻脚地尽量接近，乘其不备，以迅雷不及掩耳之势迅猛出手，才能活捉。我更偏爱的方式是下网诱捕。具体做法是找来一块窗纱做成个网兜子，里面放几块羊骨头，再放进一块石头以便于下沉。用绳子拴住一头，沿着岸边慢慢沉入水底。可以每隔一段距离就放一个网兜入水。过一段时间，再一个一个轻缓地提出水面。一般情况下，每个兜子里这时都会有两三只活蹦乱跳的虾。

夏天来临，湖边的乐趣就更多了。

这时节水温已经不再冰凉，光着脚或穿着凉鞋就可以下水玩了。水底世界复杂而充满着神秘，等着小孩儿们去探索。捕鱼捉虾也有了新的招数，鱼儿喜欢在复杂的地形中做窝，我们就投其所好，往水里扔下各类瓶子、管子，甚至旧暖气片。过不了几天，那些洞窝里就会有鱼虾等小生物栖息寄居。捕捉时，只需用手封堵住出口，捞出水面，就能轻而易举地捕获。

不过，夏季里在湖面上唱主角、最活跃最热闹的，还要算那飞翔的一族——蜻蜓。

抓蜻蜓显然成为小伙伴们一展身手、大有作为的好机会。别以为抓捕这些小东西是件容易的事，须知它们种类不同、习性各异。需要区别对待，采取相应的妙法设陷阱捉拿，方为上策。其中的技巧早已被我们这群狡猾的小能手掌握，运用起来得心应手。

"老架包"和"轱辘钱儿"应属同类（我猜想它们外表的小小区别只是因为性别吧），仗着体型壮硕，飞行速度快，它们就像轰炸机一样紧贴湖岸，不知疲倦地绕来绕去，一圈圈傻傻地飞，捕食沿途撞到嘴边的蚊蝇等各类小飞虫。岂知捕猎者早已埋伏在中途，守株待兔，只待它们飞过时一举将其扫落水中。

身材略小的"油盔儿"通身泛着淡蓝的浅灰色，胆小而机警，习惯在距离岸边不远处徘徊，它们累了，就小心翼翼地落在突出水面的枝杈上，用胶粘才是最有效的办法。手持一根细竹竿，一端涂上用自行车内胎或者橡皮筋熬成的胶，蹑手蹑脚地逼近，伸出胶竿，粘住其翅膀，它就跑不掉了。这家伙很谨慎，若动静稍大，它就会惊飞躲过。但是别泄气，它还会再次飞转回来，落在原地。对付它，耐心是成功的关键。

"黑锅底""黄锅底"是一对儿恋人，趁着它们谈情说爱、生儿育女的当口，把它们双双拿下是最容易不过的了。具体手法是在它们交配时，或是蜻蜓点水甩仔时，用胶粘或者用成束的扇面树枝抽打。

最神奇和最有技术含量的要算"招老杆儿"了。首先你最好用胶粘，活捉到一只全须全尾儿的"老仔儿"，再用线把它拴住，另一头系在一根短棍上，就可以到湖边上抡起来，由"老仔儿"在头顶上转着圈飞舞，嘴里还要不停地吹出口哨。不一会儿，"老杆儿"就会从远处循声飞过来跟"老仔儿"连在一起，俗称"架排"。这时候，你必须手疾眼快，顺势让它们落在地下，一把将它们捂住活捉。那个时候的小屁孩哪儿懂得这到底是什么原理，只觉得神奇无比。直到长大了通晓男欢女爱后才恍然大悟，那实际上是蜻蜓们在上演男追女的爱情游戏。

"黑老婆"绝对算得上蜻蜓中的异类，它有着纤细的身体和闪烁着奇光异彩的黑色翅膀，与其说它属于蜻蜓家族，倒不如说它更近似蝴蝶，因为当它扑扇着美丽的翅膀上下翻飞时，那姿态与轨迹都仿佛蝴蝶般令人捉摸不定，因此很难捉到。往往是费尽心机，最终却只能以贪婪的目光和嫉恨的心情眼巴巴地看着它翩然远去。

炎炎夏日，大人们都尽量待在屋里躲避着暑热，小孩子却被树上一刻不停歇聒噪的蝉鸣招引到户外。最先现身的蝉是一种体形较大的黑色品种，我们管它叫"马季"。这段时节，每到傍晚太阳落山后，天刚刚擦黑，就见公寓楼之间两三排粗壮的杨树下晃动着手电筒的微光和憧憧人影，那是我们围着树根寻找刚从地下土洞里钻出来、悄悄爬上树干，还没有来得及脱壳的季鸟猴。据说蝉会把卵产在地底下很深的部位，幼虫需要在暗无天日的地底下熬过十多年后才会长成完整的季鸟猴，然后就在盛夏某个黄昏拱出地面爬到邻近的树上，并在夜色的掩护下羽化成虫。

抓季鸟猴的最好时机是在它们刚刚出土爬上树干还没有脱壳之际。把它们从树上捉拿回家，放到纱窗上，就可以观察到金蝉脱壳的全过程。而那些趁着黑夜成功逃脱抓捕的季鸟猴，藏身于树干，赶在天亮之前蜕壳而出，再慢慢地爬上高高的枝头，让温曛的朝阳晒干被露水浸湿的翅膀，用胸前长针般坚硬的吸管刺穿树皮，吸足树汁，便扯开腔子无所顾忌地放声鸣叫起来。

趁大人午睡之际，我便会溜出家门，约上小伙伴，举着长长的、颤颤巍巍的竹竿去粘那些高居树梢上的马季。它们被粘到时，就会像杀猪般加大分贝地狂嘶一阵，还不忘撒一泡尿。即便没有粘到，它惊飞时也会遗尿而逃，在树下的我们一不小心就会被它居高临下地呲个满脸花。

还有一种个头略小的蝉，出现的季节比马季晚一些。我们管它叫"伏天儿"。不知道是因为它们叫得最欢的时候正赶上伏天来临呢，还是因为它们鸣唱出来的那一短一长两音节听着像"伏天"字音。这个小家伙比较贼，当它感觉到有人在打它的主意时，就立马不吭声了。更神奇的是，它还会跟你捉迷藏，悄悄地转到树枝后面躲开你的视线。最解气的法子是干脆用弹弓射杀，一弹毙命，省得跟它玩躲猫猫。这家伙还生有一身与环境融为一体的伪装色，眼拙的人即便听见伏天儿就在近处鸣叫，也找不到它的踪影。所以，跟马季比起来，伏天儿在小孩儿们的猎物之中只能算是搂草打兔子——捎带的。

到了秋天，我们的一部分注意力就会从湖面分散到树上，采摘的季节来临了。

北大校园里树木的种类繁多，能够结出果实的也有不少，除去那些专门栽培的果树如桃、枣、苹果之类轮不到小孩儿们动手，余下来大人们不予理睬的松子和白果就基本上被我们给包圆了。有数的几棵结松子的松树和雌性白果树的分布早已被小孩儿们侦查清楚了，只待时机成熟，拎着布包，扛着长杆，兴高采烈地前去收获。

不过，可别高兴得太早，我就遭遇过一次乐极生悲的惨祸。

那一次去未名湖南岸摘松子，由于我爬树本领强，上树摘松塔的活计就归我了。当我三下两下爬到高处，正喜滋滋伸手够那挂在枝头的松塔，不料惊动了头顶上的马蜂窝。说时迟，那时快，眼见从窝里飞出两只大马蜂俯冲下来，照准我的脑瓜顶毫不含糊、结结实实就是两钩子。我的娘，只疼得我眼冒金星。人还挂在树上，又不能就地十八滚一逃了之，我只能强忍剧痛，仓皇地从树上溜下来，跌跌撞撞落荒而逃，又不敢马上跑回家，怕这副熊样回到家在爸妈面前没法交代。挨了马蜂蜇不说，还要再挨一顿剋，那可实在划不来。有好事者出主意，说路边有一种野草，用草茎里挤出来的奶白色草浆涂在被蜇处可以消肿止痛。情急之下，别无上策，只好如法炮制。结果不但没有见效，反而弄得一头黏糊。松子没收获多少，反倒招惹了一头大包，别提多么狼狈了。

当然，采摘带给我们更多的还是快乐和满足感。兴致最高的要算捡白果了。

银杏树分雌雄，雄树高大，枝叶繁茂，但是不结果实，我们的兴趣在为数有限的几棵结果子的雌树上。果实还没有成熟，那几棵树就已经被我们盯上了，每天从树下经过时，都要抬头看看果子成熟了没有。好在大多数人并不识货，只晓得银杏树上坠落地上的粉色小果子踩在脚下会散发出令人厌恶的臭味，最好绕开走。只有从南方迁来的家庭，才懂得那里面的果核可以作为餐桌上的美味。当阵阵秋风摇落满地银杏果，几个小伙伴就忙不迭赶到树下，七手八脚捡起来。不怕稀烂在地的果肉发出难闻的臭味，也不顾双手被染成烟熏般的硫黄色。结果往往是狼多肉少，每家孩子分不到三五十粒。然而当颗颗白果在炉台上烤熟，捧在手心里，轻轻咬开薄薄的外壳，剥出碧绿如翡翠般的果仁，热腾腾地送入口中，滚烫而弹性十足的果肉被咬开的瞬间发出滋的一声，伴随着一小股热气，糯香从口腔一直灌注到心田。至此，多少辛劳都值得付出。

春夏秋冬四季之中，说起来能让小孩儿们玩得最过瘾的，当属冰天雪地的冬天。

六七十年代的冬季远比现在的冬季寒冷，下雪天多，降雪量也大。每一场大雪过后，顽童们打从出门上学的路上开始，就跟雪滚在了一起。放着好好的路不走，偏偏去蹚那片白里泛蓝的新雪，听着厚而松软的白雪在脚下发出咯吱咯吱的声音，心里痒痒的，好舒服。即便是走在已经被压实的硬而光滑的冰雪路面上，也不会老老实实地一步步走过，而是带着几步助跑，借着冲力向前溜出好远，既不会跌跤，又能提高速度，出一身汗还不感觉寒冷。三五人结伴而行时打雪仗是少不了的，一时间四下里雪球横飞，扔得起劲，躲得灵活。眼看扔出去的雪球砸到对方头上、身上、胳膊腿上炸开朵朵白色弹花，心里也乐开了花。更有使坏的，抓一把雪往你脖子里塞，这有个说法叫作"老头钻被窝"。另有一种好玩的打雪仗，是拿一根竹板，用力在雪里一抈，板头上就会粘上一坨雪，瞄准对方，在抬起的脚上一磕，雪疙瘩就像子弹一样飞出去。虽然不见得准，好处是免去用手去攥雪球，不会把小手冻得通红。

结冰的湖面才是我们名副其实的快乐大本营。如果说未名湖是北大师生冰上运动的主场，朗润园的湖面就是公寓小孩儿们的冰上乐园。那个年代北京的冬天寒冷而漫长，进入11月份即开始结冰。早晨从暖和的家中走出户外，清冷的空气中能见到呼出来的白色哈气，这时往湖面上看去，就能见到靠近岸边的湖面浮着一层透明的薄冰。如果头一夜刮了一宿西北风，到第二天早上，湖中的冰就有可能冻严实了，冰面在阳光下闪耀着幽光。刚上冻时，湖面上还不能上人，但玻璃般的冰面却在那里诱惑着你。小淘气走过湖边时少不了顺手抄起一块石头往冰上丢，石块借着惯性在光溜溜的冰面上噌噌噌地溜出很远，有时候甚至能顺势弹到对岸。石头滑蹭冰面时会发出一种带有奇妙共鸣的铮铮响声，很是受用。用不了多久，原本光滑如镜的冰湖湖面就会乱七八糟地布满大大小小的砖头瓦块。好在日子一天冷过一天，冰层的厚度与日俱增，冰面颜色由浅变深。胆子大的孩子迫不及待地率先试探着踩上去。一开始还都战战兢兢，听到咔咔的冰裂声就吓得往岸上跑，再往后就可以走到湖心中间而不再担心冰面塌陷。待到冻瓷实的冰层厚到经得住人在上面蹦跶，仿佛一夜之间，寂静而宽敞的冰面就变成喧闹的游乐场。早晨上学出家门的小孩儿们再不会走岸边的小马路，一个个直接下湖窜到冰上，连跑带滑地抄近道。下午放学回家做完作业，立刻抄起家伙溜到冰上疯玩。

当湖冰上可以走人时，就有人在湖中凿开一块房间大小的冰窟窿，为的是给湖里的鱼输入必要的新鲜空气，以防它们缺氧闷死。冰窟窿周围却不设置围栏，在冰上玩耍时要小心躲开，淘气孩子掉进冰窟窿的事偶有发生。随着气温下降，湖面上的冰越冻越厚，并且不断地膨胀变形。每到夜深人静，膨胀的冰面在相互挤压之下发出的铮铮声响清晰可辨。临近三九严寒，冰层厚度能冻出近小孩子大半身高的厚度。这个时候，就会有一群民工来到冰上，他们身着厚厚的皮袄，头戴大皮帽，足蹬笨重毡靴，在冰上一字排开，人人手持一根粗壮的铁冰凿子，在嘿咗嘿咗的劳动号子声中凿开冰层。再切成一米见方的冰块，用钩枪把一块块大冰块拽上车，运往海淀冰窖。这般热闹场面最能吸引小孩儿们，大家围在一旁兴奋地观看。运冰的车辆是一种叫作"581"的三轮摩托卡车，我清楚地记得车身是绿色的，开动起来发出突突突的闷声。驾驶室有两个座位，但是只有司机一人。那个年代，除了公共汽车以外，街上来往的汽车并不多，能够开进校园的车更是凤毛麟角。头一次跟那辆车近距离接触，我就像被磁铁吸住一样粘在车旁不肯离开。见车上是个面目和善的司机，我忍不住上前试探着套近乎，乞求他允许我进入驾驶室看看摸摸也好。想不到那个司机叔叔看出了我的心思，竟然拉上我坐在他旁边，说要带我去冰窖兜一圈。起初我根本不敢相信，谁知道他果真载着我飞驰而去。这可是我人生第一次乘坐"专车"，那段美妙体验足足让我兴奋了很久很久，成为我童年记忆中的一个金色亮点。

冰上的游戏可谓五花八门，"抽汉奸"是小孩儿们对抽陀螺的戏称。

这个平时在地面上玩的游戏一旦转移到了光滑的冰上，趣味立增。陀螺是自己用木头削成的，由于使用工具简陋，其形状打磨得不那么圆滑规矩。尖头上一定要镶嵌一粒钢珠，才会旋转得快而且耐磨。钢珠在光溜的冰上摩擦力几乎为零，所以陀螺旋转得滴溜溜飞快。抡起鞭子使劲抽打的时候，脚下一步一滑，踉踉跄跄的架势，犹如要醉拳，玩的人过瘾，看的人眼馋。

在冰上玩耍，要是没有一辆冰车，那可实在说不过去。只要是公寓的孩子，好歹也得给自己整一辆冰车。赤手空拳上冰，谁还好意思啊。说起这冰车来，那可真是没有重样的纯手工制作。各家各户闭门造车，土法上马，各显神通。先用几根木条钉一块切菜板大小的板面，下边纵向钉两根平行的木条，木条下固定一对豆条（粗铁丝），就算大功告成可以下冰了，当然还得有一对儿冰杵子。这种铁丝冰车属于最简陋的，讲究一点的是把豆条换成三角铁，滑起来速度更快，转弯也更灵活，且经磨耐用。再后来档次越玩越高，干脆在冰车底下直接装上溜冰鞋用的冰刀。谁要是拥有这样的冰车，牛气指数直线上升，颜值赛过雪佛兰。

面对那些拉风的高档冰车，我却只有望洋兴叹的份，因为我的第一辆冰车是最低一档的"豆条车"，还是隔壁周叔叔亲手为我制造的。虽然装备逊了点儿，但是凭着我高超的驾驶技术，依然毫不示弱地跟小朋友们玩得不亦乐乎。一旦上了冰场，可就刹不住了。最通俗的玩法就是相互追逐，美其名曰"官兵捉贼"。冰车的驾驶有两种不同的方法，一种是跪在上面，长处是滑行起来身子一起一伏，可以借用悠劲儿加快速度。缺点是时间长了膝盖疼，所以后来就有人加了个棉垫子。另一种是盘腿坐着，看上去会更酷、更舒服一些，适合于不紧不慢地玩飘。玩到娴熟时，大家都琢磨出一种拐弯窍门，就是一手拿冰杵子扎住冰作为轴点，另一手稍稍搬起冰车外侧，如同摩托车拐弯时的侧倾，唰的一下就完成一个漂亮的急弯动作。

冰车好玩，但是还有更诱人的。

随着时间推移，小孩儿们的兴趣随之转移，看上去更加潇洒自由的溜冰运动遂成为新的时尚。家里条件好一些的小伙伴开始穿上了冰鞋，在众多欣羡的目光追随下，驰骋冰场大出风头。占尽风气之先者永远是众人瞩目的焦点和榜样。小朋友们争先恐后纷纷放弃冰车，换上摩登的冰鞋，加入溜冰的队伍。完全可以想象得出那些足蹬花样刀、球刀或跑刀的主儿在冰车面前唰的一闪而过时丢给你的那份自得，洋溢出的喜悦岂止是物质上的享受，更有心理上的满足与优越。

看到人家玩得那么爽，我怎甘落后。其实我家里早就有一双花样刀冰鞋，而且还挺新的，是我妈妈当学生时穿过的。可惜 37 号的尺码对于小学生的我来说太大了。我也曾经急不可耐地试穿过，在脚尖处塞上一团棉絮以防晃荡。然而实在是不跟脚，滑不出花样来，无奈之下只好放弃，继续束之高阁。记得再后来，我用自己最初的微薄薪水去海淀委托商店咬咬牙买回来属于自己的第一双球刀冰鞋，那已经是很久以后的事情了。说句题外话，北大的溜冰场上，不管是朗润园还是未名湖，后来都练出来一批冰上运动高手，有的甚至成了北京市冰球队的主力。

拉拉杂杂扯了一大通游戏，也该说说主角——朗润园公寓的小孩儿们。

前面提到过，8、9、10、11、12 公寓从南到北依次排列，再加上西边偏安一隅的 13 公寓，光六栋公寓楼里就聚集着大大小小几百号孩子。我在这里只能凭借依稀的记忆，大略地点一点我所熟悉的几个跟我年纪相仿的同伴些许印象。

还是从 10 公寓说开，因为它位居中心，占据地理优势，与其当仁不让的位置相配。

10 公寓 1 门洞里盘踞着号称孩子王的"大哥大"张浩达，外号"老耗子"。论岁数和个头，浩达确实比我们都大，不过他之所以能够吸引一群孩子跟在屁股后面认他为王，我想除了比我们年长成熟以外，还靠他天生的号召能力和组织能力吧。小孩儿们，特别是 9、10、11 公寓的近邻，都喜欢集结在"老耗子"麾下听他讲故事、玩捉迷藏，或者在他带领下隔着东墙跟院子外边的成府小孩儿叫战。浩达的威信不是源自武功，我从来没有见过他亲自出手打架，但是如果遇到挑战，这个群体就自然而然地团结在首领的身边，让其他怀有敌意、试图争霸的势力忌惮三分。

如果说 10 公寓有一群抱团的羊，8 公寓则有一群时聚时散的狼，能够与"老耗子"这个群体抗衡并形成势力的要算 8 公寓那帮孩子了。为首的是 1 门洞赫赫有名的"麻家三兄弟"：麻亚平、麻建平、麻左立（"小三儿"）。其实三兄弟并不是好惹是非、寻衅滋事之辈，但是谁要是欺负其中的一位兄弟，他们就抱成一团教训侵犯者。"小三儿"麻左立最顽皮，少不了在外面惹到人家而被欺负，这时候麻家老大必然出马，仗着年龄和身材优势，立马摆平。若遇到强悍的对手，三兄弟一同上阵，三下五除二解决战斗。印象之中麻家兄弟打架从来就没吃过亏。数得上来的还有曹家小兄弟——小朋和小友，陆群等，他们个个都不是省油的灯，属于七个不服、八个不忿、能打能闹不消停的小混球。我就跟比我小的陆群干过几仗，他吃了亏后仍不服气，等我回到家还追过来哭哭啼啼、骂骂咧咧地踢门砸玻璃，让我好生领教他那股子不依不饶的倔驴劲儿。

恰似鼎足而立的第三股势力其实算不上群体，那是 13 公寓的林和平。

就在 10 公寓和 8 公寓这两群孩子似有似无的分分合合之际，不知道哪一天突然从半路杀出个林和平。这小子来者不善，气势汹汹、拍马挥刀直捣"耗子"老窝。其人个头不高，却有一身蛮力，嗓音尖利，操一口南方话音。从西边一头闯进朗润园，也不先向各位老大拜见施礼，拉开架势愣生生地要抢头把交椅。林的加入扰乱了原有的秩序，也给朗润园本来相对温文的风气掺入了一股彪悍的匪气。一开始双方摩擦不断，争斗时起，渐渐地，"老耗子"以柔克刚、弱化冲突，形成井水不犯河水的局面，默许其独霸一方。毕竟 13 公寓远离中心，林的大名也还是"和平"嘛。

11、12 公寓的孩子相对温文尔雅，特别是 12 公寓里住着符其英、慈继伟，他俩加上住在 10 公寓的汪安都是我们班级里出名的学霸，心思都用在学习上。打架的事就落在了史尔钢身上。我们俩屡屡交手互有输赢，谁都没服过谁。真正让 11 公寓声名鹊起的要数后起之秀张军，因为上头有一姐姐，家里人顺口叫他"小弟"，又因为小弟为人霸道，横行园里，喜欢充当弱小者的保护伞，人送绰号"小地主"，倒也当之无愧。

我住的 9 公寓里面，小孩儿们年龄大多偏小，因此被前后两个公寓楼的风头压制。矬子里面拔将军，像我这样不爱挑头、只顾埋头瞎玩的都算能闹的。唯一比我大的是2门洞的杨乐大哥。他在我们眼中称得上一位令人敬畏的侠客。传说身怀高强武功，喜欢独往独来，走路都带着一股威风。偶尔比画两下，就把我们给唬住了。他从不拉帮结派，却对我们都很友善，走过我们面前总是投以微笑，以至于9公寓的小孩，都情愿把他视为自己的保护神。

我们104单元的三间房里面住了三户人家，1号的陈阿姨夫妇膝下无子，2号的贾阿姨、周叔叔的独子"小瘦猴"周京出生时我已经上了几年小学。那几年青黄不接，男丁不足，总让我感觉势单力薄。我最忠实的小伙伴是对门103单元的王大辉，外号"大灰狼"。其实大辉是个性格软弱的孩子，跟狼性一点都不沾边，反倒是有点窝囊。也许是因为寄养在姑姑家，泼辣的姑姑对他管教严厉，动不动要呵斥，来不来就指使，弄得他整天灰溜溜的。我俩能玩到一块儿，一是因为住得近，出门一声招呼就走；二是他只小我一岁，又肯听我的指挥，所以很多年间我俩总是形影不离地在一起玩耍。直到有一天，我被一股无名火激怒，亲手把他推下湖里，从此断送了多年来培育的纯真友情。

那个年龄我还是个懵懂少年，不知何故糊里糊涂地就跟最亲密的玩伴反目，多年以后回忆起来才恍然明白潜藏其中的诱因。那是因为"文革"初期，我的父母亲遭受冲击，被打成"现行反革命"，而大辉的姑姑、姑父都属于根红苗正的革命派。自然嘱咐自己的孩子不要再跟坏人家的"狗崽子"瞎混了。试想一下你身边所有的好伙伴忽然一夜之间都躲避瘟神似的不再搭理你，臊着你，孤立你，你那幼小、脆弱、无辜、受委屈的心灵所经受的打击和创伤该是多么的沉重和巨大啊。

我知道跟我有类似经历的，甚至更加悲惨不堪的家庭和孩子仅仅在北大就还有许多。朗润园给她的小孩儿们记忆里留下的并不都是阳光灿烂的日子，时而也夹杂着灰暗和阴霾。因为她并非与世隔绝的世外桃源，而是折射并浓缩了国家政治生活的变迁。

（王小戎，曾住朗润园9公寓104单元）

60 年代初期的两个小故事

⊙ 吴之

本文讲述了两个自己在童年时亲身经历的小故事。当时我住在朗润园公寓，是北大附小低年级的学生。两个故事都发生在 20 世纪 60 年代初期，时代背景相同，都与当时的学雷锋活动相关。

第一个小故事是关于种蓖麻的。

蓖麻是一种长有很大叶片的植物，通常在春季播种，秋天收获。

记忆中第一次听到"蓖麻"这个词是在幼儿园。当时幼儿园的老师给了我们一个警告，要我们在路边看见蓖麻时一定不要食用它的果实，否则会有生命危险。为了让我们印象深刻，老师还带来了几粒蓖麻子给我们看。以后回想此事，总觉得幼儿园老师给我们讲这些实属多余。蓖麻的果实（蓖麻子）并不是很能引起食欲的，而且它的外部还有一层长着软刺的外壳。对于幼儿园的孩子来说，几乎是见不到蓖麻子的。此外，好奇是孩子的天性，往往会尝试着去做一些大人不允许做的事。因此，向孩子们发出这样的警告不仅没有实际意义，而且弄不好还会起反作用，促使一些好奇心强的孩子去寻找蓖麻子。当然了，幼儿园老师担心的情况并没有发生，因此她可以认为自己的警告得到了预期的效果，这样就皆大欢喜了。我现在猜想，幼儿园老师告诉我们这些，很可能是有关部门布置了任务，要求老师讲给孩子们听，以起到防患于未然的作用。

我真正接触到蓖麻是在上小学之后。在上小学低年级的那些年，每到春天我们都会在朗润园楼房的周围种蓖麻。具体的种植地点是楼房东边的校园围墙下以及 11 公寓、12 公寓与专家招待所之间的空地。对于为什么要种蓖麻，我只记得是听说蓖麻子可以炼油（后来才知道是可以提炼润滑油），能支援祖国建设。那时，我们都认为自己是共产主义接班人，应该自觉自愿地为社会主义祖国建设添砖加瓦，所以不少小伙伴对种蓖麻有很高的热情。

蓖麻的种植过程很简单。先挖个坑，然后向里面放几粒用水浸泡过的蓖麻子，再用松散的细土把坑填起来，浇些水，种植工作就大功告成了。对于幼小的我们是怎样知道如何种蓖麻的，我现在已经毫无印象了。根据我现在的回想与推测，应该是有人将种植的方法传授给一些大孩子，而我们只是在大孩子的指导下机械地完成这些工作。毕竟那时我们只是刚刚步入小学校门的孩子，不可能在这方面无师自通的。

播种蓖麻之后，我们还经常去浇水，以便让它快些长出来。但实际上，直到现在我也不知道种蓖麻是否应该浇水。实际上，不少植物在生长过程中，仅凭自然降雨即可解决对于水的需求问题。我们之所以这样做，很有可能是看到 11 公寓的一位老人经常给楼房前面的花浇水，推而广之地以为种蓖麻也是需要浇水的。

蓖麻的生命力很强，很容易成活。记得在播种后不久，蓖麻的幼苗就破土而出了。第一次看到萌芽的蓖麻时，我们很兴奋，大家奔走相告，呼唤其他小伙伴一起来看我们的成果。

在第一年种蓖麻时，可能是新奇的缘故，我们在蓖麻生长的前期投入了相对较多的精力。在幼苗出土后，还会不时去松土，并拔除在幼苗周边生长出来的杂草。很清楚地记得有一次一个比我们更小的孩子看到我们拔草，也有样学样地跟着做，结果把蓖麻幼苗也一起拔掉了。这使我们很气恼。记不得是谁冲过去推了那孩子一下，本意大概是尽快制止他的行动，没想到那孩子却摔倒在地，头上还磕出了一个大包，于是号啕大哭，使我们很难堪。

蓖麻的生长过程很快。出芽后过不了多久，就能长到齐腰高。再过些时候，还能长得更高、更大。可笑的是，虽然那时连续几年我们都会在春天播种蓖麻，但除了第一年之外，在蓖麻长大后我们就不那么关注它了。现在回想起来，很可能是蓖麻的成长过程正值初夏，这时朗润园里能吸引孩子的有趣事情太多了，比如抓蜻蜓、粘季鸟（蝉）、捅马蜂窝（这有时会使路过的成人遭受无妄之灾，而幼小无知的我们却往往会从中得到某种乐趣），以及在小湖边钓鱼、摸虾，等等。这些都是很能让孩子们乐而忘返的。相较之下，蓖麻的成长对我们的吸引力就不那么大了，毕竟玩耍才是儿童的天性。我们常常是在痛痛快快地玩过了整整一个暑假之后，才会想到自己种的蓖麻。而这时的蓖麻早已长大成形，快该收获了。

记得第一年种的蓖麻长得不很高，大概也就是一米多点儿。而在后来的某一年，不知道是什么缘故，蓖麻就像发了疯似的向上长，很多长到了两三米高。回想起来，那年的一个特点是我们已经没有了最初种蓖麻的新鲜劲儿，在播种之后并没有给予蓖麻太多的管理。或许正是疏于管理才导致蓖麻长得更高，这可能就像生活中常常遇到的情况，并不是管理得越多越能得到好效果，有时管理得太多还会适得其反，产生负作用。另外还有一种可能性，就是我们在某一年种蓖麻时，曾尝试着把拾来的马粪弄碎，与土混合后填入播种蓖麻的小坑，以为这就是在施肥。但那一年蓖麻的疯长是否与此有关呢？我现在不能确定。主要是无法确定这两种情况是否发生在同一年，这样就得不出二者有因果关系的结论。倘使这两种情况确实是发生在同一年，则蓖麻的疯长就很有可能与施肥有关了。

蓖麻果的外貌看上去很奇特。在蓖麻子的外面有一层不软不硬的圆圆的外壳，上面还长着一些软软的刺状物，仅从外观上看，蓖麻果很有些像海胆，只是小了许多。蓖麻果最初是绿色的，摸上去的感觉是软的；但随着时间的推移，其颜色逐渐变深，在成熟后会变成黄褐色，手感也要硬得多。记得曾经在照片上看见过暗红色的蓖麻果，这与我们所种的蓖麻显然是不同的品种。至于蓖麻果内部包藏的蓖麻子，其外观似乎有些像花芸豆，只是颜色不太一样。我总以为蓖麻子比花芸豆更漂亮。这也许是因为自己曾经种过蓖麻，颇有些类似敝帚自珍的特殊情感。

第一年收获蓖麻是在 10 月初。那年的十一假期，我在外祖母家住了两三天，回来后就听小伙伴们说可以开始收获蓖麻了。收获时主要是选择摘取那些已经变色了的蓖麻果。由于蓖麻果不是同时成熟的，收获只能分批完成。记得最后一次摘取蓖麻果时的天气已经比较冷了，应该已经到了11月。但这时仍然有一些蓖麻果没有长成，个头较小而且蔫蔫的，里面的蓖麻子很小，颜色也很淡，显然是没有成熟。这些尚未成熟的蓖麻果最后就只能放弃了。记得我们把收获的蓖麻子都集中起来，统一交给了比我们大的孩子。至于再往后是如何处理的我就不清楚了。我一直以为是交给了学校。以上讲的收获过程只是第一年的情况。至于此后几年种的蓖麻最终是否有收获，我几乎毫无所知。因为在接下来的几年，我都是只参加了播种，却没有参与收获。也许这就是所谓的"只问耕耘，不问收获"吧。

第二个小故事是关于捡马粪的。

捡马粪这种事在现在的孩子眼里大概可以算是天方夜谭了，完全不可思议。但对童年的我们来说，在当时却是非常自然的事。

捡马粪缘起于学雷锋。在我读小学一年级下学期时，社会上开展了学雷锋活动。学雷锋做好事成为一种时尚。为了争取当一个好孩子，我们会想方设法去找一些好事来做。记得那时有一首大家都会唱的儿歌《一分钱》，歌词内容如下："我在马路边，捡到一分钱。把它交到警察叔叔手里边。叔叔拿着钱，对我把头点，我高兴地说了声：叔叔再见。"当时确实真的有过某同学在路上捡到钱的事，只是结果略有不同，不是交给警察叔叔而是交给了老师，并因此受到表扬。当时有个很时髦的词叫"拾金不昧"，就是专用于表彰这类事的。记得有一段时间，我在上学的路上比较关注地面，就是希望能从地上捡到钱交给警察叔叔，做个拾金不昧的好孩子。不巧的是，这种机遇始终没有发生，我的希望也就成了泡影。从那时起到现在，已经过去了半个多世纪，各方面都发生了很大的变化。譬如在路上见到疑似他人遗失的物品，自己不但不会把它捡起来设法交还失主，甚至都不敢去触碰，唯恐中了一些别有用心的人设置的圈套；又如上面提到的那首儿歌，其歌词后来被演绎出了各种不同的版本，而最原始的歌词却没有多少人记得了。以上几句是题外话，下面言归正传。

马是一种很常见的动物，但对于现在生活在城里的孩子来说，要想看到马就只能去郊区的农村了；而在我们小时候，几乎天天都能看到马，因为那时马车是北大校园中最重要的运输工具之一。这里要讲的小故事涉及的对象是一种与马密切相关的东西，即马的排泄物——马粪。

说到马粪，想起了一件后来在学习物理课时的事。在物理课上，老师给我们讲述了有关能量转换的概念以及能量的几种形式。当老师提及热能时，我竟然联想到了一堆正在冒着热气的马粪。之所以产生这种联想，与自己过往的一段经历有关。在小学时，我曾经参加过积肥活动，因此与马粪有过近距离接触，并留下了很深的印象。在冬天，刚刚排泄出来的马粪是热乎乎的，表面常会浮现一层淡淡的雾气。在现实生活中，除了我们这些生活在特定时代背景下的孩子，又有多少人会去观察马粪呢？！正是由于有过一段经历，才使自己在物理课上由热能直接联想到了马粪，尽管这种联想很不着边际。接下来将具体讲述一些自己捡马粪的经历。

与前面所讲的种蓖麻的故事在时间上差不了太多，捡马粪的这段经历也是发生在 60 年代初期。这两个故事都起源于学雷锋，只是捡马粪比种蓖麻更直接些。因为雷锋并没有种过蓖麻，至少在《雷锋日记》里面没有相关的记录。记得我们是在学习《雷锋日记》后开始积肥的。在 1961 年 2 月 17 日的雷锋日记中有如下一段话："一位老大爷从宿舍里出来，很惊奇的问我：'军人同志，你们过节还不休息么？'我回答说：'响应党的号召，捡点大粪，支援农业，争取今年大丰收嘛。'"[①] 我们小时候受的教育是人人都要听党的话跟党走，因为党是伟大光荣正确的。我们很虔诚地相信这一切，所以看到雷锋说积肥是响应党的号召，就觉得自己应该积极参加，这样才符合共产主义接班人的身份。

我们的积肥活动是从捡马粪起始的，而且也仅限于捡马粪。（这里所说的马粪只是泛指，实际上，校园里面拉车的并不仅仅是马，还有骡子和驴。但在孩子眼里它们并没有太大的区别，所以就统称它们的排泄物为马粪了。）依稀记得最初曾有同学提出过问题：为什么积肥一定是马粪呢？人的粪便不也可以作为肥料吗？而且雷锋叔叔不就是在居民区的屋前屋后捡人粪吗？（据 1961 年 2 月 17 日《雷锋日记》中的记载，雷锋只用了几个小时就在居民住宅的屋前屋后捡了满满一车的粪，并送给了人民公社，使人民公社的负责同志很受感动。）然而，该同学的这种想法并没有得到大家的支持，首先是朗润园住宅楼附近基本

---

① 参见艾丹编著：《雷锋的故事》，上海人民美术出版社，2006，第 164 页。

没有人随地大小便，而且连公共厕所都没有。如果我们打算用人粪积肥，其来源就是个问题。再有就是从自我感觉来讲，马粪不是很臭，也不是很让人恶心的东西，而人的粪便则不然。此外，还有一个很实际的问题，拾到的马粪可以有固定的去处（这将在后面具体讲述），但如果用人粪积肥，每天该把这些宝贝送到哪里去呢？这些问题对于我们这些孩子来说是无解的，大概这也是我们最终只以马粪为积肥目标物的重要原因。

在 60 年代，朗润园南面是北大的北材料厂，其规模不小，占地面积至少有好几千平方米，用于存放各种各样的物资。每天都会有进出往来运输物资的马车，这为我们的积肥提供了很好的机会。

我们使用的积肥工具有两类，其一主要是用于拾取马粪的煤铲。如今的很多孩子可能从来都没听说过也没见过煤铲，因为现在家里做饭烧水都不用煤了；而在我们小时候煤铲却几乎是家家都有的必备工具。另一类则是用于盛放马粪的物件，具体用什么就看每个人的能力了。我最初用的是一个小铁桶，是小时候玩的玩具。后来还用过一个上面有把手的便于手提的小簸箕，那是母亲给我的，但我从来都没问过她是从哪里找来的。印象中这个小簸箕很好用，而且周围似乎只有我一个人用过这样的物件，想来母亲是用了心思的，对此我很感激。由于大家使用的盛放马粪的物件多种多样，为了表述方便，下面将其统一称之为粪筐。

我们最开始主要是在路上寻找马粪。虽然这里使用了"寻找"一词，但实际上并没有那么复杂。马车通常都走马路，马粪也大多是落在马路上的，几十米外就能一目了然，所以算不上"寻找"。但也有例外的情况。当时校内运送垃圾的也是马车，由于朗润园楼房的垃圾箱在楼房后面（北面），那里只是平地而不是路，因此，对那些遗撒于楼后平地上的马粪，就需要去"寻找"了。

随着时间的推移，参加积肥的人有所增加，这使我们在路上可以拾到马粪的机会相对变小了，于是我们改换了策略，变被动为主动，具体做法是跟着马车跑，以便在马粪落地的第一时间获取它。也正由于此，才使我在前面提到的近距离接触刚刚落地还带有热气的马粪一事成为可能，否则的话，在冬天马粪落地后会很快变冷，就观察不到表面产生的雾气了。记得当时正好上映一部反特电影《跟踪追击》，我们就用电影的片名来形容这种积肥的新方式。然而，这种"跟踪追击"的策略并没有坚持多久。主要原因大致有两个：首先，跟着马车跑是比较累的，我们那时都还是孩子，没有那么好的体力；何况马有四条腿而人只有两条，在这方面，马占有先天的优势。此外，很多马的屁股后面都挂着一个布制的粪兜，以防止马粪掉到地上，在我们"跟踪追击"的过程中，往往会眼睁睁地看着即将到手的战利品被粪兜横刀夺爱了，这很挫伤我们的积极性。值得"庆幸"的是，并不是所有的马都带着粪兜，而且很多粪兜不够大也比较浅，经常起不到应起的作用，这就给我们留下了机会。

在积肥过程中，曾有过两件算不上很有趣但却给自己留下了较深记忆的事情。第一件事很简单，一位驾驭马车的师傅发现了我们的行动，于是停下了行进中的马车，并解开粪兜，将粪兜中的马粪倒在地上。这使我们得到了前所未有的收获，可谓"踏破铁鞋无觅处，得来全不费工夫"。我们不仅自己满载而归，而且还能把多余的战利品留给后到的小伙伴。如果用一个成语来形容自己当时的感觉，就是"如获至宝"了。另一件事则要稍有趣些。一次，我们发现刚刚掉到地上的马粪竟然是已经冻硬了的，不像通常那些刚刚排出来的马粪是软的。（在用煤铲拾取马粪时很容易感觉出这种差别。）这不很合乎常情；而更加不合常情的是，马粪还不停地遗撒下来，并且也都是比较硬的。当马车停止后，我们才发现其中的奥秘是粪兜破了，我们捡到的马粪都是从破粪兜中漏出来的而不是马刚刚排泄的。记得我当时产生了一个幼稚的想法，如果能把其他马车的粪兜也弄破，获取马粪就变得比较容易了。好在这一想法只是我内心中的一闪念而没有付诸实施，否则就成了破坏公物，从而使我们为祖国建设添砖加瓦的初衷变成了拆社会主义的墙角。

回首往事，我们那时积肥基本上只是为了要做这件事，但是否真有意义，我们从没有想过。记得当时在北材料厂西边有个小湖，小湖的东北角是一个专门堆放马粪的地方，我们通常都把拾到的马粪送到这个粪堆。但实际上，马车粪兜里的马粪最终也是要倒在这里的。以前面讲到的如获至宝的那件事为例，我们所做的只不过是把马车粪兜中的马粪转移到自己的粪筐中，然后再送到粪堆。最终的结果实属殊途同归，我们的做法只不过是画蛇添足地为这一过程增加了一道额外的手续而已。

最后再讲一件有趣的事。前面已经说过，参加积肥的同龄人不少，从理论上说，大家的目的是相同的，但实际上其中却存在着说不清道不明的莫名其妙的竞争关系。每个人都希望自己捡到的马粪更多些，并会为此努力。有时，当我们远远地看到路上有马粪，会争先恐后地奔跑过去拾取。这样，一些跑得比较快的孩子在竞争中就处于相对有利的地位，他们率先获取马粪的机会就要大些。之所以有这样的竞争，只是出于孩子的虚荣心，以为捡到的马粪越多，脸上就越有光彩。据一位比我稍大些的朋友后来对我讲述，在一次捡马粪的过程中，他的一位同学为了抢先一步拾取马粪，竟然直接用手去抓。对此，我可以坦率地说，尽管自己小时候有很强的虚荣心，总希望自己捡到的马粪比别人多，但若遇到这种情况，我可是没有勇气直接用手的。

此后又过了几年，在我上中学时，曾经听到过以下的说法："如果一个人觉得作为肥料的粪便是肮脏的，只是因为他的思想肮脏。"当时自己曾懵懵懂懂地以为这一说法是很有些哲理的。但随着年龄的增长，自己糊里糊涂地步入了成年人的行列，却不再以为这其中有什么哲理了。除此之外，记得当年还曾听到过一种较为离奇的说法，大致意思是：根据"狗改不了吃屎"以及狗还喜欢吃肉，可以将肉与粪便类比为相似的东西。对于这种说法我是不敢苟同的。值得庆幸的是，在上小学参加积肥时，没有听到过类似的言论。否则也许会影响自己的情绪以及参与积肥的热情。

这篇回忆朗润园的小文是应张小弟的要求写成的。文中所写的两段往事都是自己的亲身经历。但时间毕竟已经过去将近六十年了，对于自己的一些记忆是否准确，我没有太大的把握。实际上，我已经尽量删去了一些不确定的内容，余下的这些应该是大致无误的。

（吴之，曾住朗润园 10 公寓 203 单元）

朗润痴吆[*]

◉ 杜萌

梦

夜深月明睡睡醒醒

幽暗深邃迷迷离离

屏息静观影影绰绰

飘忽慢旋远远近近

轮廓不清——

好像有片湖水，一条不宽的柏油马路，依傍着湖岸蜿蜒曲行。湖边是否有棵探向湖心的歪身大柳树？它那茂盛的枝条从高处垂临湖面。马路旁等距离地排列着一幢幢外墙颜色一样的四层住宅楼。湖对岸好像有座小土山。小土山上，是不是有个破败的古式小亭子？又有什么飘近眼前？

看清了——

---

* 杜萌于 2020 年 10 月 5 日因病去世，收录本文以示纪念。杜萌是本书编委会成员之一，为本书的出版倾注了很多心血，多有贡献。——本书编委会

细细棍状物，是小时候用的铅笔、蘸墨水写字的笔。长方的，是小时候用的各种作业本。掠过眼前的那几根铅笔，有着圆圆直直的笔身，浅粉、浅蓝、浅绿色的。咦！上小学用过的物件，几十年过去了，竟还这么簇新整洁！笔身标有"中华"字样的那根六棱铅笔，缓缓飘来。它曾让稚嫩的童心深感惊艳！笔体绛红，笔棱勾有黑线，笔尾标刻着一对小金鱼甩起大尾巴的活泼身形。鱼身金黄耀眼，在暗暗的绛红色衬托下，特别炫目。

拥有这支笔，邻桌垂涎。自然格外珍惜，甚至舍不得使用。这宝贝木质柔软，铅芯不易折断；写到纸上字迹黑黑亮亮，哪怕三星牌铅笔，也比不过它。

物资匮乏的20世纪五六十年代，或许金属笔盒和笔帽还没有摆进文具商店的货架，或许绝大多数家庭买不起。于是牛皮纸叠的笔盒和各种纸叠的笔帽，盛行一时。

好铅笔要有两三个好笔帽。纸笔帽易污损，或磨毛，或污迹沾染，时常要再叠、再换。笔帽用纸，作业本备选。它们是小横格、大横格、田字格本。

牛皮纸结实耐用。田字格本，纸白且韧，尤其那浅绿有间断的十字模线，是高级纸笔帽的唯美标志。牛皮纸笔帽，哪里配得上中华、金鱼牌铅笔的尊贵！

当年附小老师，教导学生惜物——最先从铅笔开始，直到手指捏不住铅笔写字了，才将笔头抛弃。这时长长纸笔帽，便施展第二用途——将铅笔头插入其中，具有延长笔杆、为铅笔头续命的功能。而小学老师把全班学生中使用过的最短铅笔头，拿出来表扬；激励学生，将铅笔的使用价值，榨干到极致。

童年的感受，如此鲜活地伴着幻相重现全身，像过电般令人微微震颤……

握住梦中那支金鱼牌铅笔，追逐美好幻境，写几行呓语吧！

字

日、月、天、地、人。

最先认识的字，是哪一个？

最先会写的字，是哪一个？

......

就算想得人嘴吐白沫、浑身抽筋，也甭想弄明白。

拿起铅笔找来白纸，试着写写"朗润园"三个字，每个字多少笔画。点横折竖钩撇捺。中国字有二十八种基本笔画，"朗润园"三字用尽多少种笔画？笔画最少的是"园"，"朗"和"润"两字笔画相同，笔画最多。

三个字中最先认识、最先能写的，应该是"园"。

小时候上幼儿园，远有香山六一幼儿园，近有北大五一幼儿园。整托幼儿园，一礼拜一去一回。日托幼儿园，早去晚归。去幼儿园，有低头抹泪、哽咽哀求的，有号啕踢蹿、满地打滚的。

幼儿园老师，教小孩子识字、读诗，说"跟我念"。小学老师，领读课文，说"开始朗读"。

什么叫"朗读"？就是大声念字，就是清晰响亮地把一字字、一行行写在书页上的字，念出来。小学写作文、写日记，要写天气晴朗。

什么叫"晴朗"？就是天空湛蓝、透明，日照光线充足。

最后，能识、能写的是"润"字。

这个字很难写，笔画多，小孩子写得周正太不易。尤其是三点水右边是个大门，大门里憋着个王爷。

有朗润发小考证，咸丰二年（1852）前后，乾隆皇帝第十七子永璘的后人被夺去爵位。其拥有的春和园，转赐恭亲王奕訢居住，始改名为朗润园。奕訢脑瓜里如何将春和园更名、如何选用"朗润"二字，有待大家再考证。

假日父母或老人带孩子下楼，走出公寓楼去未名湖边。东操场每每遇人，近前寒暄。大人们摸摸孩儿脸蛋问：幼儿园好不好？

镜春园、勺园、中关园、蔚秀园、燕东园、燕南园，还有圆明园、颐和园、香山公园、北海公园、中山公园……小时候，常听大人说起许许多多的园，就以为北大校园内外哪里都是园。

哎！成府不叫园，因为是个"坏地方"。

出东门去北大附小，必经成府。时不时听说哪年级、哪班的谁谁谁，放学或上学挨劫了，带的午饭被抢了，书本被抢了，书包被抢了。成府的孩子跟北大园子里的孩子，是对头。成府是恐怖之地。

20 世纪中期那场惊天动地的"运动"，我们尚小，跟着喊"打倒封资修""打倒帝王将相""打倒才子佳人"。最有切身感受的是，小学老师胸口被挂个大牌牌。大冬天的，有高年级同学往老师脖领里灌凉水。

北大校园里，整天大喇叭吼叫。革命口号、革命歌曲，震耳欲聋。大学生下乡不识麦苗，成为众口争说的荒唐事，北大校园里一片恐慌。小学教室外墙上，写出"教育要革命"大标语。小学课本上印着怀抱稻子的农村大妈和手持锤子的工人大叔，他们双双昂首挺胸、雄视前方。

初识文字的小学生，在田字格本上写稻子、谷子、玉米、白薯、土豆。写"玉米"二字写惯了，写"王"字时一不留神加上一点儿变成"玉"了。

写"润"字给大门里憋着的那王爷，加上一点就清除了"封资修"的煞气。老师不说那是错字，几十年后待胡子一大把了，持笔写"润"字，还是必加那一点儿，方晓得"文革"流毒贻害经年矣。

写过"朗读"二字，写过"天气晴朗"四字。第一次把"朗润园"三个字放在一起写，是致信千里之外的父母。趴在桌上在信封右下角位置，一笔一画工工整整地写下"北京市海淀区北京大学朗润园八公寓"。

还记得在红蓝斜格围边的航空信封上写地址时屏息静气的感觉，生怕在那美丽白净的信封上写错字，尤其是用蘸水笔时，蘸多了墨水刚刚举笔到信封上方，突然一大滴墨水落在要下笔的地方，心里纠结悲伤，仿佛要放声大哭的样子。

航空信封珍贵，写脏了只好等墨水晾干，用大人的刮胡刀片一点点刮除污点。再用笔时，将蘸水笔在墨水瓶口"舔了又舔"……不料墨水又太少了，字写到一半便没了颜色。想当年会使蘸水笔，绝对是一项技术活儿。如今还有哪位大仙用蘸水笔吗？

一些父母教孩子最先会写的字，是他们为孩子起好的名字。

居住在朗润园生养孩子的年轻父母们，有谁把"朗润园"三字中的一个字，编进新生儿名字吗？

朗润园公寓建造于 1960 年。50 年代出生的人，没有谁敢炫耀自己是纯正的"朗润血统"。60 年代出生在这里的，可谓正宗。可谁又是朗润园首位"本地造"呢？查查户籍。还要问问的是，首批"本地造"里有谁在名字里纳入了

"朗""润""园"三字，以纪念出生地呢？

这是个大大的谜！

楼

半个世纪前，满北京城的平房远比楼房多得多。

北大东北角朗润园里，有一溜儿四层楼宇8—12公寓，再加上不入列的13公寓，从四处远远看过去，很是巍峨。

"公寓"——多么与众不同的居所称谓！

这列公寓矗立在小湖、小亭、高大杨槐柳以及沿湖曲折的柏油马路旁。

相比小东门外成府——那片旧平房、臭水沟、坑洼土路，一茬茬居此长大的小男小女们，自有些不知所来的"贵"气；惹得成府那片地界上的同龄孩子，仇恨满腔，屡屡设伏动粗、刁难劫道。

这列公寓建筑的设计，可谓一张图纸、同一规制。

自小知道，家住哪公寓、哪门洞，那年月没"单元"这一说。大人们对来访生人指路，雅称"一门"或"二门"，但更多俗称"一楼洞""二楼洞"。

"洞"——入夜步入楼内，遇楼道停电或电路故障，黑漆漆拾级而上堪如洞穴。

家住8公寓1门洞——距湖边最近之门洞。楼道顶层左侧淡黄漆木门上方，标有红色阿拉伯数字"108"。

进楼洞先上五级楼阶，有一小平台。此设计佳意在于：防止盛夏大雨倒灌入室。平日里，有各家自行车拥挤摆放。

楼内自一至四层，层间共二十级楼阶，每十级一转折。楼道侧壁有木扶手，呈"人"字形便于抓扶。扶手由小木柱支撑、中空，再与下方木条板连成一体，安固在垛墙上。

白墙。栗黄色木扶手，可见木纹。楼道，深绿色纱窗。楼阶梯，呈水泥本色。

打扫楼道，先由各家轮值。

大人们率先垂范，先是嘴含水喷淋或端盆手撩润湿楼道，以免灰扬呛鼻；待水迹稍干，弓腰挥帚由上至下将一阶阶楼梯面上的灰尘、碎屑撮堆儿清除。

孩童学会这番技能，进而取代大人，轮值。曾几何时，兴挂小红牌轮值。小红牌挂在谁家门上，当由挂牌之家值扫卫生。

当然也有奖励。先是"卫生之家"牌牌贴在门上，后来演变成"三好家庭""五好家庭"牌牌。

惜物年代，扫楼梯不可用自家好扫帚，总要持扫帚疙瘩操办此项公共事务。可是扫帚疙瘩无奈扫不尽每节楼梯外沿儿嵌筑两条钢筋之间的灰尘和楼梯梯角的土渍。孩童当然要飞奔回家禀告大人，申请取家中好扫帚发挥功力。

在学校听老师教诲，要像雷锋叔叔那样做好事不留名。自己便有过多次趁天不亮楼里人未出门，悄悄将整个楼道清扫一新的经历。

恰在上学出门时，听楼道里有人惊讶：楼道清洁多啦！小小心眼里顿时无比"幸福"。数十年后悟出，这是小学老师成心的诱导模式。

洁景难久存。白墙上有诸多脚端鞋印，那是顽皮孩子竞比谁的脚印能端得最高。

木扶手被小竖刀划出道道儿。栗黄色木扶手，破皮留下幼稚的图形。

绿纱窗被竹竿、长棍捅出几多窟窿。

楼道顶部的那片洁白，被粘有唾沫的火柴"天灯"熏烧出团团黑迹。

楼道里的灯罩、灯泡，每每被蓄意打碎。

更不知追逐打闹的谁，撞倒了楼道里垛着的蜂窝煤碎煤块，黑黑地散落一楼道。

楼道是少年比赛的竞技场。谁上楼上得最快，下楼下得最快；谁一步能跨上多少级楼阶……比来比去，小时候比，长大了还比。

半个世纪过去，还有下楼腿脚利索的本事儿。昭昭卓然下地铁百余台阶碎步小颠，难能有年轻人比肩竞速。

公寓楼洞、楼道、楼梯无法抹去的青涩记忆……

阳台

阳台是啥？很小时就知道。

前阳台朝南，阳光充足，可晾晒衣服、被褥；后阳台朝北，堆着大人扔不了又不想摆在屋里碍眼的东西。

朗润园公寓有阳台。一楼阳台有敞口，跟二至四楼不一样。一楼人家多在阳台敞口处加做挡门。那年月没有塑钢门窗，印象中一楼南阳台全裸露着甚至没有齐腰挡板。直到有个别一楼人家，用木料搭成玻璃花房。这已是很后来的事情了。

住在四楼的孩子，比三楼二楼的孩子，有眼福。一楼的，就甭提啦！站得高，望得远呗！

若论四楼前阳台，朗润园公寓全一样。但8、13公寓四楼前阳台最牛，前边没遮挡。

站在8公寓四楼前阳台上，可透过前方高大杨树缝隙，望见材料厂小湖边那些下班回家的路人。那骑车的男人，是谁谁的爸；那走路的女人，是谁谁的妈。

站在8公寓楼前阳台上，可直望未名湖畔水塔上半身，可直观化工五厂高高的大烟筒，可清清楚楚听见东操场演电影、开大会、体育比赛的声音。

13公寓临湖，站阳台上可眺望小山、小亭，遍览全景。8公寓不如它。9—11公寓四楼阳台，因前后都有楼宇遮挡视野，难以向南北延伸，只得寻东西斜向观望，自是憋屈。

12公寓位列最后。二楼以上后阳台，可逾围墙北窥圆明园。

记得趁大人不在家，孩子们翻身骑上阳台高高宽宽的水泥护墙扶栏，叫嚣谁谁的胆子最大。

起初，趴在阳台扶栏上不敢直身，吓得小鸡鸡一阵阵麻酸，全身颤抖要尿裤子。后来，敢直腰，更敢挪着屁股蹭一蹭，但就是不敢站上去，更甭说走两步啦！这个，彻彻底底永远认怂！

记得探身四楼阳台上，小心翼翼地把用过的田字格本纸页撕下，撕成细细碎碎小纸屑，趁风扬撒，手指松开时，凝望着一撮撮纸屑骤然上下、胡乱飘飞。

记得趴在四楼阳台上，耍过自制滋水竹枪，耍过长气门芯灌水喷射；吹过肥皂泡泡，扔过纸飞机、纸降落伞，甚至纸片片；还悄悄把大小石子揣兜里带到阳台上，猛砸顺墙角溜过的猫和对面山坡大槐树上喳喳乱叫的麻雀。

更威风的是，手持粗铁丝和四股牛皮筋制作的弹弓，夹上揉搓晒干的胶泥弹丸，瞄来打去，嗖——叭。

还记得在前阳台上养过小鸡。眼见那些毛茸茸小黄团奔来跑去，叽叽咕咕。

还记得后阳台养过兔子。每天放学回家前，满世界寻菜叶子带上楼。

还记得下雨天楼顶瓦片淌水流。久盯串串水流，以为公寓全楼疾速飘飞。

还记得天黑时分，各家家长站阳台、开窗户呼喊："快回家吃饭啦！"总要喊好多遍，才有孩子拖拖拉拉地答应。此时孩子们游戏的欢叫声，震耳欲聋。

几十年过去，几次噩梦梦到：站在四楼阳台，阳台侧壁突然裂开；脚下台面突然外斜，抓没抓处……要摔下去啦——啊！

湖冰

"一九二九，不出手。三九四九，冰上走。五九六九，沿河看柳。七九河开，八九雁来。九九加一九，耕牛遍地走"。

谁教的记不清，忆不出。只记得是站在朗润园公寓湖冰上，天寒地冻跟人学舌，白气四射，一字字民谚印在心底。

湖水结成实冰，西北风狂乱地掠过冰面，湖冰上倍感冬寒。

不明白什么叫"出手"。人家说，把手套摘了，别把手揣在衣兜或裤兜里。立时懂了。早年冬月，地冻得裂大缝儿，朗润园公寓的孩子们，谁没得过冻疮！

手指、手背、手腕、脸蛋、鼻子耳朵、脚趾脚腕脚脖……冻疮遇热，奇痒难受，挠来挠去，溃烂流汤，变黑留疤。长过的冻疮，来年易生。

不让上湖冰玩，猫抓心似的难受，打死也得去！甭管冻疮长哪儿，痒痒就痒痒，流汤就流汤，溃烂就溃烂，结疤就结疤！

楼下一声召唤，楼上一阵骚动。戴棉帽、套手套，冲奔下楼跑上冰面，与冰上身影搅在一起，欢声尖叫震耳欲聋。

玩薄冰——

湖面上冻南岸为先。薄冰初现，手捅棍戳、砖砸脚跺或俯身捣冰，捞起冰片用力向冰面扔去，像打水漂儿那样的扔法儿。看扔出的冰片在溜滑中碎裂，向多个不可测方向滑动，直到散滑冰片缓缓停住。

打滑擦——

在湖冰上起跑、加速、用力，最后一蹬，一脚在前、一脚在后立稳，任身体在冰面滑行，鞋底在冰面擦出隐约可见的两道长长印迹。大家互相丈量，谁的冰印长。穿白塑料底棉鞋，往往最占便宜。

看冰泡——

低头细瞧，脚下冰层在阳光下呈现深绿或墨绿色，间杂大大小小的白色气泡，冰层厚度一瞧即知。

听冰裂——

人在冰面，忽听脚下一阵咔嚓嚓、咚咚咚的声音，由远及近直抵脚下一道白色裂纹，随之咔啦啦蜿蜒骤现。最初体验时心跳加速、身上发紧，渐渐熟悉后爱听，盼着仔细辨别裂纹来去，追着冰裂奔跑，低头看新裂纹、新花样。

踢冰块——

冰块巴掌大，多人争踢，或用俩半头砖搭"门"。规则如足球分队对攻。少不了摔跤，仰摔势必蹾腰、蹾屁股。会摔，是朗润园公寓孩子的冰上基本功。在冰面上奔跑，没听说谁谁当年摔傻、摔死的。

冰溜儿

站在四楼阳台上，仰头盯着楼檐瓦边形成的水帘，觉得整栋楼房正在向上飘升。

公寓楼顶瓦片上的积雪，慢慢地化成一滴滴相衔的水珠，沿瓦纹依次坠落。

冬日午后，热度短暂，严寒延迟了融雪速度，将正在滴落的水珠冻结。那些年冬日楼檐，总会等距离地挂着长短相近的冰溜儿。

冰溜儿长长，锥状冰体晶莹剔透，有螺旋纹，如今少见。

在四楼阳台上，手持竹竿横打冰溜儿。一阵脆响，冰溜儿摧折、散乱、跌坠。赶紧探身观望，只见冰溜儿残体坠落楼下一楼阳台或楼前水泥路面，且摔得粉碎，兴高采烈。

大人慌忙呵斥，恐砸伤路人。趁大人不在家，探头观察楼下有无过往之人，立即挥竿击打冰溜儿，享受莫大乐趣。

8公寓前小土山傍一排平房，北面房檐低。小孩子站土坡上即可手摸房檐。一俟发现平房檐下长出一大排长长尖尖的冰溜儿，众孩童即刻欢叫、争抢，冲上前把一根根大冰溜儿，掰下来张嘴舔舔，疑脏又连吐口水；或攥手里拟刀剑，比画着追逐拼杀。

不想要了，就用劲摔，砸碎它，只见冰碴四下乱溅；再用脚把大块碎冰溜儿踢得远远。

（杜萌，曾住朗润园8公寓108单元）

享受与家人共同生活的幸福

◎ 朱兰　朱桦

当老同学、老邻居杜萌跟我们提起要出一本关于朗润园的书的时候，勾起了 38 年前我们在那里居住时模糊又美好的回忆。当我们在母亲家努力寻找着在朗润园生活可能留下的记录时，惊喜地发现：在父亲生前的书柜里，保存着一本父亲编辑的相册——"我们的家"。里面记录了我们家在北京大学中关园 3 公寓、朗润园 8 公寓、蔚秀园 52 公寓和蓝旗营小区 8 号楼的居住情况以及家庭生活的变迁。这些父亲留下的图片、文字和逝去的岁月是那样珍贵和温馨。

在"我们的家"相册第二部分，父亲朱徵写有名为《朗润园的八公寓》的前言：

> 1980 年我们搬到八公寓 202 单元，这是一套小三居室，最初还住有一位姓焦的邻居老大爷，但不久就搬走了。[当时是两家人合居一个居室，焦大爷家在 201 单元有一间房，在我们家的 202 单元有一间房] 居室的大房间东南二面都有窗户，又有一个小阳台，前面还有一小片地可以种种花草。特别是地处校内未名湖的东边，环境比较幽静。唐山地震后，房屋加固把东面的窗户封了，加上修理暖气，室内串通了一个大管道，又整天嗡嗡作响，受到不少干扰。

1980 年冬，适宜的父母从香港返广州，又来北京小住，他们是很想和国内的儿女住在一起安度晚年的，但最后看了我们的住房条件，明白这里是无法长住的——那时我们连自己的父母也难安置在自己的家里。

"文革"后，正是恢复教学和科研的时期，我们俩又投身到培养研究生和教学科研工作中去，适宜忙于她的《被子植物胚胎学》教科书的编写，女儿朱兰完成了在北大法律大专的学习并开始了工作。儿子朱桦四川大学毕业后在昆明科学院分院工作，在 1983 年来北大进修，也在八公寓住了一段时间，直到 1984 年赴美留学。

在八公寓这个家生活了七年，这七年生活是平静而繁忙的，朱兰、朱桦已从少年时期过渡到成年了。

父亲留下的文字，让我们记忆中的朗润园逐渐清晰起来——

朱兰：从中关园的 3 公寓四层搬到朗润园的 8 公寓一层，居室面积并没有增加多少，主要是学校照顾母亲身体不好、每天爬四层楼有难处。记得当时房子分下来，父亲外出不在家，母亲带着我去打扫、粉刷房间。那是我们第一次搬家，感到非常新奇。后来发现，住在这个不一般的"园子"内是那般美妙。朗润园是北京大学八大园之一，位于校园的最北端，据说还是圆明园附属园林之一。虽然楼前的空地远没有中关园 3 公寓的大，但出了楼口就是小湖小岛，再往南走，就是著名的未名湖。春季二月兰、毛地黄开满山坡，夏季湖边柳下看荷，秋季回家一路是彩林秋色，冬天去未名湖滑冰走路不过五分钟。住进来后发现，我家 2 门洞的四层住着我们北大附中平易近人的校长孟广平，二层住着北大附中美丽优雅的语文老师杨鹤松，三层住有我的小学同学平竞先（平洋）。1 门洞里有哥哥的同学杜萌、朱建华。那时大家都在忙于工作和学习。记得在一楼的住户窗下都有一块长约两米、宽约半米的小空地，大家都在那里种花花草草，我父母种的是大叶子、开红花的美人蕉。不仅如此，喜好花草的父母，还在我家东边校园围墙的下面种过蜀葵、大丽菊等花儿。记得母亲每天清晨去未名湖绕湖小跑，并与附近的老师们一起在湖边练太极拳。记得这个时期也是父母最忙碌的时期，几乎没有周末，还常常出差在外。在这里我完成了学业进入

朗润园小岛上一景

了工作阶段。离开 8 公寓已有三十多年，在这里生活的短短七年，是我们一段珍贵和美好的时光。

朱桦：朗润园的家，是我居住时间最短但最喜爱的家。因为我们家搬到朗润园 8 公寓的时候，我已经在四川大学读书，只有在寒暑假才可回家。大学毕业后分配在昆明科分院工作，也难得回家。有幸的是在工作期间有机会到北大进修一年，住在家里。之后赴美国读书，一晃就是三十多年！所以我在朗润园生活的时间只有一年多。

我最喜爱朗润园的家，是因为它位于清代皇家园林中，幽美，恬静。这里有小湖，小岛，石桥，木亭，垂柳……每次回家，都要经过未名湖和博雅塔。在这样美丽的环境中生活，心情自然愉快！这是现在的高楼大厦、别墅豪宅感受不到的。

我最喜爱朗润园的家，是因为这里的文化气息和友好的邻居。这里住有著名的教授，有我们的中学老师和同学。邻居们融融洽洽，和睦相处。上班上学，友好地打个招呼；茶余饭后，湖边散步，随意地聊上几句。1983—1984 年我在北大生物系进修，那是我最开心的一年。每天早上骑上自行车，穿过朗润园，沿着未名湖，很快就到了生物系。我在博学儒雅的陈阅增教授指导下进行金毛滴虫的超微结构的研究，并取得了很好的成果。现在想想，这么好的环境，这么好的老师，这么近的实验室，还有这么香的家常饭菜，只有在梦里才有了。

我最喜爱朗润园的家，更是因为我们全家在这里度过了最好的时光。"文革"之后，迎来改革开放，父母可以重新将精力投入教学和科研之中，心情舒畅，生活更有活力。我 19 岁就离开家，离开了父母和妹妹去西藏插队，从此一家人在一起的时间很少。在朗润园的一年，是我们一家四口最后一次在一起生活的一年。现在越来越感到无论生活再舒适，也不如一家人在一起好。朗润园的这一年太美好，太珍贵，太短了！我到现在还在想，我们为什么要搬家呢？

（朱兰、朱桦，曾住朗润园 8 公寓 202 单元）

童年的桃花源

◉ 商衡

每当我重返朗润园，就会想起小时候的许多逸闻趣事，唤起我儿时美好回忆。

五十多年过去了，朗润园的一草一木还是以前的老样子，它宁静安谧，是校园深处的一块净土。湖边蔓垂着杨柳，小山包上酸枣荆棘丛生。到了春天，小石桥旁依然看得到小时候和朋友嬉戏时玩的含羞草、马尾草，岸边依稀见到小鱼虫。真可谓"人生易老天难老"。我们已是耳顺之年，而故园依旧。

朗润园是我7岁到17岁生活的地方，其间因父母下放，离开过几年时间。

我家住在朗润园8公寓1门洞三层105单元，和朱建华家同住一个单元。她家四个大人、四个小孩，我家两个大人、两个小孩，十二个人共在一个单元居住。

现在想想，也没觉得拥挤不堪。我和建华同龄，我弟和保华同年。因我父母下放，我和弟弟经常在建华家蹭吃蹭喝，和建华、保华情同手足，就像一家人一样。我们一起玩，爬树、养蚕、钩桑叶、养小鸡、游泳、集邮票，还用猴皮筋熬成胶粘蜻蜓，到学生区看大字报。甚至谁家被抄家了，哪个老教授自杀了，我们会蜂拥着去看热闹（那时不懂人间的悲苦）。建华总是像大姐一样带领我们一起玩，天天在校园中恣意玩耍，每天过着快乐无忧的日子，像快乐的小鸟自由自在。挺感谢那段时光的，成就了我们随意、自信、热爱自然的性格。我们一起上学放学，无忧无虑，不知世态艰难，无比快乐。

还记得每天早晨从朗润园穿过东操场出小东门，走到北大附小上学。下午放学回来时，总要在东操场玩会儿单杠。我学会骑车，就是用朱建华家的旧女车学会的，因为我家的是"二八"男车。还记得，我们养蚕，建华给我一张黑麻麻的蚕籽，等过了几天，细小的像小黑蚂蚁的蚕从小小蚕壳里爬了出来，我们就用小楷毛笔把刚出生的小蚕刷到小盘子里，铺上我们亲手采摘的桑叶，听蚕宝宝吃桑叶时哧哧的咀嚼声，看着蚕宝宝一天天长大，直到蚕宝宝身体透明了，就是要吐丝了。如果在盒子里不管它，蚕就会吐出一圈圈的茧子，越吐越厚，真是作茧自缚，有点悲凉，但那时只有好奇心和玩心。

建华告诉我，把吐丝的蚕放在平盖子上，它就没有夹角做茧子，只能像驴拉磨似的，平地转圈吐丝；吐完的丝是一层薄薄的丝绵，可以用作墨盒海绵。小时候听妈妈说过，南方养蚕多，茧子都是在煮开的水里抽出蚕丝的。

还有好多趣事，记得买过十几只毛茸茸的小鸡、小鸭，想把它们养大，但是天天放在单元楼里，这些鸡鸭到处拉屎，还飞上床，一点不乖，弄得屋子里臭烘烘的。有一天，我打开阳台门，可能是这些不大不小的鸡鸭待在屋里太憋屈了，纷纷跑到阳台看新鲜。长了翅膀的鸡站在阳台栏边勇敢地往楼下跳，像要逃出樊笼，结果飞下阳台的鸡有的摔瘸了腿，有的摔得肠子都出来了，有的摔死了，惨不忍睹。

在"文革"时期，我们一点不懂大人的艰难，不谙世故，在朗润园——儿时的桃花源里快乐无忧地成长，隔绝了外面的刀光剑影。

五十多年过去了，我与发小朱建华天各一方，她现在定居英国。几十年之间我们曾经中断了联系，直到前几年建华回国探亲，才久别重逢。去年，我们又在高中同学聚会时相聚了。

我们后来虽然远隔千山万水，各奔东西，但是小时候凝聚的友情并没有被岁月减弱，朗润园仍然是我心目中纯净的花园。也许小时候太单纯、太理想，心中童年的美好一直定格在朗润园，定格在与发小的友情间。长大了，无论多么艰难，只要去朗润园转一转、走一走，心灵就会得到安慰。它像一副安抚剂，能抚平我的低落情绪，它是我的精神家园。

感谢我是北大人，在朗润园长大，在世界著名的高等学府里享受美好的童年。每当回忆起来，我就会充满感念和幸福，朗润园童年的这份美好，使我对未来人生怀有憧憬，拥有美好和感恩的情愫。

（商衡，曾住朗润园 8 公寓 105 单元）

朗润园王府小院的记忆

◉ 陈卓

　　我来到人世间的第一个家竟然是在王爷府里。当然，这是我后来才知道的。朗润园 166—168 号曾经是清朝恭亲王奕訢赐园的一部分。这是一个三进院的宅子，有一个很深的门房。在我的记忆中，当时的那个门房是个服务站。北大的家属大妈们在这里替人做衣服。记得姚大妈和附小侯老师的太太都可会做衣服了。改革开放后，那里又开始卖早点，特别方便。我家就在后面的第一进院子里。第二进院子住了俄语系教授田伯伯和心理系教授沈伯伯两家。第三进院子住了几家北大职工，其中有我的发小和儿时的玩伴们。

　　据家人讲，我们是 1952 年院系调整时从北大沙滩校区搬进这个院子的。因为大门房已被封成了服务站，我们一直走侧门。我童年的记忆是美丽而温馨的。记得侧门旁有一棵大柳树，树上爬着开满紫色花的藤萝。一进大门，有妈妈种的一架玫瑰香葡萄。穿过葡萄架，一条石板小路铺到大门前的台阶下。小路旁是一排美人蕉，宽叶，分别开着红色和黄色的花。美人蕉后有妈妈种的两丛粉红色的玫瑰。台阶前，有一对石狮子。前厅大门两侧有前廊，廊下有两排玉簪花。后院有侧廊，一直通到第三个院子。那是我们小孩下雨时玩耍的好去处。我家客厅门两旁还挂有一副据说是慈禧太后亲题的对联，记述着小院的历史。

不过，作为小孩子的我，从来没注意过这副对联上的字，只记得院子有两棵海棠树、一棵杏树，还有妈妈后来种的一棵枣树。那海棠花盛开时的满院春色，以及那些果树结果时带来的兴奋和喜悦，令我至今怀念。

记得夏天一到傍晚，我家保姆和一群北大家属大妈、大婶会到服务站前乘凉。我家保姆陈大妈在我没出生时就到了我家。我是早产儿，是她把我从小猫般大小的婴儿一点点喂大。她把我当成自己的亲女儿。每次当我听话地给大人们唱个歌、跳个舞，或背一段毛主席诗词和唐诗时，都会收到她鼓励的目光和赞许的微笑。我自然也和她亲近。"文革"中她离开我家后，我就常去看她。下乡插队时，我每次回城都会给她送去一些新收的小米、黄豆等城里的新鲜物。上大学后，每逢节假日，我经常会从学校先去她家吃晚饭，然后再回朗润园的家。结婚后，我就和老公一起去看她，直到我出国。

那时，电视还不普及。一到国庆游行或乒乓球赛的电视转播，许多邻居和小朋友就会搬个小凳子到我家小客厅来看。记得一次乒乓球赛，我生病了，妈妈把我关在里屋，让我睡觉。怎可能睡得着？"好球！好球！"外屋一片叫好声。记得隔壁叔叔声音最大。他可是超级球迷，几乎场场不落，因为乒乓球可是我们当年引为自豪的国球啊。那时候，邻里间相处得也都很好。

可是，这种和谐被"文革"破坏了。首先迎来的是"破四旧"。红卫兵到我家把慈禧太后题的对联摘掉，还写上："打倒资产阶级反动学术权威！"因为我父亲是西语系教授，我们都很害怕，怕他们来抄家。好在我父亲从来淡泊名利，不当什么"权威"，人缘也不错，抄家的事并没有发生，我父亲几书柜古今中外的藏书才得以保存。但我家后院的沈伯伯却很不幸，他和唯一的儿子被迫自杀，只留下太太胡老师和女儿相依为命。记得"文革"中期，西语系

陈卓父母（陈占元、郑学诗夫妇）

陈占元夫妇与陈卓

陈家姐弟仨

突然宣布我父亲是埋藏最深的"阶级敌人"，并且开始隔离审查。我听到我母亲和同事在我家后院廊子里的对话。同事劝我母亲早点和父亲"划清界限"，但母亲回答："我和他生活了那么多年，他是什么人我最清楚，他不是坏人。"后来，因查不出什么，也没有给父亲定罪。我当时虽然还不太懂事，但我知道父母间的信任是牢不可破的。我现在想起都很感慨，因为"文革"中被迫离婚的并不在少数。在父亲被审查期间，邻居们也并没有唾弃我家里人。小朋友们仍和我一起玩儿。父母下放时，发小还来陪我同住。搬进我家院子的工人丁师傅一家每年都会送来枣子和海棠与我们共享。这些事虽小，却在我心中留下人性的温暖。

　　说起发小，也许该称闺蜜，她叫小红。我们的友谊已经有快六十年了。记得我第一次去她位于168号的家玩时，并不是去找她，而是找她姐。我父母当时很放心地让我这样一个五六岁的小女孩去她家玩，是放心她的姐姐会好好带我。小红当时不在家，她好像周末才回家住。不过，后来我俩才是主要的玩伴。我们一起玩过家家，她总当"妈"，而我当"姐"。我们在朗润园满山乱跑地玩"打仗"，她当游击队队长，我当队员。我们还一起在校园里挖野菜喂鸡、钓鱼、下湖捞虾给自己解馋，捡了白果在她家的大柴锅里炒着吃——那香味儿至今令人难忘。我们还和她院里的大婶们起早打草，到北大后面的圆明园公社去卖钱。一早晨挣了一毛多钱。这可是我人生的第一笔收入啊！

记得"文革"中一个夏天，各派忙着打派仗。我父亲哪一派都不能参加，也不想参与，于是就给我和小红买了两块五的季票，天天带我俩去颐和园游泳。那时，浅水区以立柱为标志，外围深水区以一排伸出水面的长凳为界。立柱、长凳与水面的相对高度可以告诉我们当天的水位。另外，在深水区还有一个浮动跳台。我们常游到深水区，爬上跳台，就这样学会了跳水。有时，父亲还会租一条船，带我俩划到排云殿，然后从那里游800米到龙王庙，横渡昆明湖。每次游完泳，父亲还会在知春亭的小卖部买一个长面包，我俩一人一半。后来小红提过几次："那时就知道玩，要是和你爸学了法语多好。"是呀，那时读书无用，我也没想过学法语。只记得小红喜欢当兵，我想当个石油工人。谁知我们后来都有过实现"梦想"的机会。不过她的"梦想"被唐山大地震耽误了。而我高中毕业时，我在天津大港油田的姑姑问："想不想去油田工作？"那毕竟是发工资的正式工作呀。可我想"我不能当上山下乡的逃兵"，就放弃了当初的"梦想"。人的命运真是难以预料。尤其是我们这一代的故事，哪一个大概都比连续剧曲折、励志。

我小学时有一段时间，我父亲去了鲤鱼洲"五七"干校，母亲去了北大昌平分校，姐姐大学毕业分配在东北，哥哥中学毕业下放到海南兵团。家里就剩

陈卓与母亲、表哥郑景元合影

陈卓和闺蜜小红（右）

下我自己。母亲不放心，就请小红每天晚上来陪我。后来她家搬到中关园，我就干脆住到了她家。记得一次我俩午觉起晚了，怕老师批评，就想了个歪点子。我在家里装病，她仍去上学。结果放学后，她带了一群同学来看我。我特别紧张，好像晚上真的发起烧来。中学毕业，我们都报了名去远郊延庆下乡插队。出于信任，我父母向学校提出的唯一请求是把我俩分在一个村。就这样，我们一起在延庆的小山村——耗眼梁——又共同生活了两年。回城后，各自忙学习、工作、生活，但从未断了联系。还记得我出国前，她对我说："踏踏实实去读书，等你毕业，我开车接咱们博士回家。"我们一直保持联系。我每次回国，一定去她家聊天。把老公支走，我们可以聊到半夜。父母去世后，她曾对我说："在北京永远有你的娘家。无论什么时候想回来，我家的门都会为你敞开。"我知道这不是客套话。我觉得她懂我。我俩的友谊就像一杯醇酒，越老越浓。

这里，我也想提到另一位儿时在朗润园的朋友，他如今已去了天国。小学二年级时，我和8公寓的杜萌是同学，两人经常一起在我家或他家做作业。有一次，我跟他以及他表弟向迪去颐和园游泳。因为是第一次没有大人带，怕家里不让去，就扯了个谎说姥姥带着去。我们三人都是第一次单独去颐和园，十分兴奋。游完泳又去爬山，带的钱都买了莲蓬，回来时只好步行。我们在天黑前终于走到北大西门，见到我父亲焦急等待的身影时，才知闯了祸。我想："糟了，以后再不能自己单独去颐和园游泳了。"然而，出乎意料，父亲没有发脾气。他严厉地批评我不该说谎，然后告诉我他给已经关门的颐和园打了几次电话，询问那天有没有小孩淹死。"敢于自己去游泳是好事，这说明你勇敢。记住以后任何事都可以跟我们商量。"我记得他这样说。于是，后来我就有了很多独立的第一次，包括要求去山区插队和只身闯荡美国的经历。

每次回北京，小红都会陪我去看朗润园的王府小院。如今，我家曾住的小院已成为北京大学国家发展研究院。据说，这个院子在翻修时，工人们还在顶棚上找到一块镶有乾隆题字的金牌匾。物是人非，小院里还会演绎出怎样的故事？虽然人的命运是不可预测的，但是希望在小院里生活和工作过的人们永远是向善的和幸福的。

致谢：陈玉红同学提供了本文的部分材料。

（陈卓，曾住朗润园166号）

离别前的全家福

记忆中的二三事

◎ 刘小平

关于朗润园的记忆是零碎的。当北京大学朗润园的发小相约写点小时候的故事时，我开始搜寻着那些遥远的记忆。50 年前的事情居然在脑海中越来越清晰。每天从朗润园到北大附小上学，路过成府街时刻准备"战斗"（打架）的状态；爸爸从报社给我们兄弟俩带回做好的冰车，我们拿着冰车冲向楼旁冰面的喜悦；专家招待所旁住的老太监，熊孩子们不时好奇加捣乱的探访；"史无前例"时期在北大大饭厅前发传单，对面楼上飞出板砖时的惊慌……我多想把这些支离破碎的记忆，组织起一个个儿时的故事和朋友们分享啊！努力了多时还是放弃了。

我妈妈黄慰曾是在 1957 年调到北大化学系工作的。此前，我爸爸已在北京工作了，为了把妈妈从武汉大学调到北京，爸爸费了很多周折。

在北大化学系，我妈妈工作了近三十年，曾经一度担任系主任的秘书。但大部分时间是在化学系分析教研室工作。

我们家搬到北京后，曾在平安里和北大的镜春园短暂地住过一段时间，1961 年才搬家到了朗润园的 11 公寓。"刘小锦""刘小平""刘小璋"是我们姐弟三人在朗润园居住时的名字。那年，姐姐 6 岁，我 3 岁，我弟弟不到 2 岁。

1969 年在解放军报社工作的爸爸，受到冲击，我们全家随父亲到浙江省 20 军下放劳动。1973 年我们再回到北京时，就没有住在朗润园了。这样算下来，我们家在朗润园生活的时间只有 8 年。大概就是这个原因，找回小时候的记忆变得有些困难。如今每次参加朗润园发小的聚会，听着大家互相揭着"老底"，我的脸上经常挂满了尴尬。交谈中如果某个故事中有我的存在，我会毫不犹豫地杀死自己的脑细胞，希望在回忆中找回自己。回忆往事的过程，一定是印象最深刻的事情最先忆起，那就说说在我可怜的朗润园记忆中最先入脑的两三件事吧。

刘天鸣夫妇合影

颐和园的露天游泳场

不少朗润园的发小都提到"当年跟着刘叔叔学过游泳"，这个刘叔叔就是我的爸爸刘天鸣。当时我爸在解放军报社工作。因为忙，每周只有周六晚上回家，周一又返回报社上班。周日就是我们缠着爸爸，让他带我们出去玩的时候。到了夏天，去颐和园游泳就是我们最高兴的事了。可对我而言，朗润园的老温德游泳时，能在水上漂着不动的"绝技"，才是我最佩服的。直到现在我每次去游泳，下水后都要苦练一下"水上漂"的功夫，这么多年从未改变，估计就是小时候落下的"病根"。

从颐和园的东旁门进园子，向左转穿过文昌阁的门洞，再走不远，你就会听到水中传来的嬉戏打闹之声，也会感觉到身体被空气中的潮湿渐渐包围。这时，颐和园的露天游泳场就到了。从朗润园到颐和园，走路稍微有点远，坐车五分钱。那时大家常常步行到颐和园，为的是省下钱来买冰棍解馋。记不得是哪一天了，爸爸带着我们姐弟三人到颐和园游泳，同行的还有 12 公寓的华立姐和其他小伙伴。大家换上泳衣、泳裤跳入水中就各奔东西了。当年游泳圈是用汽车内胎充上气做的。我坐在游泳圈内，头搭在泳圈的一边，腿搭在另一边，悠闲自得地在水上漂来漂去。谁能想到此刻一个浪打过来，我的头从游泳圈滑到水中，脚丫子还挂在游泳圈上，就这么悬着了。我开始使劲划动手臂，想把脚从泳圈里退出来。几经努力没成功，我心里就越来越紧张，动作也开始变形了。这种情况已十分危险。幸好华立大姐就在附近，她及时发现并迅速把我从水下拽了上来，我平安了。如果当时没被华立大姐发现，那后果真不可想象。脱险的我有没有感谢华立大姐，忘掉了。颐和园的水不好喝倒是记了一辈子。多年后，华立大姐夫妇到我们家来看我爸爸，我提及当年在颐和园救我的事，大姐竟然忘记了。

朗润园的滑冰场

朗润园有一个小湖，因为忘记叫什么名字了，上网一查叫朗润湖，虽然听着别扭，暂且就称其为朗润湖吧。小时候，朗润湖就是我们的游乐场。夏天下湖摸虾、粘蜻蜓，冬天滑冰。我相信每个在朗润园生活过的人，都会记住一两件在朗润湖上发生的故事。

在 11 公寓，我和弟弟小璋，还有住在一楼的小弟（张军），我们仨经常一起玩，也经常一起闯祸。仨人中我还算是听话的，弟弟小璋就经常爱惹事。有一段时间其他家长找我们家告状，成了家常便饭。记得有一次小璋的女同学在河边玩，小璋使坏，偷偷地在她身后大叫一声，吓得那女生掉进了河里。当晚我妈就听到了敲门声，小璋的一顿打也是免不了了。妈妈那时曾说，有时做梦都是找上门来告状的家长。

冬天到了，随着天气越来越冷，湖面上开始结冰。耐不住性子的小孩们，从湖面结了薄薄的冰层开始，就上脚试冰了。他们是不会浪费能上冰玩的每一分钟。最高级冰车的冰刀，是用冰鞋上拆下来的跑刀或花样刀钉在木板上做成的；次之是用三角铁制作的；用铁丝来做的冰车是最常见也是最普通的。看着朗润园的伙伴们放学到家丢下书包，便拿着各式各样的冰车冲向冰场的场面，没有冰车的我们羡慕极了！于是我和弟弟就开始求着爸爸给我们做冰车。爸爸拿了一辈子笔杆子，让他给我们做冰车简直是不可能的。当有一天爸爸拿着做好的两个冰车站在我们面前时，我和弟弟那高兴劲儿就别提了。说实在的，爸爸是个很要面子的人，他能去求人做冰车，估计已经难为到极点了。直到今天，我们也没问过爸爸，当年是如何求的人。当然，爸爸也从未在我们面前提及过。

我家有三只会飞的鸡

我们家住在 11 公寓 105—1 号，那是个里外屋的套间。而我们家有爸爸妈妈、我们姐弟三人、奶奶，还有一位我们叫大娘的保姆，共七口人。爸爸妈妈住里面一间，外间沿着墙四周摆上床，就这样七口人就住下了。105 单元里还有 2 号、3 号两间房。2 号住着郭叔叔一家。3 号是妈妈化学系的同事高叔叔一家。三家人共用一个厨房、一个厕所。这是那个年代北京人居住环境的真实写照。

每到春天，混进北大校园内的小商小贩，会在朗润园卖些刚孵出窝的小鸡、小鸭。大概是 1967 年春，我和弟弟见到楼下又来了卖鸡的小贩，就磨着妈妈同意买了三只鸡。鸡是买回家了，在哪儿养呢？我和弟弟在厨房的小阳台上搭了个鸡窝，小鸡就在阳台上安了家。刚开始养小鸡只是为了好玩。随着小鸡一天天长大，它们的绒毛变成了漂亮的羽毛。流行鸡瘟时，蔫头耷脑的小鸡扛过了鸡瘟居然活了下来。过了一关又一关，我们兄弟俩对小鸡的关心剧增，养鸡的"宏伟事业"就这样开始了。每天放学回家，上楼的速度可以用"蹿"来形容。蹿上楼的第一件事就是看小鸡的情况。那时候可舍不得给小鸡吃粮食，于是每天还要在楼下找些吃食带回来喂养鸡。小鸡也用实际行动回报了我们——开始下蛋了。于是我们兄弟俩又增加了一份"工作"，每天早上摸鸡屁股检查是否要下蛋。一天，羽毛丰满的三只鸡居然从我家三楼直接向楼下飞去。看着展翅飞翔的三只鸡，我们有点发蒙，难道说这些鸡是野鸡蛋孵出的吗？

鸡还是家鸡。我们养的三只鸡，一黑两黄。黑的是公鸡，两只黄的是母鸡。每天早上黑公鸡第一个飞下楼去，随后两只母鸡也展翅跟上。11 公寓旁有一块

全家福

三角形的空地，从那天开始三只鸡天天从三楼飞到楼下三角地上找食吃。大概下午，吃饱了的三只鸡就排着队爬楼梯回到家，准确地说是回窝。但这样的好日子没过多久，一天晚上我和弟弟发现三只鸡受伤了，走路打晃，嘴中带血，应该是内伤。伤势严重，三只鸡当晚就全死了。看着死去的小鸡，我俩非常伤心，一个复仇计划就此开始实施了。我们认为一定是小鸡在上楼时被人踢伤致死的。于是我俩藏在楼外角落里，观察每个进出楼道的人，准备一旦发现可疑之人，就马上冲上去问个明白。但几天侦查下来，看着进出门洞上楼下楼的叔叔、阿姨、小伙伴们，个个气定神闲，我们没了主意……此"案"也就成了50年的悬案。

在"拆"字当头的北京，多少老胡同拆没了，多少老房子铲平了。而朗润园的发小们，是幸运的。如今朗润园的公寓、池塘几乎全部保留着当初的模样。当朋友只能对着拔地而起的高楼对你说，小时候他家的四合院就在那里时，我们却可以带着朋友回到朗润园，顾盼自豪地告诉他们这是50年前我们住过的公寓，以及公寓中左邻右舍的人和事；当朋友带着儿孙们在高楼大厦中穿行，寻找当年他们玩耍的地方时，我们还可以带着孩子走上朗润园池塘的冰面、登上楼旁的小山坡，得意扬扬地告诉孩子："在这小天地里，有爷爷们'大闹天宫'的故事。"看着朗润园一幢幢满是沧桑的公寓，听着发小们儿时的一个个故事，那个时代的记忆被慢慢地掀开，我们的思绪也回到儿时。朦胧中的朗润园，我们并未离去；记忆里的朗润园，生活还在延续。

（刘小平，曾住朗润园 11 公寓 105 单元）

我记忆中的快乐老家

◉ 朱彤

在词典里，"老家"一词是这样释义的：一是在外面成立了家庭的人称故乡的家庭；二是指原籍。

我们这一代北大的子弟，父母很少是北京本地人，可我们却从小就生活在北大的校园里。当我们长大成人各奔东西后，内心里对北大校园特别是朗润园，都会有一种独特的挂念——它在我的记忆中就像是我的老家。

1953 年，我的父亲从北大图书馆学系毕业后留校任教。数年后，母亲与父亲结婚，从苏北古城调到北京，进入北大附小任教。此时，他们和当时众多的年轻教员一样都住在集体宿舍。1960 年，朗润园公寓竣工，6 座四层楼的公寓环湖而立，我家就是这时入住了 12 公寓，此时的我还寄养在苏北古城的奶奶家。1962 年我被父母接来北京，从此开始了我与朗润园近十五年的情缘。

朗润园公寓虽然建造的格局是单元住房（一层两个单元，一个单元内有 3～4 间的住房），但是大多数单元都是两家或三家合住，卫生间和厨房是共用的。因为住户密集，父辈之间又熟悉，这使得住在朗润园公寓的孩子们彼此之间天生就有一种亲近感。

1965 年，我就读于北大附小，仅正规读了半年书，就赶上"文化大革命"。

刚到北京的朱彤和邻居李孟嘉阿姨在 13 公寓西边的小路上

"文革"中断了我们的正常学业，但北大校园的湖光山色，特别是朗润园中的那片湖水，那座假山石，还有蜿蜒向西的那条小路，曾给我们这些少不更事的孩子留下了一个疯玩儿、快乐的童年。

夏日清晨，早起的女孩子会相约跑到湖边。那时朗润园的湖岸不似今日这般石头垒筑，而是自然平滑的土坡。清晨的河水清澈平静，小虾会静静地伏在岸边的水下，我们悄悄蹲下身，用手轻轻一捂，一只活泼乱蹦的小虾就到手了，只要有耐心，一早总能徒手逮住几只小虾。然后，就是急切地等待父母上班离去，几个小伙伴会把逮到的小虾凑到一起，在某个人家开始施展我们过家家一样的厨艺，把活虾扔进酱油里，之后就是放到锅里噼里啪啦地油炸，这大概可算是我们厨艺的启蒙吧。

捉蜻蜓是男孩子的游戏。夏日的湖边，常常会有这样的画面：相隔十几米就会蹲着一个手拿一把柳树枝的男孩，他们的眼睛都专注地紧盯着湖面，当一只蜻蜓沿湖边水面飞过时，第一个发现者会挥动树枝猛拍水面，试图拍下蜻蜓，如果不成功，就会大喊一声"老架包过去喽"，此时第二个人早已严阵以待，如果还没拍到，也会继续大喊报信儿，于是那湖边就依次水花飞溅，喊声不断……长大后，每当看到蜻蜓飞舞，朗润园湖边的场景就会浮现。

下午，常常是呼朋唤友集体游戏的时间，朗润园的女孩子最常玩的就是跳皮筋。我至今都记得那壮观的场景，公寓旁的柏油路两旁整齐排列着高高的白杨树，树荫下的路边摆放着一排大大小小的凉鞋，一二十个女孩子光着脚站在公寓旁的柏油路上，兵分两拨。两个小伙伴在两端高高举起长长的橡皮筋，中间的一群女孩子抬腿高踢，一次次用脚尖钩下高过头顶的皮筋，再转身盘跳，另一拨观看者在一旁欢呼雀跃，跃跃欲试，等待上场，好不热闹。攻城游戏也是集体游戏中最受欢迎的，我们会在地上画一个大大的"S"，"S"两端内环里画上一个三角，称作"宝"，然后兵分两家各守一方，哪一方能先踩到对方环内的"宝"，就算赢了，于是力大身高的孩子在前抵挡，小个儿的在后助力顶住，每一方都抱定死守老营的决心。尖叫声、欢呼声不断，一直玩到夕阳西下，在家长高一声低一声的喊叫中，大家这才余兴未尽地散去。

"文革"期间，家长们一天三段要去单位参加各种政治学习。因此，夏天的傍晚，几乎没有孩子会老老实实地待在家里，往往是家长前脚出门，孩子们后脚就冲出家门。记得那时朗润园的夜空繁星点点，大家仰望着夜空，按照大孩子们的指点，一一分辨着哪里是北斗七星，哪里是银河，哪里是牛郎织女星……我仅有的一点天文知识就是那时留下的。玩累了，我们会围在大孩子身边听他们讲故事。印象最深的是听完惊悚的鬼故事后，我总会战战兢兢地回家，特别是经过 12 公寓的一楼时，心总会咚咚地跳，因为住在一楼小 3 号的那个和气的孟叔叔就在"文革"开始不久吊死在自己的家中，每次天黑上楼时，我常常会被自己的脚步声吓得一溜小跑地冲进家门。

冬天，公寓孩子的游戏场所开始迁移，马路上的喧嚣转到结冰的湖面。湖水刚开始结冰时，我们会往冰面上扔石子，看它跳跃着滑过冰面发出悦耳的啾啾声响，还

12 公寓旁的假山石

会趴在岸边伸手去捞那薄薄的冰片，冰片晶莹剔透，像玻璃一样。

记得一次中午放学回家，我趴在8公寓旁的河岸边伸手捞冰，背在身后的书包一不留神翻过头顶，铅笔盒瞬间从书包开口滑出来掉入未结冰的河里，两只新的自动铅笔就这样随铅笔盒一起沉入河底。想到那是妈妈刚刚给我买的最新式的自动铅笔，我心疼得坐在河边无奈地大哭起来。从此便有了一个心结，每每路过河岸边，都忍不住要看看失落铅笔盒的地方，想起我的铅笔盒和好看的自动铅笔。

当天气更寒冷一些时，冰面变厚，一些胆大的男孩子开始尝试着上冰，他们小心翼翼地走在冰面上，随着冰层的增厚，他们的胆子也越来越大。在男孩子一往无前地跃向冰面时，女孩子才敢跟着走上冰面，此时，那片湖面就成了孩子们每日来去学校的必经之路，更变成一片冰上的乐园。

深冬时节的湖面上，大一些的男孩子会脚蹬冰鞋，手持冰球棒，在冰面呼啸而行，小一些的孩子则滑冰车，那冰车都是自制的，多是一块长方形的木板，下面安上两根三角铁，找不到三角铁的则安上两根粗粗的铁丝。女孩子常常是盘腿坐在冰车上滑行，最帅的是男孩子的跪式滑行：手持冰杵子，跪在冰车上，身体有节奏地一起一伏，冰车在冰面上像飞一样行进，而且还能急速拐弯掉头。实在找不到制作冰车材料的，就找来两块合脚的木片，木片下安两根粗铁丝，把冰杵子加长，半站半蹲地滑行。我父亲是一位地道的手无缚鸡之力的书生，就连最不济的木片类脚踏滑板也不会做，我只能和小伙伴搭伙，一个人蹲在冰面上，一个人在前面拉着蹲着孩子的手向前跑，却也照样能玩得兴致勃勃。

热闹非凡的冰场既是乐园，也时常会发生危险，生活在朗润园的孩子不少人都有掉进冰窟窿的经历，我也不例外。记得大概上小学三四年级时，有一天我正走在冰面上，要到河对面的服务站去取洗好的衣服，遇到8公寓的高笑葵（因她在家中排行老四，大家都叫她"小四儿"），她上面有特别淘气的哥哥，她因此也有着男孩子一样的性格和胆量，"小四儿"滑冰车技术在女孩子里是一等一的棒。看我一步一滑地在冰面走，正在滑冰车的她特别豪爽地说："上车吧，我送你过去。"于是，我美美地站在冰车板后面，弯腰搂着她的脖子，一路滑向河对岸。当时已经快开春了，岸边的冰有的地方已经开始融化，前面有个滑冰车的孩子在接近融化的冰面时，一个急转弯绕开了。"小四儿"大概忘了我们是两个人的重量，离融化的冰面还有点距离时，她还没来得及转弯，就听冰面咔嚓一声，我们两个人一起掉进河水里。那冰面不结实，我们在水里扒着冰面，试图爬上去，但是扒一块就塌掉一块。幸亏离岸不远，我俩互相帮扶连滚带爬上了岸时，已经全身湿透，活像两只落汤鸡。那时孩子们谁要是掉进冰窟窿，就算淘气闯了祸，我们没有因为掉到湖里害怕，却特别害怕被家长知道。"小四儿"吓得悄悄回家拿上衣服跑到我家去换，然后在我家烤干湿衣服，总算躲过家长的一顿教训。随着年龄的增长，住家的搬迁，我与童年的许多小伙伴渐渐失去了联络。我和"小四儿"再见面时已是二十多年后。那天在北医三院，我们各自陪着生病的妈妈，一个忙着办出院手续，一个忙着办住院手续，匆忙之中忽然相见，两人都是一愣，然后不约而同地笑着叫道："嘿，冰窟窿！"都是陪着病人，我们来不及细聊，连联系方式都没留下就匆匆道别。我总想还会有机会再见面，也一直期待着再相见。谁知前不久辗转传来了她因病故去的消息，我既吃惊又怅然，我知道在这冰雪的冬季里，童年的这段"生死与共"的往事再也找不到知音相叙了。

　　1975 年，我上高一时，我家搬出了朗润园，先后迁到蔚秀园、中关园居住。尽管住房条件越来越好，再也不用和父母共住一间房了，再也不会几家人共用一个厨房和厕所了。可是，最让我怀念的还是在朗润园公寓的那段生活，那里的童年伙伴，那里的一山一水、一草一木。走过人生六十多年，回首往事，我觉得自己是幸运的。虽然我的童年和少年时期社会动荡，家庭命运多舛，自己也错过了人生最好的学习期，但是朗润园的那片天地，给我灰色的童年留下了一抹亮丽。和伙伴们疯玩，不仅锻炼了我们的体魄和胆量，也教会了我们如何融入集体与人和谐相处。湖区的人文环境也潜移默化地影响着我们。伙伴之间交换偷看的那些家长书架上的"禁书"，也埋下了我们求知的种子，它在等待时机发芽，开花，结果。

　　每当想起童年，我第一时间想到的就是朗润园，我也时常会回到北大校园。每次回去，朗润园是我最想走走看看的地方，那几座老楼，那一片湖水和那条蜿蜒向西的小路，它们在我的记忆深处就像是我的快乐老家。

美好回忆　激励终生

◎ 周苏

1961 年我出生时，我家住在朗润园 11 公寓 106—2 号。

当时，整栋楼还没有完全竣工，连脚手架都还没有拆掉。此后 13 年，我成长在 8—13 公寓之间的楼群里。那时候每个公寓约有四十户人家，家家都有两到三个孩子。

我父母是双职工，白天都要上班，晚间还要参加政治学习，我晚上常常一个人留在家里，早早躺在床上。这时，白天的事情就像过电影一样，一幕幕地在脑海里浮现。不夸张地说，我几乎能背下 8—13 公寓每个门洞、每家小朋友的名字，知道他们的父母在哪个系工作。

记忆中的故事真是数不胜数……

水闸历险

这里，我想讲讲住在我家对门——11 公寓 105—1 号刘伯伯一家的小故事。

刘伯伯家是个三代同堂的大家庭，全家有六个人：

刘伯伯的母亲是年迈慈祥的刘奶奶，刘伯伯是军人，在解放军报社工作。刘伯伯的妻子黄阿姨，是我父母多年的挚友。刘伯伯有三个子女：女儿小锦姐，漂亮又友善；大儿子小平哥，沉默又寡言；小儿子小璋哥，活泼又开朗。

记得晚饭后，有时我一个人或者同父母一起去刘伯伯家串门。刘伯伯常常是在磨墨研习书法，刘家的两个哥哥总是打个招呼就自己出门玩去了，只有小锦姐或是黄阿姨陪我玩一会儿。刘伯伯家常年挂着三个孩子小时候的照片，我最喜欢小锦姐小时候的照片，圆圆的脸，大大的眼睛，嘴巴一抿，非常可爱，是我心目中典型的"洋娃娃"。

我从小胆小害羞，刘家姐姐和哥哥比我大一些，玩不到一起，所以我去串门的次数也不是很多，但是刘伯伯一家人给我留下了非常深刻的印象，他们尊老爱幼，生活得非常和睦。

大概在我 5 岁那年的夏天，北大在专家招待所举行选举，我父母都去投票了，留下我自己在招待所门口玩耍。我在招待所前面小湖边的水闸旁伸手去捞漂在水上的小黑豆豆，一不小心，整个人栽进湖里，正好落在水闸挡板前。当时水闸上游水位高，湖水漫过水闸挡板，从挡板上方跌落水位低的暗洞，水声很大，哗哗作响，好可怕。

这时，正巧刘伯伯、小锦姐以及其他几个姐姐站在水闸边聊天。见我落水，刘伯伯马上冲过来，跳进湖里，到水闸边把我抱了上来。有人立即联系了我的爸爸妈妈，我浑身湿漉漉地被送回了家，一帮看热闹的小朋友一直跟到我们家楼门口。这时，有个大人说，人家女孩子要换衣服了，你们赶快去别处玩吧。很快，有邻居送来了热乎乎的姜糖水。我换好衣服坐在床上，喝着又甜又暖的姜糖水，先前心里受到的惊吓全都消失了。

跳舞唱歌

"文革"初期，朗润园的姐姐们成立了一支文艺宣传队，有小锦姐、慧敏姐、玲慧姐、志文姐、张嘉姐、李红姐、黎黎姐、明明姐、程慧姐、朱彤姐，等等。她们个个漂亮，能歌善舞。

据张嘉姐回忆，当年那可是件大事，她们成立起"红后代毛泽东思想宣传队"，网罗了不少8—13公寓的女孩。万泉庄是这支自建宣传队常去的点，主要接待人是冯大爷。张嘉姐记得她们是在星期天坐着三轮板车去万泉庄大队的，在打谷场上为乡亲们演出。

我是其中年龄最小的特邀演员，只参加过一两次演出。姐姐们是我的启蒙老师，她们耐心地教我唱歌、跳舞和表演。姐姐们去北大员二食堂、北大幼儿园、32路公交车、颐和园总站念毛主席语录，背诵"老三篇"，唱革命歌曲。这事搞得轰轰烈烈，还上过报纸，北大附小也专门开大会让她们登台讲用。我后来在小学、中学参加学校文艺演出，肯定与姐姐们当年对我的关照有关。每每想起，心中总会涌出很多感激。

有一次，姐姐们得到几张城里剧院的演出票，多出了一张。几个姐姐在征得我父母同意后，就带我一起去看演出。剧院条件真好，那是我第一次坐在红色软缎包装的椅子上看专业演出。幕间休息时，姐姐们开始计算返回的时间。因为从城里剧场回家要倒两次公交车，没等到演出结束，我们就不得不离开了。乘车赶到白石桥，332路公交的末班车已经开走了。

怎么办？！

那时候没有电话可以与家人联系，我们几个人只好一起往家走。一路上，姐姐们有说有笑地走在大马路中间。姐姐们生怕我坚持不下来，一个劲儿地鼓励我，我们一起唱着"下定决心，不怕牺牲"的语录歌。我们走到海淀医院门口时，迎面来了两个骑自行车的人，一个是我爸，另一个就是刘伯伯，他们是特意来接我们的。我坐上了我爸的自行车被带回家，在半路还没到家时，我就睡着了。姐姐们则是一直坚持着自己走回家的。

我有冰车

每到冬季，朗润园的孩子们可以尽情地在楼旁边的小湖上滑冰玩耍，有穿冰鞋的，有用冰车的，还有用冰车带人的。再不成，一个人在冰上出溜出溜也很好玩，还可以人拉人地滑。

尽管这个完全天然冻结的小小冰场，没有像未名湖那样每晚被工人泼水整得冰面平平的冰场好，但是已经给公寓孩子们带来了无穷的乐趣。

说到冰车，那年月，也不知道各家各户都是从哪里找来的材料，做成的冰车也各不相同。但大多是几块木板一拼，下面钉上两条平行三角铁，再加两个冰杵子。多数的冰杵子是 T 字形的，便于使劲杵冰。

我家没有冰车，所以我冬天都是在冰上出溜出溜就回家了。

一次，刘伯伯带着小平哥和小璋哥利用周末给我做了一个冰车！他们因陋就简，没有三角铁，就用粗铁丝代替。冰杵子也做得很有创意，用同样的粗铁丝，上面弯成一个圆圈，便于手拿，下面拉直，便于杵冰，并且还在铁圆圈上包了厚厚的布，可以防止冻手。

我真是喜出望外，终于有了自己的冰车了！我天天抱着冰车去滑冰，心里可乐呵啦！

冰场上有冰车的女孩子不多，我是因为有刘伯伯和两个小哥哥的关爱，才有了自己的冰车。时隔半个世纪，当年的情景仍然像刚刚发生一样。

情谊笃深

"文革"期间，刘伯伯全家都随军去了外地。等到这一家人回到北京时，并没有再回到 11 公寓，但我们两家的友谊依旧。几年后的初次重逢，是在大饭厅前南面的 19 号楼，那是刘伯伯家的临时住处。大人们在聊天，我就坐在一旁削苹果。

有意思的是，这是我第一次把苹果皮一刀未断地削了下来，被黄阿姨大大地表扬一番，她说小周苏长大了。黄阿姨身体健康状况较差，几乎每年冬天都患上肺炎，住进校医院，我们常常去探望。后来知道小锦姐参了军，之后又当了医生。我在北大附中见到过小平哥和小璋哥。在学校每年两次的运动会上，我总能见到小璋哥飞快地跑在跑道上取得优异成绩。

那个年代，男女生基本不说话。在学校里见到哥哥们，我也不敢主动上前打招呼，错过了很多互相交流的好机会。后来，我妈妈病了，出门走动不方便了。黄阿姨除了打电话来问寒问暖之外，只要她到学校系里办事，就会由刘伯伯陪着来家里看望我妈妈，一直持续到我妈妈去世。

1986 年，我结婚了。我从湖南先生家办完婚礼返回北京时，收到了刘伯伯的礼物。他为我们写了一幅字，引用了一句古词"衣带渐宽终不悔，为伊消得人憔悴"，以此鼓励我们努力进取、珍惜爱情，成就百年之好。我们一直将其视为珍宝。

刘伯伯几十年坚持习练书法，刚劲有力的字令人赞赏不已。几年后，我远渡重洋与先生团聚时，还特意带上了这幅字。有了自己的住处后，我们就把这幅字装裱起来，挂在床头，每每看到都有一番心动。转眼我和先生结婚已经三十多年了，刘伯伯的礼物和心意天天陪伴着我们，见证着我们的幸福生活。

朗润园公寓——我生长的地方，它聚集着邻里之间真挚的友情，充盈着我的童年生活。那种埋藏在内心深处的无限感慨和感恩，是用任何文字都难以表达的。谨以此文献给让我终身受益和难忘的朗润园。

（周苏，曾住朗润园 11 公寓 106 单元）

童年的十年时光

◉ 米宁

我家于 1967 年搬来朗润园，我在这里度过了十年的童年时光。

"养蚕热""养鸡热"

1968 年，北大的教学等各项工作早已全面停顿，大人不忙了，孩子们就更有闲，子弟中间出现了"养蚕热""养鸡热""打鸡血热""红茶菌热"，还有用香烟包装纸进行的小"赌博"——"香烟盒热"。

那阵子，朗润园的孩子们几乎人人养蚕。养蚕就需要采桑叶。13 公寓和北招待所之间的小山上有桑树，我常常去那里采桑叶。

现在人们养狗、养猫、养金鱼。那时候孩子们的宠物就是鸡和蚕。看到蚕不停地吃桑叶，觉得它们特别有趣可爱，养蚕让我们既了解了蚕的习性，也学会了对蚕宝宝负责任——要采摘桑叶、清理蚕屎。养蚕的目标本是得到蚕茧，然后抽丝。可我们只是觉得养蚕的过程好玩儿，没有真的抽丝。蚕蛹变成蛾子咬破蚕茧，交配产子，我们就又开始养育新的一代蚕宝宝。

养鸡也很酷。刚孵出来的小鸡可爱极了，跟小猫仔、小狗仔的可爱劲儿有一比。只有住在一层楼的小孩儿有条件养鸡，所以我没有养鸡。养鸡的小伙伴们和鸡的感情日深，鸡就是那个时代地道的宠物。可是那个年代物资匮乏，副食品供应紧缺，想吃鸡肉就要自己养鸡，鸡养大了还是要被杀的。每次宠物被杀取肉的时候，孩子们的伤心劲儿可想而知。

"香烟盒热"

男孩子们对于香烟纸如醉如痴。大人们抽完烟，孩子们把烟盒展开压平，折叠成三角，或小长方块儿。每种香烟纸都有"面值"，基本上对应着该品牌香烟的售价。"中华"最值钱，"恒大"其次，"海河"差一些，"红梅"更差。价码约定俗成，从来没有争执或异议。然后孩子们凭持有的烟盒展开小"赌博"。

"高面值"可以先抛抓，三角和小长方块儿都可以抛抓，也可以吹，吹的玩法叫"喷儿"。

所谓抛抓，即首先把三角香烟纸放在手心上弄整齐排列好，一般是把"高面值"的放在离身体近的地方，因为这样抓到的可能性高；其次抛向上方几寸高，用手背接住尽量多的香烟纸；最后抽出手，在香烟纸下落之前用手心抓住，抓住的那些三角就算赢到了，掉落的，便轮到对方抛抓。轮流着一轮又一轮，直到所有香烟纸各归其主。

谁先开始，取决于谁出的烟纸"总面值"高。双方需要出同样多的香烟纸。慢慢地，技能高的孩子们赢得的香烟纸就会越来越多。技能包括连续在一两秒之内空中抓两三次，可以多赢一些香烟纸。香烟纸并不和钱有任何联系。

所谓"喷儿"，就是把三角或长方块儿放在地上排列整齐，然后用嘴吹出"喷儿"的一声，吹翻过去的那些三角就被赢走。

每个男孩儿都挖空心思地从父母、邻居大人那里索取烟纸，全部精力都集中在练就一身抛抓或者"喷儿"的硬功夫。

"竭泽而渔"

六七十年代，人们生活清苦，副食紧缺，凭票证供应。北大未名湖，还有朗润园的小湖等多个水域，实际上都成了人工养鱼场。

一年一度，北大后勤部门的师傅们打鱼，给各个食堂提供鲜鱼。打鱼的方法可真是粗暴。他们先往湖里注入若干瓶"鱼藤精"，第二天早晨，湖里的鱼大部分浮上水面，肚皮朝上奄奄一息——这些鱼被麻醉了。师傅们用大网把浮上来的鱼捞起来。可还有很多鱼没有浮上来。为了捉住其余的鱼，师傅们就把湖水抽干。

朗润园有个自己的小"三角地"，坐落在北招待所和 11、12 公寓之间，那里有标志性的假山石，那里的湖边有个水闸，小湖的水通过闸门通向朗润园东、北围墙外面的水沟。师傅们用麻袋装沙子，在闸门处把水截住，然后架上抽水机，日夜地抽水，大概经过一两天就能把水抽得差不多，只剩下湖心较深的区域还有水，但是已经不深。这时师傅们穿着齐胸高的橡胶连体裤，蹚到齐腰深的水里用大圆网捕捞剩下的鱼。

打上来的鱼被送往北大的各个食堂。各系老师是否能分到一些，没有印象。我家反正从来没有分到过。那时候北京不像现在这么缺水，水抽掉以后不久又填补回来，也不知道哪里弄来的水，也许是地下水。水满了以后又放小鱼苗，为一年以后的操作做准备。

未名湖也是同样的操作。湖的东北角有座罗锅桥。师傅们用麻袋装沙子，在小桥那里把水截住，然后架上抽水机，日夜地抽水，三四天大概能把未名湖的水抽得差不多，如法炮制。

被"鱼藤精"麻醉了的鱼，以今天的健康知识看，我是不敢吃的，担心增加患阿尔茨海默病的可能性。"鱼藤精"能把鱼都弄昏迷，也许对人脑有危害。可是，当时北大教工很难得才能吃到鱼肉，有鱼吃，哪里顾得上想那么多？

北大"竭泽而渔"不含糊！

冬储大白菜

在六七十年代，深秋总是带给人一种忧虑：怎么过冬，吃什么菜？

好在国家把一切都计划好了。供应大白菜，家家户户自己储藏。大量的大白菜运到镜春园合作社，百倍于平日销售量，拉开了朗润园一年一度过冬储备活动的序幕。

记得大白菜卸车的情景：几个小伙子，两个在大卡车的后车厢里，踩在大白菜上，往下抛白菜；下面的人接住抛过来的白菜，转身传给下面一个人，人工传送带。

卸下来的白菜整齐地堆好，菜垛像土墙一般，随即开始销售。每户有定量。家家户户派家人带着购货本来排队购买。然后八仙过海，各家想办法运输。有的用自行车运，木箱放在自行车后架上，需要走不止一趟的话，就得要有人照看其余的白菜，否则如果被别人拿走就糟糕了，因而必须全家出动。有一种有效的运输工具，叫"地了排子"，就是一块木板下面用四个轴承做轮子。人用绳子拖着在柏油路上走，重心非常低，看上去像滑行，非常稳当。

白菜运到了朗润园楼下，就叫家人下楼帮忙往楼上搬运。上楼的时候很容易把白菜脱下来的帮子掉在楼梯上，如果不及时移走，别人很容易踩上去摔倒。

找存放大白菜的空间真是困难。那时候前后凉台都没有封起来，降温时很冷，白菜会冻坏。如果放在阳台上，也要做好保温防护，盖上棉被或稻草。很多人就放在楼道里，或者放在几家共用的小小客厅里，弄得过道拥挤不堪。由于蜂窝煤饼也常常堆放在楼道里，一到冬天，楼道各处的空间就被压缩，比起其他季节，楼道变得更狭窄。

各家想方设法用白菜做出各种不同口味的菜肴，免得每顿饭菜都雷同。那时候冬天蔬菜品种少，除了白菜，很少有其他的蔬菜，即使有少量也都特别贵，买不起。过年的时候，家家包饺子基本上都是猪肉白菜。小孩子们特别想吃其他种类的蔬菜。有一次我奶奶问3岁的弟弟想吃什么，弟弟回答说西红柿。大人们哄堂大笑，就好像要我们去摘星星给他玩儿。冬天到哪里去找西红柿呀，简直是天方夜谭，哪儿像现在，一年四季都可以吃到各种各样的蔬菜。

学骑自行车

70 年代初，朗润园的孩子们不论男女基本都是自己学会骑自行车的，学骑车形成了风气，同龄孩子们互相影响。父母下班后，孩子们就磨父母，讨要自行车钥匙。先学溜，后学骑。那时候极少有专门给孩子们玩儿的小自行车。

溜车时，先用左脚踩着左脚蹬子，右脚用力蹬地，脚掌蹬一下地就离开，自行车有了向前的速度后，便只用左脚站在脚蹬子上，身体相对静止。如果平衡掌握得好，自行车就可以往前滑行。这种方法摔倒的情形少，但是学会骑车的过程拖得较长。

溜车平衡的技艺一般一两周就可以掌握得很好了。多数孩子学车时用的是男式自行车，溜起来以后，右腿跨不过车大梁，需要"掏裆"骑，就是说，右腿从男式自行车的三角架中伸过去，踏到右脚蹬上，然后两脚凑合着轮流蹬。这算是朗润园路上一景。小小的孩子们能驾驭一辆"二八"大男车，"掏裆"骑，姿势稀奇古怪，若是在今日，算是一种小杂技了。但是我们小孩子们人人如此，大人也见怪不怪。

这个过程很体现一个孩子的性格。我比较保守、特别小心，就学得慢，因为总是不敢进阶，怕摔。这是一个挺大的心理障碍。

我的伙伴连哥从印尼来。南洋同胞学骑自行车的方式和我们不同。右腿向后扬，跨坐到自行车座上，右脚蹬上自行车脚蹬子就启动了，双脚轮流蹬，利用自行车前行的冲劲儿往前冲，直到摔倒。在这个过程中体验和掌握平衡，相当于我们溜车阶段体验和掌握平衡。这样，他一下午就学会骑车了。他的方式和我们的方式形成鲜明反差。这恰恰显出他做事有一种闯劲儿。这是很多例子中的一个。如果那时候注意观察，就会早早发现自己性格中的弱点，可惜那时候没有这个洞察力。

要说小自行车，朗润园里只有一辆。车主是我的小学同班同学婷婷。她父母带着全家从法国回来定居，先住在北招待所，后来搬到 8 公寓 1 门洞四楼。她的小自行车是让全朗润园孩子们都羡慕的玩具。她骑完了就让自行车躺在地上，这不合乎国内的习惯，大家觉得这样显得对玩具不爱惜。后来我在美国看到孩子们都是这样，显然，自行车的价值在家庭财产中占的比例微不足道，不像国内那个年代，自行车是家里的重型资产！这是后话。

冰车与冰上"抄家"游戏

每到冬天，孩子们（主要是男孩）整天在朗润园小湖的冰上玩儿。孩子们出了楼门就见到湖，冰上玩耍得天独厚。

别的孩子都有冰车，一个比一个酷。最酷的是用速滑跑刀制作的冰车。冰杵子用铁条做成，着冰的一头是尖的，手握的一头是横着的圆木把儿。双手拿冰杵子用力向冰上戳，同时身体从跪转换为坐，借用身体重力向斜后方推冰杵子，冰车就往前移动。持续地戳，冰车就能飞一般地往前跑。

跑刀做的冰车比较高，拐弯儿时身体只要向一侧倾斜，另一侧冰刀就离开冰面，拐弯速度快，非常灵活。拐弯时拐向的一侧用冰杵子点冰，保持不倾倒，技艺高的孩子可以不点冰就拐弯。这真是精美的简单机械！

我好想要辆冰车。朝思暮想，如饥似渴，于是就央求父亲帮我制作一辆。父亲在东城区上班，两周回来一次。我磨他好久以后，他终于帮我制作了一辆冰车。父亲手不巧，光凭着我的描述做，也没到冰上观摩别的冰车都是怎样的。我们家没有跑刀，父亲弄来三角铁代替——也的确有不少冰车用三角铁。制作出来的冰车几乎是个正方形，最合适的比喻就是像一只癞蛤蟆。由于三角铁不够平滑、间距太宽，冰车的控制性能特别差，有时向侧面横向滑动。最糟糕的是父亲给我制作的冰杵子。木柄是纵向安装的，小女童玩耍用的冰杵子才这样，戳冰的时候用不上力。

那时候孩子们在冰上玩儿的典型游戏是"抄家"。抄家，是多么有时代特征的词语！又是令多少人恐怖心碎的字眼！但当时我们对此早已麻木。孩子们分为两组，每组用一块砖头表示自己一方的"家"。然后就像黄蜂群一样散开，向对方的"家"发起攻击。离自己"家"近的人防守，如果有对方进攻者接近自己的"家"，用冰杵子点到对方的身体，对方就"死"，或者叫"下差"——就是出局的意思。一人保卫自己一方的"家"，有点儿像冰球守门员。攻击者用冰杵子点到这个"家"，就算获胜。有点儿冰球的意味。

我的冰车不给力，改进过一次，让两条三角铁更近，冰车抬高了一些，但还是不给力，参与"抄家"游戏的时候只能当后卫，没有速度，没有灵活性，不能进攻。那可真是对自己自尊心的折磨，特别没面子，因而印象深刻。不是我不行，不是我不努力，而是父亲手不巧，冰车不给力。但毕竟，整天在冰上度过，内心随着游戏起伏跌宕，还是得到很多乐趣。

相声迷

小学五年级的时候，我一度发现了幽默的吸引力，开始热衷于相声。这也是因为课余活动少，业余生活枯燥无聊。

《友谊颂》是马季、唐杰忠在相声"消失"多年后新推出的相声段子，背景是中国铁路勘测队员乘"友谊号"轮船到坦桑尼亚援建坦赞铁路的故事。久旱逢春雨，我喜欢得不行，对幽默的原理感到好奇，由此探索其他相声。

我还弄到了一本相声集锦，是"文革"前出版的书，一遍又一遍地读，不停地笑，从中得到很多乐趣。记得其中侯宝林的相声《买猴儿》给我留下的印象最深，最极端的景象是百货商店成了猴儿山了，着实有趣！

对相声上瘾以后，我就把别的事情都放在一边，专注听相声。吃完晚饭后就打开收音机"捕捉"相声。可是很难"捕捉"到，下一个节目来了，满怀希望，但是发现又不是相声，又一次失望。

80 年代初我第一次听到卡朋特（The Carpenters）的歌《昨日重现》（*Yesterday Once More*），歌词让我感到太亲切了，唱的不就是我吗？不是等歌曲，而是等相声，同样热衷着迷：

> 年轻的时候（When I was young）
>
> 我常守候在收音机旁（I'd listen to the radio）
>
> 等待我最喜爱的歌曲（Waiting for my favorite songs）
>
> 播放的时候我就一起唱（When they played I'd sing along）

给我带来微笑（It made me smile）

多么快乐的时光（Those were such happy times）

就在不久前（And not so long ago）

那情景再也见不到（How I wondered where they'd gone）

…………

多么希望那时候有今天的条件，可以购买相声光盘，可以在网上听全部的相声！今天本应是旧日的天堂了，可惜我已经对相声不感兴趣了。唉，真是的！

楼前体育运动惹祸

朗润园 10 公寓的孩子们特别爱运动，三大球类篮球、排球、足球都占全了。我们楼前就是个运动场。楼门上方当作篮板，假想上面有篮筐，一般是三四个人一起，两人也能玩儿。每当有行人进出楼门就暂停几秒钟。

排球主要是托球练习，两到四人最常见。后来技艺高了，也偶见轻轻扣球。个头儿不高的就做二传手，帮个子高的喂球。大家一起托球和接起别人的扣球就是排球运动最精彩的练习场面了。球常常会滚到小湖里，或者飞越燕园东侧围墙，飞到成府的河沟里，那就需要翻墙取回来。取的时候害怕遭遇成府的孩子们，怕被刁难。

我个子不高，比较喜欢足球。四个人以上可以分成两组对抗，用两块砖头当作球门。更多的时候是自己练习，带球、用脚背颠球等，不敢搓球，不敢踢高，怕踢到住户的玻璃上。

我们 10 公寓一楼 201 单元住着法律系程老师一家。程老师不如老先生们那样年长，但是在其他教师里算是很资深年长的了。程老师的母亲程奶奶喜在阳台上乘凉，有的时候洗菜，有的时候观望四周。程奶奶是小脚老人，行动不便，很少走动。阳台前面有一米宽、三米长的一小长条土地。程奶奶在这里种植辣椒等蔬菜。

我的足球常常滚到程奶奶的菜地里。其实也就是压一下小苗，小苗随后立即挺起来恢复原状。但是程奶奶看到总是很心疼，每次都会数落我。我偶尔用脚背把已经离地的足球向上轻轻一踢——叫"垫球"，球会飞出抛物线，轻轻落下。有一天我的足球落到了程奶奶的阳台上。程奶奶又开始数落我，一数落就是十分钟不止。把球讨要回来可不容易，不记得如何不停地赔不是，程奶奶才把球还给我。

随后灾难发生了。程奶奶正坐在阳台上洗菜，洗菜盆在她面前。我的足球飞行了一条抛物线后，不偏不斜地落在程奶奶的水盆中，水花溅了程奶奶满脸满身。惹祸了！这回我可不知道如何才能求得原谅了！

小脚程奶奶也不数落我了，拄起拐杖转身就上楼，到二楼我家告状。母亲正好在家，接待来访的程奶奶。程奶奶呼哧带喘、劈头盖脸地说："你们家米尼伢是个大坏蛋，害叽人！"陕西方言，"害叽人"就是害人的意思。我母亲差点儿笑出声儿来！这是母亲第一次经历有人告我的状、第一次听谁说我不好，因为我一直是乖孩子的形象。母亲赶紧问清情况，安抚程奶奶，答应训诫我，然后扶着程奶奶下楼回家。

类似的情形不止一次。

四楼208单元住着刘老先生，他是1925年获取学位的美国博士。刘老先生是北大图书馆学系的系主任、图书馆馆长。刘老先生每天拄着拐杖出门。比起宗老先生、黄老先生来，刘老先生如同上下班一样，早出晚归有节律。

有一天下午晚饭前，刘老先生从外面回来。快走近楼门的时候，我的足球又飞了一个抛物线，砸到刘老先生圆圆的头上。刘老先生被我的球砸了个趔趄，腿下一软，摔倒在柏油路面上。我吓得魂不附体，赶快跑上前去把老人家扶起来，再扶他上楼回家。回想起来真后怕。老人们如果真的被我伤着了，可怎么办呀？！

知识分子家庭的家教

朗润园的孩子们多是北大教师子弟，家教都特别好，回忆起来很温馨。我们10公寓的孩子们尤其文雅。当然，每家对孩子的要求还是小有不同的。

印象最深的就是老陈家兄弟。父母购物回来时，在楼下一声招呼，兄弟俩跑步下楼帮着把买来的东西提上楼。那时候购物主要是副食蔬菜，用布兜子装，挎在自行车把手上。兄弟俩对父母绝对顺从，恭敬有加。相比之下，我父母对我比较放任。虽然自己也顺从父母，但是比起陈家兄弟还是差距很大。

孩子们之间互相尊重，平等相待，除了一些相对"狂"的孩子。所谓"狂"，就是性格比较"冲"。这和先天性格有一点点关系，但主要是社会风气下后天形成的个人气质。在丛林法则下的"丛林"中，大家还是都想对别的孩子具有影响力、控制力的，想当头儿。让自己变得"冲"，是那时候取得对其他小孩威慑力的常见方式。"冲"表现为有闯劲儿，自命不凡，高人一等，牛气。这是北京的一种"爷"的气概。"冲"并不是明显冒犯其他的孩子，只是强制推行自己的号召力和影响力。这是非常有趣的现象。那个时代应该比现在更甚。

男女界限与对异性的好奇

上小学一年级的时候，到女同学家玩儿、一起做作业，没有啥男女界限。我记得有一段时间每天和李同学一起去 8 公寓 107 单元的邹同学家，男女生一起做作业。李同学就住在朗润园岛亭西边的院子里。

不知怎的，社会上随后就产生了男女界限。60 年代后期，男女界限分明，好像恢复到男女授受不亲。男生不和女生说话，更不拉手，甚至用手碰女生胳膊一下都不行；女生也很敏感，被男生不小心碰一下胳膊时可能就给一句——"臭流氓！"

在这种男女界限的社会禁忌之下，男孩子只和男孩子一起玩儿，当然是玩男孩子的游戏，如弹球、冰车、球类。女孩子和女孩子一起玩儿，当然是玩女孩子的游戏，如"跳猴皮筋儿""猪拐"。家里炖猪骨头，女孩子们就盯着吃剩下的骨头，看看里面是否含有形状合格的"猪拐"，如果有，赶快留起来，那是挺珍贵的东西呢，有如骨牌，如获至宝。

尽管男女界限这么泾渭分明，到了小学高年级，乃至初中，也挡不住男生、女生有心仪的异性同学。当然也不过就是禁不住在课堂上多看几眼，对方一般用不了多久就能发现，谁也不说破。男女生纵使住在同一个楼门洞，也不打招呼，更不会聊几句，否则冒犯当时的社会禁忌！孩子们没有这方面的适当引导，也不知道如何相处，只是不触犯社会禁忌。

夏日的傍晚天黑以后，男孩子们常常聚集在一起聊天。有时候三五个人在楼梯口或一楼住家阳台的台阶上，有时候十来个人坐在北招待所东南的水闸那里。男孩子里有"高低贵贱"之分，一种"帮伙"内的社会地位次序。那时候人人家境都一样，无所谓贫富，这种"高低贵贱"是看谁"狂"。"狂主儿"往往年龄稍微大一些、能力强一些、说话冲一些、玩冰上"抄家"勇一些，或者有哥哥。一群男孩子中每个人都有自己的地位。我的地位比较低下，性格比较懦弱，属于小跟班儿。男孩子里有孩子头儿。

聊得晚了，就有家长出来叫孩子回家。例如 11 公寓的一位家长出来叫儿子回家："都几点了？！我的同志！"孩子头儿说："我的同志？事儿妈！"大家就哄笑，被叫回家的孩子会觉得没面子。

有一次，男孩子们坐在楼门口聊天，看到前面楼一楼厕所窗子上有身影慢慢探出来，就像皮影戏。就有孩子大喊一声："干什么呢？！"回答："别吵别吵，我这里正逮蛐蛐呢！"其他孩子哄笑："哈哈哈哈，逮蛐蛐呢！"那时候没有性教育。男女界限这么清楚，也还是挡不住内心对异性的好奇。人性。

没有哥哥就挨欺负

可以说整个小学阶段我都是在恐惧中度过的，主要是上下学路上怕挨欺负，在公检法已经被砸烂的日子里，孩子们的世界实行丛林法则，弱肉强食。一些流气孩子横行霸道恃强凌弱，无缘无故地找茬儿拦路欺负人。不能直视他们，否则就会被认为不敬："你看我干什么？！"这就算是欺负人的理由。为什么欺负人？因为他们觉得这样日子过得爽，因为他们这样不受惩罚，没人能阻止。

低年级的时候我们排路队一起上下学，可以免受欺负，但是持续的时间不长。他们只欺负落单弱小的孩子，主要是欺负男孩子。欺负女孩子的现象少，因为有被责难为流氓的社会压力。

有哥哥特别重要，有哥哥就不受欺负。哥哥一般能保护弟弟，有威慑力，可以为弟弟撑腰报仇。我特别羡慕那些有哥哥的孩子。

威胁主要来自成府街，其次是北大校内镜春园一带。

成府是旧日燕京大学工友的居住地，位于北大校园外东侧清华方向。成府也是当时的化工五厂所在地。这是一个平房居民区，位于北大和清华之间。燕京大学时期，这里住着学校的服务人员。60年代，这里的居民多是北大的后勤部门工友，有些区域也有一些教师。成府街邻里风气不好，家教不良的孩子多。本楼一个4岁小姑娘送到成府街的一个老太太那里照看两周，回来后说话变成了流气小京油子，还学来一些脏话。我从二层楼家里经常看到北大围墙外成府街打架斗殴。多年后棚改搬迁，这个社区消失了，现在是博雅国际酒店、管理学院、校医院所在地。

我生性懦弱。被欺负了也不敢还手，眼泪在眼眶里面打转。咽下这口气、不敢还手的逻辑挺简单的——没人给我撑腰，如果我自卫或还手，那事态就会升级，不知道哪里能终止，不知道是不是会被打得头破血流甚至眼瞎伤残。这些流气孩子一般都比我高大强壮，所以我觉得没别的办法，只能吃亏认倒霉。小学同班的胡同学比我强多了，能抵挡一阵，和流气孩子打，抢起书包互相抽打，然后打不过就跑。

有一次我去红旗幼儿园接弟弟。一个流气孩子无缘无故给了我当胸一拳。我眼泪汪汪不敢还手。心想，你们这些没出息的孩子一辈子也就当混混！我可是要读书做有用的人，会比你有出息！这样安慰自己，算是找回一点点心理平衡。

我作为哥哥，也保护弟弟。有一次同楼的小孩欺负弟弟，我就骑在他身上把他打了一顿，不是很重，主要是教训他，打消他的狂劲儿，让他知道不能随便欺负人。那孩子的父亲和家母是世交，两家非常亲近。后来貌似也没记仇，过去了就过去了。

"成府"是令我恐惧的字眼。弱肉强食的年代，我以挨打受欺负为主，也打过一次人。

和北大围墙外的孩子们开战

朗润园 8—12 公寓是 5 座米黄色的公寓楼，位于北大校园的东北角，沿着东墙依序排列。东墙外面是成府。

1968 年前后，社会动荡混乱。家住成府的孩子们常往墙内丢石块，打碎墙内楼房住户的玻璃窗。这让居民非常愤怒。当时社会管理机制很弱，派出所也不管。我家有窗子面向东墙，玻璃被打了个洞。朗润园的孩子们决定诉诸武力还击。

当时北大正在"武斗"。"武斗"气氛也影响着孩子们。再有就是电影《地道战》《地雷战》，电影看了一遍又一遍，孩子们总想试试身手。有回应挑战的动机，但是主要还是觉得好玩儿。社会当时的动荡状态给了孩子们空前绝后的机会。

东墙是用大石头砌成的。墙根下有小坡，建墙的人显然用土堆向墙。孩子们学着电影里的做法，在墙上掏出了很多洞，作为"枪眼"。我们当然没有枪，取而代之的是弹弓。墙是天然屏障，易守不易攻，这给我们带来很大安全感。我们紧贴墙用弹弓射击、投石头，而对方扔石头砸不到我们。但是我们不懂得住户的玻璃窗会遭殃。

制作弹弓形成热潮。最酷的弹弓用听诊器的胶皮管代替橡胶皮条，因为弹性好、拉得长，不容易断。放石头子的部件叫皮兜。小土坡成了"地雷战"的战场，形成次级屏障，万一成府的孩子们翻墙过来，他们会遇到陷阱。陷阱就是地上碗口大小的洞穴，上面用树棍和浮土伪装。其实，如果他们真的打过来，我们会吓得逃回家，陷阱也于事无补。但是既然同仇敌忾，就人人出力。陷阱其实是自己人踩上去的情况多，我就踩进去一个，一直陷到大腿根。谢天谢地，里面没埋竹签，也没有伤到我的脚。

开战以马拉松的方式进行。墙外成府的孩子们参战最多的时候也就四五个人，方式就是扔石块。墙内朗润园孩子们的情况也差不多。8—12 公寓这段东墙上掏的"枪眼"主要集中在 9—11 公寓这一段。我们随着"敌人"的位置而移动、换枪眼，用弹弓射击，用石块当手榴弹，隔墙抛掷回击。

这场"战争"持续了好一阵子。遭殃的是这几栋楼东边有窗子的低层住户，那些屡屡被成府孩子们打破的玻璃窗。

魂系故园

闭上眼睛回想童年，脑海里出现的就是朗润园，满满的怀念。每次回燕园都要回朗润园寻旧。美丽的故园，难忘的岁月！

斑斓童年

◉ 周即

　　我出生于 60 年代初,长于"文革",曾随父母下放到"五七"干校,赶上了高考,撞上了包分配,混进了国企,过上了小康生活,在快退休的槛上又幸运地找回了自穿开裆裤时就在一起嬉耍的发小。

　　甫一落座,大家相见甚欢,毫无生分,互道长短,唏嘘岁月,遥想当年,共叙友情,感慨万千:过去的野小子、疯丫头如今成了孩子他爷爷、他奶奶!曾经鼻涕横流的他,如今却蜕变成西装革履、缄默持重的绅士先生;原来不会规矩走路的她嫣然出落成薄黛轻施、超然恬淡的窈窕淑女……时光像一把魔剑,把我们从一个个不谙世事的叛逆顽童点拨成不苟言笑的"大人"!

　　我生长的地方躲在北大燕园的东北角,8—13 公寓,与圆明园仅一墙之隔。那里环境优美,三面环丘,绿树成荫,湖水斑斓,六栋浅黄色的四层楼房依次矗立在这美景当中,真可谓得天独厚。

　　8 公寓前面的小山包一直绵延到木工厂,山上布满杂草、野花和高矮不一的松树,夏天满山飞动着各色蝴蝶和蜻蜓,炎热午后的蝉鸣嗡嗡作响不停地喊着"知了,知了"。这小山就是我们每天放学回家不辞辛苦"翻山越岭"的必经之路。北招待所和 12 公寓间的小山包零星生长出几棵桑树,我家饲养的春蚕就是靠吃这几棵桑树的叶子得以繁衍生息。它们吐出的几片蚕丝曾为父亲的丝绵袄充当补丁。

公寓沿一汪湖水东北而建。这小湖是北大水系中的一支，是我们童年时特别钟爱的地方。湖边青石错落、柳枝摇曳，我们夏天玩水，春秋钓鱼，严冬溜冰，这片湖水见证了我们成长的分分秒秒，也上演过不同版本的精彩故事……这里就是我的童年家园——北大朗润园！

也许是年龄渐大的原因，发小们坐在一起叙说最多的不是事业，不是家庭，更不是孩子，而是互相称呼着小名、绰号、昵称，愉快地追忆儿时在一起疯玩的记忆——

在那个特殊年代，知识学习不是教育的重要部分，端正思想才是被关注的主题。记得有一年期末考试是这样的：全连（全年级）坐在一起，一位头系白毛巾的老贫下中农被热情地请上主席台，然后他开始声泪俱下地"忆苦思甜"。在"思甜"的最后阶段才进入主题，给全连出一道数学"考题"——已知去年稻谷多少产量，今年在伟大领袖毛主席的英明领导下，战胜自然灾害获大丰收比去年增产10%，要求计算出今年的产量！大家几乎是异口同声地喊出了今年的大丰收产量。本学期期末考试圆满结束！类似这种密切联系农村生活实际的考试现在看来或许荒唐可笑，但其时这轻松、好笑的学习方式和氛围不知会"羡煞"当下多少学子……

既然学习不是我们的主要任务，玩便成为我们的当务之急。那时，每个公寓楼之间都生长着两排枝繁叶茂、郁郁葱葱的杨树，其下是不同年龄、不同性别玩着不同游戏的孩子们，整个朗润园就像一个大游乐园，充溢着欢呼声、笑声、叫声、哭声……这快乐的喧嚣声在天黑之前，会渐渐消失在各位家长"回家吃饭喽"的召唤声中。

记得那时放学后是每天最快乐的时光。孩子们都会不约而同地汇聚在9公寓1门洞口，把空瘪的书包扔到李东燕家阳台的台阶上，书包就像堆积在一起的皱皱巴巴的绿麻袋。男孩女孩是不消在一起玩耍的，男孩子们的游戏无外乎撞拐、拍烟盒、弹球、弹弓……

而女孩子们的快乐是跟着不同季节、流行趋势选择不同的游戏。最时尚的算是"跳皮筋儿"。当时谁家要是能有五米以上的松紧带，不知要被其他女孩子垂涎多久呢！通常，都是用猴皮筋儿一根一根打成链扣，再串在一起制作成一条很长的皮筋链。一般中意玩双股，从脚脖开始一直上升至小腿、大腿、腰、胸、腋下、脖子……最高玩到"大举"（双手高举过头）。为营造气氛，跳皮筋时还会配合着当时最流行的歌曲，记得我们唱过《浏阳河》《北京的金山上》《地道战》……女孩子们分成两组，由两个"小头"首先"猜丁壳"，选择自己的组员，然后开始，哪个组玩到最后的就是胜利！（赢了！）

女孩子们大都还记得"集糖纸"。儿时的我们吃块有糖纸包的糖可算奢侈之举，只有偶尔父母出差回来会带给我们一点惊喜——带糖纸的高级糖。吃完糖后我们会把糖纸放在清水里洗干净，贴到窗户的玻璃上，待干爽后小心翼翼地夹在书中，攒够一定数量后便可以对外炫耀好几天。儿时没太注意糖纸的内容，现在看看糖纸上的内容，隐约可见那个时期的经济组织形式、企业名称：北京市工农兵食品厂、北京食品供应处、红卫食品厂、上海光明合作社……浓浓的"文革"时期味道。

夏天天气炎热，不适合玩大活动量的游戏了，女孩儿们就四个一堆凑在一起围成圈玩"欻拐"。"拐"是羊或猪的关节骨，"羊拐"是精品，"猪拐"是次品。拐分"小耳""大耳""坑"和"肚"四面，"一副拐"由四枚拐和一个乒乓球组成：扔一下球，用最快的速度翻转"小耳""大耳""坑"和"肚"，然后将四枚拐一起握在手中，无失误者胜。由于玩得成瘾、抓得专注，长时间在水泥地上摩擦，右手小指的指甲常被磨秃或磨掉半块。我们却全然不顾，只会在乎手是否麻利、是否敏锐。那时，女孩子的手都比较小，要将四枚拐同时握在手里，特别是又大又糙的猪拐实属不易！这种高强度的训练造就了我们从小就眼疾手快的反应速度。成人后手头麻利，肯定便得益于儿时的"欻拐"训练……

到了秋天，天气转凉，需要活动取暖，我们大多会玩"砍沙包"：沙包由六块小方布缝制而成，里面填进沙子或豆子。小伙伴们分成两组：一组站在中间，另一组分站两边。两边的人用沙包击打中间的人，如果中间的人被沙包"砍"中则出局，如果抢到沙包则得分。沙包在白线两边飞来飞去，中间的人要非常机敏地逃脱沙包的砍砸，从左边躲到右边，再从右边闪回到左边；两边的人则飞快地将沙包瞄准一个人，从这边扔到那边，还要迅速地扔回来，不给对方喘息的机会，让她们看不到沙包的去向，双方都忙乎得不行。不用几个回合，大家就都喘着粗气、汗流浃背、快乐不已……

秋天和冬天，还有另一种游戏："闯三关"。小伙伴们同样分成两组，一组人分别站在三个长方形的"堡垒"里，阻拦另一组人的冲入；另一组人则竭尽全力冲进最后的"堡垒"，直到踩到两边的"宝"。这个游戏危险性大，有身体接触，双方通常是用身体挡住对方的冲闯，时不时会出现直接被推搡倒地的情景，而孩子们则有的大哭，有的狂笑。

到了寒冬，我们则冲向结冰的湖面。记得我有生以来试穿的第一双冰鞋是由爸爸亲手制作的：用两块三角形的木桩叠加在一起，再用一根铁丝固定在木桩尖端处作为冰刀，在木桩两边钉上四条短绳将鞋和"冰鞋"绑在一起。爸爸制作冰鞋定是受启发于冰车原理。当第一双冰鞋制作完毕，我得意地高举着它冲向冰场……到了那里，才发现我这双鞋绝非"天下独一"，已有几个小朋友穿着类似的、展现父母们创造力和才艺的各式手工制作的"冰鞋"，并在各自父亲的搀扶下跌跌撞撞地在冰上把着平衡。我在试穿我爸爸精心制作的冰鞋之前早已在心里浮想联翩：凭我发达的运动细胞，再穿上我的"冰鞋"定会风姿绰约、一展风采，哼，看我的吧。但当我弓腰站稳、颤颤巍巍地试着把握平衡、施展技艺时，现实却把我打回原形。不难想象：由于制作粗糙，穿上"冰鞋"用力过猛后，所谓的"冰刀"就会同木桩脱离。"冰刀"是由较粗的铁丝制成，没有里外韧，前部也没有齿，根本没法咬住冰面，更无法用力向前滑行……哎，即使再矫健的身手也无从掌握平衡。本想穿着它能风驰电掣、翩翩成仙，哪承想穿上这等滑稽"冰鞋"唯一能做的就是紧扣父亲的臂膀。即便如此，也还是难逃趔趔趄趄、踉踉跄跄、摇摇晃晃，最终狼狈不堪地摔倒在地……父亲盼我速成，将我放置湖中，不无自信地说："就得自己试！"说罢，他便甩手回家了！我摇摇晃晃地孤身站在湖中，看着湖边坐着的伙伴，盘算着如何回到岸边：滑过去不可能，脱鞋走回去没面儿！心一横，我跪在冰上"狗刨式"爬了回来！再看看我那双腿，已是惨不忍睹、处处瘀斑……不过，不管腿多么疼痛，我却始终大笑不止，因为看到其他的小朋友同自己一样各个狼狈不堪！还真有那不认输的，自恃比我强，看到我这双残疾的"冰鞋"闲置，便借去一试，其下场同我一样悲惨，哈哈哈哈哈！

那时年少的我们没有丰裕的食物，没有时尚的服装，更没有现代孩童必备的电脑、手机，但每个孩子脸上泛出的多是灿烂的笑容，澄澈的眼里闪烁着单纯的光亮。

曾经岁月静好，然而时光易老。多年后，发小们各自实现了童年的梦想，而童年又成为我们回不去的旧时光。好在我们拥有过孩童时应有的快乐、天真和无忧无虑！无论长大成人后身在何处，也无论日后的物质生活是丰盈还是拮据，但那段远去的拥有"超然物外"、单纯快乐的斑斓童年则成为我们各自生命的财富，而这正是朗润园给予我们最好的馈赠和最美的回忆！

（周即，曾住朗润园 9 公寓 105、204 单元）

我的足球情怀

◉ 王欣

　　六七十年代在北大朗润园长大的孩子基本上没有机会接触足球。我只记得在东操场黄土垫出的球场上，偶尔会看到一两场北大教工或学生的比赛。那时候没有电视，更没有什么关于足球的消息。我的父亲是北大的教师，可家里没有任何人知道足球是什么。尽管如此，在这小小的燕园的角落，美丽的足球依然不可抵御地走进了我的生活，并从此成为我一生中不可缺少的一部分。

　　我的足球启蒙是七八岁时在 8—13 公寓开始的。大哥们的球艺是从年纪更大的老大哥那儿学来的。传说中朗润园确有几位"球星"在校队或是体校受过训练。轮到我们这一拨，"大包"（徐文慰）和"小弟"（张小弟）成了"足球先生"。那时上学，回家基本没有作业，放学后可以一直玩到天黑。没有足球场，任何一片空地、一段马路都是我们的球场。

　　我们常玩一个类似闯关的游戏。"大包"和几个"球星"指挥大家站成一队，间隔五六米一个小孩，地上画两道宽不过一米的直线，把关的小孩只许横向断球，不能离开关口去追抢。"球星"们每次出一个人单枪匹马带球从队头过到队尾。我记得"大包"过人技艺确实不凡。球好像粘在他脚上，他能把好几个动作连起来，速度快，加上灵活变换组合，令人印象最深刻。他每次过完所有小孩，总是笑得合不拢嘴。我当时最小，能被叫去站在队里就算是被大哥们看得起了。慢慢地我似乎看出了一点门道，知道如何封住角度，偶尔也能断下一两个球。被最小的小孩断下球，总会引起一阵起哄。一断下球，按规则要回到队头重新开始。我的足球生涯就是这样从朗润园开始的：没有球场，没有比赛，只是想方设法从大哥们脚下把球抢下。

1975 年，我上小学三年级。北大附小在我上面两届都从三年级开始办一个阿拉伯语班。11 公寓邻居赵朴哥就是阿语班的，他最风光的是在红五月歌咏比赛时唱阿语歌。看他写的那些跟虫子一样的天书，听他叽里咕噜念阿语，我真怕被选进阿语班。没想到轮到我们，附小校领导不知是接受了什么"指示"，决定停办阿语班，开办了一个体育班。二年级期末，我们被带到操场上测试了一番跑、跳等各种体能。我和几十个小孩就被选进了附小唯一的一届体育班。

从三年级开始，在学校的每周六天，我们每天上午上文化课，下午都是体育训练。女生练排球、篮球，由黄启宪老师带领；男生排球队由白雪生老师带领。我被分在足球队，每天跟着林国生老师开始了正规足球训练。我们从足球基本功练起，整整一个月，每人提着一个装在网兜里的小足球，排成一队，围着操场一圈一圈地走，每走一步踢一次球，脚弓、内脚背、外脚背，左右脚交替，练球感，练脚型。从传球、停球到带球过人，从射门、防守到小组对抗。经过近半年的训练，我们开始代表附小跟邻近的成府小学，中关村一小、二小踢比赛了。

一开始，正式比赛中林国生老师让队里一个体能最差、身材瘦小的队员当守门员。比赛时这成了最薄弱的环节，我们接二连三地输球。有一天，我在训练时找到林老师，问他能不能让我练一下守门。队里的位置都是由他指定的，从来没有人主动要求调换。他当时有些惊讶，但还是点头同意了。过了几天，他在训练时正式宣布：从今天起我们有正式的"钢铁大门"了！

当年朗润园玩带球过人游戏，我本是大哥们施展球艺的道具。为了能断下一次"大包"的球，我无意中比同龄人多了一点对足球的悟性。守门员的基本功——反应、站位、封角度、出击断球——对我来说似乎并不陌生。球队自从有了坚强后盾，我们也开始赢球了！

三年级期末，林老师宣布队里有四个人被选入海淀体校足球队，我从此成了海淀体校小学队的守门员。几个月后，只有我和住在大石壁后面平房的夏汇益留在了海淀体校，我们俩每天从朗润园出西门，走到海淀体育场训练。不久，体校给我们每人发了一身深蓝色的绒衣绒裤，胸前印着斗大的两个字："海淀"。

朗润园的足球游戏还时不常进行着，我不再因为年龄最小而被冷落，"大包"更是点名要专门过一下海体的专业球员给大家看看！夏汇益坚持得最久，他踢到了北京青年队，最后读了北京体育学院（北京体育大学前身）足球专业。要不是因为有人利用关系"走后门"，他应该能去部队踢球。那个时期，在北京，我们同龄人里踢球的高洪波最出名。

我的"职业足球"生涯在1978年之前很快就结束了。从1977年开始，朗润园的大哥大姐们陆续上了大学，我于1978年参加"文革"后第一届小学升初中考试上了一零一中学，不久也走出朗润园，告别了儿时的乐园。但足球却不同，它是我生命中一道永恒的光，无论是中学、大学还是漂泊海外，无论是少年、青年还是如今年过半百，从朗润园点燃的足球情怀始终伴随着我。

2022年10月修定于美国田纳西州橡树岭

（王欣，曾住朗润园11公寓102单元）

那时我还小

——怀念我的爷爷尔联柏

◉ 尔朱羚

当我还小的时候，"北京大学"这几个字对我来说并不是一所让人趋之若鹜的学府，不是高考时那令人目眩的分数线，不是传说中的王府，而仅仅是一个大型社区，也就是我称之为"家"的地方。

我在朗润园门口的湖里学会了滑冰，在东操场看大哥哥们踢球，在木工厂听爷爷和叔叔们聊天，还知道爷爷去那里其实只是为了可以躲着奶奶抽根烟。在北大的校园里，我学会了骑车，很快便穿梭在校园的各处小路上。那时的北大还到处都是看起来旧旧的平房，卖冰棍的地方还叫小卖部；东操场后面还有个小门，出去是窄窄的巷子和旧旧的平房。

那会儿最爱做的事情是冬天和奶奶出西门去蔚秀园买东西，然后在回来的路上和奶奶互相"欠招"扔两个雪球。那时候，爷爷还在世，跟我诉说着当北京大学还叫燕京大学时的故事，给我指司徒雷登校长的塑像在哪里。他告诉我那高高的白色石柱叫华表，告诉我冬天有小冰车滑的地方叫未名湖。未名湖边上高高的塔叫作水塔，然而如今它有了个高大上的名字叫博雅塔。爷爷还告诉我朗润园 13 公寓里住着一个厉害的人叫季羡林，但直到我上学时读了他写的课文，才知道原来他真的很厉害。

当我还小的时候，我并不知道朗润园这个地方住了些怎样享誉世界的大学者。对儿时的我来说，那里住的都是慈眉善目的爷爷奶奶们。他们是看到我出门会笑着问我去哪里的人，是我摔倒以后如亲人般心疼地扶我起来、为我拍掉身上灰土的人，是来学校门前接我同学回家的人，也是会拉着出门散烟的爷爷聊两句闲篇的人。直到后来，我长大了，认识了一个亦师亦友、愿意给我讲述北大故事的长辈后，我才知道那些亲切的爷爷奶奶们，原来竟是那么不凡。他们有着那么多的光环，他们名字的前缀，往往都有着两个伟大的字——"学者"。也许在我不知道这些的时候，爷爷口中那么厉害的季羡林季先生，就曾经坐在门前湖畔的长椅里看我们笑闹而过。每思至此我才意识到，原来我生长在那里本身，就已经是一件值得炫耀的事了。

小时候，我说长大后无论如何都不要考北京大学，因为学校里看到的，都是戴着金丝边眼镜、一脸严肃地骑着车的哥哥姐姐。我爸妈讽刺我说，那是因

尔联柏在课堂上

尔联柏与孙女尔朱羚在北大校园

为我不够努力，考不上这所金光闪闪的学府。而爷爷却只是听着，微笑着。虽然我至今也说不清楚我这"有志气"的心理是什么，但我知道，爷爷明白！

我的爷爷被我奶奶管了一辈子、数落了一辈子，但我从没见爷爷跟她生过一次气。小时候，我以为那是因为爷爷怕奶奶。长大后，我才明白，这叫作"过日子"。小时候，我以为一支烟可以抽很久、很久，因为我每次见到爷爷，他手上的烟总是燃着的。爷爷喜欢写毛笔字，喜欢刻印章，不时有学生来找他学字，而带来的礼物往往都"便宜"了我。长大后，很多长辈回忆起来都告诉我，爷爷是个厉害的人；而在我的记忆里，爷爷口中厉害的人有很多，却唯独没有他自己。如今想来，我最遗憾的，就是没能听爷爷讲讲自己的故事。他在我心中只定格成一个被奶奶欺负着的好脾气的老头，而我也无法再弥补些什么了。我难过于爷爷去世的时候，我还不懂事，如今不能像别人那样一件件地细数爷爷的往事。我难过于为什么爷爷不能等我长大一些再离开，因为那样，我可能就不会成长为现在这样脾气臭得不行的丫头。

当年爷爷让我练字的时候，我最讨厌他一直只让我写那些横竖撇捺；如今

写书法中的尔联柏

我却巴不得当时可以再有些耐心，不至于像现在这样字写得毫无章法。爷爷去世时，我并没有哭，但我记得来参加葬礼的一个阿姨看我那么平静，露出了不满的眼神。那个眼神至今都还会刺痛我，我会记它一辈子！因为那是由于我不懂事而欠我爷爷的惩戒，是我要偿还的罪！

我的爷爷，有个奇怪的名字，叫尔联柏。他是我见过的脾气最好、最厉害的人！

当我还小的时候，朗润园是我的家，那片天地是我的乐园。如今，尽管我奶奶早已搬离了那里，但那里依旧是我最爱的乐园。也许，我依旧还小吧！

（尔朱羚，曾住朗润园 8 公寓 102 单元）

附录一
朗润园与中国学术人物谱

◉ 张军

一

　　朗润园是一座名副其实的古代皇家园林，自初具雏形至今已有约三百年历史。当从文化遗产角度去审视朗润园时，她具备两个层面的意义：其一，物质文化遗产范畴，也就是作为北京地区保留最完整、规模最大的皇亲园林，其山、水、建筑等完整保留至今（关于这方面的文章多有详尽论述）；其二，非物质文化遗产范畴，是指在过去八九十年时间里，中国现当代许多文化大师、科学巨匠都曾居住于此，他们都在自己的学术领域里对中国学术做出过巨大贡献，很多学术思想都是开拓性的创建，这是留给后人的一份无价精神遗产。

　　然而，这份精神遗产却往往被人忽略了。对朗润园而言，这不得不说是某种遗憾。

　　本文试图尽量梳理罗列朗润园曾经居住过的文化大师以及科学巨匠，展示朗润园另一种无形精神魅力的所在。

　　20 世纪 20 年代中期，燕京大学从皇城脚下搬至燕园新址，古老的废园因此而焕发出新的生机。1952年院系调整时，北大、燕大合并一校，北大也从皇城脚下迁至燕园。从此，朗润园便成为北大的主要家属区之一。

朗润园的位置是在北大的东北角，与圆明园仅一墙之隔。它的总面积并不大，东西长约三百米、南北宽不足两百米。清代精心设计的水道湖面围裹着整个园区，所有建筑都是依丘岗临湖而建，园内完全延续、保留了当年皇家园林的布局与景致。

朗润园自清康熙中叶开始就属于皇亲国戚私家园林，是一个十分适合居住的环境。春天，嫩绿的树芽与破土而出的野草（花）呼应"争宠"，花香沁人心肺；夏季是植被最茂密的时节，大小庭院被大树遮隐得无影无踪；秋季，园内枫林如火，每个角落都被赤色包裹着；冬季，没有树叶相伴的参天大树孤傲地伫立着，树枝钩织成一张巨大的天网，罩住了整个园子，一场大雪过后，整个朗润园披上素装，真可谓：心旷神怡。

百多年来，所有这一切自然或人工的景色，随四季更迭，耐心地雕琢起朗润园的立体画面。

朗润园的居民分别居住在两个空间内。一部分是集中在小岛上清代遗存下来的院落——自燕大时期开始就是教授居住的地方；另一部分是1960年所建的苏联式结构四层楼房——北大人俗称为"8—13公寓"。

二

自20年代燕京大学搬至燕园后，随着学校规模的不断发展，燕大教师数量剧增。为解决教师居住问题，燕京大学租得其北部清代遗园的朗润园为教职员住宅，房屋大多为清代遗留下来的四合院建筑。当时燕京大学许多教授搬至此地。1952年院系调整时北京大学搬入燕园，此地继而为北大教师的主要家属区之一。

在这个小小的岛上，先后居住了许多文化名人。由于篇幅所限，关于文化大师及科学巨匠们的学术成就只能"点到为止"，有兴趣者可自行"深究"。

吴雷川（1870—1944）：中国近代著名教育家和中国基督教激进思想家，中

民国时期的朗润园（图中为六七十年代红旗服务站所在地，现建有中国经济研究中心）

国本色神学的开拓者。燕京大学教授。曾居住在朗润园 155、156 号。

司徒雷登（1876—1962）：燕京大学创建人、校长。曾居住在至福轩、朗润园 166 号。

张颐（1887—1969）：中国西洋古典哲学研究的先驱者，被誉为"东方黑格尔"，牛津大学首位中国博士。曾居住在朗润园 162 号。

罗伯特·温德（1887—1987）：把毕生献给中国人民教育事业的著名国际友人，从教生涯长达 54 年；其授教过的学生有钱锺书、赵萝蕤、季羡林、杨绛、田德望、曹禺、李赋宁等，这些学生后来都在自己的领域中取得了很高的成就。曾居住在朗润园 156 号。

唐钺（1891—1987）：著名哲学家，中国现代心理学奠基人，一代心理学大师，在中国最早开创实验心理学、心理学史研究的学者之一。曾居住在朗润园 155 号。

邓以蛰（1892—1973）：著名美学家、中国现代美学奠基人，其美学思想融汇了西方美学思想的超功利原则，在我国现代美学史上有着不可替代的重要地位。其子邓稼先是我国两弹一星元勋。曾居住在朗润园 159 号。

周学章（1894—1945）：民国时期我国著名教育家，对基础教育、早期心理学教育，特别是中国乡村教育做出了许多高质量的研究成果，他为中华民族教育事业做出了不可磨灭的贡献。曾居住在朗润园 153 号。

沈履（1896—1981）：著名心理学家，中国心理学史缔造者之一，杨绛先生的堂姐夫。曾居住在朗润园 163 号。

梅贻宝（1900—1997）：曾任燕京大学代校长，著名教育家，清华大学原校长梅贻琦的胞弟。曾居住在朗润园 152 号。

王力（1900—1986）：早年从师于"中国语言学之父"赵元任学语言学。著名语言学家，中国现代语言学奠基人之一，为发展中国语言科学有着开创性的巨大贡献。其撰写的《中国现代语法》几乎伴随了几代人的中文学习。曾居住在朗润园 175 号。

郭麟阁（1904—1984）：我国当代著名的法国语言文学专家、著名翻译家。30 年代首次将《红楼梦》（前五十回）翻译成法文，在欧洲引起巨大轰动。曾居住在朗润园 173 号。

闻家驷（1905—1997）：闻一多先生的胞弟，著名的法国文学专家，在研究和翻译方面均有很深造诣，对 19 世纪法国诗人及诗歌都有精湛的研究，对伟大的浪漫主义作家雨果的研究尤为突出。曾居住在朗润园 177 号，后搬至 13 公寓。

余逊（1905—1974）：著名历史学家，在秦汉史研究方面学术成果颇丰。曾与马衡、刘半农、向达等知名学者一起整理和考释首批居延汉简，个人考释部分印刷出版，被史学界称为"晒蓝本"，这是我国最早的居延汉简释文。曾居住在朗润园。

严仁荫（1908—1977）：美国威斯康星大学博士，著名化学家，对共沉淀和均匀沉淀法有很深的研究。曾居住在朗润园。

陈占元（1908—2000）：著名法文翻译家、教育家，对法国文学的研究达到很高的境界；一生从事法语教学工作，可谓桃李满天下。曾居住在朗润园 166 号，后搬至 9 公寓。

沈迺璋（1911—1966）：中国近代普通心理学、实验心理学奠基人，杰出的实验心理学、实验精神病理学先导者。曾居住在朗润园 167 号。

陈梦家（1911—1966）、赵萝蕤（1912—1998）夫妇：陈梦家，中国现代著名古文字学家、考古学家，其诗歌造诣也颇深，被誉为 30 年代"新月诗派"四大代表人物之一。赵萝蕤，美国芝加哥大学文学博士，著名翻译家和比较文学家，对西方文学有很深的研究。夫妇二人曾居住在朗润园。

赵锡霖（1913—1992）、赵林克悌（1906—2005）夫妇：赵锡霖，我国著名冶金专家。赵林克悌，把毕生都献给了我国外语教育事业的著名国际友人，从教生涯长达 58 年。夫妇二人曾居住在朗润园 164 号。

段学复（1914—2005）：美国普林斯顿大学博士，我国著名数学家，中国"群表示论"的奠基人，中国科学院院士，在我国国防科研与建设方面做出过突出贡献。曾居住在朗润园 158 号。

……

自 20 年代至 50 年代中期，在朗润园清代遗留下来的老宅院里居住的主人有不少名教授，燕京大学时期还居住了许多外籍教授。直至 20 世纪末，先后居住过的教授恐怕要有近百位了，正可谓："教授小岛"。

三

随着 50 年代初的院系调整，北大、燕大两校合并，职工住房紧张问题突显，这里也逐步搬进了一些普通教职工，同时见缝插针地加盖了一些房子。原有布局下的庭院内显得"拥挤不堪"。

为彻底缓解教师住房问题，1959 年学校决定在朗润园东部已经彻底荒废的区域位置新建教师宿舍楼。于次年建成了六栋四层苏联式尖顶楼房，沿湖东、北岸成"等边形"排开，北大人称之为"朗润园公寓"（或称 8—13 公寓）。

8—13 公寓，四层苏联式大屋顶建筑，前后贯通式门洞，三档单元面积分别约为 109、95、82 平方米，并配有带浴缸的卫生间，在那个年代属于"高档"住宅。每栋楼 16 个单元，共 96 个单元。[①]

---

① 最初分配方案是：四级以上教授及处级以上学校管理人员按整套分配，后因分配未满，逐步放宽分配条件，于是有些单元是两户混住，"文革"期间甚至达到三家混住一个单元，8—13 公寓住户最多时近约两百家。

60 年代的朗润园公寓

自 1960 年 8—13 公寓建成后，这里便集中了朗润园绝大多数的居民住户。一大批 20 世纪中国最富有魅力的学者便陆续搬到这座古园之中。对于朗润园而言，这绝对是一件幸事。

先后居住于此的各学科领域著名学者有[①]：

哲学领域

黄子通（1887—1979）：著名哲学家，晚清秀才，获加拿大托朗托大学哲学硕士学位。对东西方哲学都有着很深的研究，著作颇丰，同时还是著名翻译家。曾居住在朗润园 10 公寓 106 单元。

宗白华（1897—1986）：一代美学大师；新文化运动时期著名四大副刊之一《学灯》的主编，集哲学、美学、文学、艺术为一身的大学者；我国现代美学的先行者和开拓者，宗白华与邓以蛰一起被誉为"中国美学双峰"，即"南宗北邓"。曾居住在朗润园 10 公寓 102 单元。

周辅成（1911—2009）：著名伦理学家。在研究西方哲学和西方伦理学史方

---

① 此处收录基本原则：一是 1966 年以前四级以上教授；二是 1920 年以前出生；三是在学科领域有开拓性或突出影响的学者。

面有很深的造诣，起到了开创性作用；被大哲学家贺麟称为国内最早研究康德美学思想的人。同时对中国古代哲学特别是儒家思想也有很深的研究。其著作颇丰。曾居住在朗润园 10 公寓 204 单元。

历史学领域

邓广铭（1907—1998）：著名历史学家，是 20 世纪中国宋史研究的主要开创者和奠基人。毕生致力于唐宋辽金史的研究，尤其精于历史人物传记之作；在古籍整理方面，亦有精深的研究。因其在宋史方面有超越前人的成就，成为宋史学界的一代宗师。曾居住在朗润园 10 公寓 206 单元。

周一良（1913—2001）：著名历史学家，早年从师于一代史学大师陈寅恪先生；通晓数种外语，甚笃汉学，学贯中西，特别在魏晋南北朝史领域用功颇深，为推进和深入魏晋南北朝史的研究做出了重要贡献。曾居住在朗润园 12 公寓 204 单元。

汪篯（1916—1966）：当代历史学家，师从一代史学大师陈寅恪先生并成为其学术助手，毕生研究隋唐史。对唐代制度、户籍史、党争史有很深的研究。曾居住在朗润园 10 公寓 203 单元。

王永兴（1914—2008）：早年就读于清华大学，从师于一代史学宗师陈寅恪先生。是我国较早进行敦煌学研究的学者之一，为中国敦煌吐鲁番学会的创建做出了重大贡献。曾居住在朗润园 11 公寓 102 单元。

张芝联（1918—2008）：著名世界历史学家，公认的法国史专家，曾被授予法兰西共和国荣誉军团骑士勋章。曾居住在朗润园 9 公寓。

宿白（1922—2018）：著名考古学家，北京大学考古学科主要创办人，被公认是考古学学科体系的开创者和大成者。他以一己之力拓展了历史时期考古的多个领域，创立了我国宗教考古。深谙古代文献、精通版本目录，为中国古籍版本目录学做出了独特贡献。曾居住在朗润园 10 公寓 205 单元。

图书馆学领域

刘国钧（1899—1980）：是 20 世纪中国著名的图书馆学家，我国现代图书馆学的奠基人之一。他编订的《中国图书分类法》（俗称"刘国钧分类法"）影响深远，至今一些图书馆仍在沿用。曾居住在朗润园 10 公寓 208 单元。

王重民（1903—1975）、刘修业（1910—1993）夫妇：王重民，中国现代图书馆学教育的开创人之一。对中国古籍文献特别是敦煌文献的整理与研究做出了开创性的巨大贡献。由他构架起的敦煌目录学体系，直接推动了中国敦煌文献学的发展，他也成了中国著名敦煌学学者之一。刘修业，也是一位著名图书馆学学者。在编制索引与古籍鉴定方面有很大成就。同时，刘先生在中国古典小说与戏曲的研究领域也取得了突出的成就，尤以对《西游记》作者吴承恩研究的成绩最为显著，为后来研究者们奠定了坚实的基础。晚年刘修业不顾年事已高，经过十余年的不懈努力，凭一己之力整理并出版了多部王重民先生敦煌学方面的遗著。

王重民、刘修业夫妇二人在世界敦煌学领域都享有崇高的声誉，被誉为"敦煌夫妻"。他们曾居住在朗润园 10 公寓 107 号。

语言学领域

田德望（1909—2000）：著名翻译家、作家。吴宓先生的学生。田德望毕生研究但丁，是我国最著名的但丁研究专家。他所翻译的近九十万字《神曲》是我国文学翻译事业上最重要的里程碑之一，获得了意大利文学遗产部的国家翻译奖。曾居住在朗润园 13 公寓 1 门洞。

季羡林（1911—2009）：国际著名语言学家，精通梵语、巴利语等 12 种语言文字，尤精于吐火罗语，是世界上仅有的精于此语言的几位学者之一。他始终代表中国站在世界语言学领域的最前沿。此外，在佛学、国学领域都有很深的研究，是著名的东方学大师。曾居住在朗润园 13 公寓 201、202 单元。

金克木（1912—2000）：著名语言学家，精通梵语、巴利语、印地语、乌尔都语、世界语等多种外国语言文字。他除了在梵语文学和印度文化研究上取得了卓越成就外，在中外文化交流史、佛学、美学、比较文学、翻译等方面也颇有建树，为中国学术事业的发展做出了突出贡献。曾居住在朗润园 13 公寓 105 单元。

李赋宁（1917—2004）：我国西方语言文学大师，著名教育家、翻译家。他学贯中西，在语言学尤其是语言史方面造诣精深。其扛鼎之作《英语史》被誉为是我国英语史教学研究的里程碑。曾居住在朗润园 11 公寓 2 门洞。

文学领域

吴祖缃（1908—1994）：30 年代初就读于清华大学中文系，当时他曾与林庚、李长之、季羡林并称"清华四剑客"；在此期间也是他文学创作的一个高峰阶段，为之日后成为我国著名小说家、散文家奠定了基础。此外，他对我国古典文学特别是明清小说有很深的研究。曾居住在朗润园 9 公寓。

张中行（1909—2006）：著名文化学者、散文家，主要从事语文、古典文学及思想史的研究。季羡林先生称赞他为"高人、逸人、至人、超人"。曾居住在朗润园 11 公寓 203 单元。

季镇淮（1913—1997）：早年就读于西南联大，成为朱自清、闻一多先生的学生；著名古典文学专家、文学评论家，被公认为中国近代文学研究这门学科最早也是最有成就的开拓者之一。曾居住在朗润园 12 公寓 2 门洞。

周祖谟（1914—1995）：著名语言学家，在中国语言文字学领域特别是在文字、音韵、训诂方面有很深的造诣。曾居住在朗润园 9 公寓 1 门洞。

自然科学领域

叶企孙（1898—1977）：我国现代物理学的先驱和奠基人，中国物理学会创建人。一生培养出七十多位物理学院士（如钱学森、钱三强、邓稼先、朱光亚、杨振宁、李政道等），真可谓中国物理学界的一代宗师。曾短暂居住在朗润园 12 公寓 201 单元。

周培源（1902—1993）：著名物理学家，曾任北京大学校长。曾于 1974 年临时居住在朗润园专家招待所一年多。

林超（1909—1992）：著名地理学家，中国综合自然地理学和景观生态学开拓者。28 岁时林超荣获英国利物浦大学第一个地理学博士，回国后成为我国最早研究综合自然地理学的学者，他被公认为中国综合自然地理学的奠基人。曾居住在朗润园 10 公寓 105 单元。

王竹溪（1911—1986）：著名物理学家，中国热力学统计物理研究开拓者，曾任北京大学副校长。曾居住在朗润园 9 公寓 103 单元。

程民德（1917—1998）：美国普林斯顿大学数学博士，数学家；是我国最早倡导开展模式识别、图像处理的研究者之一，北京大学数学研究所创所所长。曾居住在朗润园公寓。

徐启刚（1918—2002）：美国马里兰大学地理学博士；徐启刚与林超、陈传康两位教授一并被誉为中国综合自然地理学与土地科学奠基人。他撰写的《土壤地理教程》成为这个领域的经典教材；70年代，徐先生率先在国内开设环境保护课程，成为我国环境保护教学领域的创始人。曾居住在朗润园9公寓208单元。

徐光宪（1920—2015）、高小霞（1919—1998）夫妇：徐光宪，著名化学家，被誉为"中国稀土之父"，对我国核工业的发展有过重大贡献，是我国稀土领域的传奇性人物。高小霞，著名化学家，为发展我国的分析化学教学、科学研究以及高素质人才的培养做出了重大的贡献。夫妇二人曾居住在朗润园11公寓208单元。

杨立铭（1919—2003）、夏培肃（1923—2014）夫妇：杨立铭，著名理论物理学家。他主要从事原子核理论研究，在原子核物理领域方面的研究取得过许多重要成果，为我国核物理的发展做出过巨大贡献。夏培肃，我国计算机研究的先驱与奠基人之一。1956年夏培肃创办了被认为是中国计算机界的第一个计算机原理讲习班。1960年主持研制了我国第一台自行研制的通用电子数字计算机，2002年研制成功"龙芯一号"，终结了中国计算机产业"无芯"的历史。夏培肃被公认为"中国计算机之母"。夫妇二人曾居住在朗润园13公寓206单元。

左启华（1922—   ）：中国儿科神经学创始人，在发展我国小儿神经学科、培养专业骨干、主持重大科研等方面都做出了巨大贡献。曾居住在朗润园8公寓204单元。

......

在这里，还必须提到一个被朗润园人尊称为"张奶奶"的特殊人物——

苏同文（1903—1992）：中国第一代女子排球队队员，代表中国参加了1923年在日本举行的第六届远东运动会，以主力队员身份获得亚军。1930年毕业于国立北平大学女子文理学院，一直致力于篮球、排球、网球等体育项目在女性中的普及与推广，为我国现代早期体育事业特别是推动妇女从事体育运动做出过很大贡献。曾居住在朗润园12公寓104单元。

除上述这些老一代学者以及在专业领域取得开创性贡献的人物之外，70 年代在朗润园居住过许多中青年教师（比上述学者稍晚学人），他们在日后都陆续成为各学科领域的著名教授，很多人甚至成为国内学科领域的领军人物。正可谓：朗润园学风薪火相传。他们是：

杨辛：美学家、书法家。曾居住在朗润园 9 公寓 203 单元。

沈克琦：物理学家。曾居住在朗润园 9 公寓 104 单元。

陈庆华：历史学家。曾居住在朗润园 12 公寓 206 单元。

陈贻焮：古代文学史专家。曾居住在朗润园 12 公寓 201 单元。

张友仁：经济学家。曾居住在朗润园 11 公寓 103 单元。

汪永铨：高等教育学家。曾居住在朗润园 172 号。

谢冕：现代文学家。曾居住朗润园 12 公寓 105 单元。

张玉书：翻译家。曾居住在朗润园 13 公寓 207 单元。

袁行霈：古典文学家。曾居住在朗润园 8 公寓 203 单元。

甘子钊：物理学家。曾居住在朗润园 12 公寓 104 单元。

杨应昌：物理学家。曾居住在朗润园 9 公寓 106 单元。

夫妻学者有：

哲学家汤一介、比较文学学者乐黛云夫妇：曾居住在朗润园 13 公寓 103 单元。

著名微电子专家王阳元、著名计算机专家杨芙清夫妇：曾居住在朗润园 9 公寓，后搬至 13 公寓。

......

在朗润园居住过的教授远远不止这些人，粗略统计，先后居住于此的教授、学者多达上百人。而上述这些人只是他们其中具有代表性的佼佼者。

在朗润园曾经住过各个时期的北京大学的管理者。包括：原党委书记韩天石、王学珍，原校长吴树青，原副校长戈华、王竹溪、张学书、季羡林、沈克琦、何芳川，以及在北京大学从事教学管理工作的系、处级领导多达数十人。这些人在不同时期对北京大学的教育发展做出过不同程度的贡献。

此外，还必须提一句夹在 12 公寓与 13 公寓之间的专家招待所（于 1955 年建成使用，俗称"北招"）。"北招"主要是配备给在北大工作的国外专家居住，当年许多国外专家学者都居住于此。"北招"见证了北京大学与国外学界的交流。

80 年代的专家招待所

<h1 style="text-align:center">四</h1>

很难想象，在北京大学朗润园一个长约三百米、宽约两百米的区域内面积内，竟然如此密集地汇聚了中国近一百年来思想、文化、科学领域中赫赫有名的人物，而他们几乎是在同一个时期居住在这个古老的园林里。

当人们回顾 20 世纪中国某些学术领域最高成果时，这些人是无法回避开的大学者。

如果说，一个多世纪以来，中国思想文化领域在梳理与规范、继承与发展、开拓与创新等诸多方面的成就是过去任何时代所无法比拟的话，那么，曾经居住在朗润园的这些文化与科学巨匠的名字，几乎都在不同时期频繁地出现在中国各个研究领域的最前沿，他们的名字串联起了百年中国学术思想的脉络，他们中间许多人的学术思想建树都是具有划时代开创意义的。他们以自己博大精深的学识、极具人格特性的表现方式、超凡脱俗的人生态度，以他们色彩斑斓的个人生命曲线，构筑起了中国现当代思想文化与科学领域上一道极具魅力的独特风景线。

今天，当年生活在朗润园的文化与科学大师们的背影渐渐远去，朗润园的一个时代也随之而去了。但这些文化与科学巨匠给后人留下巨大的中国学术遗产，无疑早已经成为一道夺目的彩虹。无论是在今天，还是以至于恒久，当人们抬头仰望 20 世纪中国思想文化与科学的学术天空时，任何人都无法回避这道被凝固了的绚丽彩虹，而这道美丽的风景线恰恰有很长的时间是停留在朗润园的天空之中的。

　　令人感到一丝欣慰的是，杨辛、左启华先生以百岁高龄依然健在，安度晚年生活，乐黛云先生仍然居住在朗润园，上述一些晚辈学者依旧笔耕不停。这不能不说是中国学术界的一件幸事，更是朗润园的一件幸事。愿先生们健康长寿。

　　对于拥有三百年历史的朗润园而言，所有曾经居住在朗润园的人们都将是匆匆过客，但唯有朗润园依旧伫立在此，长久地、静静地仰视着这片天空中曾经划出过一道绚美夺目的彩虹。这彩虹属于中国文化与科技，她真实永久地定格在了朗润园的天空。这是朗润园留给后人一份不可复制的宝贵精神遗产，人们应该永远记住！

　　谨以此文献给朗润园的天空！

　　　　　　　　　　　　　　　　　　初稿于 2021 年春，终稿于 2022 年初冬

附录二

朗润园部分住户子弟名录

　　编收本名录的目的，是希望出生于20世纪40—70年代的朗润园第二、三代人，在经历了数十年的人生变迁之后，还能忆起儿时的玩伴、邻居，幼儿园和小学的同班、同桌……并且有机会找到彼此，重叙发小之情，为我们五六十年前的那段缘分做一个记录，也是对逝去伙伴的一种追忆。

　　被收录进本名单的"小伙伴"，基本上都是1952年至1976年期间居住在朗润园的北大教职工子弟。一些人曾在朗润园两个以上地址居住过，本名录仅选择其一。由于名录收集难度很大，只能凭发小们的记忆，此次刊出的只是一份不完全统计的名单，不免挂一漏万，很难尽善尽美。在此谨向没有被收入名录、人名住址出现错误的朗润园"二代"致歉。

　　山水有相逢，未来皆可期。

编委会

朗润园部分住户子弟名录

门牌 / 公寓	单元	姓　名
151		董宝明等
152		吕道娜、吕道新
153		李振星等
154		李振山、李振海等；沈群、沈众
155		汪滨、邓凯；唐凯南、唐天民、唐天捷、唐天智、唐天静；戴金荣、戴金春
156		张玉生等
157		李兰、李迎、李和
158		段蕾、段昭、段大明、段大亮；杨点点、杨小菲、杨小仲、杨小凡；孙宝仲、孙宝光等；马志华等；刘喜华等；秦凤山、秦凤英、秦凤海；陈秀龙、陈凤鸣；刘继龙等；田利华、田翠华；郭大力
159		邓志平、邓李捷
160		侯红霞；杨宝珍、杨宝燕、杨宝忠、杨宝毅；姚宝龙；何秀荣、何春生
161		赖琪、赖琳、赖璇；詹秀玲、詹秀英；过秋蓉、过秋红、过春雷；李维平
162		宋文香、宋文杰、宋文荣；缪铁夷、缪坚夷、缪晓夷
163		林燕辉、林京辉、林宁辉等；严文凯、严文典
164		赵容、赵侠
165		梁钦元、梁钦宁
166		陈莹、陈谦、陈卓；李欣、李亭；丁原玲、丁原丽、丁原明、丁原静
167		方鹏；沈因立、沈因晨；耿评；蓝海空、蓝海燕；王雪梅；魏钧；马菲菲、马薇薇、马绍基、马绍斯；方美琪、方丽琪、方碧琪
168		朱宁、朱宪；陈淑敏、李启明、李启来、李秀兰；王福来、王秀琴、王秀珍、王秀荣；普世芳等；武雅文、武东升、武小霞、刘国庆、刘群英、刘朝霞、刘大鹏、陈玉红、陈玉淑、陈玉敏、陈玉芝、陈玉琢；田之秋、田之麦
169		李振明；聂树森、聂树泉、聂树青、聂树芹
170		刘淑敏、刘淑兰、刘淑萍、刘淑明等；秦红
171		李兰英
172		郭瑜、郭莹、郭晶等；陈朝雁、陈燕军、陈跃音、苏佳；贾裕芝、贾鸣芝；汪端、汪中；李双梅、王燕、王莉、王平、王争；贾长峰、贾长燕、贾长梅；秦红
175		王缉志、王缉惠、王缉慈、王缉思、王缉宪；刘永战、刘永申、刘翠玲、刘永安、刘金玲、刘庆彬、刘士英；石玉琴、石玉兰、石玉华、石玉萍；张大鹰；朱李等；曾怡等；赵新、赵春元、赵春林、陈岳、舒红；刘维；高雪飞等
176		王慧、王英、王崇明、王梅；夏玉琴、夏汇力、夏汇益、夏玉梅
177		何大安、何永安、何婷：陈瑞兰等；陈文生
178		李静、李健；李秀云、李石；陆小星等；谢为平；邱雷、邱岳

门牌/公寓	单元	姓　　名
8公寓	101	麻亚平、麻建平、麻左力；符秋翎、符秋苗
	102	尔朱明、尔朱光
	103	高方竹、高方智、高三洋、高笑葵；张梅、张荷、张全；陈洋、陈江、陈洪、陈浩；张清华、刘群英、刘亚雄
	104	郭青、郭强；仇田青
	105	朱建华、朱保华、朱文华、朱小华、朱燕；商衡、商健；董越、董欣
	106	苏军、苏平、苏燕
	107	邹绪亭、韩立红、韩磊
	108	杜萌；向迪、向欣；罗雪音
	201	曹有先、曹小朋、曹小友；焦红、焦阳
	202	陆晓燕、陆群；朱桦、朱兰
	203	谭歌斯、谭迎宪、谭颂宁、沈波
	204	邓卓、邓华、罗微波、罗亚非
	205	平保民、平建国、平立京、平竞先
	206	王红、王云；崔秀娟、崔红卫
	207	孟晋、孟斐、卢震、卢宁、郑卫、郑蓓
	208	李国林、李洁、徐宇华、孙建军、孙政、李新元、包海宏、包海昌
9公寓	101	李东燕、李伟、李纳新；任海燕、任小瑞
	102	苗青、李毓敏
	103	王大辉、张策；思红、思其；杨燕华、杨庆华；周国强
	104	周京、王小戎、王海；杨跃、杨博；沈正华等
	105	周黎、周明、周即；陆海燕、陆海鸥；魏静娟；常征；宋芸芳、富芸华
	106	李玮琳；谢一平、谢亚平；刘朔
	107	赵进、赵健；李红、高军、王津
	108	赵晓阳；王青；焦群、焦凡；陈建生、陈建敏
	201	王平、王晓晨等；文杰；钱毅华等；刘怡之、孟涛、孟小东
	202	张志文、张志凡；谢晓亮、谢晓兵；张敏、张锋
	203	杨乐；杨小立、杨小庄
	204	郭珠等；沈卫红、沈卫星；杨晓青、陈晓庆
	205	戴旻、戴晨、潘长青、王建之；徐燕孙
	206	洪晃、张涛、陈砥等；陈更存、陈更意
	207	王小弟；李剑平、李剑雄
	208	徐文慰、徐文京；董欣；邬扬、马张青；郭敏、郭平
10公寓	101	陈大凡、陈大宇；吕迈英、吕东明
	102	宗年、宗健；黄山力
	103	张玲棣、张玲华、张玲莉、张浩达、张玲蕙
	104	陈梅红、陈梅安、陈立立、陈京京

门牌/公寓	单元	姓　名
	105	赵蔚、杨小冬、赵萌；林燕辉、林云辉、林京辉、林宁辉、吴艾因、吴艾今、阎明
	106	郭听雷、刘观云
	107	王黎敦、王平；张柯、张坦
	108	杜慧雁、罗立；廖世琴
	201	程敏、程慧
	202	王峰、王敏
	203	汪安；梁菁
	204	何旭明、王云峰；周邦瑞、周邦珞等；米宁、米忠
	205	宿志一、宿志丕等
	206	邓小南、魏莹
	207	赵青；王许无、王许汝；方克、方哲
	208	刘书玲、刘书农、刘书军；李玲；连民农
11公寓	101	张慧敏、张军、范晓华、范晓光、范晓燕；李坚
	102	赵朴、杨毅；王欣、王苑；李京
	103	张学凤等；仲楠楠、仲东东、倪宇清；杜学东
	104	王宏伟、王宏蕾；张亦工、张亦农、张亦军
	105	刘小锦、刘小平、刘小璋；郭京、卞玉澄、卞小俊、卞正；郭明
	106	魏燕笙、魏东；周苏、周群；陈学宇
	107	仇章剑、张华；张嘉、张燕、刘臻彤、刘雪梅；王晓波、王士珍
	108	张怡华
	201	李光岩、李光宇；弓京华、弓京丽；黄路、黄河
	202	张宇红、张宇恒；李燕立；石东羿
	203	丛林；张平、张兵；王工、操农
	204	刘力、刘军、刘江；张钊、张达青；吴旭、吴浩
	205	孙刚；黄小燕等；林和平、林和清
	206	石建红、石建春、石建群；李东辉、黄春晖；戈燕生、戈江生
	207	周友嘉、周友群；朱雨稼、朱雨禾；程海青、程磊
	208	蒋人英、蒋人勤；徐红、徐燕、徐佳、徐放
12公寓	101	杨薏、黄珍；康凌、康冰；孙静洋
	102	周春丽；刘平、刘凯；任进、任洁；朱铭东、朱铭新
	103	胡山鹰、胡山林；朱彤；张蕾；晁阳
	104	陈小庆；邓晓同、邓晓舟；陈江、陈曦
	105	华丽、华欣；慈继伟、慈小红、慈小蓓；谢阅
	106	由宏；胡文凯
	107	王晓东、王晓玫、王晓钟；邵丹、邵青
	108	王宇琰、王宇红；罗跃、罗翔；吴炬、吴迪；冯飞、冯燕、冯兵

门牌/公寓	单元	姓　名
	201	符其英、李小军、魏晓敏、魏继刚
	202	张农基、张向东、张曙东
	203	史尔钢、史晓梅；张大鹰；马英、马敏；杨忠、杨穆
	204	胡进、涂建；程志泳
	205	张健、田青
	206	陈新、陈建、陈姜；钱程
	207	姜喆；叶红、郑宁
	208	刘峰林；韩伟、韩佩、韩倩；王侠；何海鹰、杨吉利
13公寓	101	彭刚
	102	霍星；甘为农、甘为群
	104	李聪
	105	杨斌；唐炜、唐忆南、沈嘉
	106	杨跃年、杨跃民
	107	丁克迅、丁宏毅；段沛、吴蕾、吴卫；陈甦、陈昶
	108	楼珊等
	201	季泓、季清
	202	闻立欣
	203	傅光卫等；许刚、许强
	204	张星萍、张星沂、张星溪
	205	李研、李凡；刘渊、刘宇
	206	赵赤城；谭继林、谭震
	207	张意、董培；沈莉、沈波；方明、方胜、邓晨
	208	胡坚、胡大庆；薛中建、薛双建、薛晓建、薛宏建、薛伟

后记

这本凝结了朗润园发小们的情意和心血的回忆文集，现在集结成册，即将付梓，与大家见面了。此时此刻，作为本书编委会成员，我们不仅深感欣慰，也由衷庆幸：虽然历经数年，其间遇到不少困难和周折，但在所有人一如既往的支持和帮助下，回忆文集终于"修成正果"，没有辜负发小们的托付。

古人言"十年磨一剑"。回想起来，这本书从最初动议到现在交付出版，也经历了大约十年的过程。2012年春节，早已天各一方的朗润园发小们发起了一次40年之后的重逢聚会，到场竟然多达三十余人。说不尽的故园之念、旧时情谊，令新浪博客"朗润园公寓813"应运而生。不久，微信发小群也建立。有人进而倡议，经过一段时间的积累和完善，我们可以最终整理出一部不错的由各位发小记忆组成的文集！出版文集的构想即发轫于此。

2015年，征稿工作正式展开并建立了编辑小组。在发小们的积极响应下，稿件渐有规模，最终投稿作者达五十余人。但是，由于曾经居住在朗润园8—13公寓及平房区的发小人数众多，投稿作者年龄跨度大，很多人已经移居国外联系不易，加上其他种种原因，后期工作有所延宕。遭遇新冠疫情后，出版文集的工作更增添了意料之外的困难。为此，编辑小组扩大为编委会，分工协作，加速推进，终于能够达成使命，将本书呈现于世。

本文集共收入文章56篇，"人物谱"及"名录"各1份，根据文章内容，分为上、中、下篇及附录四部分。上篇"静听名家话朗润"，收入前辈名家有关朗润园之作共 6 篇；中篇"回望背影忆音容"，收入对已故长者、亲友的回忆文章14 篇；下篇"抖落一地陈年事"，记述往日生活中的人、物、事，文章较多，计36 篇，涉及内容亦广，为此再细分三个子标题加以归类：朗润风物；故园旧事；童年时光。需要说明的是，凡此篇名或下附的子标题，都是权宜区分，并不那么严格。因为事实上文章、作者、行文、叙事，往往由此及彼，铺陈展延，并不仅局限于一个主题，这里只就内容的重点试加归纳，或未能尽善，还请大家理解。各篇内的文章排序，主要参考执笔人的年龄，因中篇系追忆逝者，稍有变通，基本上以逝者的生年为序，谨此说明。

附录一《朗润园与中国学术人物谱》，经执笔人努力搜集，首次尽可能全面地收入了曾在朗润园居住过的现当代学术人物（以 20 世纪 20 年代以前出生者为主），为了解这些杰出学术大师与朗润园的渊源提供了重要线索。附录二《朗润园部分住户子弟名录》，主要收入 1976 年以前的住户子弟的信息，由于历年久远，人员迁出迁入变动大，虽然在大家帮助下努力补全，仍不免有所遗漏，但作为首份此类名录，相信对于发小们相互联系、回顾历史，会有一定帮助。

感谢各位作者不仅提供了稿件，也提供了珍贵的老照片，不仅有助于文集的图文并茂，更增加了历史鲜活感。然而少部分照片可能由于年代较久，印制效果欠佳而不得不割爱，凡此情况，虽然惋惜，还希求理解。

编辑回忆文集，是一项费时费力的工程，需要有人热心参与，玉成其事。这些年来，虽然进展不如预期顺利，但是所有参与其中的发小们将这项工作视作义务和情怀，始终充满热忱地奉献力量。编委会成员由张军、周明、杜萌、张慧敏、王小戎、朱彤、华立、张蕾、周即、张宇恒、徐文京组成。近一年来，大家克服疫情影响，群策群力，相互配合，勉力推进，工作效率大为提高。这里要特别提到发小杜萌，他是早期编辑小组的成员之一，为编辑文集倾注了许多心血，多有贡献，却不幸因病早逝，让我们所有人痛惜不已。现在文集即将付梓，我们终于可以用这个好消息来告慰杜萌的在天之灵。

要特别感谢为本文集作序的郝斌先生，他的序文道出了我们编辑此书的初衷和所寄托的情感。还要感谢乐黛云先生在赐稿的同时为文集作序，以及感谢美学教授、书法家杨辛先生为本文集题写书名。

最后，感谢所有发小对本文集出版的倾力支持。要特别提到陈大宇、陈梅安、陈谦、陈莹、陈卓、段大亮、尔朱羚、华立、华欣、季清、李玮琳、刘军、刘小平、吕东明、孟晋、米宁、石东羿、史晓梅、唐天民、汪安、王小戎、王欣、夏冰、向欣、徐军、徐文京、张大鹰、张慧敏、张军、张蕾、张敏、张向东、张宇恒、张志文、赵朴、周即、周明、周苏、朱铭东、朱彤（按姓氏拼音排序）等发小的重要贡献，让我们由衷感动，在此衷心致谢！

　　朗润园是历史名园，更是我们共同的家园。有缘于朗润，是我们之幸。希望这本文集能够帮助发小们时时回味这份难忘的记忆和情感，也希望通过这本文集把这份记忆和情感传递给更多的人。

编委会全体

2022 年 11 月 26 日